Counter-Terrorism Puzzle

カウンター・テロリズム・パズル

政策決定者への提言

佐藤優 [監訳]
ボアズ・ガノール [著]
河合洋一郎 [訳]

並木書房

監訳者のことば──
テロリズムに関する実用書兼実務書

佐藤 優
（作家・元外務省主任分析官）

ボアズ・ガノール氏との出会い

　テロリズムは、現代における主要な脅威だ。新聞、テレビでもテロに関するニュースが報じられない日はない。しかし、テロリズムに関して、包括的に知ることができる書籍は少ない。本書は、私が知るなかで、テロリズムに関して書かれた実用書兼実務書として最も優れている。それは、著者のボアズ・ガノール氏が、IDF（イスラエル国防軍）の空軍インテリジェンス部隊に勤務した時代から、テロリズム研究に従事しているこの分野の国際的な権威だからだ。
　私がガノール氏の名前を初めて聞いたのは、2001年3月のことだった。イスラエルのインテリジェンス専門家から、「近未来にアメリカ本国かその同盟国で、国際テロ組織アルカイダが、奇想天外な方法で大規模なテロを起こすことを警告している学者がいる」と言って、ガノール氏の論文のコピーを渡されたことがある。そして、その6カ月後の2001年9月11日にアメリカで同時多発テロ事件が起きた。この事件で国際関係のゲームのルールが大きく変わった。
　私は、9・11事件後、外務省の部下をガノール氏が出席する国際会議に派遣して、情報を収集させた。私は、テルアビブにあるガノール氏が創立した国際カウンター・テロリズム政策研究所（ICT：International Institute for Counter-Terrorism）と外務省国際情報局（現在は局から格下げされ、

国際情報統括官組織に再編）との関係を強化しようと試みたが、2002年1月から吹き荒れた鈴木宗男疑惑の嵐に巻き込まれ、同年5月に私が東京地方検察庁特別捜査部に逮捕され、外交とインテリジェンスの現場から退くことを余儀なくされたため、実現できなかった。

2009年6月に私の有罪が確定し、4年間の執行猶予期間が満了するまで、海外渡航が制限されていた。執行猶予期間が満了した翌年、2014年5月に私はイスラエルを訪問し、元イスラエル情報機関幹部の案内でICTを訪れ、ガノール氏と意見交換をした。この年の5月26日のことだ。このときに本書『カウンター・テロリズム・パズル』にサインを入れて寄贈された。

アート（芸術）としてのインテリジェンス

本書で、ガノール氏は、テロリズム研究における学際性を強調する。

> テロリズムはほかの事象と比較して学際性が高い問題である。ほとんどすべての学問分野（政治学、国際関係論、中東学、社会学、心理学、経済学、コンピュータ科学、法律、生物学、化学、物理その他多数）がテロリズムのひとつかそれ以上の側面と密接に関連している。このため、テロリズムに対抗するにはできるだけ幅広い観点と分析能力が求められる。学究システムは、あらゆる関連知識と情報が利用できるように準備されたものでなければならない。この取り組みの一環として、卓越した知性人を備えた国際的な学究ネットワークを設立すべきである。彼らをとくに予防機関に関連する問題の研究に向かわせ、必要な財政資源を提供し、世界中のさまざまな研究者をリンクして作業部会を開催し、共同の学問データベースの構築を支援する。
>
> （本書339頁）

ガノール氏も私に、空軍のインテリジェンス部隊を離れ、民間のシンクタンクであるICTを立ち上げたのは、そうしないとテロリズム研究の学際

（撮影：五十嵐和博。以下同）

各国の政府研修機関や大学などで教科書として使われている『The Counter-Terrorism Puzzle』を手にするガノール教授（左）と佐藤優氏。2017年4月。

性が担保されないと考えているからだと述べた。確かにその通りと思う。

　ところでインテリジェンスに関して、それは究極的にアート（芸術）と考える人とテクネー（技法）と考える人がいる。もちろん実際のインテリジェンスには両方の要素があるのだが、ガノール氏の場合、インテリジェンスをアートと考えている。特別の才能を持った人のひらめきなくしてインテリジェンスは成立しないという認識が、本書の行間から読み取ることができる。ガノール氏もアートとしてのインテリジェンスを体得している特別の才能を持った人であることは、本書を読んでいただければよくわかる。事実、国際テロリズムに関するこのような学術的水準の高い包括的研究書を1人で書くことができるのは、全世界でもガノール氏以外いないと私は思っている。

監訳者のことば　3

政治（国家）指導者の能力

それでは、本書の内容について読者に若干の道案内をしたい。
ガノール氏は、テロ対策によって政治（国家）指導者の能力が測られると考える。

> テロリズムは、誰にでも明らかに結果がわかる政策決定者の能力テストとなる。彼らはプレッシャーの下、指導力とその場その場で決定を下していく能力が試される。指導者のテロの脅威への対応能力はすぐに国民の知るところとなり、その政治生命に多大な影響を与える。これが時折、発生したテロ問題を迅速に解決しようと、選択肢も、それがもたらす結果も深く考えずに間違った決定を下してしまう原因になることがある。こういう時の決定ミスの代償は高くつくことが多く、経済的、政治的、国際的に副次的な損害が出るだけでなく、人命が失われることもある。（本書43頁）

この指摘の通りだ。特に代議制をとる国家では、テロ対策に失敗すると政治家は失脚するリスクがある。同時にテロ対策との口実で、国家が国民の権利と自由を不当に侵害する危険もある。政治（国家）指導者には、これらの要因を総合的に判断し、具体的な政策をとらなくてはならない。これは実に難しい課題だ。

ガノール氏はテロ対策における論点として、インテリジェンス、攻撃力、抑止力、法整備、刑罰、カウンターインテリジェンス、広報、教育、国際協力、マスメディアなどをあげる。

> 本書では対テロ戦争で政策決定者が直面する主要な問題を取り上げる。インテリジェンス、攻撃、抑止、そして防御活動に関する問題、法と刑罰、また情報と教育に関する問題、国際協力、マスコミその他に関係する問題などである。それぞれの分野でポイントとなる事柄を

いくつか検証し、いろいろな解決法をまず考える。そして各解決法の長所と短所を議論したあと、イスラエルが長年にわたるテロとの戦いで得てきた経験に基づき、問題を解決するためのひとつの選択肢を推薦する。

　本書は、テロリズムにどう対処していいかわからない人々のガイド、政府のリーダーや議員、治安機関の長、軍人、警察や緊急事態に対処する組織で働く人々など、すべてのレベルの政策決定者のツールとして書かれた。また学者、学生、多国籍企業の社長、ビジネスマン、そして一般大衆の役にも立つはずだ。残念ながら一般の人々でもテロの台風の目の中に入ってしまい、どうすれば次のテロ攻撃の犠牲者にならずにすむか考えねばならないことがあるからだ。（本書44頁）

ここでガノール氏が述べている通り、本書は、政策決定者、テロ問題の専門家にも一般の読者にも役立つ構成になっている。

テロリズムの定義

ガノール氏はまず、「テロリズム」について定義することの意義について説明する。

　「テロリズム」という言葉が定義されない限り、それぞれ異なるテロ組織の共通理解も、テロ組織を非合法化することも、彼らの資金集めや国際的なマネー・ローンダリングを阻止することもできない。国際会議や地域レベルの国家間の話し合いなどを見れば、世界中がテロの脅威を真剣に受け止めていることがわかるが、そういった会合に参加する国々がテロリズムの定義で合意できなければ、意味のある結果は出ない。

　「テロリズムとは何か」について共通する考え方がなければ、テロリズムを支援する国家にその責任を問うことも、世界レベルでテロに対抗する方策を考え出すことも、またテロリスト、テロ組織とその支援

者たちと効果的に戦うこともできない。さらにテロリズムの定義がなければ、反テロの国際条約を締結することは不可能だし、間接的にでもテロリズムに関係した国際条約が文書化・署名され、それを実施しようとしても機能しないだろう。

　その非常にわかりやすい例は、犯人の引き渡しである。全世界で多数の国が、さまざまな犯罪に関係した二国間、また多国間条約に署名している。それらの条約は普通、テロリズムだけに関係したものではなく、一般的な犯罪を犯した者が対象となっており、その多くは犯罪に政治的な背景があれば、引き渡す必要はないと明記している。テロリズムには常に政治的な背景がある。この抜け穴によって多くの国がテロリストを引き渡す義務を怠ってきた。（本書50頁）

なぜこのようなことを説明するかというと、行政官は、テロリズムが定義されることによって、テロ対策に縛りがかかることを嫌う傾向があるからだ。以下の指摘が興味深い。

　定義することに反対する者に言わせれば、政策決定者（安全保障エスタブリッシュメントも含めて）には共通したテロリズムの定義などなくてもまったく構わない。「テロリズムは見ればそれとわかる」が彼らの基本的な考え方だ。テロリストが行なうのは本質的に強盗、放火、殺人といった刑法で禁じられた通常の犯罪行為と同じ、と彼らは主張する。つまり、テロリズムを定義して新たな犯罪を作らなくてもテロリストを罰することはできるということだ。（本書54頁）

ガノール氏は、テロリズムの政治性を強調する。プロシアのカール・フォン・クラウゼヴィッツは『戦争論』（初版1832年）で、「戦争は政治の延長である」と指摘したが、ガノール氏は「テロリズムも政治の延長である」と考える。

　テロリズムの基礎をなす目的は、常に政治的なものである。現存す

る政府を転覆させる、政府の形態を変える、政府の人事を変える、経済や社会その他の政策を修正させる、社会経済的なイデオロギーを広める、宗教的ないし国粋的な目標等々といった政治分野での目標を達成することを目的とする。

　政治的な目的なしに市民に暴力をふるうのは、純粋に刑事事件、凶悪犯罪あるいは単なる狂った人間の行為であり、テロリズムとはまったく異なる。こうした観点から、われわれはテロリズムを過激主義者の政治的反対運動として見るべきである。（本書58頁）

テロリズムは、バンダリズム（破壊主義）とは異なるのである。ガノール氏は、テロリズムに関して、以下の暫定的定義に従って議論を進める。

　テロリズムとは、政治的目標（民族的、社会経済的、イデオロギー的、宗教的ほか）を達成するため、意図的に民間人に対して暴力を行使する闘争の一形態である。（本書65頁）

この定義を敷衍して、ガノール氏はこう説明する。

　この定義は3つの要素に基づいている。
　（1）行動の本質――暴力闘争。この定義では、暴力を使用しない行為はテロリズムにはならない（たとえばストライキ、非暴力デモ、納税者の反乱など）。
　（2）テロリズムの目標――常に政治的。政府の打倒、統治形態の変更、権力者の交代、経済、社会その他政策の変更、イデオロギーの拡散といった政治的な目標を達成することを目的とする。政治的な目標のない行為はテロリズムとは見なされない。政治目的のない民間人への暴力行為は単なる重犯罪、あるいはテロリズムとは関係のない狂気の行動に過ぎない。政治的目標の根底にある動機は、テロリズムを定義する目的にはそぐわない。動機にはイデオロギー的なもの、宗教的なもの、社会経済的なもの、ナショナリズムその他さまざまだが、こ

の点についてはストールとデュバルの『政治的テロリズム』の概念には動機は関係ないという指摘に注目したい。ほとんどの研究者はこのことを認識しておらず、さまざまな動機を挙げてテロリズムを説明しようとする傾向にある。
　(3) 攻撃の標的——民間人。これでテロリズムをほかの形態の政治的バイオレンス（ゲリラ戦、民衆蜂起など）と区別することができる。提案した定義では、テロリズムは暴力的な政治活動が行なわれている地域に偶然居合わせた民間人たちが暴力に巻き込まれてしまった結果ではなく、はじめから民間人を殺傷するのが目的であることが強調されている。テロリズムは民間のターゲットの脆さ、また激しい恐怖とメディアへのインパクトを利用している。　（本書65～66頁）

　この定義は、現下、世界的規模で流行になっている「生きているテロリズム」を分析するにあたってとても有益だ。

戦争犯罪とテロリズムの区別

　なお、ガノール氏は、国家による戦争犯罪とテロリズムは明確に区別されるべきであると主張する。

　　もうひとつの疑問は、国家がテロを行なうことは可能かという点だ。西側その他の国の多数の政治家や治安担当者が、テロリズムは意図的に民間人を殺傷することを意味する明確な定義を採用するのを恐れている。ある状況下では自分たちの軍事行動がテロリズムと解釈されるおそれがあるからだ。広島と長崎への原爆投下をテロと見なすことができるかもしれない。テロリズムに対する国家のアカウンタビリティの問題について答えると、国家の方が組織よりもモラルが上とは限らないということだ。しかし、国家の違法行為にテロリズムという言葉は必要ない。国際条約では戦時に国家の人間が故意に民間人を殺傷すれば戦争犯罪人となる。戦時以外の場合、人道に対する罪を犯し

たことになる。逆説的だが、国家には禁じられているが、いまだに組織には禁じられていないこともある。広島と長崎の例は、テロリズムの定義を考えるには適切ではない。これは戦争犯罪として議論されるべき問題だからだ。この観点から見れば、テロリズムの定義は、現在ある国際条約に何かを加えたりするわけではない。国家が守らねばならない戦争法規を定めている倫理規定をテロ組織にもあてはめているだけなのだ。（本書70頁）

私もこの見解に賛成する。米国による広島、長崎への原爆投下は、戦時国際法に違反する無差別爆撃だ。また、このような大量破壊兵器を使用することは戦争犯罪である。しかし、テロリズムではない。

テロ対策と国民感情

ガノール氏は、民主主義国家においてはテロ直後の大衆の怒りが、無視できない影響を与えることを軽視すべきでないと強調する。

> クレンショーは、対テロ政策の多くは、テロ攻撃発生直後の一般大衆の怒りの感情が頂点に達している時に策定・実行される、と述べている。この状況では、最善策はテロを無視することだったとしても、民主主義国家では政府は支援者たちの信頼を失わないようにテロに対応することを余儀なくされる。クレンショーはこう表現している。「あまりにも多くの人々が見ているため、政府はゲームをプレイすることを拒否できない」
> 興味深いのはクレンショーがイスラエルの例を使ってこの議論を支持していることだ。彼女の分析では、イスラエル政府は国民からのプレッシャーで、テロ攻撃が起きるたびに報復を強いられている。イスラエルの対テロ活動を検証してみると、カウンター・テロリズムに関して言えば、成文化された政策も、一貫した戦略すらない。歴代の政府は、攻撃的・防御的・懲罰的行動において同じような対テロ手段を

使っており、違いはどの手段に重点を置くか、またそのタイミングなどだけだった。
　おそらく対テロ政策が成文化されてこなかった理由は、政策決定において柔軟性を維持すること、また政府が自ら定めた戦略原則を満たしていないように国民の目に映ることを避けるためであろう。（本書92頁）

　民意の影響を受けやすいことも、テロ対策を成文化することの支障になっているという指摘はその通りと思う。

インテリジェンスの重要性

　さて、テロ対策においては、インテリジェンス活動が死活的に重要になる。

　　シャブタイ・シャビットもインテリジェンスの重要性を強調する。
　「私の考えでは、質のいいインテリジェンスがあれば、問題の50パーセント以上はすでに解決している……インテリジェンスの質が良ければ良いほど、テロリズムに対するほかの武器の使用をより少なく、あるいは制限することができる」
　　情報収集はほぼすべての対テロ活動に欠かせない準備作業である。
　（本書95～96頁）

　興味深いのは、イスラエルの現首相のネタニヤフ氏が、国家首脳も「生のインテリジェンス」を受け取る必要性について述べていることだ。通常、首脳を含む政治家は、インテリジェンス機関で分析、評価された「加工されたインテリジェンス」を受け取るが、テロ対策については異なるルールが適用されるというのがネタニヤフ氏の主張だ。

　　ネタニヤフは、調整の必要性はインテリジェンスの領域よりも、主

に対テロに関係したほかの分野にあると考えている。
「問題は物事が行なわれる秩序であり、インテリジェンスの調整ではない。首相も生のインテリジェンスを受け取る。情報はふるいにかけられるが、それでもデータは得られる。知らないうちに何かが起きているということはあり得ない。だが、ある機関がほかの機関と衝突したり、競合したりする状況はある。調整機関があれば、物事をオーガナイズすることが簡単になる。行政的な権限はない。首相が物事を実現させるのだ。そうすれば組織間の競争が減る」（本書108頁）

ネタニヤフ氏の見解に関しては、インテリジェンス専門家からは、情報の素人である政治家が「生のインテリジェンス」を処理すると、過ちを犯す可能性が高いという理由で批判がなされると思う。しかし、テロ対策は迅速な決断を必要とする。したがって、「生のインテリジェンス」を精査する時間的余裕がない場合には、政治家の勘に頼るしかない局面も生じるというのが現実だ。

レッドラインを設けない

ところで、テロ対策においては、事前にレッドライン（この線を超えたら反撃するという基準）を示すには及ばないという考えにガノール氏は傾いているようだ。

　隣国のアラブ諸国に対するイスラエルの政策に関して、ドゥロールはレッドラインを定める利点についていくつかの疑問を呈している。彼の考えでは、この線を越えればこういった報復攻撃を行なうという明確なラインをあらかじめ引いておくのは賢いやり方ではない。報復を事前に示唆するのも同じだからだ。
　抑止政策を立案する際の問題は、相手がテロ組織だとより鮮明となる。クレンショーは、テロリストにテロ行為の代償は高く、厳しい刑罰が待っていると納得させねばならないところに難しさがあると主張

する。しかし、抑止のメッセージがテロ組織側にどのように受け止められ、どのような影響を与えたかを評価するのは難しい。彼らの価値観は彼らの敵のそれとは違うのが普通だ。彼らにはほかの基準があり、何よりも危険因子に対する態度が違っている。（本書113頁）

レッドラインを示すと、「その線を超えなければ、何をやってもいい」とテロリストが受け止めるリスクがあるからだ。ガノール氏を含むイスラエルの専門家には、テロリズムを阻止する手段はないという、悲観的な現状認識がある。

　1990年代半ばにイスラエルで発生した一連のテロ事件によって、国家のテロを防ぐ能力の低さが問題となった。以前とは違い、イスラエルの政策決定者たちの間で、死を決した自爆テロリストを阻止するのは不可能なのではないかという気分が高まっていた。1994年10月にテルアビブで起きたバスを狙ったテロ攻撃後の政府高官たちの発言を見ればそれがわかる。シモン・シェトリート大臣がイスラエルの対テロ抑止力の強化を提案すると、イツハク・ラビン首相はこう答えている。
「テロリズムを抑止する手段などない」
　テロ組織を抑止することは可能か、という質問に答えて当時、ＩＳＡ長官を務めていたカルミ・ギロンは、
「抑止できるか？　ほんの少しなら……レバノンの例を見ればわかるだろう。テロリズムは弱者の武器であると同時に、強者のアキレス腱でもある。無敵のＩＤＦもカチューシャ・ロケットを撃ち込まれた２件のテロに対してどう反応すればいいのかわからない。ＩＤＦは右から左に動いている敵３個師団にどう対処すればいいか知っているが、ベドウィンの羊飼いたちに対しては役に立たない」（本書122〜123頁）

中立化（暗殺）工作

　テロ対策では、平和な環境に慣れた日本人には、考えつかないような選択肢もある。ガノール氏は、端的にターゲテッド・キリング（暗殺）という言葉を用いるが、インテリジェンスの世界では、「中立化（nutralisation）」と表現されることが多い。暗殺の必要性についてガノール氏はこう説明する。

> 　ターゲテッド・キリング（暗殺）は、対テロ政策の最先端に位置する攻撃行動である。ターゲテッド・キリングとは、テロリズムと戦っている国家が、組織内でテロ攻撃の立案、指揮、準備、要員のリクルート、訓練、支援などを行なっている者たちを殺害するか、少なくともテロ活動に参加できなくなるようにする目的で攻撃することである。
> 　個人に対する攻撃行動には、相互に関係し合ったふたつの問題がある。基準となるモラルの問題とこうした行為の有効性の問題だ。言い換えれば、個人に対して実施する攻撃行動の正当性である。「ターゲテッド・キリング」の有効性は、先に分析した攻撃行動の問題と密接に結びついている。そのため基準となるモラルについてまず考えてみる。
> 　モラルの問題は文化によって異なり、その価値観には絶対性がないため、誰もが同意できるモラルを見つけるのは難しい。それは文化や時代によって変化する価値観であり、同じ社会の中でもグループ間や個人で変わってくる。（本書157頁）

　モラルは文化によって拘束される。したがって、イスラエルの文化的文脈で書かれている本書の内容をそのまま日本に輸入することは不可能であるし、そのようなアプローチを取ってはならない。しかし、ガノール氏が本書で示した暗殺、行政拘束、マスメディアの自主規制について、感情的

に反発するのではなく、なぜそのような方策を取る必要に民主主義国家であるイスラエルが迫られたのかについて論理的に考えることが重要だ。

壁と「鉄の屋根」

それば、イスラエルがパレスチナ自治区との境界線に沿って建設した「壁」についても言えることだ。

> ……地理的かつ人口構成的な制限があるイスラエルは近年、西岸地区とイスラエル領の間に分離壁を大変な労力を費やして建設している。イスラエルの警備の専門家たちは、この分離壁はイスラエルの難しい国境問題を解決し、テロを防止することになるだろうと述べている。もしイスラエルが自国領内に信じられないほど容易に自爆テロ要員やテロリストが侵入してくる状況を変えたければ、確かにこの分離壁は現実的な解決法である。世界にはイスラエルを批判する声もあるが、これは正当な自衛手段である。
> とはいえ、イスラエルは分離壁が完成しても、それでテロが終わると考えてはいけない。イスラエル領内への侵入はなくならないだろうし、壁ではパレスチナ自治区から発射されるカチューシャ・ロケット弾を食い止めることはできないからだ。（本書191頁）

ちなみにイスラエルは、パレスチナ側から打ち込まれるカチューシャ・ロケット弾を「鉄の屋根」システムで防禦している。このシステムについて、2014年7月22日の「朝日新聞」朝刊はこう報じた。

> 「鉄のドーム」高い防御力　ガザからのロケット弾9割撃墜　イスラエルの迎撃システム
> パレスチナ自治区ガザからイスラエルに撃ち込まれたロケット弾は、「鉄のドーム」と呼ばれる防衛システムで無力化される。成功率は9割。米国の資金援助に支えられ、圧倒的な攻撃力に加えて高い防

御力も確立した。しかし、イスラエルは「自衛のため」としてガザへの攻撃の手を緩めていない。

　エルサレム北西部。10日夕、ガザからのロケット弾飛来を知らせるサイレンが鳴った。「必死で防空シェルターに避難したから迎撃の瞬間は見なかったけど、すごい音がした」

　近くで食堂を経営するコビ・エルカヤムさん（25）は、向かいの丘に今月配備された「鉄のドーム」が迎撃に成功したと後で聞いた。「これなしの生活は考えられない」

　迎撃弾を発した砲台は高さ3メートル、1メートル角ほど。記者が訪れると、ガザ方向の空をにらんでいた。「鉄のドーム」はレーダーの情報を基にロケット弾の軌道を予測、迎撃するシステムの総称だ。荒野に着弾しそうなものには反応しない。有人地域に飛んできそうだと判断すると、発射された迎撃弾が回り込むようにしてロケット弾を破壊する。

　米国の資金援助で開発され、2011年に初めて砲台4基が配備された。イスラエル国防省によると、12年にガザのイスラム組織ハマスと交戦した際は421発を迎撃。成功率は84％だった。9基に増やした今回は、8日からの11日間にガザから撃ち込まれたロケット弾は1637発。大半は荒野に向かったため迎撃弾は発射されなかった。

　しかし、有人地域に飛来したためシステムが稼働し、撃墜したロケット弾は340発。成功率は86％だという。

　今回のイスラエル軍による空爆や地上侵攻で、パレスチナ側の死者数は500人を超えた。一方、イスラエル側の死者は兵士18人と市民2人。「鉄のドーム」の有無の差は歴然としている。

　それでも、イスラエル政府は「自衛」のための空爆や地上侵攻を緩める気配はない。ネタニヤフ首相は20日、米ＣＮＮテレビのインタビューで「鉄のドーム」に触れ、「（迎撃を）かいくぐってくるロケット弾もある。ハマスは地下トンネルでの侵入も試みてくる。これを止めねばならない」と述べ、ガザへの空爆や地上侵攻が欠かせないとの立場を強調した。　（エルサレム＝渡辺淳基）

テロ対策は、ここまで徹底しなくてはならないのである。それでもテロを根絶することはできない。

ハルカビの理論

ガノール氏は、「懸かっている国益を比較し、それがより本質的な性格を持つ方が勝つ」というハルカビの理論で、テロリズムを分析することが重要であると説く。

> 攻撃下にある国の世論にテロ組織が及ぼす影響は「必要性のバランス」理論を使って説明できる。これはイェホシャファット・ハルカビが、ゲリラ戦に関する著書で形成した理論である。ハルカビによると、これを使って国家間の紛争を検討し、双方の「懸かっている国益」の本質を分析することで、その結果を予見することも可能だという（懸かっている国益を比較し、それがより本質的な性格を持つ方が勝つ）。ハルカピは「必要性のバランスは、戦争継続の意志、そして敗北をもたらす態度に影響する可能性がある」と主張する。
> われわれもハルカビの理論を使って、国家レベルで重大な問題に対する国民の態度にテロリズムが及ぼす影響について明らかにすることができる。テロ攻撃が発生すると、国民は自分と家族の安全に比べれば、攻撃された国益の重要性は低いという思いを抱くようになる。これがテロリスト側の狙いである。彼らが送ってきたメッセージは、自分の命を守るためにテロをやめて欲しければ、われわれの要求を聞け、われわれが目的を達成することを認めろ、ということだ。（本書195頁）

裏返して言うと、テロに屈しないためには、自分や家族に危険が迫ってでも守らなくてはならない価値があるという認識を国民が持たなくてはならないということだ。これは民主主義国において、ほぼ不可能な課題だ。日本や欧米のような先進国の生命至上主義がテロ対策にとっては障害とな

っている。

「身体的圧力」

　テロ対策については、日本の基準からすればほぼ「何でもあり」というのが、イスラエルや英米（それにロシアを加えてもいい）での現実だ。例えば、テロ容疑者の尋問にあたって「身体的圧力」を許容していることだ。

　　1987年10月30日、ランダウ委員会は報告書を提出。そこには「……委員会は、このような状況下ではなんらかの身体的圧力を加えない限り、有効な尋問は不可能とするISAの立場に同意する」とある（第二節三七）。ペリーによると、委員会は「状況によっては、テロ容疑者の尋問時に、なんらかの身体的圧力を加える必要がある」と述べた。ペリーは次のようにつけ加えた。
　　「上級機関（国家調査委員会）が証拠を得るための警察の尋問と、テロ活動の防止を目的とする情報機関の尋問には違いがあることを初めて認めたのである。委員会報告には、機密の付則があり、そこに記載されたさまざまな指示に、この見解が反映されている。尋問時の対応に関する全般的ガイドラインがあり、そこには、一連の禁止事項が含まれ、それぞれの尋問方法で許されるレベルが記載されている。睡眠妨害、隔離、手錠、身体のゆさぶり、頭部遮蔽その他の『おだやかな身体的圧力』が許容され、その適用時の制限がつけられている。さらに委員会は、横暴な容疑者の顔面を平手打ちする場合、事前に上級部署の許可を得なければならないと規定している。（本書207〜208頁）

　上司の許可があれば、ビンタはできるということだ。それでは、「身体的圧迫」には具体的にどのようなものがあるのだろうか。

　　イスラエルでは、市民団体とテロ容疑者が拷問に関して政府を何度

か告訴している。原告を「イスラエル拷問反対市民委員会」、被告をイスラエル政府とする裁判では、最高裁判決（HCJ5100/94）がでている。それには「おだやかな身体への圧力」という項に、次のような身体圧迫方法が記されている。

- 身体のゆさぶり……容疑者の胴体上部を激しく前後に繰り返しゆさぶる方法。首と頭部がふらふら激しくゆれる。答弁書で国は、ゆさぶり方式は非常に特殊の場合のみに最後の手段として使われると論じている。
- シャバック姿勢……容疑者の手首をうしろで縛り、小さくて低い椅子に座らせる。そして、その椅子を前方へ傾ける。容疑者の片手は、身体の後部と背もたれの間におかれ、別の手はイスの背面で縛られている。容疑者の頭には、不透明の袋が肩までかぶせられる。また部屋の中では音楽が大音量でかけられる。国の主張によると、尋問中に両手を縛るのは、重大な警備上の理由と尋問者の身の守るためだという。また頭部を袋で覆うのは、拘束者とほかの容疑者との接触を防止するためで、大音量の音楽も同じ目的である。
- 蛙の姿勢……つま先立ちさせた状態で、しゃがませる方法。5分間隔で繰り返す。国によると、この尋問方法はもう行なわれていない。
- 手錠緊縛……手錠や脚錠をきつく締めつける方法。尋問が長びけば、手・腕・足が傷つく。
- 睡眠遮断……国は、容疑者が通常の睡眠時間を与えられない場合があることを認めたが、それは容疑者を疲労困憊させることを目的としているのではなく、尋問が長時間に及んだ結果、としている。

　国によると、これらの方法の使用は「拷問」にはあたらない。（本書209頁）

「身体のゆさぶり」では、死者が発生した例が本書では説明されているが、ここに記されている「身体的圧迫」の事例で、手錠緊縛や睡眠遮断は、日本でもときどき行なわれている。

司法の特別手続きと行政処分の拡大

さらにテロ関連の裁判については、「特別手続き」が取られる必要があるとガノール氏は考える。

　　対テロ立法は、対テロ手段の法的かつ司法上の基礎を築くものであり、テロリストを処罰することは、法を執行し、テロ活動で有罪判決を受けた者を処罰することであるが、両者の間にはテロリズムへの関与が疑われる者を起訴するという厄介な問題がある。多くの国々（イギリス、スペイン、イタリアその他）では、その時々に法律が制定されてきており、特別手続きを設定したり、治安機関と検事がテロリストまたはテロ教唆被疑者を裁判に付しやすくしたりしてきた。こういった特別手続きは、容疑者が逮捕される瞬間から法廷で有罪を宣告されるまでの、起訴のあらゆる段階に関連するものであり、次の諸要素とも関係する。
●勾留期間……特別手続きによれば、裁判所の延長許可を得る必要なしにテロの被疑者を勾留できる期間は、通常の刑事事件で認められている期間よりも長いのが一般的である。
●証拠の許容性……特別手続きは、適正な手続きに従って行なわれなかった盗聴、監視、捜索など、法律によって許可されていない方法で入手したテロ関連の罪証を提出できるようする傾向にある。
●特権……公開裁判の原則とは対照的に、テロ容疑者の裁判中では一定の場合に特権が発動される。特権は裁判官に提出された証拠に関して発動されることが多く、したがって被告人と弁護人はこれを見ることが許されない。その他の事例では、被疑者が勾留されている事実と裁判が行なわれている事実を公開することに報道禁止令が課される。
●テロリズムに関与した疑いで勾留されている者の権利……テロ容疑者はほかの疑いで勾留されている者に認められる基本的権利、たとえば弁護士と接見する権利、電話で会話する権利などが否定されること

がある。
●法的手続き……特定の国においてはテロリストに対して特別な法的手続きが実施されている。たとえば、重大犯罪の場合に陪審員団の前で審問が行なわれることが一般的である国々が、こうした慣行から逸脱する決定を行ない、裁判官の前でテロリストを裁く決定がなされることもある。（本書248～249頁）

司法手続きの簡略化に加え、行政処分も拡大される。

　行政処分では以下が可能となる。すなわち、起訴手続きの短縮、刑事法の規範内に分類されない懲罰手段の行使、多数の活動家に対する広範な同時処罰、容疑者の逮捕時および起訴時における情報源の秘匿──などである。したがって、行政処分にともなう問題は、通常の刑事裁判手続きに適合しない処罰（訳注：日本における行政処分では「処分」という語が当てられるので、以下「処分」）手続きが存在する点にある。被処分者は裁判官の前に出されることなく、軍の上級指揮官またはその指名による者の行政命令によって処分される。さらに、通常の刑事裁判における被告人と同程度の自己弁護の機会が与えられることもない。場合によっては、被処分者が処分の内容にまったく通じておらず、自分が何によって処分を受けるのか正確に知らないこともある。それを知っていたとしても、自己に対する証拠を確かめることがほとんどの場合できず、そのために、自己弁護も嫌疑に対する反証もしにくくなる。（本書265頁）

テロ対策との口実で、行政権が肥大し、国民の権利と自由が制限されるリスクが今後、欧米や日本でも高まって行くであろう。

マスメディアの自主規制

ガノール氏は、テロ対策において、マスメディアの自己規制が死活的に

重要と考えている。

　「メディアは市民の義務を守れ」という呼びかけは、ワイマンのステートメントに示されている。それによると市民は、可能な限り正確かつ偽りのない最新情報を得る権利がある。つまり、市民の「知る権利」である。それと並んで、市民は「知らない権利」を持つ。それは被害者のプライバシーの権利であり、メディアの報道によって、テロ犠牲者の個人的かつ内輪の事情がさらされてはならないという権利である。市民の安全にかかわる治安上の情報を守る権利も含まれる。
　（本書290頁）

　それでは「知る権利」と「知らない権利」の間の調整はどのようにして図るのだろうか。ガノール氏は、9・11米国同時多発テロの経験を基にしてこう主張する。

　ジャーナリストが、ふたつのバランスに配慮する必要に迫られたのが、2001年9月11日、アメリカで起きた同時多発テロだった。悲惨な光景を撮影する取材チームは、カメラに小さな星条旗をつけ、中継車には星条旗や行方不明者の写真を貼った。こういった行為は、職業上の責務と市民としての義務を認識し、それを守ろうとするアメリカ人ジャーナリストたちの姿勢を明確に示していた。
　1997年、イスラエルで「シェファイイム会議」と称する会合が開かれた。ヘルツリヤ学際センターの国際カウンター・テロリズム政策研究所が主催した専門家会議で、イスラエルのメディア関係者（報道記者と編集者）とカウンター・テロリズムの専門家が出席した。イスラエルにおけるテロ攻撃報道がテーマで、参加者たちはふたつの責務の適切なバランスのとり方について議論した（会議のサマリーは付録資料A参照）。参加者たちが出した勧告には、主な提案がふたつある。テロの犠牲者のクローズアップ写真や映像報道を避けることと、それらを繰り返し報道するのを極力制限することである。

このふたつの提案は、ジャーナリストとしての職業上の責務と市民としての義務のデリケートなバランスを維持することを可能にする。
（本書290頁）

　さらにマスメディアにも自己規制が向けられる。特にテロ組織が提供する情報の扱いや会見についてだ。ガノール氏は、マスメディア関係者に以下の対応を求める。

　時にはテロ組織がメディアに直接アピールして、それを自己の目的に利用するケースがある。人質をとって立てこもって何かを強要している最中に、メディアのインタビューを要求することがある。あるいは放送局を占拠し、自分たちのメッセージを流すように強制することもある。さらに攻撃前にメディアを現場に呼び寄せることもある。その場合、テロ組織はメディアが必ず現場に急行すると考えているわけではないが、事件の事前取材には、それなりに利用価値があることを彼らは知っている。
　1980年代末期、ユダヤ・サマリア（西岸地区）とガザ回廊でパレスチナ人のインテイファーダが起きていた頃、このようなケースが何度かあった。テロ組織の代表から、「いつどこで」とジャーナリストに連絡がくる。しかし、呼びつける理由は明かさない。行ってみてはじめて、たとえばイスラエルの内通者の処刑であることがわかり、その場面を取材する破目になったりした。
　現場にメディアが到着すること自体が、作戦開始の合図として使われたり、殺害の引き金になったりすることもある。メディアがその場にいなければ、暴力は起きなかったかもしれない。メディアは意図せずとも、暴力とテロを誘発させたり、それに加担してしまったりすることがあるのだ。
　前述したように、プロとしての責務と倫理問題のジレンマは、メディアの活動につきものであるが、テロリストの呼びかけに応じる問題にはジレンマは生じない。あいまいさを排し、非妥協の姿勢を貫かな

ければならない。（本書297頁）

　このようなマスメディアの自己規制は、イスラエルだけでなく、アメリカ、イギリス、ロシアなどでも行なわれている。ガノール氏は、テロリストの動機が政治的目標の達成であることに鑑みれば、マスメディアが国民に恐怖感を増大させるような結果をもたらすような活動は自主規制するのが、自由で民主的な社会を守るために必要と考えている。ガノール氏の見解は、以下に端的に示されている。

　　現代のテロリズムは、政治的な目標が動機となっている点で通常の犯罪行為とは異なっている。テロリストが実行する行為――殺人、破壊、脅迫、放火など――は一般的な犯罪行為のそれと同じかもしれないが、これらはすべて彼らにとって、より幅広いイデオロギー的、社会的、経済的、国家的、または宗教的な目標を達成する手段でしかない。
　　テロリストは最終的な政治目標を達成するにあたって非常に重要な中間段階を通過する――すなわち、標的にした共同体の個々人に、自分が次の攻撃で犠牲になってもおかしくないという身のすくむような恐怖感を徐々に染み込ませるのである。テロリズムは安心感を蝕み、日々の生活を混乱させ、標的とする国家の機能を害するように作用する。この戦略の目標は、失われた安心感を取り戻したいという世論の圧力を政策決定者にかけて、テロリストの要求を受け入れさせることである。こうして標的とされた一般市民は、テロリストが自らの政治的利益を増大させる道具と化すのだ。（本書302頁）

「非合理的な不安感」

　ガノール氏は、テロリズムによって引き起こされる人間の心理を「合理的な恐怖感」と「非合理的な不安感」に文節化する。

テロリズムによって生じる恐怖感は、次のふたつのカテゴリーに分類することができる。「合理的な恐怖感」と「非合理的な不安感」である。合理的な恐怖感とは要するに、テロ攻撃で身体や財産が損傷されるかもしれないという推測のことである。これは、脅威の程度とそれが起きる見込みに釣り合う恐怖である。頻繁なテロ攻撃にさらされる社会においては、合理的な恐怖感は自然な現象である。この現象は消去することはできないし、またその必要もない。なぜなら、テロ攻撃が起きそうだという国民の意識を高めるという前向きの効果を持つからだ。この意識は将来の攻撃を阻止する際に治安機関の助けになる。しかし、合理的な恐怖感の水準を超えるのが「非合理的な不安感」である。これはテロリズムによる実際の脅威の程度とは関係がないものであり、テロリズムという現象の犠牲になる可能性とは釣り合わない。
　非合理的な不安感はテロ攻撃の当面の目標であり、現代のテロ戦略の成否を決める必要条件である。不安感は、攻撃にさらされる社会に住む個人を麻痺させ、社会への貢献能力を奪い、日常生活の営みを崩壊させる。またこの不安感はテロの標的となった社会の中で重視されている事柄を、国家安全保障に対する関心から、その社会の個々人の身の安全と家族の安全に対する危惧へと変える。テロリズムは、テロ攻撃される社会における個人に、国益や価値観、国家目標の重要性についての評価と信念を変えさせ、基本的な関心事項を自分自身と家族の福利に置き換えさせることを目的としている。　（本書305〜306頁）

　個人が「非合理的な不安感」に襲われると、テロリストとの戦いに民主主義国家は敗北する。テロリストの心理工作をガノール氏は「攻撃の個人化」と呼ぶ。

　テロ攻撃による不安感を生む効果的な方法のひとつに「攻撃の個人化」がある。この現象はテロ攻撃が街の中心部の混雑した場所、たとえば商業センター、繁華街、映画館、観光スポットなどで起きるたび

に見られる。その時、テロの標的となっている人間集団の一員の心をよぎるのは、「私は1、2週間前にそこにいた」とか「明日そこに行くつもりだったのに」とか「妻がすぐそばで働いている」とか「叔母がその道沿いに住んでいる」といった考えだ。テロ攻撃との個人的つながりを探すのはごく自然な反応である。そして、まさにこれがテロ組織の狙うところなのだ。

「個人化」されることによってテロ攻撃は、直接被害を受けなかった市民に対しても、「今回のテロでお前や身近の誰かが怪我しなかったのは単なる偶然でしかない。次はお前や、お前が大切にしている誰かの番かもしれない」という明確なメッセージとなる。しかし、実際には統計上、死ぬ確率は、他の死因に比べてはるかに低く、たとえば世界のどこかの大通りを横断している時に走行中の車に轢かれる可能性は、同じ道でテロ攻撃に遭う可能性よりも数倍高い。にもかかわらず、テロ攻撃が個人化されることによって、強い恐怖感が人々の心に生じるのである。　（本書308頁）

総動員体制

われわれは、恐れるべきことを恐れ、恐れる必要のないことに怯えてはならないのである。最終的に、テロリストとの戦いに勝利するためには、国家だけでなく、個人もこの戦いに参加しなくてはならない。

　　テロリズムに対する国民の回復力を向上させるには、戦いの根底にある利益の重要性に関する公衆の意識を向上させる必要がある。テロリズムに対する戦いの重責を――国家レベルと個人レベルの双方で――担う覚悟があるのは、異論のある問題と戦う必要性を確信し、戦いの正当性を信じている国民のみである。
　　教育活動と並行して、政策決定者はテロ組織による心理戦を無力化する巧妙な周知キャンペーンを策定すべきである。政策決定者は、テロリストの脅威の真の重大さを提示し、テロ組織がメディアと心理戦

の手段を巧みに利用していかに国民を操作しようとしているか、その方法とテロリストの戦略を説明する。さらにテロリズムに対処する国家の取り組みの一環としてのジレンマと困難を明示し、国民に対してはテロリズムとの戦いに自ら参加することの必要性を説明しなければならない。（本書325頁）

　一種の国家と国民の総動員体制が、テロ対策では不可欠になるということだ。
　繰り返すが、テロ対策は、それぞれの国家と民族の文化に拘束される。日本の場合、ガノール氏が提唱するイスラエル型の処方箋をそのまま採用することはできないし、採用してはならないのである。ただし、本書からアナロジカル（類比的）にテロ対策について多くの事柄を学ぶことができる。（2018年1月4日脱稿）

2017年4月に来日されたガノール教授との対談を以下に収録する。この対談の直前にロシア第二の都市・サンクトペテルブルクの地下鉄で自爆テロが発生し、14人が死亡した。犯人はすでに特定されているが、その背景には、従来型のテロとは違う「新潮流」が見え隠れしているという。
　一方、極東アジアでは北朝鮮情勢が非常に緊迫。核ミサイル攻撃に加えて、さまざまなテロや破壊工作が日本に対して行なわれる可能性も指摘されている。2020年に東京五輪を控える日本人は、こうしたテロの脅威にどう対抗すべきか？　（週刊「プレイボーイ」2017.4.26より）

宗教に無関心な人が、突然、過激化する

佐藤優　2017年4月3日の自爆テロは、ロシア・プーチン大統領のサンクトペテルブルク滞在中に発生しました。なぜ、ロシア治安当局はこのテロを防げなかったのでしょう？

B・ガノール　まだ事件の全貌は明らかになっていませんが、現時点（対談は2017年4月5日収録）で判明している情報を見る限り、非常に興味深い点があります。それは、今回のテロがいわゆる「ローンウルフ（一匹狼）」ではないという点です。
　われわれの知る限り、過去に発生した自爆テロは、ほとんどすべてがテロ組織による組織的犯行でした。爆弾の製造、標的についての情報収集、自爆要員の現場付近までの輸送など、複数の人間が必要になるからです。
　それに対してローンウルフ・テロリストは、テロ組織の呼びかけに触発され、単独でテロを決行する。武器は通常はナイフ、斧、自動車などの「コールドウェポン」が使われます。3月22日に英ロンドンで、自動車で通行人をはね、ナイフを持ってウエストミンスター議事堂に侵入しようとした男が警官に射殺されました。死者4人、負傷者40人を出したこのテロは、コールドウェポンを使ったローンウルフ・テロの典型です。
　今回のロシアの地下鉄自爆テロも、私の経験からいえば、背後にテロ組

ボアス・ガノール：イスラエルの国際カウンター・テロリズム政策研究所（ICT）の創設者、現事務局長。テロリズムの世界的権威としてイスラエル国防相やイスラエル首相対テロ調整官などへ助言するとともに、国連や各国議会、軍や諜報機関などで状況説明・証言を行なう。

織——おそらくIS（イスラム国）——がいる可能性が高い。仮にローンウルフによるものだったとすれば、爆弾という「ホットウェポン」を使用した極めて珍しいケースです。ロシア当局が阻止できなかった原因も、そのあたりにあるのかもしれません。

——自爆テロ犯はキルギス系ロシア人で、犯行前にキルギスに1カ月ほど滞在し、ロシアに戻ってきたら人が変わっていた、との情報があります。もしその間にテロ組織との接触があったとすれば、わずか1カ月でどのように自爆テロ実行犯に仕立て上げられたのでしょうか？

ガノール 彼は自爆テロ決行の数カ月前まで、宗教にはまったく関心がなかったといわれていますから、もしそれが事実なら、急速に過激化したことになります。過去の例から、自爆テロの実行犯は、もともとなんらかの理由で自殺願望を持っていた者が多いことが判明しています。こういう人間に対し、テロ組織のリクルーターはこう言うでしょう。

「同じ死ならば、屈辱の死ではなく、君も栄光の死を迎えてみないか？」

こういう論法で、自殺志願者をテロリストにしてしまうことはそれほど難しくありません。

佐藤 あの地下鉄サリン事件を起こしたオウム真理教の場合でも、入信からわずか1カ月でテロリストになった信者が何人もいました。

ガノール 本来は宗教に無関心だったはずの人間が突然、過激化するのが近年の潮流です。たとえばフランスには、治安当局者の監視対象となって

いる過激なイスラム教徒が約1万6000人いますが、そのうち実に37パーセントがキリスト教からイスラム教徒に改宗した人たちです。前述のロンドンにおけるローンウルフ・テロも犯人は改宗者でした。これはとても危険な兆候で、大規模なイスラムコミュニティのない国への警鐘です。もちろん、日本もそのひとつに入ります。

佐藤 実は日本にも、精神科医と組んで、自殺願望のある人に「死にたいのですか？ それなら、いい死に場所を教えましょう」と吹き込み、イスラム教に改宗させようとしている過激なメンター（精神的指導者）がいます。

ガノール 精神的に不安定な人は、プロパガンダのオルグにとても弱く、「神の名において」といった言葉で簡単に過激化してしまうケースが多い。私もそれを非常に危惧します。

佐藤 しかも、実際にテロを行なうと決めたら、インターネットで過去の事例を見て研究すればいいだけですから。

佐藤優：作家・評論家。外交官時代は主任分析官として対ロシア外交の最前線で活躍した国際インテリジェンスのエキスパート。『テロリズムの罠』（左巻・右巻の2冊組、角川oneテーマ21）などテロ関係の著作も多い。

北朝鮮とＩＳがテロ同盟を結成？

佐藤 一方、日本のすぐ近くには、北朝鮮という「テロを行なう国家」があります。つい先日も、北朝鮮の指導者が、他国の空港で自分の兄を化学兵器で暗殺しました。こういった国家テロリズムと、ＩＳやアルカイダのようなテロ組織が結びつく可能性はあるでしょうか？

ガノール　過去の例を見ても、独裁者たちが自分たちの利益のためにテロ組織を使った例はたくさんあります。

佐藤　たとえば、東西冷戦時代には「カルロス」と呼ばれたベネズエラ人の国際テロリストがいました。彼は思想的には共産主義者ではありませんでしたが、ソ連、ブルガリア、ハンガリーといった共産主義諸国は、ときどき彼を支援していました。

ガノール　現代のテロ組織の多くはイスラム過激派で、北朝鮮との間にイデオロギー面での共通点はありません。それでも、カルロスのケースと同じように、思想的に相容れない北朝鮮とテロ組織の間に「都合のいい同盟」のような関係が作られる可能性があるのか、ないのか——それが佐藤さんの問題提起ですね。

佐藤　そうです。

ガノール　間接的にではありますが、私は、すでにその同盟関係は存在すると考えています。

　北朝鮮は長年、イラン、シリアといった中東のテロ支援国家にミサイルやその他の軍事技術を提供してきました。つまり、イランやシリアなどを通じて、北朝鮮のハイテク兵器がヒズボラなどのテロ組織に流れる危険性は常に存在しているわけです。

佐藤　北朝鮮とＩＳの間には、すでにパイプが存在するということですね。北朝鮮は、やろうと思えばいつでも東京でテロを起こすことはできるでしょう。しかし、それだけでは「アジアのローカルな事件」にすぎず、インパクトに欠ける。そこで、北朝鮮がテロを実行して、その後、ＩＳが「自分たちがテロをやった」と発表する——。このシナリオを私は危惧しているんです。

ガノール　それはあり得る話です。事実、過去にもイランやリビアの諜報機関が行なったテロ攻撃を、ほかのテロ組織の犯行に見せかけたというケースがありましたから。

東京五輪へのテロ攻撃

佐藤 2020年には東京で夏季五輪・パラリンピックが開催されます。テロが起きる可能性はどれくらいあるでしょうか？　また、どんなターゲットが狙われるとお考えですか？

ガノール 五輪には世界中からマスコミと観客が押し寄せます。世界に衝撃を与えたいテロリストにとって、これほどおいしいターゲットはほかにありません。テロ攻撃は必ずある、という前提で準備を進めるべきです。五輪へのテロ攻撃はふたつのタイプに分かれます。ひとつは開催国をターゲットにした攻撃。もうひとつはテロ組織が敵対している五輪参加国への攻撃です。1972年のミュンヘン五輪でパレスチナ人テロリストがイスラエル選手団を攻撃・拉致した事件は、まさに後者のケースにあたります。

　現在、世界の多くの紛争地では、テロを行なう組織と国家が対立しています。チェチェン人対ロシア、ウイグル人対中国、カシミール人対インド……。こうした対立関係の中で、テロ組織側が「敵国領内に攻め込むより、外国にある敵の資産（五輪でいえば選手団や観客）を狙う方が効率的で成功の可能性も高い」と判断することは十分にあり得るでしょう。

——そして、その犯行主体はテロ組織の構成員の可能性もあれば、その呼びかけに呼応したローンウルフの可能性もある、ということですね。

ガノール　そうです。組織のバックアップがなくても、ナイフや自動車など、テロに使えるコールドウェポンは身の回りにありますから。

佐藤　2015年6月30日、走行中の東海道新幹線の先頭車両で、年金受給額に不満を持つ71歳の男性がガソリンを頭からかぶって焼身自殺し、乗客ひとりが巻き添えとなって死亡しました。もっと大量のガソリンを使い、十二分に揮発させてから着火していれば、おそらく30人から40人の死者が出たでしょう。

　もし、新幹線が富士山の前を通過するときに新幹線内でガソリン自爆放火テロが起きたらどうなるでしょうか？　真っ赤に燃えて走る新幹線のバックに、日本の象徴である富士山。その写真は全世界に配信される。そこ

でテロ組織が犯行声明を出す……。
　ガノール　疑う余地もないほど容易で、かつ絶大な効果があるテロです。しかし、実はそれを防ぐのはとても難しい。テロリストには無数の標的リストがあるからです。新幹線だけでも大変な本数が走っていますし、ほかにも地下鉄、バス……。その中からたったひとつ、攻略できそうな標的を探せばいい。

テロは自由民主主義的価値観への挑戦

　佐藤　ひとつ教えていただきたいんですが。これまでテロ組織に対する空爆は効果がないと言われてきましたが、ロシアのＩＳへの空爆は非常に効果が挙がっています。その理由は何でしょうか？
　ガノール　ＩＳは、たとえばシリアのラッカですが、民間人の居住地域に拠点や施設を置いています。ロシアの前にアメリカがＩＳに対する空爆を開始しましたが、彼らは民間人の巻き添え被害が出ないように細心の注意を払っていました。アメリカは自由民主主義の国ですからね。潰す必要のある重要ターゲットでも、民間人の犠牲者が多く出そうな場合は攻撃しないし、したとしても巻き添え被害を最小限におさえるために一部分しか破壊できない小型爆弾を使っていました。
　しかし、ロシアのやり方は違います。民間人の巻き添え被害などお構いなしに狙ったターゲットを完全破壊する。彼らの空爆が効果的なのはそのためです。その成果は、多数の民間人の犠牲の上に成り立っているということです。
　佐藤　そういう状況では、ロシアがシリアで勝利する可能性が高いですね。アメリカが圧力をかけて現在のロシアの空爆戦術を改めさせることは可能ではないですか？
　ガノール　アメリカはロシアの空爆をストップさせたいと思っていないでしょう。トランプ大統領の対シリア政策がどのようなものになるかまだはっきりとはわかりませんが、対ＩＳ戦で大きな効果を上げている空爆をやめさせるとは思えません。

佐藤　ロシアに任せておけば、アメリカ人の血が流れないし、金も使わないですむ、と思っているかも知れませんね。

ガノール　ええ、そうかも知れません。イランはロシアに空爆をやめて欲しくない。もちろんシリアのアサド政権も、です。トルコも、ヨーロッパ諸国もです。トランプ大統領もおそらく同じ気持ちでしょう。

佐藤　そういったシニシズムは、自由民主主義の価値観が衰えていくことにつながりますね。

ガノール　その通りです。いまの佐藤さんの指摘は大変重要なことです。現代のテロリズムはまさに自由民主主義的価値観に挑戦しているからです。現代のテロリズムは独裁政権に対しては有効ではないですが、モラルのある、抑制の強い自由民主主義社会には非常に効果的です。だからと言って、私は自由民主主義の価値観を捨てた方がいいと言っているわけではありません。われわれは英知を尽くしてこの価値観を守っていかねばなりません。

佐藤　テロに対抗するために、われわれは具体的に何をすればいいでしょうか？

ガノール　まず必要なのは、対テロの分野における、より緊密なインテリジェンスの協力態勢を地域レベルと世界レベルの双方で築くことです。

　今、テロリズムは地球規模で行なわれています。A国でテロ計画が立案され、B国でテロリストの訓練が行なわれ、C国で武器が調達され、D国でテロ攻撃が実行される、といった具合です。つまり、世界各国の諜報機関による情報交換がますます重要になっているわけです。

　しかし、諜報機関という組織は、本質的に情報の共有と交換を嫌がります。対テロ分野の情報交換の重要性は誰もがわかっているのに、なかなかうまくいかないのはこれが原因です。

　2011年の9・11アメリカ同時多発テロ攻撃の際も、実は事前に各国の諜報機関がさまざまな情報をキャッチしていたことがわかっています。それらの「情報のピース」をすべてひとつのテーブルの上に出して、「パズル」のようにつなぎ合わせることができていたら、テロを阻止することができたかもしれません。

もうひとつは、テロの脅威について国民を教育することです。イスラエルでは、国民1人ひとりが常にテロに対して目を光らせています。たとえば、テルアビブの街の歩道にカバンを置き忘れたら、2分後には誰かが通報し、警察が駆けつけてきます。治安機関がどんなに優秀でも、やはりテロの防止には全国民の目と耳が必要なのです。

目 次

監訳者のことば──1
テロリズムに関する実用書兼実務書　　佐藤 優

ボアズ・ガノール氏との出会い／アート（芸術）としてのインテリジェンス／政治（国家）指導者の能力／テロリズムの定義／戦争犯罪とテロリズムの区別／テロ対策と国民感情／インテリジェンスの重要性／レッドラインを設けない／中立化（暗殺）工作／壁と「鉄の屋根」／ハルカビの理論／「身体的圧力」／司法の特別手続きと行政処分の拡大／マスメディアの自主規制／「非合理的な不安感」／総動員体制／宗教に無関心な人が、突然、過激化する／北朝鮮とＩＳがテロ同盟を結成？／東京五輪へのテロ攻撃／テロは自由民主主義的価値観への挑戦

序章　対テロ戦争のガイド　41

解決困難なテロリズムの特徴／実践的な対テロガイド／本書の構成

第1章　テロリズムの定義　49

定義の必要性　49
国際的なコンセンサスを築く／テロリズムを定義することの利点／あいまいなテロリズムという言葉／テロリズムの定義を定める難しさ

テロリズムと犯罪　56
テロは犯罪行為か戦争行為か？／通常の刑罰でテロに対処することの難しさ

テロリズムと政治的反対運動　58
テロは過激主義者の政治運動／テロの実態をゆがめる用語の使い方

テロリズムと民族解放運動　60
テロを「民族解放運動」として正当化／「自由の戦士」と「テロリスト」は区別できない

「無実の人々」という言葉の問題 62
「民間人に対する損傷」

テロリズムの定義の一案 64
混乱しているテロリズムの定義／定義の3つの要素／テロリズムとゲリラ戦の違い／ゲリラ活動は許されるのか？／米国務省のテロリズムの定義／テロリズム根絶の可能性

第2章　カウンター・テロリズムの方程式 73

イスラエルの対テロ政策の変化 73
対テロ政策の3つの目標／テロのダメージを可能な限り減少させる

テロ組織は環境の影響を受ける 76
テロリズムの規模と性質に影響を与える要素／「組織にかかる圧力」／「テロ攻撃の目標となっている国の動き」／「不合理な感情的動機」と「記念日」／「テロ攻撃を実行するチャンス」

対テロ政策における軍事部門の重要性 85
テロは軍事的手段で排除できるか？／テロ問題の解決には軍事と政治のすべてを使う

対テロ方程式 88
テロを行なう意思と実行する能力の関係／テロの意思を弱める活動

対テロ政策は明確にすべきか？ 91
対テロ政策が成文化されてこなかった理由／対テロ政策は公表しない

第3章　対テロ戦争とインテリジェンス 94

戦略インテリジェンスと戦術インテリジェンス 94
諜報活動はカウンター・テロリズムの最前線／戦術インテリジェンス／情報収集の手段

ヒューミントのリクルート 98
エージェントの違法行為は許されるか？／情報源の使用可能期間は短い

90年代のイスラエルとパレスチナの協力 101
インテリジェンス能力の深刻な低下／危険にさらされる情報源／ＩＳＡへの批判

インテリジェンスの国際協力 105

インテリジェンス銀行の設立

インテリジェンスと作戦の調整 106
対テロ用調整機関の必要性／「カウンター・テロリズム局」の設立／調整機関の権限と力

政策決定者とインテリジェンス 110
インテリジェンスをどう扱うか

第4章　テロ抑止の問題　112

困難で複雑な抑止の仕事 112
テロ組織を抑止する難しさ／価値観の異なる相手／対テロ抑止の成否／重要な抑止力のイメージ

イスラエルの抑止政策 118
テロをやめるまで報復する／効果がなくなった報復攻撃／「テロリズムを抑止する手段などない」

テロ組織の合理性の問題 123
テロ組織の異なる価値観を理解する

自爆テロの抑止 125
自殺攻撃者が得られるもの／自殺攻撃のメリットをなくす

テロ支援国家の抑止 128
テロ組織を利用する国家／イラク戦争のメッセージ／テロの代償／制裁の抜け道を探す／リビアに対する国連決議／テロ支援国家に対するダブル・スタンダード／経済制裁の効果

防御的抑止 139
対テロ防御行動／テロ活動の「レッドライン」／抑止行動の結果としてのテロリズムの激化

対テロ抑止の段階的モデル 142
政策決定プロセスの基本段階／政策決定プロセスの最終段階

第5章　攻撃的・防御的対テロ行動　146

攻撃的対テロ行動 146
攻撃行動の効果の評価／攻撃行動の目標／攻撃行動の代償

攻撃行動の有効性の評価 152
報復政策の有効性についての議論／4つの指標

ターゲテッド・キリングの有効性 157
モラルの問題／暗殺の正当性の検証／司法手続きの必要性／合法的かつ許される暗殺／暗殺の有効性

イスラエルのターゲテッド・キリング 164
ミュンヘン五輪虐殺事件／パレスチナ自治区内での暗殺／アンマンでの大失策／困難な倫理的判定／ターゲテッド・キリングの有効性

ブーメラン効果 174
対テロ強硬策が新たなテロを招く？／ブーメラン効果が原因のテロ／「ブーメラン効果など存在しない」／ブーメラン効果を過剰に恐れてはならない

テロ組織に対する攻撃行動のタイミング 181
対テロ行動の3つのタイミング／テロリズムに対する4つの政策／変化するイスラエルの対テロ政策／「テロ攻撃が起きるたびに報復していた時代は終わった」

防御的対テロ行動 186
警備不足がテロ攻撃の動機となる／防御的警備のための莫大な支出／防御行動はテロを防止する鎖の最後の輪

第6章　民主主義のジレンマ 192

テロをめぐる対立する意見／テロリズムと民主国家の世論／意思決定者に対する世論の影響力／世論の影響力の限界／テロ攻撃と選挙の関連／法律万能主義と法律無視のはざま／倫理的問題／民主主義と情報活動のジレンマ／テロ容疑者の盗聴をめぐる問題／テロ容疑者の尋問方法の問題／テロリストの尋問ルールの原則／合法的な尋問の範囲／「時限爆弾」的状況の定義／民主主義を守るため、非民的手段を使う／「おだやかな身体的圧力」の適用／尋問されて死亡—最悪のケース／きわどい区別／「これが民主主義の宿命」／攻撃的対テロ行動のジレンマ／テロ組織に対する攻撃行動は許される／防御的民主主義のジレンマ／テロ対策決定の指針／カウンター・テロリズムのルール

第7章　対テロ立法と処罰のジレンマ 231

対テロ立法に取り組んできた英国／対テロ法が抱える問題／イタリアとドイツの対テロ法／イスラエルの対テロ法／テロ資金の没収／範囲限定のテロリズム

防止立法／対テロ緊急立法／テロ組織の非合法化／公開裁判および証拠に関する特権／テロ関与被疑者の起訴／立法上のジレンマの要約／テロリストに対する処罰のタイプ／集団的処罰／テロリストの住居の破壊／家屋の破壊と立入禁止の有効性／行政処分／境界閉鎖／境界閉鎖の限界／行政拘留／追放／追放に対する国際的な圧力

第8章 テロ報道のジレンマ 281

テロ組織とメディアの互恵関係／テロ攻撃に対するメディアの報道姿勢／報道がテロ対策の強化につながる／テロリストが望むのはインパクトである／テロ組織の戦略にとりこまれるメディア／ジャーナリストのジレンマ／生放送のジレンマ／どこまで報道を続けるか？／テロリスト提供のビデオを放映するべきか？／テロリストから取材に招かれたら／検閲のジレンマ／メディア自身の報道規定

第9章 心理・士気のダメージに対処する 302

市民の士気喪失を狙う／「合理的な恐怖感」と「非合理的な不安感」／テロリストの心理戦／予想される攻撃に関する警戒情報の公表／市民の対処能力の強化／イスラエルにおけるテロリズムの心理・士気に及ぼす影響／政策決定における士気の要素／公衆が政策決定者に及ぼす影響／士気を目的とする攻撃的手段の使用／「恐るべきは恐怖そのものだ」

第10章 国際協力に関する問題 327

国際テロリズムの脅威／4つの国際的対テロ行動／テロリズムと戦うための国際憲章を策定／テロリズムとの戦いにおける協力／国際共同による対テロリズム枠組みの設定／世界平和への危機

総括 イスラエルの対テロ戦略 342

テロ対策の諸機関を束ねる統括官／代々引き継がれる対テロ戦略は存在しない／行動上の対処法／完璧ではないが、大筋では成功している／カウンター・

付録資料A テロリズムとメディア―シェファイイム会議のサマリー 355
付録資料B 対テロ国際協力に関するコンファレンス参加者の勧告 358

脚　注 360

序章　対テロ戦争のガイド

解決困難なテロリズムの特徴

　2001年9月11日にアメリカで発生した同時多発テロは、その攻撃力、選んだ標的、テロリストたちの大胆さと洗練された計画、境界線と制限を飛び越え、社会のルールを粉々に打ち砕いたやり方、何にも増して及ぼしたダメージの巨大さと犠牲者数の多さによって国際テロリズムを現代文明と全世界を脅かす真の脅威に変えた。

　9月11日のアメリカ同時多発テロ、そしてその直後に起きた一連の生物兵器によるテロ攻撃（炭素菌の付着した封筒がアメリカのさまざまなターゲットに送られた）は、テロリズムの限界も抑制されることもないポスト・モダン時代への移行のはじまりであった。一度に数千人が犠牲になり得る脅威、非通常兵器（化学、生物、放射能、そして核も）が使用される危険性、そしてユダヤ教徒であろうとキリスト教徒であろうとイスラム教徒であろうと、自分たちの原理主義的考えに賛同しない者は、すべて倒すべき異端者とするイスラムの過激イデオロギーの蔓延によって、テロリズムは最も深刻な国際問題となった。もはやテロリズムは一国や二国で対処できる地域的な問題ではない。神聖なる宗教的使命であるジハードを戦うためのイスラム過激派のテロ・ネットワークは世界中に広がっており、世界平和に対する空前の脅威となっている。

　この深刻な危機に直面して世界は当惑し意見は分かれている。ほとんどの人々はそれがどれほど危険なものかも知らないし、仮に知っていたとしてもこの新しいタイプのテロに対処できる能力を持っていない。兵士、警察官、治安部隊は戦場で敵と戦うために長く苦しい訓練を経なければなら

ないが、閣僚、議員、政策立案者、安全保障関係の組織の長などの政府の人々は、適切な経験も知識も持たずにテロ問題に関する決定を下し、行動している。それも厳しい時間的制約と国民からの強烈なプレッシャーの下で、だ。

今日の世界で政策決定者が直面する問題の中で、テロとの戦いほど複雑で解決の困難なものはなかなか見つからないだろう。対テロ政策を定義するのは難しいが、これにはテロリズムというユニークな現象の以下のような特徴が関係している。

(1) 学際的なテロリズムの研究

テロリズムを深く理解するには、ひとつの専門分野だけの研究では十分ではない。ほとんどすべての学問の分野がテロリズムの研究には何らかの形で関係してくる。テロという現象がどれほど複雑なものであるかは、直接または間接的にテロリズムに関係している学問の分野を考えてみればいい。心理学、社会学、政治学、法学、経済学、コンピュータ・サイエンス、生物学、化学などすぐに思いつくだろう。テロリズムに効果的に対処するには、いま挙げた分野すべてにおいてある程度の知識を持っていなければならない。さまざまな分野の知識に基づいて状況分析を行ない、決定を下す能力が必要なのだ。

(2) 戦場と銃後の境界線が曖昧

テロリズムは戦場と銃後の境界線を曖昧にする。テロリストは攻撃する国や社会の最大の急所を狙って攻撃してくる。いつも民間人が犠牲となるのはそのためだ。つまり、テロ対策は警察や軍の力に頼っているだけではだめで、さまざまな分野における民間活動も含まれねばならない。

(3) 広範なテロのインパクト

テロリズムは直接または間接的に政治（テロは投票の傾向に影響を与えることがよくある）、経済（テロは流通、観光、航空、輸出入、保険、株式市場、金融業務など多くの経済分野に悪影響を与える）、軍事（テロ

は、ほかのこと、たとえばより深刻な軍事的脅威などから注意をそらすための陽動作戦として行なわれることがある。また戦闘部隊の訓練を危険にさらす)、また教育(テロ問題を教え、テロに対処する国民の能力を高めねばならない)といった国家活動のほぼ全域に影響を及ぼす。政策決定者は、いま述べたことも含めてテロの影響をすべて認識し、ダメージをできるだけ少なくするように事前に準備しておかねばならない。

(4) テロリズムのタイプ

テロ攻撃には、人質事件、自爆テロ、銃や爆発物による攻撃などさまざまなタイプがある。それぞれ独自の特徴があり、対処するには異なる行動と心構えが必要となり、多くの問題に対応せねばならない。

(5) テロは指導者の能力が試される

テロリズムは、誰にでも明らかに結果がわかる政策決定者の能力テストとなる。彼らはプレッシャーの下、指導力とその場その場で決定を下していく能力が試される。指導者のテロの脅威への対応能力はすぐに国民の知るところとなり、その政治生命に多大な影響を与える。これが時折、発生したテロ問題を迅速に解決しようと、選択肢も、それがもたらす結果も深く考えずに間違った決定を下してしまう原因になることがある。こういう時の決定ミスの代償は高くつくことが多く、経済的、政治的、国際的に副次的な損害が出るだけでなく、人命が失われることもある。

(6) 国益の損益

首尾一貫した対テロ政策を実施しようとすれば、ほかの国益に大きなマイナスとなることがある。テロに対処する際、政策決定者は自分の下す決定が経済、政治、外交といったほかの国益に与える影響を考慮に入れておかねばならない。

(7) 対テロ戦争の各分野

複雑な性質を持つ対テロ戦争では、情報収集、攻撃、防御、抑止、その

ほか考え得るすべての分野で、同時に対テロ政策を進めねばならない。ひとつの分野に集中していては望ましい結果は得られない。対テロ戦争に勝ちたければ、包括的な戦略的観点や複雑な危機状態に対処できる能力が必要で、さらに省庁、緊急事態に対応する組織、情報機関、治安部隊、そのほか軍民合わせた多数の政府組織を連携・コントロールさせるメカニズムが極めて重要となる。

実践的な対テロガイド

　本書では対テロ戦争で政策決定者が直面する主要な問題を取り上げる。インテリジェンス、攻撃、抑止、そして防御活動に関する問題、法と刑罰、また情報と教育に関する問題、国際協力、マスコミその他に関係する問題などである。それぞれの分野でポイントとなる事柄をいくつか検証し、いろいろな解決法をまず考える。そして各解決法の長所と短所を議論したあと、イスラエルが長年にわたるテロとの戦いで得てきた経験に基づき、問題を解決するためのひとつの選択肢を推薦する。
　本書は、テロリズムにどう対処していいかわからない人々のガイド、政府のリーダーや議員、治安機関の長、軍人、警察や緊急事態に対処する組織で働く人々など、すべてのレベルの政策決定者のツールとして書かれた。また学者、学生、多国籍企業の社長、ビジネスマン、そして一般大衆の役にも立つはずだ。残念ながら一般の人々でもテロの台風の目の中に入ってしまい、どうすれば次のテロ攻撃の犠牲者にならずにすむか考えねばならないことがあるからだ。
　本書では政策決定の異なるモデルと方法を検証する。そして対テロ政策をより多くの情報に基づいた効果的なものとするための基礎知識を提供する。それは政界、治安機関および官庁、地方行政、ビジネス界や個人などすべてのレベルで有効な知識である。
　イスラエルは長年、テロ攻撃の標的となってきた国家であり、その対テロ能力はさまざまな面で有効性が実証されてきた。カウンター・テロリズムの主要問題を考えるのに適したモデルである。
　本書執筆のため、テロとの戦いに関係してきた政策決定者たち——過去

に首相、国防相、モサド長官、ISA（シンベト：イスラエル保安局）長官、軍情報機関長官、首相の対テロ顧問、国家安全保障会議の対テロ調整官などを務めた経験のあるイスラエルの重要人物たちへのインタビューが行なわれた。

本書の構成

各章は対テロ戦争の異なるレベルを扱っている。

第1章では、テロの脅威を定義する際の問題について考える。テロリズムを定義する必要性、また犯罪行為、政治的な反対運動、革命における暴力などと比較してテロリズムのユニークな面を論じる。本章の最後には、活動の目的、使われる手段、攻撃のターゲットを区別するテロリズムの定義が提案されている。この定義は対テロ戦争で国際協調を達成するための基盤に使える。

第2章では、カウンター・テロリズムの定義に関する問題を扱う。対テロ戦争の目標は何であるべきかについて考察し、それを踏まえてこれまでイスラエルの対テロ活動を特徴づけてきた目標を考察する。この章では、対テロ政策における軍事的要素の優位性に関する問題が繰り返し論じられている。簡単に言えば、軍事的手段でテロリズムに勝利できるのか、ということである。そういった意味で、対テロ政策を明確に定義する必要性と、どこまでその政策が公にされるべきかという問題も考える。

第3章では、対テロ戦争におけるインテリジェンスの問題について考える。まず対テロ戦争のすべての面におけるインテリジェンスの重要性からはじまり、情報収集の分野から概念を明らかにしたあと、人的情報源（以後、ヒューミントと呼ぶ）の使用に関する問題と情報源の比較的短い寿命に関連した事柄について論じる。この分野での国際協力の問題点は、オスロ合意署名後のイスラエルとパレスチナのそれを見ればよくわかる。この章はインテリジェンスと作戦活動をコーディネートするメカニズム作る重要性を浮き彫りにし、さらに政治レベルでは、報告されるインテリジェン

ス評価や情報をいかにして扱うべきかという問題について考察している。

　第4章では、テロリストおよびテロ組織の抑止という複雑な問題を扱う。最初に対テロ政策における抑止の問題を分析し、この複雑な問題をイスラエルの対テロ政策を例に説明する。この章の後半では、とくに自爆要員だが、テロリストたちにはどの程度、合理的思考ができるのかという問題を論じる。さらに攻撃の抑止、防御的抑止、またテロ支援国家の抑止に関するさまざまな問題を考える。

　第5章では、テロ組織に対する攻撃・防御行動に関するジレンマを検証する。この章で論じられる主要な問題のひとつは、テロに対する攻撃的な戦いは効果があるのか、また行動の価値はどうやって計ることができるのかということだ。攻撃行動の問題点は、個人に対する特殊な攻撃行為、すなわちターゲテッド・キリング（暗殺）を見ていくことで説明される。この章では、調査で判明したイスラエルの対テロ攻撃行動の主な問題ふたつについて論じる。そのひとつは「ブーメラン効果」と呼ばれるものだ。これはテロ組織の活動家や施設を攻撃すれば、テロリスト側も攻撃をエスカレートさせる可能性があることを意味する言葉だ。もうひとつの問題は攻撃行動のタイミングである。いつ行なうのがベストなのか。テロが発生したあとに報復攻撃として行なうのか、それともテロ攻撃を受ける前に予防のために行なうべきか、それとも継続して攻撃すべきか。防御レベルの対テロ活動に関して、本章では対テロ戦争用の予算をどのように分配するべきかという問題、またほかのエリアと比較して防御行動に割り当てられる予算のサイズについて考える。

　第6章では、対テロ戦争における民主主義の問題について考える。それは広範囲のテロ活動に対応せねばならない自由民主主義国が直面する大きな問題のひとつである。この章では、現代の対テロ戦略を調査し、テロ組織が自由民主主義国家の価値観や制度を利用している事実を明確にする。とくにオープンなメディア、政策決定者たちに世論が与える影響、人間の

命を最も尊いものとし刑罰には制限があることなどである。これらすべてのことが国家の「急所」となっている。さらに次のふたつの問題に焦点をあてる。政府は、ある種の対テロ活動を避けることで正当性を保っているが、いかにしてそれを国民に政治的あるいは個人的な弱さと解釈されないようにしているのか。もうひとつは自由民主主義の価値観を維持しながら効果的な対テロ活動は可能かという倫理的な問題である。こうしたジレンマを説明するため、本章では情報収集、テロ容疑者の尋問方法、そして攻撃・防御行動に関する倫理的な問題を考察する。最後に対テロ活動における民主主義的問題を検証する方法を提案する。

第7章では、対テロ活動の法的・刑罰的側面に焦点をあてる。さまざまなタイプの対テロリズム法が概説され、資金を断ち切ることの問題、個々の対テロ法、緊急事態法、そしてテロ組織の非合法指定、さらに裁判の広報と証拠の機密性という根本的な問題、またテロ活動に関係した容疑者を裁判にかける問題などを論じる。刑罰については、ふたつの疑問点について考える。そのひとつは集団的刑罰。これについてはテロリストたちの自宅を破壊したイスラエルの経験を通して説明する。もうひとつは行政的刑罰である。これはテロリストの隠れ家や逃げ場所、テロ実行者の訓練や出撃拠点となっている地区への立ち入り禁止や夜間外出禁止令、そしてテロ攻撃を実行した者とその支援者の拘束や追放などのことだ。

第8章では、テロリズムのマスコミ報道に関係する問題を考える。この章では、現代のテロ戦略におけるメディアの重要性、さらにテロリスト、メディア、そして世論の相互関係を説明する。テロ事件を報道するジャーナリストは、リアルタイムかつ検閲なしで事件を報道するプロとしての義務と、テロ組織の手先や宣伝の道具になってはいけない国民の責務の間で、うまくバランスをとる必要がある。さらにこの章では、テロリスト側の用意したビデオを放送したり、インタビューをしたりすることの問題点、テロ事件はどこまで報道されるべきか、その放送内容、通常のスケジュールで放映されている番組への影響などについても論じる。またテロ攻

撃のマスコミ報道に対する検閲に関する問題、そしてマスコミがテロリストから次のテロ攻撃が行なわれる場所を教えられたら、どのように行動すべきかについても考える。

　第9章では、カウンター・テロリズム政策の立案で中心的な問題となるテロリズムの心理的ダメージ、士気への悪影響の対応策について考える。ここでは一般大衆の間に生じるテロへの恐怖心は、現代テロリズムの戦略的武器と説明されている。またテロリズムを心理戦争のひとつのタイプとして捉え、テロ攻撃が行なわれる可能性を示すインテリジェンス警告を国民に発表することと、テロの脅威に対処する国民の能力を強化することの間に生じるジレンマが論じられている。さらにこの章では、恐怖とストレスの一般大衆への影響、対テロに関する決定がどのようにして決められるか、決定の質、そして国民の士気を高揚させるためにテロとの戦いで攻撃的手段を使う正当性と、それが賢明な選択であるかどうかを見ていく。

　第10章は、国際協力とテロリズムについてである。2001年9月11日以降に現れた国際テロリズムの特徴と、この新たなイスラム過激派のテロに対抗するのに必要な国際戦略について説明する。この章ではテロとの戦いのための国家連合創設の必要性が強調されている。インテリジェンス、攻撃、防御、罰則、そのほか対テロ戦争の各レベルで世界が協力して活動する枠組みを作ることで国際協力を強化する一助となる。

　最終章は、要約と結論である。とくにテロと戦ってきたイスラエルの経験に関連した問題、イスラエルの明確な対テロ戦略、その成功と失敗などに焦点をあてた。章の最後は、効果的な対テロ政策の策定方法、主な対テロ問題の解決法のリストで締めくくられている。
　またテロリズムに対処する難しさとさまざまなジレンマを解決せねばならないことから、文民と治安関係、双方のすべての対テロ活動を効果的に管理できる政府機関の必要性が強調されている。

第1章　テロリズムの定義

　どのようなタイプの戦略でもそれを策定する際、対応する脅威を正確に定義する必要がある。これはテロリズムのように国家の安全保障に対する脅威の場合、とくに重要となる。本書ではカウンター・テロリズムの政策決定に関する事柄を扱うが、まずテロの脅威を定義する際の問題点、そしてゲリラ戦、政治的な反対運動、犯罪行為、独立闘争などの似ている現象とは異なるテロリズムのユニークな特徴から論じていく。

定義の必要性

国際的なコンセンサスを築く

　定義は通常、理論上のもので、これからはじめようとしている研究の明確で普遍かつ一般的に受け入れられたベースを研究者に与えることを意図している。しかし、テロリズムという現象について論じる際、その定義はテロリズムに対処するために必要な根本的な要素であり、対テロ活動の国際協力を構築する土台にもなる。

　現代のテロリズムはますます国家の支援に頼るようになってきている。スポンサー国家の国益を実現する手段となっているテロ組織もあれば、どのような活動をするかはスポンサー国から提供される経済的、軍事的、そのほかさまざまな形の援助次第という組織もある。なかには国家からの支援に頼り過ぎ、スポンサー国の決定と指示に従う傀儡になってしまっているものもある[1]。現在ではテロ組織とスポンサー国家の親密な関係を断ち切らない限り、テロリズムに効果的に対処することはできないのは明白であ

る。しかし、その関係を断つには、テロリズムの定義、さらに国家支援テロの定義とそれに対して何をせねばならないかについて国際的なコンセンサスがなければ不可能である。

「テロリズム」という言葉が定義されない限り、それぞれ異なるテロ組織の共通理解も、テロ組織を非合法化することも、彼らの資金集めや国際的なマネー・ローンダリングを阻止することもできない。国際会議や地域レベルの国家間の話し合いなどを見れば、世界中がテロの脅威を真剣に受け止めていることがわかるが、そういった会合に参加する国々がテロリズムの定義で合意できなければ、意味のある結果は出ない。

「テロリズムとは何か」について共通する考え方がなければ、テロリズムを支援する国家にその責任を問うことも、世界レベルでテロに対抗する方策を考え出すことも、またテロリスト、テロ組織とその支援者たちと効果的に戦うこともできない。さらにテロリズムの定義がなければ、反テロの国際条約を締結することは不可能だし、間接的にでもテロリズムに関係した国際条約が文書化・署名され、それを実施しようとしても機能しないだろう。

その非常にわかりやすい例は、犯人の引き渡しである。全世界で多数の国が、さまざまな犯罪に関係した二国間、また多国間条約に署名している。それらの条約は普通、テロリズムだけに関係したものではなく、一般的な犯罪を犯した者が対象となっており、その多くは犯罪に政治的な背景があれば、引き渡す必要はないと明記している。テロリズムには常に政治的な背景がある。この抜け穴によって多くの国がテロリストを引き渡す義務を怠ってきた。

たとえば1986年、アメリカでブルックリンの裁判官が、連邦検事からのアブド・アル・アタ（1986年4月にヨルダン川西岸地区で4人が殺害されたテロ事件の容疑者。米国市民）のイスラエルへの身柄引き渡し要請を拒否している。その裁判官は、テロ攻撃は政治目的を達成しようとした政治的な行動であり、アタの行為はＰＬＯの政治目標の実現を支援するために起きた西岸地区の暴動の一部として実行されたもの、と述べている。裁判官によると、これは政治的な告発であり、イスラエルとアメリカの間で交

わされた犯人引き渡し協定の身柄を引き渡さねばならない犯罪のカテゴリーには入っていなかった。(2)

テロリズムを定義することの利点

実際、テロリズムを定義する必要性は、テロリズムとの戦いのほぼすべての段階に関係している。

（1）法的措置

法律と規制によって治安部隊はテロリズムと戦う手段を与えられる。ここでテロリズム用の法律を整備するために、テロリズムの定義が必要となる。たとえばテロ行為やテロを援助することを禁止する法律、またテロリストに科せられる刑罰などである。

（2）処罰的措置

法的措置と同様、テロ活動に参加した者に刑罰（犯人と協力者への刑罰、資金や装備の押収その他）を与えるのにも、テロリズムの定義が必要となる。

法的・処罰的措置では、テロと一般的な犯罪を区別するためにテロリズムを定義せねばならない。テロリズムと犯罪行為を区別する法律と刑罰が必要なのは、その政治的性質からテロリズムが社会とその価値観、政府または公共の秩序に対して、犯罪行為などに比べてはるかに危険だからである。

（3）国際協力

世界各国の間の対テロ協力関係を強化し、さらにそういった関係がカウンター・テロリズムに有効であることを確実にするために、できるだけ多くの国々に受け入れられるテロリズムの国際的な定義を考える必要がある。テロ行為、その援助と支援、テロ組織への資金の送金、国家によるテロ組織の支援、テロ支援国家との通商関係などを禁止する対テロ国際条約を締結するためだ。それには前述したテロリストの身柄引き渡しを規定する条約も含まれる。

（4）攻撃行動

テロリズムと戦っている国家は、戦いのイニシアチブをとることを許さ

れるべきである。テロ組織の作戦能力をできる限り低いレベルにおさえておくには、テロ組織に対して常に攻勢に出ていなければならない。しかし、テロリズムから自らを守ろうとする国家は国際社会から支持されるが、対テロ攻勢に打って出る国は通常、厳しく批判される。テロと戦っている国が世界の支持を受け続けるために、国際的に受け入れられたテロリズムの概念に関する定義が必要となる。

（5）テロリズムを支援する住民に対する行動

テロ組織は住民や支援者の協力を必要とする。テロを減らす効果的な手段のひとつは、テロ組織への住民からのサポートをストップさせることである。国際的に合意されたテロリズムの定義があれば、それが可能となる。テロがほかの種類の暴力行為とは区別され、テロ行為はいかなる状況においても非合法であることが合意されれば、住民たちにテロ組織への支援をやめるよう主張でき、さらに適切な処罰や報復手段を使うことができるようになるからだ。

テロを定義することで、国内および国際社会における新しいルールが明らかとなる。権利の獲得などの目標を達成するために国家と戦おうとしている組織は、テロで目的を達成するか、あるいは非合法ではない活動（これも暴力的である可能性はあるが）で行なうかを選択せねばならなくなる。

（6）広報活動

テロリズムをほかの暴力行為と区別する形で定義できれば、テロ組織を非合法化し、彼らに対する支援をやめさせ、対テロ国際戦線を構築する世界的な広報活動に着手することが可能だ。テロ活動の正当性（テロ組織の政治的目標に世界が共感する傾向が原因となる）を崩すには、テロとゲリラ活動を区別し、両者は明確に違う暴力闘争であることを示す必要がある。

あいまいなテロリズムという言葉

このようにテロリズムを定義することは、対テロ戦争のさまざまなレベルで役に立つ。対テロ活動の土台にもなるテロリズムの定義は、テロ組織

がその活動を見直すきっかけにもなり得る。このままテロ攻撃を続ければ、正当性を失い、厳しい刑罰を受ける危険がある。また軍事行動も含めて国際社会が団結して反撃してくるかもしれず、忠誠心、支持、援助なども失われるかもしれない。それならテロを続けるより、たとえばゲリラ戦のように、はるかに犠牲の少なくて済む行動を選んだ方がいいのではないか、という具合にだ。

　きちんとしたテロリズムの定義が必要なもうひとつの理由は、テロ組織、テロ支援国家、政治家、ジャーナリストなどが、テロリズムについてさまざまな言葉を使って説明、描写、分析していることだ。たとえばテロの実行犯は、見解の異なる人々によってテロリスト、ゲリラ、フリーダム・ファイターズ、革命家などさまざまな名称で呼ばれる。一例を挙げれば、1985年12月、アブ・ニダル・グループがローマとウィーンの空港でテロ攻撃を実行し多数の死者が出た事件をロンドンのファイナイシャル・タイムズ紙が報道した際、一面ではテロリストとガンマンという言葉が使われたが、二面ではゲリラだった。イギリスのほかの新聞も同様だった。[3]これはマスコミ報道がテロ活動を取材するジャーナリストの見解にどのくらい影響を受けるかを如実に示している。テロリズムという言葉は、自国民が標的となった時に使われ、外国で発生したテロ事件では違う言葉が使われることが多いようだ。

　明確な定義がないため、政治的意味合いのない暴力や経済的理由で行なわれた犯罪行為といった、テロとは無関係の出来事を説明するのに、ネガティブな印象を強める目的でテロリズムという言葉が使われることもある。

テロリズムの定義を定める難しさ

　過去にテロリズムの国際的な定義を定めようとする試みが何度かあった。面白いのは、テロリズムを定義する作業に積極的だった国々の中に、テロを支援していることで知られる国が入っていたことだ。シリアとリビアである。1987年8月、国連に提出するテロリズムの定義を定めるために、アラブ連盟の会議がダマスカスで開催された。シリア外相は冒頭演説

で、委員会の設立は「悪のシオニスト帝国主義者の攻撃からアラブの人々を守る良き方向への分岐点となる」と述べている。1987年10月、リビアの国連大使（法務委員会の委員長）が、「テロリズム」という言葉の新しい定義を定めることを目的のひとつとした国際テロリズム会議を国連主導ではじめることを委員会で正式に提案した。こういったイニシアチブはテロ支援国家がテロリズムの定義を極めて重視していることを示している。テロリストの汚名を着せられずに済む定義の仕方もあるからだ。

2001年1月、国際テロリズム国連特別委員会でインドがテロリズムの定義の試案を提出した。だが、9・11同時多発テロ事件後に国連で行なわれた会議でその定義は却下された。これも国際的に受け入れられるテロリズムの定義（図1-1）を定める難しさを示す好例である。

定義することに反対する者に言わせれば、政策決定者（安全保障エスタブリッシュメントも含めて）には共通したテロリズムの定義などなくてもまったく構わない。「テロリズムは見ればそれとわかる」が彼らの基本的な考え方だ。テロリストが行なうのは本質的に強盗、放火、殺人といった刑法で禁じられた通常の犯罪行為と同じ、と彼らは主張する。つまり、テロリズムを定義して新たな犯罪を作らなくてもテロリストを罰することはできるということだ。

この考え方は国際法の分野でも聞かれる。過去数十年ほど受け入れられてきた傾向は、テロリズムを定義せずとも、航空機のハイジャック、海賊行為、爆発物の起爆などといった特殊な行為を禁止する法律を制定することで、より効果的にテロリズムに対処できるというものだ。国際レベルでの諜報・軍事協力でもテロリズムの概念に関する合意を必要としない。国同士の話し合いでは組織や活動家などに焦点があてられ、定義の政治的側面は避けることができるからだ。

これとは対照的に、テロリズムには国際的な定義が必要であると主張する人々がいる。彼らは国際社会が受け入れられるようにテロリズムを客観的に定義することは可能であり、またそういった定義がなければ、世界レベルでテロと効果的に戦うことはできないと考えている。この考え方ではテロリズムの定義についてのコンセンサスがなければ、国際協力はできな

い。テロ組織の資金源の遮断、新メンバーのリクルートの阻止、送金や資金洗浄の妨害、テロリストの身柄引き渡しなど、軍事・諜報以外の分野でも国際協力は必要だ。そして、何が許され何が禁止されるか、何が合法で何が非合法かを定めるルールの基準となる拘束力のあるシステムの構築には、できるだけ多くの国々に承認された明快かつ客観的なテロリズムの定

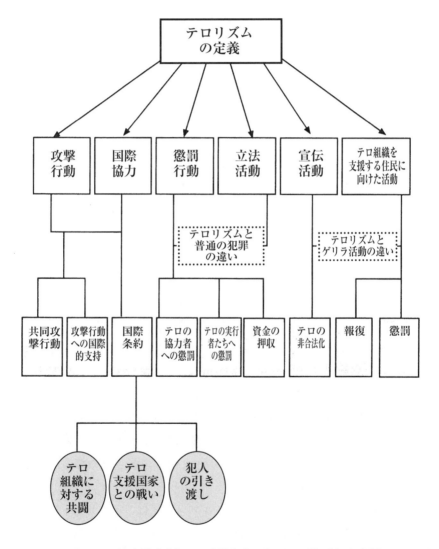

図1-1 基本的な対テロ手段としてのテロリズムの定義

義が不可欠である。

　テロリズムという概念の定義がなければ、1996年にシャルム・エル・シェイクで行なわれた会議の時のように世界のリーダーたちが集まり、つなぎ合った手を天高く上げ、世界に向かってテロリズム反対を皆で表明するという見栄えは素晴らしいが、本質的には何の意味のないことが起きる。シリアやイランのような国がテロリズムを支援していないと声高に主張できるのも、明確な定義がないからである。彼らが支援しているのは、抑圧された人々の「民族解放運動」というわけだ。

テロリズムと犯罪

テロは犯罪行為か戦争行為か？

　国際的に合意された基準に沿って、テロリズムの定義を提案する前に、テロという現象を定義するための適切なコンテキストを決めねばならない。それは刑法に従って裁かれるべきである「普通」の犯罪行為なのか、それとも戦争行為であり、テロに対する戦いは戦争に関係した法と基準に従って行なわれるべきなのか？

　テロリズムが犯罪行為なのか政治的な軍事行動なのかについては、研究者の意見は分かれる。ブライアン・ジェンキンス（元ランド研究所テロリズム・プロジェクトのリーダー）はこの議論についてこう述べている。

　「もしテロリズムを犯罪として見ると、証拠を集め、犯人を逮捕し、裁判にかけねばならなくなる。このやり方では、国家間の協力に問題を引き起こす。また遠く離れた場所を拠点とする組織やテロに関係した国によるテロ行為には適していない。対照的にテロリズムを戦争として扱うならば、個人の罪という面にそれほど気にする必要はなく、罪の大まかな評価と情報があれば事足りる。ここではテロリスト個人に焦点をあてるのではなく、敵の適切な認識が重要となる」[7]

　ジェンキンスとは違い、ガッド・バルズィライは、テロリストは犯罪者であり、テロに関係した犯罪が通常の犯罪とは違う形で扱われれば、国の指導者は不当な政治的アドバンテージを得る危険性があると考えている。

バルズィライはテロリズムを普通の犯罪と区別すべき理由を適切に考慮していないように思える。テロリズムには政治的目標があるということだ。テロリズムには戦略目標があるという事実が直接の原因で、テロリズムとの戦いのすべてが自然と政治的行為になってしまう状況にわれわれは置かれている。さらに言えば、社会的犯罪としてのテロリズムは、通常の犯罪よりも公共の秩序に対して深刻な脅威となる。行政システムに対する国民の信頼、また国民それぞれの感じる安全と国家の安全保障の度合いをぐらつかせる。だからテロリズムは通常の犯罪とは別に扱わねばならないのである。バルズィライは対テロ手段の独占の持つ本質的な危険の可能性を指摘しているが、例外からルールを推論し、重要な事柄を一緒に捨ててしまっている。

通常の刑罰でテロに対処することの難しさ

対テロ手段が政治目的のために悪用される危険性があるからといって、テロと戦う特別な法的・懲罰的・戦術的手段を無力化させてしまってはいけない。逆にそういった危険によってわれわれはテロリズムと戦う方法を慎重に選ぶようになるし、自由民主主義の価値観へのダメージを最小またはゼロにおさえる方法と手段を見つけるだろう。またある種の対テロ戦術はあまり用いないようになる。保安ネットワークは完全に法の監視の下に置かれ、政策決定者と治安機関が対テロ手段を独断的また違法に使うことを妨げる抑制と均衡のシステムが出来上がるだろう。[8]

ミカル・ツールは、テロリズムと通常の犯罪の違いを「敵の否定と極端な手段の使用という意味で、全体主義的傾向のある組織的かつ知的な犯罪」と説明している。[9] ツールは通常の刑罰でテロリズムに対処する難しさを強調する。なぜならカウンター・テロリズムでは、テロ攻撃をその初期段階で潰さねばならないのだが、その時点での活動の多くは犯罪とは見なされないため、共犯者たちを罰することができないからだ。[10]

イスラエル最高裁判所は、テロリズムは犯罪か軍事行動かという論争に意見を述べている。ナザール事件に関する判決文（HCJ6026/94 Abd al-Rahim Hassan Nazal et al. v. Commander of the IDF Force in Judea and

Samaria）の中でチェシン判事はこう記している。

「裁判官の仕事は難しい。われわれの前にあるような残忍で卑劣な攻撃を扱わねばならない時はもっと難しくなる。殺人者の行動は本質的に戦争行為であり、軍事的性質の行為には同じく軍事的な行動、戦争という手段で対応すべきである」

チェシン判事は以前自分の出した判決（HCJ4162/93 Federman et al. v. The Attorney General et al.）から引用し、何千人もの人間の命を奪った者を裁判にかける難しさについてこう述べている。

「人間社会の日々の生活のために作られた刑法では、この問題に応えるには不適切である」[11]

テロリズムと政治的反対運動

テロは過激主義者の政治運動

テロリズムの基礎をなす目的は、常に政治的なものである。現存する政府を転覆させる、政府の形態を変える、政府の人事を変える、経済や社会その他の政策を修正させる、社会経済的なイデオロギーを広める、宗教的ないし国粋的な目標等々といった政治分野での目標を達成することを目的とする。

政治的な目的なしに市民に暴力をふるうのは、純粋に刑事事件、凶悪犯罪あるいは単なる狂った人間の行為であり、テロリズムとはまったく異なる。こうした観点から、われわれはテロリズムを過激主義者の政治的反対運動として見るべきである。

エフード・スプリンザックは、15年以上の学術的研究に基づき、テロリズムは説明のつかない行き当たりばったりの攻撃や精神異常の結果起きるものではなく、むしろ政治用語で定義できる政治的現象であると結論している。スプリンザックによれば、「テロリズムとはイデオロギー的権威内の危機の特殊なケースであり、現存する社会または政府の合法性を認めない継続的なプロセスの結果であり、通常、そのはじまりは暴力的でもテロリズムが根底にあるわけでもない」[12]。マーサ・クレンショーはこの考え方

を支持し、「民間のターゲットに対してテロや極度の暴力が行なわれるのは、組織の行動パターンが突然変わったのでもなければ、暴力的な人間たちの衝動的な決定の結果でもなく、議論、組織活動、デモなどからはじまり、それが徐々に成長していき、極度の暴力行為にまでエスカレートしていくためである」と述べている。

テロの実態をゆがめる用語の使い方

現在使われている標準的なテロリズムの定義は、概念的問題や用語の使い方の問題に終始している。それではテロ組織の活動を説明・分析しようとする際、ゲリラ活動、アンダーグランド、民族解放運動、コマンド部隊などといった、よりポジティブな響きのする言葉が代わりによく使われるのも不思議ではない。一般的にはこれらの言葉は、何らかの目的があって使われたり、ある定義の効果を考慮に入れて使われるわけではないが、意図的に使われるケースもある。そこには言葉を使っている人間の政治的かつ主観的な世界観が反映されている。テロ組織とその支持者たちは、彼らのテロ行為の実態をゆがめ、自分たちの活動に正当性と、より肯定的な土台を与えようとする（革命的暴力、民族解放などのような自由民主主義世界の基本的価値観に沿った言葉を使うことで）。テロリズムが政治反対運動の極端なものとされても、テロの決定はその時点で合法的な反対運動の範囲を逸脱すると明確にしなければならない。

テロリストが自分たちの活動をテロの定義を利用して肯定的な感じを与えようとするのは、サラフ・アラフ、別名アブ・イヤッド（元ヤセル・アラファトのナンバー２でファタハとブラック・セプテンバーの指導者のひとり。1972年のミュンヘン五輪でのイスラエル選手たちの殺害も含めて多くのテロ攻撃を指揮した男）の言葉をみれば明らかである。彼はこう言っている。

「私は性格的にもイデオロギー的にも政治的暗殺、より幅広く言えばテロリズムに強く反対する。しかし、世界中にいる多くの人々のように革命の暴力をテロリズムと一緒にしたりしないし、政治的行為をそうではない行動と比較したりはしない」

アブ・イヤッドの言葉から、再び行動の動機が政治的であれば許され、結果は手段を正当化すると考えていると推測することができる。テロリズムには政治的動機があることやその極端な暴力が政治的反対運動の延長線上にあると認識しても、それがテロを是認することに使われてはならない。

テロリズムと民族解放運動

テロを「民族解放運動」として正当化

　テロリズムの定義を無意味にする方法で最も広く行なわれているのは、テロ活動を民族解放運動とすることである。たとえばシリアは、テロ組織ではなく民族解放運動を支援しているのだと繰り返し主張してきた。ハフェズ・アサドは1986年11月、第21回労働者同盟大会で行なった演説の中で、「われわれはこれまで常にテロリズムに反対してきた。テロリズムと占領に対する民族闘争は別物なのだ。われわれはテロリズムに反対するが、占領に対する民族解放運動の闘争は支援する」と述べている。

　国際イスラム同盟は、テロリズムの定義についての刊行物の中で、テロリズムとは人間の身体、財産、尊厳、また知性を傷つけることと述べている。これでは定義としてまったく意味がない。国際イスラム同盟の定義は、目的が正当であればその行動はテロリズムとは見なされない、としていることでさらにおかしなものとなっている。

　ここでもテロリズムを正当化するため結果と手段を混乱させようとしているのがわかる。それどころか同盟は刊行物の読者に、テロリズムという表現を世界から根絶することを目標にしている、だからジハードはテロリズムとは見なされない、と説明している。国際イスラム同盟の定義は、広範な国際的合意が得られる最も基本的かつ基準となる共通点からなる、できるだけ狭義の定義を考える必要性を示している。

　テロ行為を「民族解放運動」として正当化する試みは、さまざまなアラブ諸国の公開討論会で行なわれている。クウェートで開催された第5回イスラム・サミット会議では、「本会議は、個人、集団、国家によって行な

われる圧政的な犯罪行為であるテロリズムと、外国に占領され支配と抑圧の下に生きている人々の正当的な闘争とは区別する必要があると絶対的に信じていると明確に繰り返したい。この闘争は神の法、人間の価値観、そして国際条約で許されている」と決定されている。[17]

　これも結果（民族解放）によって手段（テロ）を正当化しようとする試みである。この考え方では、「外国の支配からの解放」のための行動はテロではなく、正当で合法的な行為になる。「ある者にとってはテロリストでも、ほかの者にとってはフリーダム・ファイター」というよく言われる言葉の背景にあるのがこの考え方で、テロリズムとは主観的なものであり、定義する者の観点で変わってくることがよくわかる。

　1981年4月、ソ連のレオニード・ブレジネフ書記長は、ソ連を訪問したリビアの指導者ムアマル・カダフィに、「帝国主義者たちは人民の意思や歴史の法則を無視している。民族解放闘争で彼らは苦い思いをしている。それをテロリズムと呼んでいる」と述べている。[18]

「自由の戦士」と「テロリスト」は区別できない

　驚くべきことに西側諸国でも多くの人々が、テロリズムと民族解放運動は正当的な暴力の使用の極端な例という誤った前提を受け入れている。「民族解放」のための闘争にはポジティブで正しい感じがあるが、テロリズムにはネガティブで恐ろしい印象しかない。この考え方では、ある組織がテロ組織であると同時に民族解放運動であることは不可能である。

　テロリズムと民族解放運動というふたつのコンセプトの違いを理解できない人々は、テロ組織とその支持者たちの仕掛けた罠にはまってしまっている。米上院議員のヘンリー・ジャクソンはこう述べている。

　「ある人にとっては『テロリスト』でもほかの人から見れば『フリーダム・ファイター（自由の戦士）』という考え方は認められない。自由の戦士あるいは革命家は非戦闘員の乗ったバスを爆破したりはしない。自由の戦士は学校の生徒たちを捕まえて虐殺したりはしない。自由の戦士は罪のないビジネスマンを暗殺したり、ハイジャックして罪のない男女、子供を人質に取ったりはしない。人殺しのテロリストたちはそれをやる。民主主

義国家の中に、『自由』というかけがえのない言葉をテロ行為に結び付けることを許している国があるのは恥ずべきことだ」[19]

ベンツィオン・ネタニヤフもフリーダム・ファイターはテロ行為を行なわないと考えている。

「テロリストとは違って自由の戦士は、意図的に無辜の民を攻撃したことはない。小さな子供、街行く人々、外国からの観光客、また紛争地域に住んでいる民間人を故意に殺したりしない。これらから引き出せる結論は明白である。テロリストは自由の戦士などではなく、圧制と奴隷化をもたらす者たちなのだ」[20]

もちろんフリーダム・ファイターがテロ行為や殺人を犯さないという主張に根拠はない。この考え方は、テロリストとフリーダム・ファイターが相反するまったく違う存在であるとするテロ組織側の主張をはからずも支持しており、結果として外国の占領者を排除するために行動しているのだからテロリストと見なすことはできない、と主張するテロリスト側の術中にはまってしまっている。

実際は「テロリスト」と「フリーダム・ファイター」の概念は矛盾しない。両者の違いは定義する者の観点に基づく主観的なものではなく、攻撃者の目的と手段に関係した本質的なものである。ある集団をテロ組織という時には、すでに述べたように自らが定めた目標を達成するために組織のメンバーがどのように行動するかに基づいているが、解放運動は組織が達成したい目標のことである。つまり、テロ組織が、外国の征服者から祖国を解放するために戦う民族解放運動であるという状況はあり得るということだ。

「無実の人々」という言葉の問題

「民間人に対する損傷」

テロリズムと戦っている国の政治家が、テロリズムの定義を政治利用することがある。ジェニー・ホッキングはこう述べている。

「テロリズムの脅威にはふたつの側面がある。国家の存在の正当性に対す

る脅威、そして個人に対する脅威である。研究者たちが指摘する『無差別攻撃』『反モラル』『非戦闘員の権利の侵害』『故意に無実の人間を攻撃する』『法の支配を脅かす』といった後者の脅威のイメージが政治的に利用されてきた。こうした認識が、テロリズムから大衆を守る（守れないかもしれない）対テロ手段への一般の支持を集めるのに役立ってきたのである」[21]

テロリズムに悪い印象を与える特徴的なもののひとつは、テロリストは意図的に無実の人々を標的にしていると説明することである。たとえばベニヤミン・ネタニヤフはその著書『西側はどうしたらテロリズムに勝てるか』の中で、テロリズムとは「政治目的のために、組織的かつ計画的に罪のない人々を殺傷・脅迫し恐怖に陥らせること」としている[22]。この定義は彼の3作目の著書『テロリズムとはこう戦え』では、「罪のない人々」が「民間人」に変わっている[23]。

「無実の人々」という言葉を使う問題、またこの概念の主観性は、「われわれは、アラブ・イスラエル紛争に直接関係していない国々の国民などの無実の人々の命を危険にさらす攻撃を否定するが、パレスチナ人と戦い抑圧しているイスラエルの軍や政治関係者に対する攻撃には良心の呵責をまったく感じない」と言ったアブ・イヤッドの言葉の中に見つけられる。さらに彼はこうも付け加えている。「イスラエルの報復攻撃によっていつもパレスチナの民間人に多数の死傷者が出る。とくにイスラエル空軍が無差別に難民キャンプを爆撃する時だ。敵が無辜の民を虐殺し続けるのを防ぐためにわれわれが適切な方法で対抗するのは当然だろう」[24]

このように無実の人々、とはそれを定義する者の観点に影響される主観的な概念であり、テロリズムを定義する基準にはなり得ない。一方から無辜の民と考えられている人々でも、他方から見ればそうではないかもしれない。テロリズムを定義するにあたって、「無実の人々」という言葉の使用は、定義の意味を失わせ、政治的攻撃の手段となる。そのためわれわれはテロリズムを無辜の民に対する損傷ではなく、国際条約で定義された客観的な言葉である「民間人に対する損傷」と考えるべきだ。

テロリズムの定義の一案

混乱しているテロリズムの定義

　ヨングマンとシュミットは共著『政治的テロリズム』の中で、この分野で一流の研究者に依頼して集めた109のテロリズムの定義を検証している。ふたりはそれらの定義の中で使用されている言葉の頻度を調べている。「暴力と力」は、109の定義の83・5パーセントに出てくる。「政治的目標」は65パーセント、「恐怖の拡散」が51パーセント、「バイオレンスの脅威」が47パーセント、「テロリズムの心理的影響」が41パーセント、「ターゲットと犠牲者の不一致」が37・5パーセント、「テロリズムの一貫性、計画性、組織性の程度」が32パーセント、「戦争の手段、戦略そして戦術としてのテロリズム」が30・5パーセントとなっている。

　また研究者たちは、テロリズムの定義の中でまだ解決されていないと思う疑問点はあるか訊かれている。以下はその中に含まれていた疑問点である。テロリズムとほかの形の政治的暴力の境界線はどこにあるのか？　国家によるテロリズムと抵抗運動によるテロリズムは同じ現象なのか？　テロリズムと通常の犯罪行為は何が違うのか？　テロリズムと戦争は？　テロリズムと狂気は？　テロリズムはバイオレンス、抑圧、権力とは別の下位カテゴリーなのか？　合法的なテロリズムというものはあるのか？　テロリズムを正当化できる目的とは何か？　革命または暴力的抗議運動とテロリズムを分けるものは何か？

　テロリズムの定義がどれほど混乱しているかは、1989年5月に2人の死者が出たエルサレムのテロ事件のあとに米国務省報道官マーガレット・タトワイラーの語った言葉によく表れている。

　「正直言って、私にはテロリズムの正確な定義はわかりません。暴力であることは間違いないでしょう……テロリズムの定義についてのあなたの質問にどう答えたらいいのかわかりません。そして私が間違っていなければ、国務省がテロリズムの定義を決めたことはありません」

定義の3つの要素

　問うべき疑問は以下である。「テロリズム」の概念をあますところなく、かつ客観的な定義を作ることは可能なのか？ テロの実行に関係した者たちに対する国際的な行動を可能にする定義を作ることは可能なのか？ 学術的研究の基礎として受け入れられる定義はできるのか？ 以下はテロリズムの定義の一案である。

　「テロリズムとは、政治的目標（民族的、社会経済的、イデオロギー的、宗教的ほか）を達成するため、意図的に民間人に対して暴力を行使する闘争の一形態である」

　この定義は3つの要素に基づいている。

（1）行動の本質——暴力闘争。この定義では、暴力を使用しない行為はテロリズムにはならない（たとえばストライキ、非暴力デモ、納税者の反乱など）。

（2）テロリズムの目標——常に政治的。政府の打倒、統治形態の変更、権力者の交代、経済、社会その他政策の変更、イデオロギーの拡散といった政治的な目標を達成することを目的とする。政治的な目標のない行為はテロリズムとは見なされない。政治目的のない民間人への暴力行為は単なる重犯罪、あるいはテロリズムとは関係のない狂気の行動に過ぎない。政治的目標の根底にある動機は、テロリズムを定義する目的にはそぐわない。動機にはイデオロギー的なもの、宗教的なもの、社会経済的なもの、ナショナリズムその他さまざまだが、この点についてはストールとデュバルの『政治的テロリズム』の概念には動機は関係ないという指摘に注目したい。ほとんどの研究者はこのことを認識しておらず、さまざまな動機を挙げてテロリズムを説明しようとする傾向にある。[28]

（3）攻撃の標的——民間人。これでテロリズムをほかの形態の政治的バイオレンス（ゲリラ戦、民衆蜂起など）と区別することができる。提案した定義では、テロリズムは暴力的な政治活動が行なわれている地域に偶然居合わせた民間人たちが暴力に巻き込まれてしまった結果ではなく、はじめから民間人を殺傷するのが目的であることが強調されている。テロリズムは民間のターゲットの脆さ、また激しい恐怖とメディアへのインパクト

を利用している。

　ここで提案された定義が広く世界で受け入れられるには、すでに国際条約などを通して規定され、世界の大部分の国家が合意している戦争の基準や法律に基づいている必要がある。言い換えれば、テロリズムの統一した定義を作るためには、国家間（正規軍対正規軍）の戦争の原則から、組織と国家間、また正規軍と民兵組織という非正規戦争の原則を推論せねばならないということだ。

　テロリズムとゲリラ戦の違い
　世界の多数の国々は、軍事行動を行なう人間はふたつのタイプに区別せねばならないという基本的な考え方に合意している（そして国際条約に署名することでそのことを公にしている）。このコンセンサスは、敵対する軍人を標的にする「戦闘員」と故意に民間人を傷つける（その他交戦法規で禁じられている行為）「戦争犯罪人」の違いが反映している（図1-2参照）。この戦争状態における軍人に関する一般的に受け入れられたことから、われわれは組織対国家の戦争におけるルールを推論できる。戦闘員と戦争犯罪人の倫理的違いは、ゲリラ戦士とテロリストのそれと似ている。定義にあるように、テロリズムとは「政治的目標を達成するため、意図的に民間人に対して暴力を行使する闘争」であり、ゲリラ戦とは「政治的目標を達成するため、軍事的ターゲットに対して暴力を行使する闘争」である。
　「テロリズム」と「ゲリラ戦」は同じような意味で使われることがよくある。テロリズムという言葉のほうがゲリラ戦よりもネガティブな意味合いが含まれている。ゲリラという言葉を使う問題点のひとつは、意味の曖昧さである。イェホシャファット・ハルカビは、「ゲリラ戦闘（guerrilla fighting）」と「ゲリラ戦争（guerrilla warfare）」を区別している[29]。彼の考えでは、ゲリラ戦闘とは時間が経つにつれバイオレンスの度合いが増していく長期にわたる消耗戦のことである。時間が経つにつれ、民兵組織が正規の軍隊のようになっていき、どちらかが勝利するまで戦いは続く[30]。ハ

ルカビはテロリズムをゲリラ戦争に共通するものとして、最終的に軍との継続的な戦いにまで発展していく暴力の連鎖の出発点としている。[31]

一方、ソーントンはゲリラ戦争とテロリズムは同一線上にあるふたつの異なる現象と見ており、反乱の発展を、暴力以前、テロリズム、ゲリラ戦、通常戦争、暴力以後の5段階に分けている。[32]

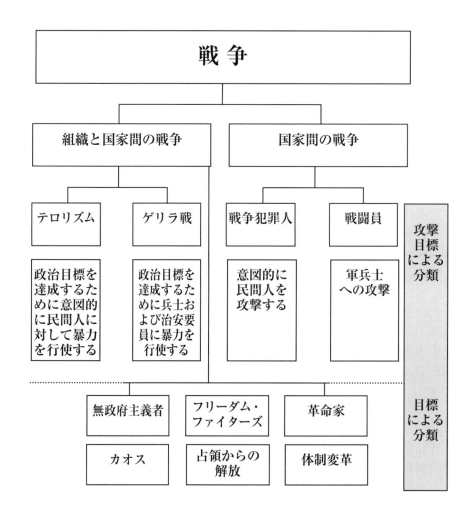

図1-2 テロリズムの定義

それとは対照的にウォルター・ラキューは、都市テロリズムはゲリラ戦の新しい段階ではなく、違う根から派生していると主張する。ゲリラ戦争の目的は小さな部隊を作り、地方で正規の陸軍と小規模の戦闘を行なうことだが、テロ組織は都市部で秘密裡に活動する。エフード・スプリンザックは、「ゲリラ戦は小さな戦争であり、大きな戦争と同じルールが適用される。ここがテロリズムとは違うところだ」と要約している。デビド・ラポポートは、テロリズムとゲリラ戦の違いは、軍やゲリラ活動で受け入れられている通常のモラル上の制限をテロリストは拒絶していることだ、と付け加える。

ゲリラ活動は許されるのか？

前述した「テロリズムの定義の一案」では、攻撃されたターゲットにより、テロリズムとゲリラ活動を区別している。組織がテロリズムの段階からゲリラ戦の段階に移ると決めるかもしれない。そうなるとテロ組織からゲリラ組織に変わることになる。その逆もあり得る。しかし、定義に基づく両者の違いは矛盾しない。

テロリズムを定義するにあたってテロ組織がどのような目標を達成しようとしているのかは、それが政治的な目標である限り、問題ではない。テロリストとゲリラ戦士が同じ目的のために戦うこともあるが、両者は目的を達成するための手段が違うのである。（図1-3参照）

さまざまな組織（テロ組織とゲリラ組織の双方）が達成しようと戦っている政治的目標がいくつもある。それには民族解放（外国に占領された土地の解放）、革命（政府の転覆）、無政府状態、現存の経済システムの変更その他が含まれる。この手段と目的の区別は、テロリズムとフリーダム・ファイティングをふたつの相反する現象と見なす試みを妨げている。実際、ここで提案されているテロリズムの定義によれば、ひとつの組織がテロ組織（もし民間人をターゲットにしているのであれば）であると同時に民族解放運動（その政治的目標が民族解放であるなら）であり得る。

テロリズムの定義は、事件の分析やそれがテロなのかゲリラ活動なのかを判断するのを助けることを意図している。そのため、この定義は倫理的

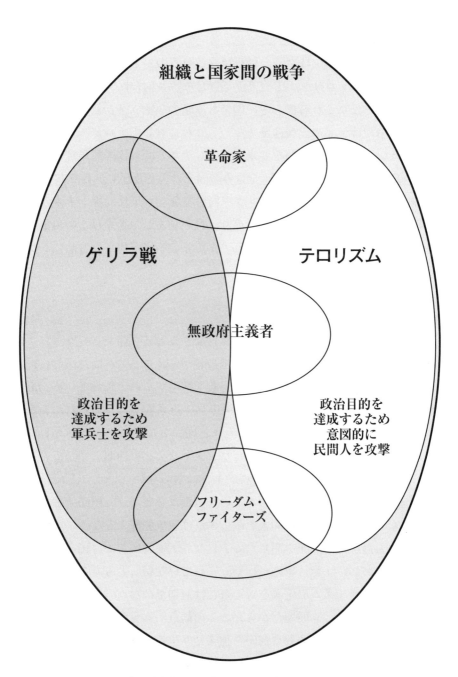

図1-3 国家に対する組織の暴力闘争の目標と活動手段

判断の秤(はかり)として使え、また規制、基準、そして攻撃した者を罰する法律を確立する基盤となる。

　問題は、この定義ではゲリラ活動は許されるのかという点である。確かにこの定義ではテロリズムとゲリラ活動はモラル的に区別されている。軍の兵士たちを攻撃されれば、どの国でも攻撃者を戦うべき敵と見なすが、ゲリラ戦争では世界の支援は望めない。これに対してテロリズムとの戦いであれば、国際社会に援助を要求できる。テロリズムは国際規定と安定を壊し、攻撃された国のみならず全世界の国々に害を及ぼすからである。

　2001年9月11日の世界貿易センター同時多発テロ事件以降、テロリズムは世界平和に対する深刻な脅威となり、目を覚ました世界にこの現象と向き合うことを強いた。敵が誰であれ、またその不満が何であるかにかかわらずに、である。

米国務省のテロリズムの定義

　もうひとつの疑問は、国家がテロを行なうことは可能かという点だ。西側その他の国の多数の政治家や治安担当者が、テロリズムは意図的に民間人を殺傷することを意味する明確な定義を採用するのを恐れている。ある状況下では自分たちの軍事行動がテロリズムと解釈されるおそれがあるからだ。広島と長崎への原爆投下をテロと見なすことができるかもしれない。テロリズムに対する国家のアカウンタビリティの問題について答えると、国家の方が組織よりもモラルが上とは限らないということだ。しかし、国家の違法行為にテロリズムという言葉は必要ない。国際条約では戦時に国家の人間が故意に民間人を殺傷すれば戦争犯罪人となる。戦時以外の場合、人道に対する罪を犯したことになる。逆説的だが、国家には禁じられているが、いまだに組織には禁じられていないこともある。広島と長崎の例は、テロリズムの定義を考えるには適切ではない。これは戦争犯罪として議論されるべき問題だからだ。この観点から見れば、テロリズムの定義は、現在ある国際条約に何かを加えたりするわけではない。国家が守らねばならない戦争法規を定めている倫理規定をテロ組織にもあてはめているだけなのだ。

兵士に対する損傷もテロリズムにしようと、アメリカ国務省はテロリズムとは民間人に限らず非戦闘員全般に対する攻撃であるという定義を採用した。2000年に発生した米海軍駆逐艦コール爆破事件のように戦場にいない軍部隊への攻撃もテロリズムとなったのである。イラクの米兵に対する攻撃もテロと解釈できるかもしれない。テロで被害を受けた者は当然、この広義の定義に賛成する傾向にあるが、テロ組織とその支持者たちは、軍兵士が武装し戦闘準備ができている時だけに対決するのは不可能と主張するだろう。彼らによると、どこででも兵士を奇襲する権利が自分たちにはあるとしている。

　米国務省のテロリズムの定義は、世界的に支持される定義としては十分ではない。「民間人に対する意図的な損傷」という狭義の定義がこの問題を解決し、踏み越えてはならないモラル上の明確なラインを設定できる。この倫理的基準は西側諸国と発展途上国双方に受け入れられる可能性がある。テロ組織の中でも同意するものがあるかもしれない。

テロリズム根絶の可能性

　前述の「テロリズムの定義の一案」では、テロリズムとゲリラ戦というふたつの現象の区別はつけたが、組織をテロ組織と呼ぶかどうかの問題はまだ解決していない。それを解決するためには、質的あるいは量的指標という方法がある。量的指標を支持する者は、メンバーたちが実行する攻撃のほとんど、少なくともそのうちの多くがテロ攻撃と呼んでいいものであれば、その組織はテロ組織と見なす、としている。質的指標を支持する者は、意図的に民間人を標的にした組織は、それが一度きりだったとしても、基準のルールを破ったことになり、活動の目的やその達成のために使っているほかの手段にかかわらず、テロ組織として定義されるべきとしている。

　いずれにしても組織がテロとゲリラ活動を両方行なうのは、テロリズムとゲリラ戦の世界共通の定義がないのが原因のひとつとなっている。もしそういった定義があれば、テロが起きれば国際社会によってテロ組織に対する何らかの行動がとられ、ゲリラ活動には別の行動がとられることにな

る。

　意図的に民間人を標的にすれば、敵対する国のみならず全世界を相手にせねばならなくなるのであれば、おそらくテロ組織の中には、民間人への攻撃を中止し、軍兵士に対するゲリラ攻撃のみに専念するものが出てくるかもしれない。国家に支援されたテロリズムに対して世界が経済的・外交的・軍事的制裁を科し、ゲリラ組織を支援している国家にはそういった制裁を行なわなければ、テロ支援国家は組織に、テロはやめてゲリラ行動のみにしろ、さもなければ支援をやめる、と要求するかもしれない。これはテロ組織にとって「費用対効果」のバランスを変え、少なくともいくつかの組織はテロリズムを捨てゲリラ活動に集中するようになるはずだ。この変化は国際社会にとって素晴らしい結果となる。世界のテロリズムは大幅に減少し、根絶することも可能かもしれない。

　結論として言えば、ここで提案された定義には、「悪のテロリズム」と「善のテロリズム」または「許容されたテロリズム」といった不自然な区別が入る余地はない。いかなる場合でも、攻撃者の意図や目標にかかわらず、テロリズムは違法かつ禁止された攻撃手段なのだ。

　テロリズムの支柱となっているイデオロギー、政治的・宗教的・社会的または経済的動機、攻撃者の文化的背景などといったことは何がテロ行為なのかを決めるものではない。われわれを導く原理は、攻撃者の宗教（イスラム教、キリスト教、ユダヤ教）や動機には関係なく、テロリズムはテロリズム、でなければならない。

第2章 カウンター・テロリズムの方程式

イスラエルの対テロ政策の変化

対テロ政策の3つの目標

　対テロ政策を策定しようとする政策決定者は、まず最初に対テロ戦争の目標を定義しなければならない。この戦いに参加する治安部隊その他政府機関に、政策決定者が与えるミッションのことである。

　図2-1は、国家の対テロ政策の基盤となり得る目標である。このピラミッド型の図は、「テロリズムの根絶」「テロリズムによるダメージを最小限におさえる」「テロをエスカレートさせない」という3つの主な目標に分かれている。それぞれの目標はいくつかの下位目標で構成されている。

（1）「テロリズムの根絶」は、敵の排除（テロ組織そのものの破壊）、敵が国家とその国民に対してテロ攻撃してくる動機となる原因の排除、または問題の解決（テロリズムの動機は政治的である以上、解決法も政治の中にある）と説明されることが多い。

（2）「テロリズムによるダメージを最小限に抑える」には、テロ攻撃の回数や犠牲者数を減らす、ある種の攻撃を阻止する（自爆テロ、大量殺人その他）、建物へのダメージを減らすなどが含まれる。

（3）「テロをエスカレートさせない」にはふたつの下位目的がある。①新しい活動家の加入によりテロ組織が成長するのを止める、国際社会で組織が政治的成功を収めるのを防ぐ、外国からの支援を遮断もしくは無力化する、組織の政治目標と活動の先鋭化を妨害する、などして闘争が広がら

ないようにする。②テロ攻撃の頻度と犠牲者の数を増やさない、より危険な攻撃を阻止する。

　政策決定者が治安諸機関に課す目標は、その時期のテロリズムの傾向、国際世論、多国間関係、そして国内の政治情勢で変わってくる。たとえばイスラエルの対テロ政策の戦略目標は次のように変化してきた。

　六日戦争直後の1960年代後半では、ガザ地区とヨルダン川西岸地区の活動家を逮捕し、組織のインフラを壊滅させテロをなくす、というものだった。1970年代前半から半ばまでは、組織のリーダーや活動家たちをターゲットにすることでテロ攻撃を抑止する政策がとられた。それにはテロ攻撃

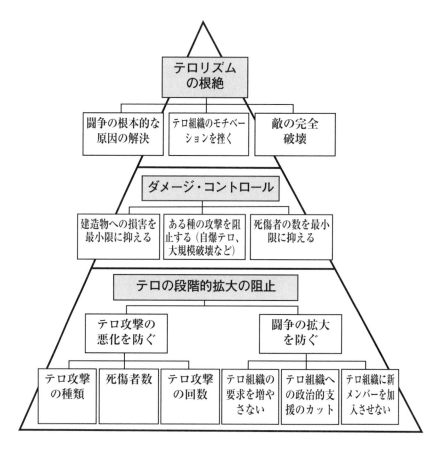

図2-1　国家の対テロ政策の基盤となる目標

後に世界各地で行なわれた報復攻撃も含まれている。だが、1970年代終わりから1980年代初めにかけて、政治レベルでのパレスチナ側の成功の結果として生じた国際的また地域的な政治的制約により、イスラエルは軍事的手段のみでテロリズムを根絶させる政策を続けるのは不可能と認識しはじめる。このため政策決定者たちは、テロを根絶しようとするのではなく、テロ攻撃によって受けるダメージを最小限にするという、より現実的な目標を選ぶようになった。

テロのダメージを可能な限り減少させる

政治的違いとテロリズムの脅威に対する考え方の違いによって、歴代のイスラエル政権はさまざまな対テロ政策の目標を掲げてきた。

イスラエルの政策決定者たちのテロリズムに対する態度を検証すると、対テロ戦争の目標に違いがあるとはいえ、そのほとんどがカウンター・テロリズムの限界を強調しており、テロリズムを根絶する、勝利する、といった目標を掲げることを控えてきた。以下がその例である。

1）元首相
イツハク・シャミール「とにかくテロを阻止し、発生件数を減少させる」
シモン・ペレス「テロリズムと国民の間に障壁を築く」[36]
2）元首相・対テロ顧問
メイヤー・ダガン「テロリズムを一般市民の日常生活を妨げないレベルにおさえておく」
レハバム・ゼエビ「政治レベルの決定に何の影響も及ぼさない問題にしておく」
ラフィ・エイタン「まずは阻止……次に対抗手段を使った阻止だ」[37]
3）情報諸機関の元長官
ヤーコブ・ペリー元ＩＳＡ長官「……われわれは真実を知っている。効果的な戦いをすればテロの被害を最小化できるが、この問題を全面的に解決するのは不可能なことを」[38]

シャブタイ・シャビット元モサド長官は、攻撃的手段を用いればテロリ

ズムを一掃することができるが、国際世論がそれをイスラエルに許さない、と考えている。(39)シャビットはモサド長官だった時、対テロ活動の目標をこう説明している。「公式な目標の宣言ではないが、われわれの望むところはテロの殲滅である。しかし、われわれはそれが不可能であることを学んだ。われわれの希望は、戦略目標と言ってもいいが、敵のテロ実行能力とテロ攻撃で受けるわが方のダメージを可能な限り減少させることだ(40)」

アムノン・リプキン・シャハックは参謀長を務めていた時、対テロの目標についてこう語っている。「われわれの目標、イスラエルの目標だが、まずこちらのダメージを最小限に抑え、敵には最大限の損害を与えることだ」。また彼はテロのダメージを一般人の生活に影響を与えないレベルにおさえておくことが重要だと言う。「テロ攻撃がたまにしか起きず、一般人の生活や生命にたいした影響を及ぼさないのであれば、私の考えでは対テロ戦争に勝利したということだ。テロが日常生活を根底から脅かす時、テロリズムの勝ちとなる。だから目標は制限されたものにならざるを得ない。主要目的は、テロを阻止することだと思う(41)」

ベニヤミン・ネタニヤフ首相は、前任者たちと違い、対テロ戦争の目標を高めている。「アラブ人によるテロをシステマティックに弱体化させるのがイスラエルの政策の主要目標である。イスラエルがアラブ諸国と結ぶ合意は、すべてこの目標に沿ったものでなければいけない。テロリズムの減少につながらなくてはならないのだ(42)」

テロ組織は環境の影響を受ける

テロリズムの規模と性質に影響を与える要素

対テロ手段の目標を定めるには、テロリズムの規模と性質に影響を与える要因について認識しなければならない（図2-2参照）。

テロ組織は何もないところで活動しているわけではなく、環境の影響を受ける。周囲の環境は、組織の目標と目的、その戦略と行動様式、モチベーションとメンバー間の団結心などに影響を与えやすい。また組織の暴力行為の規模やその性質などにも影響を与える。テロ組織の暴力行動に影響

を及ぼす環境要因の中で、以下のものが重要となる。

（1）国際社会

　テロ組織は本質的に何らかの政治目標の達成を目指す。そのため政治の世界の出来事に直接的ないし間接的に影響を受ける。世界戦争、地域紛争、超大国の興亡、経済危機、また政治その他の争いは、テロ組織が行なうテロ活動の規模、そしてその性質に影響を与えることが多い。最も重要な要素のひとつは、テロ組織がどれだけスポンサー国家から援助を受けるかである。多くのテロ組織は、さまざまな国からの支援で利益を得ている。支援には、政治イデオロギーの教化、財政・軍事援助、訓練や兵器の提供などがあり、テロ攻撃を直接支援することもある。支援国家からの援助の量が変われば、組織のテロ実行能力に即座に影響してくる。そのため外国からの援助を断ち切れば、組織の暴力行為を停止、少なくとも減少させることが可能である。

（2）テロに対処している国家の行動

　テロリズムの性質に大きな影響を与える主な要因は、テロに直面している国家がどういう対応策をとるかである。テロ攻撃を阻止する警備の手段、またはテロ組織の活動を妨げるため、組織のインフラ、施設、活動家や指導者に対する攻撃行動といったことだ。国家の政治政策もテロリズムの性質に影響を与える。たとえば政府が妥協する意思を示したり、その政治的ポジションが変化したりすると、テロ組織に闘争のポリシーを修正するモチベーションを与える。

（3）テロ組織を支援する一般人たちの影響

　テロ組織は通常、自分たちが代表していると主張する住民の中から生まれ、活動している。こうした地元の住民たちが組織を支援し、メンバーも彼らの中からリクルートされる。支援してくれる住民の中でテロリストは、毛沢東が有名な論文で述べたように、「水の中の魚」のように活動できる。そのため地元住民からの援助や支持の変化は、テロ組織の暴力活動に直接影響を与える（テロ組織が行なうさまざまな活動が地元住民たちへ

のメッセージとなっているのは、このためである。われわれはあなたたちの代表としてあなたたちのために行動しているのだから、政治目標を達成するためにわれわれの活動に参加しろ、ということだ)。

(4) 組織間の状況
　国家は多くの場合、同じ、あるいは似たような政治目的のために活動している複数の異なるテロ組織と同時に戦わねばならない。それらの組織はまったく別個に活動しているが、時に団結していろいろな分野で協力し合う。これらの組織のつながりと互恵的関係(組織間のイデオロギー的または個人的なライバル意識、互いの協力関係など)は、彼らの暴力活動の規模と性質に密接に影響してくる。

(5) 組織内部の状況の影響
　組織の暴力活動に最も影響を与える要因のひとつは、組織内部の状況である。これには組織内のライバル関係、組織の構造と機能、メンバー間の仲間意識、組織の戦闘準備状況などがある。

　これらすべての要因が、テロ組織が実行する攻撃の規模と特徴に影響している。テロリズムの方程式の動機の部分は、感情、欲望、復讐心などが片方にある一方で、利害の合理的計算、内部および外部からの圧力、予想される結果などでバランスがとられている。たとえば組織は、ある時点で戦術的理由から暴力行為を一時的に停止するかもしれない。さらにテロは組織が達成しようとしている目的の利益にならないどころか、害になると認識すれば、テロリズムという手段を捨てる決定を下すことさえあり得る。いずれにせよ、組織はインセンティブ(動機付け)がなければ、実行能力があったとしても、テロ攻撃を行なうことを控えようとする。

「組織にかかる圧力」
　暴力行為の規模と特徴を決める2番目の要因は、組織の作戦遂行能力である。テロ組織は、準備していた攻撃を実行しないことがある。その理由

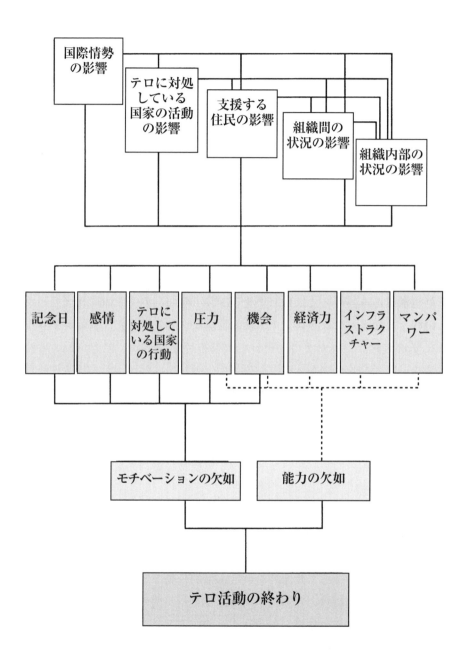

図2-2 テロ組織の暴力活動に影響を与える要因

カウンター・テロリズムの方程式

には、資金、武器、要員の欠如、またはテロ組織に対してとられた対抗策などが考えられる。

　ある時点でテロ組織が攻撃する意思に直接影響を与える要因は、次の4つのグループに分かれる。①組織にかかる圧力、②テロ攻撃の目標となっている国の動き、③不合理な感情的動機、④記念日などである。これらにテロ攻撃を実行するチャンスを加えてもいい。

　最初のグループ「組織にかかる圧力」は、テロ組織にかけられるプレッシャーである。

（1）組織を支援する住民たち（組織がその意思を代表していると考えられている人々）からの圧力

　地元住民はテロ攻撃を支持したり、さらに激化させろと要求することもあれば、ある時は攻撃に反対することもある。この影響を受けやすいのは、組織を支援する住民の世論と密接に結びついているポピュリスト的なテロ組織である。たとえば1994年から2004年の間、ガザと西岸地区でハマスの行なったテロにはパレスチナ人の世論が影響していた。世論がテロ攻撃に反対すれば、ハマスにはテロの実行を控えるように圧力がかかった（世論の圧力が常に完全なテロの停止にはつながらなかったが）。また世論がテロを支持すれば、ふだんよりハマスのテロ実行の意欲は強まった。このようにハマスのテロはパレスチナ人社会の世論の影響を受けていた。そのためパレスチナ自治政府はマスコミをコントロールして世論を作り上げることで、間接的にだが、ハマスのテロ活動に影響を及ぼすことができた。

（2）組織内部の圧力（メンバー間のライバル関係から生じる圧力も含めて）

　これには異なるイデオロギーの派閥の存在、組織の戦略また戦術目標に対する意見の違い、ある政治的ないし軍事的行動をとる影響についての論争などがある。組織内の重要人物同士のライバル関係がテロに多大な影響を与えることが多くの組織の例で知られている。その好例は1970年代、ヤセル・アラファトの側近だったアブ・ジハード（ハリル・アル・ワジール）とアブ・イヤド（サラフ・ハラーフ）のライバル関係だろう。両者は

ファタハ内部でそれぞれ違うテロ組織を指揮していた(アブ・ジハードがウエスタン・セクターを、アブ・イヤドは特殊警護部とブラック・セプテンバーを支配)。彼らとその配下の活動家たちは、どちらがイスラエルに対して、より大規模なテロ攻撃を行なえるかを競い合った。

(3)組織間の圧力

　これは同じ住民の中で活動するいくつもの組織間の競い合いの結果生じる圧力のことである。各組織は、住民の支援と人気を獲得するために競争する。この最も顕著な例は、1980年代後半から90年代前半のハマスとパレスチナ・イスラム聖戦であろう。両組織とも強硬派パレスチナ人たちの支援を獲得しようと競い、大胆で入念なテロ攻撃を実行した。実際、1987年にムスリム同胞団の軍事部門としてハマスが創設された理由のひとつは、ガザと西岸地区の同胞団のリーダーたちが、イスラム聖戦という戦闘的な組織にイスラエルへのテロ攻撃に参加したがっている同胞団のメンバーがリクルートされるのを恐れたためだった。こうした組織間の競争とライバル意識は、テロ活動の規模と特徴に影響を与える。もうひとつは、ある組織の成功と大胆さをほかの組織が、イデオロギー的にも民族的にも共通点がないにもかかわらず、真似しようとすることである。アメリカでの9・11同時多発テロが、世界中のテロ組織にとって目指すべきメガ・テロリズムとなっているのは、そのためだ。

(4)独立国家からの圧力

　ここで言う独立国家とは長年、組織を援助しそのテロ政策に影響を及ぼすことができるテロのスポンサー国、あるいはテロ支援国家を通して直接または間接的に組織に影響を与えられる国のことである。レバノンのヒズボラのテロ活動に対してイランやシリアが持つ影響力がその好例だ。イスラエルとヒズボラ間の緊張が高まった時、シリアへのイスラエル、とくにアメリカからの圧力がイスラエル北部の民間人に対する南部レバノンからのカチューシャ・ロケット攻撃の悪化に歯止めをかけ、中止させるのに効果的であることが証明されている。

「テロ攻撃の目標となっている国の動き」
　テロ組織の暴力行為の特質に影響を与える要因の２番目のグループは、テロ攻撃の標的となっている国家の動きである。これには直接的で即効性のあるものと、間接的で影響が出るのに時間を要するものがある。それらの中で以下が重要である。
（１）テロ組織やほかの組織に敵対する国家の攻撃・防御行動の規模と特徴
　これには組織への攻撃の頻度、そして組織のインフラに与えたダメージの度合い、またそういった攻撃行動の結果として組織メンバーたちの報復の意思が強まることなどがある。たとえば2003年から04年にかけてイスラエルが実行したハマスの指導者と活動家に対する激しい攻撃行動により、ハマスのテロの成功率は大幅に減り、テロを行なう意欲はあってもそれに見合った実行能力が失われた。効果的な防御行動やテロの標的となる人口密集地とテロリストの拠点の間に障壁を作る能力も、大量に犠牲者の出るテロ攻撃を行なう組織の能力を低下させる。ハマスはガザ地区からイスラエルに活動家を潜入させるのが困難になると、何度かヨーロッパ諸国からテロリストを「輸入」しようとした。2003年４月に発生したテロでは、アメリカ大使館近くのテルアビブ中心部でテロリストが自爆し、一緒にいた男は逃亡した。このふたりのテロリストは英国市民で、イギリス国内でハマスにリクルートされた。彼らは最初に観光客としてガザを訪れ、そこで爆発物を受け取り、イスラエルでテロを実行した。英国市民の観光客はガザとイスラエルの間を自由に行き来できることをうまく利用したのだ。

（２）テロリズムに対処している国家の政治的な動き
　テロ組織との戦術的・戦略的交渉、組織に対する政治的譲歩などのことである。1994年から2000年のファタハ組織のイスラエルに対するテロ活動の緩和、休戦協定合意後にスリランカのＬＴＴＥやスペインのＥＴＡがみせた自主規制などがこれにあたる。テロリズムに対処するため、または組織への援助や物資補給を遮断するため、国家が周辺諸国と結ぶ同盟関係は、テロリズムの質に直接影響を与えることもある。たとえばトルコがシリアにかけた圧力がＰＫＫのオジャラン党首の逮捕につながり、最終的に

ＰＫＫはテロ攻撃を停止した。

（３）テロ組織を支援する住民たちに対する国家の態度
　この地元住民たちへの人道的行為、民間人の防御的・攻撃的な暗殺の影響などすべてが、彼らがテロ組織を支援する度合いに反映してくる。住民たちの組織に貢献したり参加したりする意欲にも関係してくるため、テロ攻撃の規模や性質にも影響する。

（４）政治リーダーと治安機関の責任者たちの公的発言
　テロリズムと戦っている国家の指導的立場にある人間の発言は、テロ組織に「やれるものならやってみろ」という挑戦と解釈されることがある。また穏健な発言は、弱さの表れと解釈され、国家に自分たちの要求を呑ませるためにテロ攻撃を増加させるなどの影響を与える。

（５）テロ組織に対する抑止力の度合い
　抑止力は、国家の報復を恐れるテロ組織の攻撃を実行するモチベーションを一時的にしろ低下させるので、テロの性質にある程度影響を与える。しかし、以下で見るように効果的な抑止力は、テロ組織にそれを乗り越える能力を身に着ける意思を強め、その結果、中・長期的には抑止のバランスが崩れ、国家が報復を思いとどまるようになることもある。

「不合理な感情的動機」と「記念日」
　３番目の「不合理な感情的動機」は、組織のリーダーたち、テロリスト、そしてその支持者たちの感情に基づく不合理な動機である。このタイプの動機には、「ブーメラン効果」も含まれる。組織に対する国家の効果的な攻撃行動後の復讐の欲求のことである。もうひとつの動機は、民族的・社会的理由からくる怒りと屈辱の感情の結果だ。個人的な経験や家族の経験からくる怒りと屈辱もある。
　テロリズムの特徴に影響を与える４番目の動機は、「記念日」である。多くの組織が、宗教や国家の祝日、組織にとって重要な日（創設された

日、指導者が選ばれた日など)、敵の攻撃で組織が大きなダメージを受けた時(指導者の暗殺、多数の死傷者が出た時など)、組織または協力関係にある組織が過去に行なった大規模攻撃など歴史的出来事を忘れないために特定の時期に攻撃してくる傾向がある。たとえば2004年3月11日にヨーロッパの歴史の中で最悪のテロがスペインで発生したが、このテロの実行日はアメリカの歴史の中で最悪のテロ事件が9月11日に起きていたため、意図的に選ばれたと主張する者もいる。が、多くの場合、記念日はテロ攻撃の真の理由ではなく、メッセージ性を強めることを目的に選ばれる。

「テロ攻撃を実行するチャンス」

　最後は、ある場所で、ある時間にテロ攻撃が行なわれるのは、その標的が攻撃可能であることを示す情報、場所へのアクセス、作戦実行能力と攻撃する手段などのテロを実行する諸条件がうまく揃った結果であることが多いということだ。テロ実行能力を持つこと自体がテロのインセンティブとなることを忘れてはいけない。

　組織のテロ実行能力に影響を与える要因について検証することも重要である。テロ組織のマンパワーの質と量、戦いを支える管理や作戦用のインフラ、また組織として機能し続けテロ攻撃を実行するのに必要な資金調達手段などのことだ。

　マンパワーは組織のテロ実行能力を計る基本要素のひとつである。組織の活動家をリクルートする能力、作戦実行のために彼らを指導し訓練する能力、彼らを始動させテロ攻撃に送り出す能力など、これらすべてが組織のテロ行為、とくに自爆攻撃その他の特殊なタイプの攻撃の成否に大きく関係してくる。活動を継続するのにも組織は、攻撃要員のほかにインテリジェンス情報の収集、リクルーター、精神的・イデオロギー的指導者、爆発物や武器を用意するエキスパート、管理・財政の専門家などさまざまな分野のプロを必要とする。協力者や支援者も重要である。

　組織の実行するテロの規模と特質に影響を与えるもうひとつの要因は、訓練キャンプや基地、リクルート事務所、代表事務所、テロリストが逃亡に使う隠れ家、前線作戦室、事務用および作戦用の車両、また各種武器と

いった作戦実行と組織管理のためのインフラの存在である。ヒズボラ、ファタハやハマスといったパレスチナ人組織、ＩＲＡその他は大規模なインフラを持ち、戦闘員と組織を運営する者を合わせた数は数千人にのぼっている。インフラの維持を含めた組織の円滑な運営には莫大な資金を必要とする。それらすべてには巨額の財源と組織の円滑な運営のための経済的手段を必要とする。またこれらのテロ組織の多くは、何千人の活動家たちへの給与、武器、設備、車両の購入費、活動に必要な雑費などに加えて、支援してくれる住民たちを味方につけておくために政治的・宗教的教化、教育、保健、福祉、死亡したテロ要員の家族への補償、その他さまざまな人道支援に莫大な資金を使っている。そのため財源は組織のテロ実行能力とその特徴に影響を与える主因のひとつとなっている。

つまり、テロ組織の攻撃実行能力を低下させることで、テロを減らしたければ組織のマンパワー、インフラ、そして財源の３つを同時に攻撃する必要がある。

対テロ政策における軍事部門の重要性

テロは軍事的手段で排除できるか？

テロリズムとは、軍事的手段と国家的・政治的・社会的・経済的手段を同時に使うことを必要とする政治的・軍事的行動である。問題は、対テロ政策全体の中で軍事的な部分がどこまで支配的であるべきかという点だ。

これは国家がテロという現象にどのような態度で向き合っているかで決まってくる。ある学派はテロ組織に対する軍事行動を好む一方、別の学派はテロを悪化させるだけとそれに反対している。このふたつの間に軍事と政治を両方使って問題を解決するための統一した政策を策定すべきとする学派がいる。

テロリズムと戦っているさまざまな国の経験から、対テロ活動はすべての面で同時に進める必要があることがわかっている。たとえば1980年代の半ばまで、スペインのフランコ政権は、バスク人のナショナリズムの高揚とＥＴＡの成長を、抑圧の強化と軍事的手段の使用だけでは止めることは

できなかった。フランコの政策はバスク独立の希望を排除できなかったどころか、逆に独立運動の成長を早めてしまった。

1980年代初め頃までフランスの政策の特徴であった国際テロリズムをすべて政治問題として扱う方法も成功しなかった。フランスはフランスの領土を「中立」とすることで国際テロの標的になることを防ぐ「政治亡命主義」を採用していたが、フランスがテロの標的になってからはその政策を変えざるを得なくなった。軍事的手段を使うことの問題を理解していたイギリスは、軍を対テロ任務に使うことを極力避けた。

イスラエルでも近年、この問題に焦点があてられている。元軍情報部長官アーロン・ヤーリブのイスラエルの対テロ政策に関するコメントにもそれは表れている。彼の考えでは、対テロ政策の目標は当然、テロ活動をストップさせることだったが、パレスチナ人のテロリズムとその目標のルーツは政治的であるため、彼らのテロを軍事的手段のみで排除するのは不可能だった。それには国内および国際的な法的・政治的制約を超えてしまう厳しい手段をとらねばならないからだ。にもかかわらず、1970年代と80年代、イスラエルの対テロ戦争は、とくにレバノンと西岸地区においてだが、テロ組織とその支持者たちに対する軍事行動がメインであった。

第1次レバノン戦争（1982年）直前から戦争の初期段階までのイスラエルの政策決定者たちのカウンター・テロリズムについての考え方は、テロリズムは軍事的手段で排除できるか、という問いに対するラフィ・エイタンの答えに如実に表れている。

「まず最初に答えはイエスだ。どんな敵かにもよるが、世界のテロリズムの歴史を見ればそうなる。50年代と60年代に出現した組織と70年代の組織のいくつかはすべて武力で排除された」

テロ問題の解決には軍事と政治のすべてを使う

レバノン戦争後、イスラエルの対テロ政策の目標はそれまでのテロリズムの根絶ではなく、テロの規模とダメージを減らすことに変わった。1980年代終わりのパレスチナ人の民衆蜂起（インティファーダ）は、イスラエルの対テロ政策における軍事部門の重要性をさらに低下させ、政治と治安

部門の上層部は軍事的手段でテロを根絶できる可能性はほとんどないことを悟った。

だが、元ＩＳＡ（イスラエル安全保障局）長官カルミ・ギロンは、インティファーダがはじまったあとに軍事部門の重要性に変化が起きたという考えに賛成しない。

「長年、プロ集団としてＩＳＡは、イスラエル・パレスチナ紛争は軍事的に解決することはできないと考えていた。インティファーダの結果としてこうした考え方が出てきたと思っている者がいるが、それは間違っている。私が覚えている限りでは、六日戦争の数年後にはＩＳＡの上層部ではそういうふうに考えるようになっていた。それでもＩＳＡは、イスラエル政府の命令に従ってパレスチナ人のテロリズムと執拗に戦い続けた」[48]

強硬派のベニヤミン・ネタニヤフは、軍事的手段でテロリズムを根絶することは可能かという質問にこう答えている。

「なぜできないのか？　それは警察を使えば犯罪を根絶することができるかと質問しているのと同じだ。犯罪に関しては誰もそんなことは訊ねない……」[49]

この論争の解答は、相手がどのようなテロ組織かによって変わってくるようだ。

たとえば数十人の活動家のみで構成される組織の場合、指導者の逮捕または暗殺、活動の基盤となる施設の破壊といった組織の急所に効果的な軍事攻撃を加えると、組織そのものが消滅することがある。1979年代にイタリアの治安部隊が「赤い旅団」と、協力関係にあったドイツの「バーダー・マインホフ」に対して行なった撲滅作戦がその好例である。

しかし、住民の広範な支持を受け、何千人もの活動家がいるテロ組織の場合、軍事行動でできるのはテロ攻撃とそれが及ぼす結果を減少させることまでで、テロの根絶はできない。こういったケースでは、テロ問題の解決に軍事・諜報・政治のすべてを使う必要性は高くなる。

結論を言えば、軍事はテロ攻撃の阻止したり、テロの損害を少なくしたり、またテロ組織にダメージを与える効果的な手段であることを否定すべきではない。しかし、われわれは同時にテロリスト側の要求がどの程度妥

当で正当なものなのか、相手側の要求を満たさなければ、国益にどのような損害が出るおそれがあるのか、どちらの側にも受け入れられる妥協点を見出す可能性はあるか、また妥協がテロ組織に与える影響などについても検証せねばならない。

　さらに長期的スパンでテロ組織が目的を達成するのを阻む国家の能力を分析評価する必要がある。これらのことすべてが、国家の対テロ政策における軍事と政治の関係を決定するのに役立つ。

対テロ方程式

テロを行なう意思と実行する能力の関係

　前述したように、テロの方程式は、テロ攻撃を行なう意思と、その意思を実行する能力の組み合わせである。このふたつの根本的な条件が、過去、現在、そして未来のテロの規模と特徴を決める。テロリズムの方程式からわれわれは対テロ方程式を導き出せる。テロとの戦いでは、テロ組織の攻撃実行能力を奪うか弱体化させ、またテロリストたちのテロ攻撃を行なう意思を弱めるか喪失させることを目標にさまざまなタイプの活動をしなければならない。当然、このふたつを同時に弱めることができればいいが、テロリズムとの戦いの主なジレンマは、組織のテロ攻撃実行能力にダメージを与えれば与えるほど、テロを実行する意思は強化されるところにある。図2-3はこのジレンマを説明している。作戦能力とテロ実行の意思を弱めるために対テロに必要なコンビネーションがここに提示されている。

　図にある「テロのレベル」の線は、このラインから上はテロ攻撃が行なわれる可能性があることを示しており、下ではテロは行なわれない。モチベーションの線は、ある組織のテロを実行する意思の強弱を示しており、実行能力の線は、ある時点での組織のテロ実行能力を示している。

　図は最初に、人間集団がある政治目的を達成しようとする意思からはじまっている（A）。当初、モチベーションのレベルはテロ攻撃が行なわれるところにまで達していない。しかし、何らかの理由でこの集団の人々

は、自分たちの目標を達成するために民間人に対して暴力行為（テロリズム）を行ないはじめる。この時、意思はテロ実行ラインを超えている（B）。この時点で組織を作っている人間の集団は、テロ攻撃をするという意思を実行するための能力を獲得しようとしはじめる。その能力がテロ攻撃を行なえる最低限の能力を超える、つまり「テロのレベル」のラインを超えると、組織はテロの実行に踏み切る傾向にある（C）。

この時点でテロに対処している国家は、テロ組織に対して効果的な攻撃行動にでる（D）。こうした活動は、組織の行動力を低下させ、これが成功すれば、組織のテロ実行能力を再び「テロのレベル」のラインの下に押し戻せる（防御行動により組織のテロ実行能力を下げることもできる。たとえば西岸地区とイスラエル領内の人口密集地の間に建設されている壁は、イスラエルに対するテロのレベルを下げる効果的な防御手段であることが証明されている）。

しかし、攻撃行動の影響は、それがどれほど効果的だったとしても通

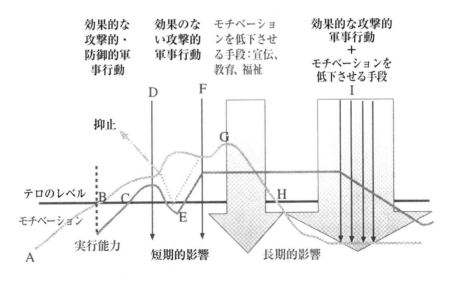

図2-3 テロリズムの方程式

常、短期間しかもたず、一定の期間が経つと、テロ組織は実行能力のダメージを修復しはじめる（E）。そして、能力のラインが再び「テロのレベル」を超えるまで上がっていく。前述したように、国家による攻撃行動は、組織のテロ攻撃を継続、またはさらにエスカレートさせるモチベーションを高めるため、しばらくすると高まったモチベーションは国家の攻撃行動の前のそれより上のレベルに落ち着く。

テロの意思を弱める活動

　国家側の攻撃行動が効果的ではない場合（F）、組織のテロ実行能力はまったくダメージを受けず、報復攻撃のモチベーションだけが強まる。

　効果的な攻撃的対テロ活動を計画し実行するのは、複雑で難しい仕事だが、テロ組織のモチベーションを低下させる活動に比べれば、たいしたことではない。モチベーションに対する究極の手段は、テロ組織の政治的要求を受け入れることであろう。しかし、テロに屈するのは、適切な対処法とは言えない。妥協すればテロ組織はさらに要求を上げてくるだろうし、それを見ていたほかの組織に政治目的を達成するためのテロ攻撃の有効性を信じさせてしまうからだ。

　テロのモチベーションを弱めることは、健全で有効な対テロ政策の策定には極めて重要である。それには組織を支援している住民たちへの人道的行為、社会福祉活動、その地域での教育と宣伝、また組織を支援している住民たちの中でテロに反対しているか、少なくともテロ攻撃やテロリストと関係していない人々の代表との交渉などが必要である。これらすべての活動は、非暴力的手段での問題の解決または暫定合意の締結を実現する道があることを住民たちに示して彼らの支援を獲得し、紛争を緩和することを目的としている。攻撃的対テロ手段はすぐに結果が見えるが、対モチベーション活動は、効果が表れるのに時間がかかる。

　テロのモチベーションを低下させるのに、それらの活動が有効だったかどうか判明するのには、何世代、何十年という時間がかかるだろう。国家が対モチベーション手段を継続すれば、テロを実行する意思のレベルも低下する（G）。これは必ずしもテロリストたち自身の感情ではなく、主と

して組織を支援する住民たちの感情のことである。

 対モチベーション活動の主要ターゲットは、この住民たちである。彼らにテロリズムの支援をやめさせ、テロリストたちを孤立させて組織の中心部への攻撃を容易にする。簡単に言えば、テロ組織と支援住民を引き離すということだ。

 前述したように、対モチベーション手段が効果的であれば、ゆっくりとテロ攻撃を実行する意思は弱まっていき、やがて「テロのレベル」のラインの下に落ちる（H）。しかし、モチベーションの低下は、テロ攻撃を実行する能力には影響を与えない。これは爆薬の詰まった樽に座っている状況に似ている。テロが起きないのは、その意思が制限されている結果だが、保持する攻撃能力は極めて高いということだ。こういった状況では、国家の攻撃行動、組織間または組織内の関係、外部からの圧力その他の一時的にモチベーションを高める要素が加われば、単発あるいは連続テロにつながる。

 したがって効果的な対テロ活動に必要なのは、テロリストたちから彼らを支援する住民を離反させるとともに、指導者や戦闘員、また施設や財政インフラなどを、組織の活動が再開できる時間を与えないように繰り返し攻撃することである（I）。

対テロ政策は明確にすべきか？

対テロ政策が成文化されてこなかった理由

 対テロ手段の目標と、対テロ政策における軍事の重要性の分析の次にくる問題は、政策決定者は対テロ政策を明確にすべきかという点である。それとも長年の実戦経験に基づく行動計画、対テロのハンドブックのようなものがあれば、それで十分なのか。

 明確な対テロ政策を発表すれば、国家の治安部隊のために対テロ戦争の目標とそれを達成するベストな方法を最も効果的に説明できる。そういった政策を明らかにすることで、政策決定者は治安部隊にメッセージと政治のリーダーたちが何を求めているかを伝えることができる。だが、その一

方で政策を明確にしてしまうと、変化し続けるテロリズムの状況に対応できなくなるおそれが出てくる。

　国家の対テロ政策を明確にすべきと考えている者たちは、目標を明らかにすれば、とくにテロ攻撃の直後に政治のリーダーたちに向けられる国民からのプレッシャーをある程度、緩和できると考えている。

　クレンショーは、対テロ政策の多くは、テロ攻撃発生直後の一般大衆の怒りの感情が頂点に達している時に策定・実行される、と述べている。この状況では、最善策はテロを無視することだったとしても、民主主義国家では政府は支援者たちの信頼を失わないようにテロに対応することを余儀なくされる。クレンショーはこう表現している。「あまりにも多くの人々が見ているため、政府はゲームをプレイすることを拒否できない」[50]

　興味深いのはクレンショーがイスラエルの例を使ってこの議論を支持していることだ。彼女の分析では、イスラエル政府は国民からのプレッシャーで、テロ攻撃が起きるたびに報復を強いられている。イスラエルの対テロ活動を検証してみると、カウンター・テロリズムに関して言えば、成文化された政策も、一貫した戦略すらない。歴代の政府は、攻撃的・防御的・懲罰的行動において同じような対テロ手段を使っており、違いはどの手段に重点を置くか、またそのタイミングなどだけだった。

　おそらく対テロ政策が成文化されてこなかった理由は、政策決定において柔軟性を維持すること、また政府が自ら定めた戦略原則を満たしていないように国民の目に映ることを避けるためであろう。

対テロ政策は公表しない

　対テロ政策を策定する際、もうひとつの問題は、政策決定者たちはその政策と決定の基礎となる原則を公表すべきか否かという点である。明確で一貫した対テロ政策があれば、テロ組織の活動家と支援者たちが、国家が定めたルールから逸脱すれば、どういうことになるか予測できるようになり、これがテロの抑止につながるかもしれないし、テロ攻撃を妨げることもあるかもしれない。テロ行為を行なえば国家がどのような反応を示すか事前にわかっていれば、それはテロ組織が踏み越えることを躊躇するレッ

ドラインとなり得る。

　その一方で対テロ政策の原則を公表すれば、政策決定者の裁量を制限してしまうおそれがある。また、公表されている政策を変えれば、国民はそれをテロ組織に対して屈服したと解釈し、政策決定者は政治生命を失うことになるかもしれない。

　通常、国家の対テロ政策は公表しない方がいいとされている。政府の対テロ活動の目標を国民に説明する大まかなガイドライン程度ならいいが、政策決定者は何が起きるかわからないテロリズムに対して適切な対応ができる幅を残しておくべきである。

　政策決定者は必要に応じて戦術を即座に変えられるような柔軟性のある対テロ政策がとれる枠組みを作るべきである。そうしておけば、その時々に国家が直面しているテロの脅威のタイプによって、政策決定者はインテリジェンス、攻撃的・防御的活動、抑止または報復、立法、教育、そして国際協力といったさまざまな対テロ行動のどれを重視するか選ぶことができる。

第3章　対テロ戦争とインテリジェンス

戦略インテリジェンスと戦術インテリジェンス

諜報活動はカウンター・テロリズムの最前線

　対テロ手段にはさまざまなものがある。その有効性について、研究者たちの意見は分かれるが、テロ攻撃を防ぐために最も重要なのは諜報活動であるということでは皆、異論はないようだ。[51]
　アレックス・シュミッドは、諜報活動はテロとの戦いの最前線である、と述べている。[52]ケン・ロバートソンは、テロリズムに対処するあらゆる局面で諜報手段を適切かつ継続的に使用する利点を考察している。
　ロバートソンによると、インテリジェンスは、テロが行なわれるまでの各段階に関係していた者たちの身元、隠れ家の場所、メンバーのリクルート先、武器の入手先、物資供給の経路、テロ実行に必要な資金の調達手段などを割り出すことに役立つ。さらに進行中のテロ計画について警告を出して未然に防いだり、政策決定者に情報を与えて危機管理を行なったり、対テロ行動に必要な情報を提供したり、テロ組織のコミュニケーション・ネットワークを破壊することなどの助けとなる。[53]
　デビッド・チャータースは、この問題に関する傑出した論文のひとつの中で、対テロ・インテリジェンスを、早期警戒用インテリジェンス、作戦用インテリジェンス、刑事犯罪用インテリジェンスの3つのカテゴリーに分けている。早期警戒用インテリジェンスは、治安機関がテロリストに攻撃される可能性のあるターゲットの守りを固め、予防措置を講じられるように奇襲の要素を排除することを目的とする。作戦用インテリジェンスに

は、治安部隊がテロリストとその所属する組織の正体と居場所を見つけ出すのに有効な情報、テロ組織の力の源や資産に関する情報が含まれる。刑事犯罪用インテリジェンスは、テロリストを裁判で有罪にするための証拠を提供する。

　チャータースは、これら３つのタイプのインテリジェンスは、誰が、何を、どこで、いつ、なぜ、いかにして、というインテリジェンスの基礎的な疑問に答えることを目的としていると指摘する。彼の考えでは、戦略インテリジェンスと戦術インテリジェンスというふたつの分野でのインテリジェンス収集がとくに重要となる。戦略インテリジェンスにはさまざまなものがあるが、組織の正体、その指導者、活動家、支援者の身元、組織のイデオロギーと行動の動機、組織内のヒエラルキーと活動システム、テロ実行の手法とポリシーなどが含まれる。

　チャータースは、テロ組織に対する有効な行動計画を用意するには、戦略的評価の策定の重要性を強調する。戦略インテリジェンスにはもうひとつ重要な役割がある。実際に計画されているテロ攻撃の詳細（テロの種類、方法、使用される武器、標的、実行日時その他）が含まれる戦術インテリジェンス収集のスタート地点となることだ。チャータースは、テロ攻撃が行なわれたあとは、テロの実行犯と首謀者の居場所を探し出し、逮捕して裁判で有罪にするために刑事犯罪用インテリジェンスが最も重要になると説明している。[54]

　アラン・ベームは対テロ手段におけるインテリジェンスは、テロの防止と報復の両方の役割をあわせ持っているとしている。[55]

戦術インテリジェンス

　マーサ・クレンショーは、テロを阻止するために先制攻撃をかけたり、テロ組織のさらなる攻撃を防ぐには、正確なインテリジェンスが必要となると指摘する。[56] シャブタイ・シャビットもインテリジェンスの重要性を強調する。

「私の考えでは、質のいいインテリジェンスがあれば、問題の50パーセント以上はすでに解決している……インテリジェンスの質が良ければ良いほ

ど、テロリズムに対するほかの武器の使用をより少なく、あるいは制限することができる」[57]

情報収集はほぼすべての対テロ活動に欠かせない準備作業である（図3-1参照）。基本的インテリジェンスには、テロ組織の構造、その活動、メンバー、ヒエラルキー、資産、イデオロギー、スポンサー国から受けてい

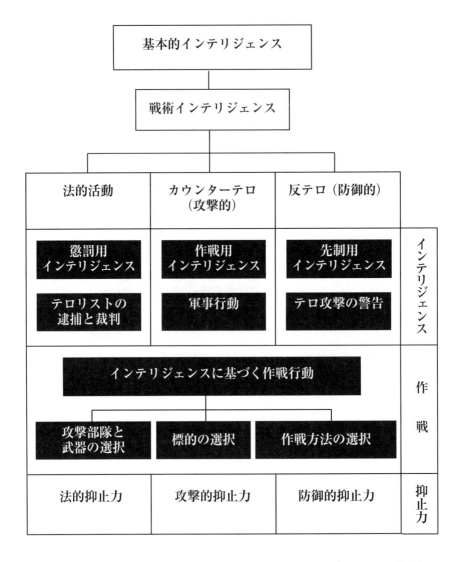

図3-1 カウンターテロ戦略におけるインテリジェンスの役割

る援助などに関する情報の収集があり、戦術インテリジェンスを分析・理解するための重要なデータベースとなる。

いかなる作戦行動でもその準備段階で、攻撃用、防御用、そして法的懲罰用の戦術インテリジェンスを必要とする。攻撃行動では、戦術インテリジェンスは軍事作戦に必要な情報に変換される。防御行動では、それはテロ攻撃を阻止する手段（Preventive Intelligence）となる。法的懲罰行動でも、容疑者を見つけ出し、法廷で裁き、有罪とするのに戦術インテリジェンスは欠かせない。

これらの3つのタイプの行動では、戦術インテリジェンスは予定目標の設定、行動方法の決定と作戦計画の準備、そして任務遂行に必要な手段と戦力を用意する際の基盤となる。またここで述べた3つの行動を抑止力（攻撃的抑止、防御的抑止、懲罰的抑止）とするための重要なベースにもなる。

インテリジェンスが正確であればあるほど、またそれに基づく行動がうまくいけばいくほど、その行動の抑止力は高まる。準備段階でのインテリジェンス情報がどれほど大事かは、個人に対する攻撃行動（ターゲッテッド・キリング）にはっきりと見て取れる。こういったケースでは、プライベートな情報を含む非常に正確なインテリジェンス・データがリアルタイムで必要とされる。確実に標的を仕留めるとともに、実行の際に罪のない民間人を傷つけないためにである。

情報収集の手段

インテリジェンス機関は情報データを収集するさまざまな手段を持っている。それには以下のものが含まれる。

（1）ヒューミント

人的情報源を使った情報収集。テロ組織内部に植え付けたエージェント、組織から抜けてきた者、組織の作戦部門、政治部門、社会福祉部門からリクルートされた者、捕虜あるいは逮捕された組織のメンバーなどから情報を収集する。

（2）テクニカル・インテリジェンス

航空写真、シギント（通信インテリジェンス）、またコミュニケーション・ネットワークの盗聴など。
（3）マテリアル・インテリジェンス
　指紋または血液、毛髪や組織などのサンプル、衣服の一部、タイヤ痕、現場に残された武器、押収された文書その他から得る情報。
（4）オープン・ソース・インテリジェンス
　メディアや学術的研究の公開情報。

　多くの研究者（ホフマンとモリソン-タウ、カーヴァー参照）[58]がテロ組織とその意図に関する情報収集におけるヒューミントの重要性を強調するが、この種の情報を得ようとするとカウンター・テロリズム特有の問題が出てくる。

ヒューミントのリクルート

エージェントの違法行為は許されるか？

　対テロ戦争の情報収集ではヒューミント（ヒューマン・インテリジェンスの略）が非常に重要となるが、それが時にモラルや法的な問題を生じさせることがある。何らかの違法行為に手を染めている人間を情報源として使う必要があるような場合である。
　テロ組織の一員として活動している情報源は、違法行為に参加せざるを得ない状況に立たされるおそれがある。それは組織の正式メンバーになるための儀式かもしれないし、テロ組織への忠誠心を試すテストかもしれない。情報源のハンドラーはここで難しい判断を迫られる。情報収集という観点から見れば、組織内で情報源が真の仲間として認められ、出世の階段を上っていってもらいたい。しかし、エージェントは組織内での立場を強化し信頼性を高めるためなら何をしてもいいのか？　テロ組織の違法活動に参加したり、自ら率先して違法行為をはじめることは許されるか？
　シャムガール委員会（イスラエル首相イツハク・ラビン暗殺事件を検証するために設置された調査委員会）の最終報告書に添えられた非公開の付

録には、ＩＳＡ（イスラエル安全保障局：シンベト）のエージェントが法律に反する行為を行なっていた事例がいくつかある、と記されている。ＩＳＡエージェントとして行なった活動は起訴の対象にならないと思い込んでいたためだ。委員会のメンバーたちはＩＳＡに「現場で情報を集めるエージェントを好き勝手に活動させない」ように警告した。これはＩＳＡエージェント、アビシャイ・ラビブの行動を直接批判したものだ。ラビブは極右組織「エヤル」の指導者でイツハク・ラビン首相を撃った暗殺者と接点があったと考えられている男である。

　倫理的観点から言うと、この問題の答えは、エージェントが違法行為やほかの人々を害する行為をしなければいけないのであれば、それが慎重にコントロールされ、損害は絶対に出ないと確実にわかっているものでない限り、その人間を雇うべきではない。しかし、それではエージェントを使うことが極めて難しくなってしまう。テロ組織は内部からスパイを排除するために、組織への入会テストとして、違法行為の実行を要求することがあるからだ。

　この問題を解決するための判断基準のひとつとして考えられるのは、エージェントが行なわねばならない犯罪がもたらす危険性のある人的・物的損害と、組織内部の活動を探りテロ攻撃を阻止する利益を天秤にかけることだ。この問題については、諜報エージェントを使うべきか否かに関する判断は、司法長官のように必要な法律と作戦行動の知識を持っている政府上層部の人間に任せるべきであろう。

　エヤル組織のリーダー、アビシャイ・ラビブを情報源として使っていた事実は、もうひとつの問題を提起する。治安当局がテロ組織のリーダーをリクルートすることは許されるのか、という点である。テロ攻撃や違法行為を計画し部下たちに実行させることのできる地位にいる人間を使ってもいいのか？　バイオレントな違法行為を行なう組織のリーダーをエージェントとして使うのは、そういった行為の計画、準備、そして実行に直接あるいは間接的に参加していると解釈される可能性があり、極めてリスキーである。そのため、このレベルでのエージェントの使用は避けるべきだ。

情報源の使用可能期間は短い

 こういった人的情報源の使用に関連した問題に加えて、テロ対策を目的としたインテリジェンスの収集には、さらにいくつかの問題点がある。モサドの長官だったメイヤー・ダガンは、そのひとつに「情報源の使用可能期間が短いこと」を挙げている。

 ダガンによれば、敵国について収集されたインテリジェンスの場合、長期にわたって保存され、戦争という滅多にない出来事の時に戦略的に使われるが、対テロ戦争ではそうはいかない。カウンター・テロリズムの目的は、テロ攻撃を阻止することであり、インテリジェンスは戦術的に、それも毎日のように使用される。(60) しかし、計画されているテロ攻撃の阻止や攻撃的対テロ行動の計画・実行にインテリジェンス情報を使用すれば、テロ組織側に情報源の存在が発見されてしまう危険が生じる。

 たとえば誰かがある標的に対してテロ攻撃を実行しようとしている、というインテリジェンス情報が入ったとする。その情報に基づきテロリストが逮捕されたり、標的までの道路に検問用のバリケードが設置されたり、標的の警備が強化されたりすれば、事前に計画が漏れたこと、そして敵が組織内に情報源を潜入させていることをテロ組織側に教えるシグナルとなる。テロ組織が敵に攻撃されたあと、最初に行なうのは、重要な情報を敵に伝えた情報提供者を一掃する包括的かつ徹底した内部調査であるのはそのためだ。

 情報源の使用可能期間が短いという問題を解決することはできない。人の命を救うためにいまある情報源を使う切迫した必要性がある状況では、情報源の使用可能期間は優先事項ではなくなる。もちろん情報源の命を守るために、現場の安全ルールを厳格に守り、また敵の目をそらす作戦行動を行なうことは可能だ。

 たとえばあるターゲットを攻撃する計画に関する情報が入ったら、情報源の存在を敵に察知される危険を少なくするために、違う場所の似たようなターゲットの警備も強化するといったことだ。しかし、具体的なインテリジェンス情報に基づく対テロ行動は、それがどのようなものでも情報源自身にとっては危険なことである。その有名な例は、パレスチナ自治政府

ができたあとにイスラエルとパレスチナの情報機関の間に生じた問題の多い関係である。

90年代のイスラエルとパレスチナの協力

インテリジェンス能力の深刻な低下

　1994年にパレスチナ自治政府が樹立されると、インテリジェンス情報の重要性も劇的に上がった。テロリストたちが攻撃を計画・準備する地域（ヨルダン川西岸地区とガザ）をＩＤＦ（イスラエル国防軍）が支配している間は、攻撃の準備段階で先手を打って潰すことができた。ＩＤＦ支配下の地域で行なわれている警備活動（インテリジェンス報告は使わずに）がテロを未然に防ぐこともよくあった。しかし、1994年、パレスチナ人との間で交わされたオスロ合意の条項に従ってＩＤＦがパレスチナ自治区領を去り、西岸地区とイスラエルの間を人々や物資がほぼ自由に移動することが認められるようになると、治安当局はテロ攻撃を防ぐのにインテリジェンス情報だけにしか頼れなくなった。

　パレスチナ自治政府ができる前は、何らかの利益、許可証、仕事を与えたり、またはある種の特権を剥奪すると脅したりすることで、パレスチナ人の情報機関員に協力させることができた。西岸地区とガザの支配は、イスラエルの情報機関に対テロ戦争のための極めて重要な情報の収集を可能にしていたが、自治区からの撤退によってすべては変わった。イスラエル情報機関への重要情報の提供はパレスチナ人たちにとって百害あって一利なしになった。それは第１次インティファーダ（1987年から90年）の時にイスラエルの協力者と疑われた者たちが、テロ組織に追い詰められ、どのような運命をたどったかを見れば一目瞭然だった。さらにパレスチナ自治政府樹立後に情報機関が西岸地区にいるイスラエルのエージェントをあぶりだそうとしたこともあった。

　リプキン・シャハク参謀長は1995年１月の時点で、こう認めている。

　「自爆テロ犯に対抗する術をわれわれは持っていない。ガザから撤収して８カ月経ったが、情報源は前と比べて少なくなっている」[61]

1995年9月、軍情報部研究局長ヤーコブ・アミドロール准将は、前任者たちよりもはっきりと言い切っている。
　「ガザでのイスラエルの情報収集能力はゼロとなった。西岸地区をパレスチナ自治政府に渡せば同じような状況になるだろう」[62]
　パレスチナ自治政府支配下の地域におけるイスラエル治安機関のインテリジェンス能力の深刻な低下は、自治政府の情報・治安機関への依存度を大きく高めた。これはオスロ合意後に公式のスポークスパーソンが、いまインテリジェンス面でパレスチナ自治政府との協力が重要となっている、と繰り返し述べていることからも明らかである。パレスチナ自治政府はリアルタイムで広範囲にわたる情報を得ることができる。その理由には、治安・情報機関の数とそれらの組織に雇用されている人数の多さ、同じ民族で構成されるパレスチナ社会への組織の浸透力、家族のメンバーにハマスで活動している者がいると同時に親戚にはパレスチナ情報組織のひとつで働いている者がいるといったパレスチナ人社会の集団的構造などが挙げられる。
　1995年2月、軍情報部長官ウリ・サグイ少将はクネセット（イスラエルの国会）の安全保障・外交委員会で、「パレスチナ警察は、すべてのテロ組織の本部とテロリスト全員の家を襲撃できる諜報・戦闘能力を持っており、適切な命令を受けた時にはそれを実行する」と述べている。[63]

危険にさらされる情報源

　イスラエルの諜報能力が大幅に低下した結果、テロ攻撃に関する事前情報をパレスチナ側の情報機関から得るしかなくなった。しかし、これには問題があった。パレスチナ情報組織は、テロ攻撃計画の情報を伝えてくれないということである。運がよければ、彼らがテロの阻止に動いてくれる（それがその時のパレスチナ自治政府の利益になるのであればだが）。だが、イスラエルから情報を提供されても、彼らはそれを無視することがあった。1994年9月のクネセットの労働党会議でイツハク・ラビン首相はこう述べている。
　「もし彼らがテロに対して行動を起こさないのであれば、さらに彼らが納

得のいく努力をしないのであれば、和平プロセスに極めてネガティブな影響を与えることになるであろう。われわれは彼らが義務を果たすことを要求する。彼らが今日までに行なってきたのはテロ対策などではなく、単なる警告のようなものに過ぎなかった。われわれはアラファトにテロ攻撃を計画・実行している者たちに対して行動を起こすことを求める。われわれが情報を提供し、何が起きているか彼らは知っているにもかかわらず何もしない、という状況をわれわれは受け入れない」(64)

　前述したように、パレスチナ治安機関がテロ攻撃を阻止したり、またイスラエルから提供された情報でテロ実行犯を捕えたりしたケースは少なくないが、(65)こういった協力はイスラエルの情報源を危険にさらすことを意味している。実際、イスラエル側からテロ計画の情報が伝えられると、パレスチナ治安機関はテロの計画・実行者たちに警告を発したり、テロリストたちを短期間だが逮捕したりしてテロを防ぐが、その直後にイスラエルの情報源を探し出して無力化しようとすることがあるからだ。(66)

　イスラエルに協力している容疑をかけられた人間に対するパレスチナ・プリベンティブ・セキュリティ機関の基本姿勢は、ガザの治安機関のトップ、ムハンマド・ダハランの次の言葉によく表れている。

　「パレスチナ人の暗殺につながる情報を敵に渡す者や同胞を殺す者がいる。そいつらを捕まえたら首をぶった切ってやる」(67)

　しかし、パレスチナ治安機関がやるのは、イスラエルのスパイを見つけ出して殺すだけではない。いくつかのケースでは、スパイを寝返らせてイスラエル治安機関に関する情報収集に使ったことがわかっている。1995年4月、ジブリル・ラジューブの諜報部隊に捕まったイスラエルのエージェントが、ＩＳＡ（イスラエル安全保障局：シンベト）からほかのイスラエルの協力者に関する情報を得るために二重スパイとなることを強制されていたことが発覚している。(68)イスラエルの協力者と疑われた者は、自分と家族の名誉を守るためにイスラエルでの自爆テロに志願することがあるほどパレスチナの諜報機関を恐れている。(69)

対テロ戦争とインテリジェンス　103

ＩＳＡへの批判

　イスラエルのＩＳＡとパレスチナ治安部隊の特殊な関係は、以下のカルミ・ギロンの言葉によく表れている。

　「私の考えでは、オスロ合意で決められた５年の間に、信頼関係を築こうとする過渡期があった……私は初期の頃のダハランとのミーティング、ジブリルやアミン・アル・ヒンディ、またナセル・ユースフとのミーティングを覚えている。彼らは当時のパレスチナ側の治安関係のトップだった。私が思うに、治安関係者たちが感じていた疑念はすぐに消えていった。私のことを言っているのではない。調整官や師団長レベル、またパレスチナ側が創設した治安部隊内の同じ階級の人間と会った者たちもだ。この点では素晴らしい関係だった」(70)

　しかし、このポジティブな関係には裏があった。たとえば西岸地区全土でジブリル・ラジューブの部下たちに「行動の自由」を与えたＩＳＡに対するＩＤＦとイスラエル警察の批判である。行動の自由が与えられる前にすでにラジューブは、合意に反して西岸地区全域でファタハの活動家をパレスチナ治安部隊にリクルートし、ほぼすべての村に拠点を作り上げていたのだ。(71)

　ＩＳＡへの批判はその時だけで終わらなかった。1994年末、ＩＳＡ長官が東エルサレムでパレスチナ治安機関との協力を強化するように働きかけた。ラジューブの部下たちが街の秩序を保つのに貢献しているというのが理由だった。これに対して警察相と司法長官は、パレスチナ治安機関を東エルサレムで活動させることに反対した。その約１年後の1995年９月、(72) ＩＳＡはラジューブとその部下たちをどのように使うかに関する対立が原因で、エルサレム警察からある上級幹部を排除しようとした。ＩＳＡは、ラジューブは「共に仕事ができる」実力者であり、彼と協力することがイスラエルの利益となると信じていた。その一方で警察は、「ジブリル・ラジューブがエルサレムで法を破れば厳しい態度で臨む」必要があると考えていた。(73)

インテリジェンスの国際協力

インテリジェンス銀行の設立

　イスラエルとパレスチナの複雑に絡み合ったインテリジェンスの関係は、もうひとつの問題を提起する。国際協力の問題である。

　9・11同時多発テロは世界平和にとって国際テロリズムがどれほどの脅威であるかを明らかにした。イスラム原理主義テロ・ネットワークの拡散、そしてテロとゲリラ戦術のエキスパートである活動家たちが、生物化学兵器、放射性物質、さらに核物質を使う宗教的動機をふんだんに持っている事実が、インテリジェンスの分野での国際協力を強化する重要性を高めた。

　アメリカ（2001年）、バリ島（2002年）、モンバサ（2003年）、イスタンブールとマドリード（2004年）で発生した大規模テロのように「国際テロリズム」（実行犯たちや犠牲者の国籍が複数であったり、実行犯の国籍とは違う国で実行されたり、また国家に支援されたテロ活動が関係している攻撃のこと）と定義されるテロ攻撃のほとんどは、活動家をある国からある国に移動させたり、隠れ家と前線指揮所に使われるアパートを借りたりといったさまざまなことを含めて複数の国で長い準備期間を必要とする。

　この規模のテロ攻撃を阻止するには、二カ国間また多国間での継続したインテリジェンス協力が必要となるが、ここにひとつ落とし穴がある。国家間の情報のシェアは極めて重要だが、ここでも情報源が露呈してしまう危険があるということだ。そのため各国はテロ組織についての極秘情報を他国とあまりシェアしたがらず、これがテロ計画を事前に察知し阻止することや、世界的なテロ・ネットワークの存在をあばくのに必要不可欠な国際情報協力を妨げている。

　この問題の解決には、テロのインフラストラクチャーに関するインテリジェンス情報を収集・処理する国際的枠組み（インテリジェンス銀行）の設立が必要となる。この情報銀行には基本的にインターネット、刊行物、

またさまざまなデータベースなどで見つけられるオープン・ソース情報が集められる。さらに銀行のメンバー国から送られてくる機密度の低い情報、あるいは情報源が絶対にわからないように書き直された機密情報といった具体的なインテリジェンス・データなども可能な限り集められる。さらにこの新たな国際インテリジェンス組織は、テロ組織に関する正確な情報を収集することを可能にする諜報活動も行なう。

インテリジェンスと作戦の調整

対テロ用調整機関の必要性

　次に考えねばならない問題は、国家のさまざまなインテリジェンス収集機関がカウンター・テロリズムに関係している点である。組織間に任務の重複があると、時に足の引っぱり合いでインテリジェンス活動の効率を低下させてしまうことがある。研究者の多くは、インテリジェンス活動の効率を上げ、政策決定者が包括的インテリジェンスを得られるようにさまざまな情報収集組織とともに仕事をする調整機関の必要性を説いている。[74]

　研究者の中には、調整機関はインテリジェンス組織の間のコミュニケーションの中心になるだけでなく、すべての政府諸機関の中から対テロ活動に必要なリソースを使える権限を与えるべきだ、と主張する者もいる。クレンショーは、政策の有効性はインテリジェンスの質と、その政策の実行がどれだけコーディネートされたもので決まると述べている。[75]

　ホフマンとモリソン-タウは、情報収集に関しては軍、警察その他の治安機関の間の調整ができてなければならないと付け加える。彼らの考えでは、対テロ計画の成否はインテリジェンスの種類や質だけでなく、関係諸機関すべてに最短の時間で効率的に情報が伝えられるどうかにもかかっている。それはイギリスがマレーシア、ケニア、そしてキプロスで経験したことから導き出された教訓と指摘している。その一方で、ふたりは政策決定と行政権を持った調整機関を設立する難しさを強調している。民主主義では、正当な選挙で選出された政府の長に任命された調整機関は政府の長を解任する権限を持つことはできず、よって政府省庁を従属させることも

できないからだ。⁽⁷⁶⁾

　1984年10月2日、イギリス保守党の党大会が行なわれていたブライトンの「グランド・ホテル」がテロ攻撃を受け、5人が死亡し多数の負傷者が出た。このテロのあと、イギリスは各情報組織の間を調整し、インテリジェンス活動を向上させることを目標に省間委員会を発足させている⁽⁷⁷⁾。

　ウベロイは、調整機関の仕事はインテリジェンスの調整のみに制限されるべきか、それとも対テロ戦争を行なっているすべての組織全体をまとめる仕事をすべきかについて論じている。彼は地方と国家レベルで対テロ戦略を実践している多数の部局を調整する特別機関の創設を提案している。この組織はインテリジェンス、治安維持、心理戦争、コミュニケーションとPR、外交その他を含めたカウンターテロに関係した分野の専門家とプロで構成される⁽⁷⁸⁾。

　アラン・ベームは、彼の考える有効な調整を可能とする原則を以下のように説明している。
- 各機関の役割と管轄を明確に定義する。それぞれの機関は責任の範囲、また法的および行政上の制限を理解せねばならない。
- 政策の策定とその実行の責任は明確に分けねばならない。調整機関と政策策定機関は、政府にその実行を任せる。政府が政策に関して疑問点がある場合、調整機関に質問する。
- 調整機関は常に戦略レベルの問題に焦点を置く。この組織は作戦活動に気を取られて戦略をおろそかにしてはならない。調整機関にとって現場の作戦は非常に魅力的なものだが、それに抵抗することで調整機関の有効性が強化される。
- 調整機関の仕事は、さまざまな組織間の協力を促進させることであり、支配することではない⁽⁷⁹⁾。

「カウンター・テロリズム局」の設立

　1996年、イスラエルは対テロ活動を調整する問題に対する解決策として「カウンター・テロリズム局」を設立した。この局は、過去20年間イスラエルに存在した首相対テロ顧問という役職に代わるものだった。当時、首

相を務めていたベニヤミン・ネタニヤフはこの調整機関についてこう言っている。

「この組織は全省庁をコーディネートする。権限は持っていない。調整機関は首相に報告することで命令を浸透させることができる。過去に何度も調整機関は、うまく仕事を振り分け、争いを解決してきた。問題が提起され、決定が下された。イスラエルではこの枠組みを必要としている。メイヤー・ダガン（初代対テロ調整官）の仕事は機能的かつ実践的なもので、政策決定者としての私を助けてくれた。どういう決定を下せばいいか明確になり、何かが見逃されるということはなかった」[80]

ネタニヤフは、調整の必要性はインテリジェンスの領域よりも、主に対テロに関係したほかの分野にあると考えている。

「問題は物事が行なわれる秩序であり、インテリジェンスの調整ではない。首相も生のインテリジェンスを受け取る。情報はふるいにかけられるが、それでもデータは得られる。知らないうちに何かが起きているということはあり得ない。だが、ある機関がほかの機関と衝突したり、競合したりする状況はある。調整機関があれば、物事をオーガナイズすることが簡単になる。行政的な権限はない。首相が物事を実現させるのだ。そうすれば組織間の競争が減る」[81]

ヤーコブ・ペリーは、イスラエルではインテリジェンスの調整には何の問題もないと感じており、ネタニヤフと違い、対テロ活動にも調整機関は必要ないと述べている。

「作戦行動の分野では、イスラエルの調整能力は世界でもトップクラスにある。問題のあるところは管轄の定義だ。ＩＳＡは外で（著者注：イスラエル国外という意味）実際にエージェントを使っていいのか、パレスチナ自治政府は軍の管轄下かそれともＩＳＡの管轄下にあるのか、などいったことだ。そのため私はカウンター・テロリズムの補佐官や調整官は不要と考える。実際、最初は必要なかった。それは人事に関係する問題解決法であり、プロの観点から見ると、何の貢献もしていない」[82]

調整機関の権限と力

　ペリーとは対照的にメイヤー・ダガンは、テロ組織の特殊な性質と組織運営の仕方は、さまざまな政府、治安、また民間の機関が協力し合わねば解決できない問題と信じている。こうした協力は組織間の調整を必要とすると述べている。

「総合的な見方をしなければならないのが調整機関だ……民主主義社会は権力分立の上に成り立っているため、調整の問題から取り組まねばならない。必ずしも司法が政府の命令に従わなければならないわけでもなく、結果としてひとつの目的に対して違う組織をすべて協力させることが難しくなることがある」

　他国で採用されている方法に関連してダガンは、

「各国はそれぞれのやり方でこの問題に対応している。アメリカ人たちには国家安全保障会議（ＮＳＣ）があり、これが仕事をやりやすくしている。アメリカ政府のシステムでは、直接政策を実行できるが、それでも組織間のライバル意識が時にじゃまをすることもある。イギリスは委員会制をとっている。評議会ではなく、調整委員会だ」

　対テロ調整機関の必要性を説明するのにダガンはテロ組織の暴力行為を停止させるのとは直接関係ないエリアに目を向けている。とくにテロ組織の財政である。

「テロ組織の財政に対して行動を起こした国があっただろうか？　ひとつもない。この分野で最先端にいるのはイスラエルだ。それはなぜか？　法務省、警察、税務署、財務省、陸軍などの協力を得ることに成功した調整機関を作ったからだ。情報機関の間の調整だけしかしていない者は、テロ問題がわかっていない(83)」

　調整の問題を要約すると、とくに権力分立主義に基づく民主主義国家だが、テロリズムと戦っている国家の過去の経験からすると、対テロ用の調整機関の設置は極めて重要なようだ。この機関はインテリジェンスの調整以上のことをする必要がある。インテリジェンス、攻撃行動、防御、懲罰、立法などカウンター・テロリズムの全領域に関係する政府機関は多数あるため、そういった調整機関は、国家のインテリジェンス諸機関が持っ

ている全情報に基づき、インテリジェンスの詳細なコンセプトを作り、それをテロ組織に対する作戦行動に変換しなければならない。

調整機関の権限と力は、政府のトップ付近から与えられたものでなければならず、また調整機関は政府のトップに忠実でなければならない。それと同時に治安部隊、情報機関、そして国家の対テロ戦争のすべての領域に関係してくる行政組織の長たちに受け入れられている必要がある。

政策決定者とインテリジェンス

インテリジェンスをどう扱うか

データを集めて処理し、何をすべきかを決め、政策決定者に助言を与えるといったようにインテリジェンス・ネットワークが適切に動いている時でも、インテリジェンス像を理解しそれに従って行動するには、情報データの消費者である政策決定者のインテリジェンスに対する理解、寛大さ、そして積極的に受け入れる姿勢がなければならない。

元首相のシモン・ペレスはイスラエルの情報ネットワークは世界で起きた重要な出来事を予知することができなかったと言って批判した。

「未来についてのエキスパートに私はお目にかかったことがない。未来の出来事に関する専門家を見つけてくれたら、私は話をしてみたい。私が強く指摘したいのは、実際に起きた出来事のほとんどは専門家によって予言されたものではなく、そして専門家が予言したことのほとんどは現実には起きなかったということだ。出来事をひとつひとつ分析してみればいい。1973年の戦争（ヨムキプール戦争）だけではない。ソ連崩壊もホメイニ革命さえも、どれひとつとして予測されたものはない」(84)

この批判は、インテリジェンスを光の筋が漏れてくるが全体像を見せてくれないのぞき穴や狭い隙間になぞらえている。インテリジェンス情報は、それが正確で信頼できるものだったとしても、現実を歪め、間違った政策決定を導いてしまうことがあるということだ。

その意味では、具体的なインテリジェンス情報に基づく防御的・攻撃的戦術インテリジェンスと、主にインテリジェンス評価とデータ処理がベー

スとなっている戦略インテリジェンスには違いがある。

　政策決定者に提出される戦略インテリジェンスは、批判的な目で見なければならない。その中にはインテリジェンスの仕事に携わる者の解釈と評価が含まれているからだ。エージェントたちが真摯に仕事にあたり、仕事に不適切な考え、また個人的な判断や信念を交えなくても、ただ単に分析を間違えることもある。

　全体的な対テロ政策の責任は、最終的に選挙で選ばれた政府の指導者たちの肩にかかっている。だからこそ彼らは上がってくるすべてのインテリジェンスや戦略情報を真剣に比較検討しなければならない。必要とあれば、情報評価が導き出された現場の情報を見せるように要求すべきである。説明された意見が正しいかどうかチェックするためにだ。

　だが、政策決定者はインテリジェンス情報を無視して重要なものを捨ててしまうことのないようにくれぐれも注意しなければいけない。とくにその情報が自分たちの政治信条や見解と異なる場合だ。

第4章　テロ抑止の問題

困難で複雑な抑止の仕事

テロ組織を抑止する難しさ

　国際社会における抑止の問題は、それがふたつの国家間のものでも複雑でやっかいだが、それが集団や準国家組織対独立国家となるとさらに難しくなる。

　イェフーダ・ワラックは通常および核戦争レベルの抑止に言及するなかで、核の時代の戦略は防止の技巧となったと述べている。われわれは暴力の挑発に対して報復の意思を鮮明にし、相手を脅すことで戦争を避けようとする。このため、現代の戦略は武力を使用する技術ではなく、武力使用の脅迫、抑止の技巧となった。

　核戦争と低強度紛争という両極にあるふたつのタイプの武力衝突にこの定義がどこまであてはまるかは興味深いところだ。ワラックは、抑止とはある種の手段をとれば、死の報復を受けることになると脅迫し、敵にそれをさせないこと、と言う。彼はそういった結果を出すには、敵が得るものより失うものの方が大きいと理解する必要があると主張する[85]。

　イェヘズケル・ドゥロールはこの点について、抑止とはイメージの問題であり、戦争の理論よりも心理学、人類学、また文化研究の方が近いと考えている[86]。

　対テロ政策の一部としての抑止に関するさまざまな研究は、問題の重要性とテロ組織に対する効果的な抑止策を実現する困難さを浮き彫りにしている。テロリストに対する攻撃的および防御的な軍事行動や懲罰行動は、

主にテロ組織とその活動家たちが攻撃行為、または特殊なタイプの攻撃を継続することを阻止する目的で行なわれる。しかし、テロ組織の攻撃を抑止するのは難しい。独立国家に対する抑止の方がはるかに簡単だ。国家が「レッドライン」を越えた時、攻撃可能な重要なターゲットや国益が多数存在するからだ。

　それとは対照的にテロ組織は、本質的に秘密のベールに覆われている。ほとんどの場合、組織のメンバーは表には現れず、組織の一部が崩されてもほかの部分は大きな影響を受けないような組織構造になっている。レッサーによれば、抑止における主要問題は、国家やヒエラルキーのあるテロ組織ではなく、組織に属さない個人やネットワークに対処することだという(87)。

　テロ組織の抑止は、その組織に合理的判断能力があることを前提としている。合理的な損得計算に基づいて活動できない組織は、行動の利害を考えない。そのため国家が許容範囲を超えていると考えるテロ攻撃を、彼らが行なうのを止めることはできない。

価値観の異なる相手

　隣国のアラブ諸国に対するイスラエルの政策に関して、ドゥロールはレッドラインを定める利点についていくつかの疑問を呈している。彼の考えでは、この線を越えればこういった報復攻撃を行なうという明確なラインをあらかじめ引いておくのは賢いやり方ではない。報復を事前に示唆するのも同じだからだ(88)。

　抑止政策を立案する際の問題は、相手がテロ組織だとより鮮明となる。クレンショーは、テロリストにテロ行為の代償は高く、厳しい刑罰が待っていると納得させねばならないところに難しさがあると主張する。しかし、抑止のメッセージがテロ組織側にどのように受け止められ、どのような影響を与えたかを評価するのは難しい。彼らの価値観は彼らの敵のそれとは違うのが普通だ。彼らにはほかの基準があり、何よりも危険因子に対する態度が違っている。

　クレンショーの意見では、テロリストの動機を誤解したり、彼らの活動

が合理的な戦略に基づいていると考えたりするため、テロ組織に対して誤った抑止手段をとってしまう可能性があるという。ジェシカ・スターンは、危険と不確実性をともなう脅威への伝統的な対応は、敵に攻撃を思い留まらせるだけの抑止力となる武力を用意することだったが、正体も動機も、どう反応するかもわからない攻撃者を阻止するのは極めて難しいと言う。成功を自分たちの求める政治的変化によって計るのではなく、敵にどれだけ恐怖を与えられるか、どれだけ国民を傷つけられるか、どれだけ政府に恥をかかせられるかなどによって決めるグループには、失うものは何もないからだ。世界の終わりを求める組織や、宗教その他の理由で活動家たちが自殺攻撃も厭わない組織も同じである。

テロ組織の抑止の難しさは、（たとえば国家に支援されたテロ組織の特徴とは違った）その組織独特の特徴が原因となっている。通常、テロ組織は過激なイデオロギーや信仰、あるいはその両方を信じ込んだ人間集団で構成される。彼らは目的に忠実で、それを達成するためなら、個人や公共の資産、自分の人生、時に自らの命でさえ犠牲にする。テロ組織の目標、また成功の計り方は、独立国家のそれとは違うため、テロ組織が目標を達成するのを脅迫で防ぐことが可能なのかどうか、時に疑問視される。

対テロ抑止の成否

抑止がどの程度効果的だったかは、テロ組織が見せた反応を分析すればわかるはずだが、そういった評価を行なうのは難しい。組織特有の決定プロセス、カリスマ性のある指導者が組織の反応に与える影響、組織の持つ独特の倫理的・文化的・社会的要因が原因で、評価に大きなズレが出る可能性もある。これらの要因がテロ組織の費用対効果の計算にも影響を与え、倫理的・文化的・社会的観点の異なるテロを阻止しようとする国家の判断を誤らせる。

図4-1はテロ組織を抑止する複雑さを表している。図に示されているように、抑止政策は敵が費用対効果を考慮して政策や行動を決めるという理性的な判断ができる前提に基づいている。この基本的な前提に基づき、国家は能力とモチベーションからなる抑止政策を策定する。ここでいう能力

とモチベーションとは、テロ組織がレッドラインを越えたら警告していた報復を実行する力と断固たる意思のことである。

しかし、図4-1に示されているように、テロを抑止しようとしている側の脅しを実行する能力とモチベーションを、テロ組織がどの程度のものと考えているのかの方が、実際の能力とモチベーションより重要となる。脅しを実行する能力も決断力もなくても、テロ組織側が「ある」と思えば、抑止の目的は達成できる。それとは逆に、テロを抑止しようとする側に能力とモチベーションが十分あったとしても、テロ組織がそう思わなければ、抑止政策はおそらく失敗する。抑止の感じ方は、以前似たような状況で抑止しようとする側が見せた能力と力を行使する決断力といった過去の経験の蓄積に大きく左右される。

つまり、抑止の成否は、テロ組織に対してどのようなイメージを発信できるかにかかっている。同様に重要なのは、抑止のための脅しの内容とそ

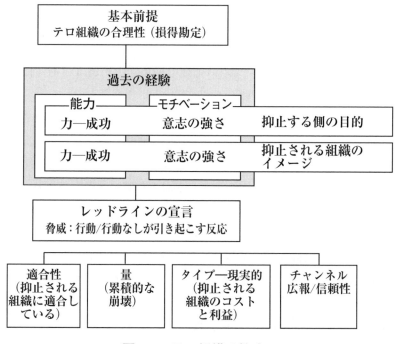

図4-1 テロ組織の抑止

テロ抑止の問題　115

れを伝える手段である。マスコミなどを通して公にして伝えるのか、直接テロ組織に伝えるのか？ さらに重要なのは、どのような脅しをかけるのか、である。実行可能な現実的なものか？ 抑止する側の費用対効果に見合ったものか？ もうひとつ非常に重要なことは、それまでに脅しがどの程度頻繁に使われてきたかである。何度も繰り返し使われた脅しは、効果が減少する傾向にある。さらに長期的な抑止は、屈辱感や復讐心を引き起こすことがある。いずれにしても抑止は、弱点を克服し抑止力を無力化するための新たな戦闘能力を獲得するテロ組織のモチベーションを高める。

　最後に抑止は、脅しがそのテロ組織にとって適切なものか、つまり相手がどれだけ脅しが実行されるのを防ぐことを重視するかにその成否がかかっている。

重要な抑止力のイメージ

　抑止はイメージの世界であり、国家の持つ抑止力のイメージは低強度、通常強度、非通常強度といったさまざまなレベルの強度（図4-2参照）の間で相互に影響し合っている。テロを抑止しようとする国家の、あるレベルの強度でのイメージが傷つくと、ほかのレベルにおける抑止力も影響を受ける。逆に国家があるレベルの強度の抑止能力があることを証明すれば、ほかのレベルの強度の抑止イメージにも影響を与える。

　たとえば湾岸戦争中、イスラエル本土にイラクのミサイルが撃ち込まれた時のイスラエル国民の反応は、ほかの安全保障の危機に対するイスラエル社会の能力に関するパレスチナ人やほかのアラブ諸国が作り出したイメージに影響を与えた。モサドの海外における作戦の失敗（キプロスで監視任務についていた工作員や、スイスで盗聴を行なおうとしていた工作員の逮捕、またハマスの幹部ハレッド・メシャール暗殺のヨルダンでの失敗など）は、特殊な部隊を使って行なわれるほかの特殊作戦のイスラエルの実行能力に関するイメージを傷つけ、イスラエルの全体的な抑止力がダメージを受けた。

　イスラエルの抑止力のイメージは、その強度のレベルの違いだけでなく、ほかの場所で過去に行なったことにも影響される。たとえば南部レバ

ノンからのイスラエル軍の一方的な撤退は、パレスチナ人たちにイスラエルの失敗と見なされたため、抑止力のイメージに影響を与え、2000年9月のインティファーダ勃発の原因のひとつとなった。

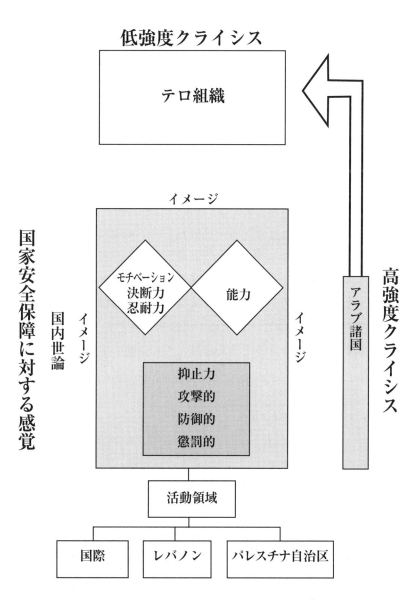

図4-2 イスラエルの抑止力のイメージ

国家が積み重ねてきた経験、テロ組織と戦う能力と意思のレベルは、イメージの世界と国民の感じる安全に重大な影響を与える。
　テロ組織に対する抑止力を検証する際、抑止はいくつかの違う形で表現されることを忘れてはならない。まず「全面的抑止」。これはテロ組織に完全にテロ行為をやめさせることを目的とする。「防御的抑止」はターゲットの警備を強化しテロ攻撃が成功する確率を低めることでテロリストに攻撃を諦めさせる。「懲罰的抑止」は組織の活動家たちにテロ攻撃に参加させないことを目的とする。
　すでに述べたように、抑止は困難で複雑な仕事である。そのテロ組織に対する効果は長くは続かない。とくに自爆テロではない場合、防御的抑止は成功することがたまにある。覚えておかねばならないのは、この抑止はある特定の場所と時間にテロを防ぐが、テロ攻撃を別の場所と時間にかえさせるだけの結果に終わることが多いということだ。
　懲罰的抑止に効果があるかどうかは疑わしい。国家の懲罰手段（テロリストとその支持者に対する罰金や通貨制限、懲役刑、行政拘禁、家の封鎖や破壊、国外追放など）は、一時的に活動家たちをテロ活動または社会から排除できるかもしれないが、新たな人間がテロ活動に参加するのを止めることはできない。とくにテロ組織が、家を壊されたら建て直したりして、損害を受けたテロリストとその家族たちに援助の手を差し伸べている場合は難しい。

イスラエルの抑止政策

テロをやめるまで報復する

　長年、イスラエルは対テロ戦争の一部としてテロ組織のメンバーやリーダー、また協力者が反イスラエル活動を行なうのを阻止すべく努力してきた。テロ組織に資金や武器、また「安全な隠れ場所」を提供したり、イスラエルを攻撃しに行くテロリストたちの国境通過を許したりして、テロ組織を支援している国家の活動に対しても同様である（建国直後から、イスラエルはパレスチナ人テロ組織を支援するアラブ諸国に対して、援助をや

めさせるために、きびしい報復政策をとってきた）。

　イスラエルの対テロ政策と、攻撃行動後のイスラエル政府の公式スポークスマンの発言は、この方法の主なポイントと一致している。イスラエルはテロ組織がテロをやめるまで、その代償を上げるということだ。この姿勢は、空爆、暗殺、国外追放や自宅の破壊といった厳しい刑罰などのイスラエルの対テロ活動のさまざまな分野に見ることができる。[91]

　2002年3月から4月にかけて実施された「ディフェンシブ・シールド」作戦は、同年3月に行なわれた多くのテロ攻撃に対してイスラエルが実行した攻撃行動の一例である。作戦終了後、ＩＤＦ（イスラエル国防軍）の情報部の責任者だったゼエビ少将は、クネセット（議会）の外交・安全保障委員会で次のように証言している。

　「ディフェンシブ・シールド作戦は、ＩＤＦの抑止能力の有効性を証明した。ＰＡ（パレスチナ自治政府）は南部でも同様の作戦が行なわれるのを恐れ、ガザ地区から迫撃砲もカッサム・ロケット弾も撃ってこなかった」[92]

　ガザ地区からのロケット弾攻撃に関していえば、彼の言ったことは正しいだろう。ディフェンシブ・シールド作戦は、ある程度の期間、パレスチナ側にロケット攻撃を思い留まらせた。しかし、ヨルダン川西岸地区で実施されたこの作戦のインパクトは、自爆テロに対する抑止にはならなかった。

　次ページの図4-3は2002年3月に行なわれた作戦（これで西岸地区のいくつかの街がイスラエル軍に再占領される結果となった）が自爆テロに及ぼした影響を明確に示している。作戦後、イスラエルと西岸地区で起きる自爆テロ事件の件数は減ったが、事前に阻止された自爆テロの数は急増している。このことから作戦は自爆テロを行なうモチベーションを低下させなかったことがわかる。ディフェンシブ・シールド作戦はテロの阻止には有効だったことが証明されたが、自爆攻撃を抑止することはできなかったということだ。

　イスラエルの行なっている懲罰手段に関していえば、当時の国防相ベニヤミン・ベン・エリエツェルは、自爆攻撃をやろうとするテロリストの数が激減したと述べている。ベン・エリエツェルによると、この減少傾向

テロ抑止の問題　119

は、家の破壊や国外追放といった抑止手段をとった結果によるものだという。彼はこうも言っている。

「われわれは自爆テロ犯の家族も罰することで抑止力を強化するつもりだ」
(93)

敵側からも似たような声が出ている。当時、ハマスのスポークスマンだったアブデル・アジズ・ランティシはデンマークのマスコミのインタビューに答えて、

「ＩＤＦはわれわれを痛めつけることに成功した」

と言い、外出禁止令と地区閉鎖は、彼が「ハマス・ファイターズ」と呼ぶ男たちがイスラエル領に潜入し攻撃することを極めて困難にしたと付け加えている。

「ハマスの指導者たちの暗殺や逮捕が、われわれの作戦能力に影響していることを認めざるを得ない」

とランティシは述べたが、

「夜間外出禁止令と地区閉鎖の生活に慣れてしまえば、われわれは活動を再開する」

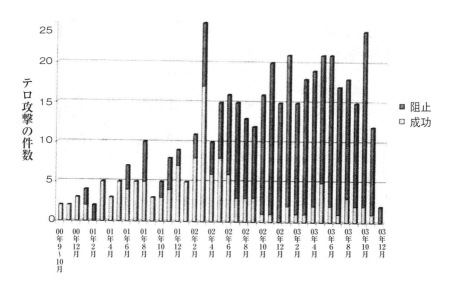

図4-3 イスラエルで発生した自爆テロ（2000年10月〜2003年12月）

と言い、自らの発言のバランスをとった。⁽⁹⁴⁾

効果がなくなった報復攻撃

　報復攻撃の目的は抑止である。最も良い抑止の方法は、武力を使用される恐怖心を敵の心の中に芽生えさせることだ。1960年代の終わり頃から1970年代にかけてイスラエルの行なった定期的な報復は、抑止の手段としては失敗した例である。報復攻撃が頻繁に繰り返されたことで、敵側が攻撃に慣れてしまい、抑止の価値がほとんどなくなってしまったのだ。

　1990年代のレバノンにおけるテロ組織に対するイスラエルの抑止政策は、テロリストの基地への空爆を基本としていたが、この方法の有効性にも疑問が呈された。ゴードンは、レバノン地域でイスラエルの抑止力が落ちたのは、一貫性のある抑止政策がなかったため、としている。⁽⁹⁵⁾

　しかし、イスラエルの抑止力が衰えたのは、首尾一貫した政策の不在が原因ではなく、繰り返し行なわれた攻撃行動に敵が慣れてしまったためだ。空爆をやり過ぎると、テロ組織側も損害を減らす手段をとるようになり、空爆の効果はさらに落ちる。テロ組織のとる空爆に対する防御手段には次のようなものがある。

- 一般市民の居住地域付近に基地を移す。こうすることで一般人の命や財産を犠牲にすることなくテロリストの標的を攻撃することを難しくする。
- テロリストを基地から退去させる。とくに複数の犠牲者を出したテロ攻撃がイスラエル国内で起きた時だが、テロ組織はイスラエルが報復のため空爆してくると考え、一時的にメンバーたちに基地から退去するように指示することがある。
- 地下にテロ施設を建設する。イスラエルの航空攻撃によるダメージを最低限におさえるため、地下のトンネルに重要施設を移す選択をしたテロ組織もある。その好例はベイルートの南にあるナアイマ村の地下に複雑なトンネル網を作り上げたアハメッド・ジブリルのＰＦＬＰ-ＧＣ（パレスチナ解放人民戦線総司令部派）である。

　テロ組織がイスラエルの航空戦術に慣れてくると、空爆の抑止力が低下

したため、ある時点からテロ組織とその施設にダメージを与えるのではなく、レバノンのインフラを破壊する方向に変化した。テロ組織にイスラエルへのテロ攻撃を中止するようにレバノンの国民と政府から圧力をかけさせるためだ。

　攻撃行動の目的は抑止にあるとイスラエルは強調してきたが、政策決定者と治安機関の責任者たちはテロ組織を抑止する国家の能力に懐疑的で、多くは抑止には限度があると主張している。たとえば軍情報部長官だったゼエビ少将は、クネセット（議会）の外交・安全保障委員会で以下のようなことを述べている。ディフェンシブ・シールド作戦はテロ活動のインフラに壊滅的打撃を与えたが、それでも多くのテロ組織がまだ自分たちには作戦実行能力があることを証明しようと、大規模なテロ攻撃を行なおうとした。テロ組織のインフラは破壊できるが、すぐに再建されて以前と変わらぬ状態となる。(96)

「テロリズムを抑止する手段などない」

　1990年代半ばにイスラエルで発生した一連のテロ事件によって、国家のテロを防ぐ能力の低さが問題となった。以前とは違い、イスラエルの政策決定者たちの間で、死を決した自爆テロリストを阻止するのは不可能なのではないかという気分が高まっていた。1994年10月にテルアビブで起きたバスを狙ったテロ攻撃後の政府高官たちの発言を見ればそれがわかる。シモン・シェトリート大臣がイスラエルの対テロ抑止力の強化を提案すると、イツハク・ラビン首相はこう答えている。

「テロリズムを抑止する手段などない」(97)

　テロ組織を抑止することは可能か、という質問に答えて当時、ＩＳＡ長官を務めていたカルミ・ギロンは、

「抑止できるか？　ほんの少しなら……レバノンの例を見ればわかるだろう。テロリズムは弱者の武器であると同時に、強者のアキレス腱でもある。無敵のＩＤＦもカチューシャ・ロケットを撃ち込まれた２件のテロに対してどう反応すればいいのかわからない。ＩＤＦは右から左に動いている敵３個師団にどう対処すればいいか知っているが、ベドウィンの羊飼い

たちに対しては役に立たない」[98]

シャブタイ・シャビットも抑止については同様の意見で、似たような質問にこう答えている。

「国家がテロ組織と全面戦争をやる覚悟があるかなら、答えはイエスだ。しかし、今日の模範的世界では、それはできない。イスラエルだけでなく、北アイルランドのイギリスもだ。軍事的・経済的損失に限らず、国際世論の批判や外交関係の悪化なども含め、国家が払わねばならない犠牲を考えると、全面戦争はできない」[99]

テロ組織の合理性の問題

テロ組織の異なる価値観を理解する

前述したようにすべての抑止手段は、敵は合理的判断をするという前提に基づいている。しかし、テロ組織の場合、そういった合理的判断能力があるかどうか疑問である。

敵も自分たちと同じ合理性を持っていると考えてしまうのはよくある過ちだ。損得勘定は、その人間の属する集団の歴史的、文化的、心理的、社会的要素に左右される。ある者が得とする行為を、ある者は損と考えることもある。敵の合理性は彼らの損得勘定に基づいたものであるということだ。

たとえばパレスチナ人社会では名誉が重要視される。アラブの伝統のなかで育った者の多くは、自分の名誉を汚されれば、死ぬことも殺すことも厭わない。彼らにとってはそれが当然の選択、つまり理性的な行為なのだ。しかし、イスラエル人の社会ではそうではない。それは損の方が得より大きな選択で、不合理な行為とみなされる。

メイヤー・ダガンは、テロ組織に対する抑止を「戦術的抑止」と「戦略的抑止」のふたつに区別している。ダガンはテロ組織がある種の標的や場所を攻撃するのを阻止（戦術的抑止）することは可能だが、戦略的抑止には注意しなければならないことがあるという。テロ組織は国家ではない、という点である。

「最も大きな間違いのひとつは、テロ組織を論理的根拠のある政策決定プロセスに基づいて行動するテロ国家であるかのように考えてしまうことだ。だから、対テロ戦争に軍事用語を使ったりするが、テロ組織は軍隊のように動くわけではない」[100]

テロ組織の合理性についてシモン・ペレスはこう言っている。

「彼らの合理性には彼らなりの論理的根拠がある。客観性はないものがね。感情の混じった論理的根拠というものもあるのだ」[101]

ヤーコブ・ペリーはこう付け加える。

「近年、より合理的になってきていると思う……以前は合理性より感情が先走っていた。やるか否か、どのようにしてやるか、誰がやるか、などについて真剣に議論することが少なかったからだろう。あれから何年も過ぎ、彼らは以前よりも合理的になった」[102]

ではテロリストを抑止することは本当に不可能なのだろうか？　彼らの考え方はそれほどほかの人間集団とは違うものなのか？

「失うものを持たない」テロリストを止めることは不可能とよく言われるが、この議論は正しいのだろうか？　確かにテロリストは貧困層出身の持たざる者であるかもしれず、独立を勝ち取ろうと戦っている抑圧された人々の代表かもしれない。が、そうだとしても（テロリストの多くはそういった人間ではないが）、彼らにも失うものがあるはずだ。たとえそれが未来だけだったとしても、だ。

概してテロ組織は、利害を考えて行動しているが、費用対効果の評価で、テロと戦っている側とは重点の置き方が違ったり、異なる価値観が考慮に入れられたりするため、外部のオブザーバーには、不合理な決定に見えてしまうことがある。だが、ほとんどの場合、テロ組織の指導部はプラスよりマイナス面が大きい不合理な決定はしない。

テロと戦っている国家は、非常に困難な仕事ではあるが、テロ組織のイデオロギー、伝統、文化、目的とモチベーション、政策決定プロセス、損得勘定の仕方などを、テロ組織の政策決定の結果を事前に分析・予測し、対テロ戦略を計画できるほど熟知している必要がある。

自爆テロの抑止

自殺攻撃者が得られるもの

　抑止が最も難しいのは自爆テロである。一般的なテロリストが合理的思考に基づいて行動しているのかどうか疑問であるならば、自殺攻撃を行なう人々の思考を理解するのはさらに難しい。何らかの目的のために自らの命を犠牲にすることを厭わない自爆テロリストを抑止することなど果たして可能なのだろうか？

　自爆テロリストを抑止するには、まず自爆テロという現象を深く理解せねばならない。すでにわかっているのは、テロ組織内部でも自殺攻撃を実行する覚悟のある者の数は比較的少なく、テロ組織の活動家の大部分は自殺攻撃を行なうタイプの人間ではないということだ。メンバーたちよりも高齢で社会的地位、家系、キャリアもある組織の指導者たちも同様である。彼らは通常、合理的思考に基づいて利害を判断する。

　自爆攻撃にメンバーを送り出すテロ組織のリーダーたちは、自分たちの目標のためなら喜んで死ねることを誇りにしているが、ほとんどの場合、それは口先だけのことだ。彼らは常に暗殺の危険に脅え、（寝る場所を毎日変えるなどを含めて）行動パターンを変えて自らの警護に大変な労力を使っているのがその証拠だ。

　数が少ないという以外にも、自爆テロリストには共通する特徴がある。失望、失敗、この世に生きる困難さや悲劇を避けるために、または身体的あるいは精神的な問題が原因で生を終わらせる者たちとは違って、彼らは価値があると信じる具体的な目的を達成するために自己を犠牲にするのである。自殺攻撃は殉教行為として宗教的に支持される（イスティシャード）。また自殺攻撃を行なう者（シャヒード）にとっても自爆攻撃には利点がいくつかある。

　まず自爆攻撃は、実行者とその家族の社会的ステータスを上げる。自爆テロ要員に社会の底辺にいる者が多いのはそのためだ。栄誉ある社会的地位に加えてシャヒードの家族には数千ドルの報酬が与えられる（アル・ア

クサ・インティファーダが起きる前までは、パレスチナ人のシャヒードの家族にはテロ組織から約5千ドルが与えられていた。インティファーダがはじまると、イラク政府が予算を出すようになったため、シャヒードの家族が受け取る賞金は2万5千ドルにハネ上がった。これは西岸地区の平均年収を考えると莫大な金額である)。つまり大家族に所属する若者にとって自爆攻撃は、家族の利益になる行為なのだ。もうひとつの動機は、復讐の欲求を満たすことだ。自殺攻撃を行なう者は、友人や親密だった人の死、または自分たちに対する不当な扱いに対して復讐しようとする。

　何よりも彼らは自爆攻撃を行なえば、多くの宗教的な褒賞が得られると信じている。自殺攻撃者は死後、即座に天国へ昇っていける。シャヒードである彼は神の顔を見ることができ、さらに彼の行為により家族のうち70人が天国へ入る権利が与えられる。そのうえ72人の処女が彼を満足させるために仕えるのである。

　西側の文化のなかで育った者には理解しがたいが、禁欲的な社会で育ち性的経験が皆無の若者たちにとって、これは紛れもない真実なのだ。不思議なことに9・11同時多発テロを実行した19人も同じだった。彼らはパレスチナ人の自殺攻撃者と違い、中流階級の出身できちんとした教育を受けており、なかには欧米の大学で勉強した者もいた。その彼らでさえ、9・11同時多発テロを行なうことで天国の褒美が得られると信じていた。

　モハメッド・アタが仲間に書いた最後の手紙(彼が空港の駐車場に乗り捨てた車の中から発見された)に、「フリアス(自爆テロを行なった者を天国で待っている黒い瞳の美しい処女)を忘れるな」と書いたのはそのためだ。このことからわれわれは、世俗的なイスラム・テロリストと呼ばれる者たちの間でさえ、天国の褒美は実在すると信じられていると結論できる。この天国の褒美が、自殺という本質的に理不尽な行為を、犠牲にするものより得られるものが何倍も大きい理性的な行為に変えているのである。

自殺攻撃のメリットをなくす

　シャヒードが天国の褒美を信じ、それが彼の行動のモチベーションにな

っているとしたら、それを逆手に取ることもできる。自殺攻撃を行なっても自分や家族に褒美が与えられないのではないかという疑念を抱かせることができれば、自爆テロを抑止するひとつの手段となる。

　たとえばイスラム教の宗教的指導者を自爆テロ反対運動に参加させ、自爆テロは聖戦ではなく、神の意思に背く行為と主張させる。また政治的・社会的指導者たちが、いかなるテロ攻撃も国益を危険にさらすと真摯に訴えれば、これも抑止力となる。自殺攻撃者は自らの命を犠牲にして攻撃してくるが、自爆テロを実行すれば、家族、愛する人々、仲間たちに深刻な害が及ぶと事前にわかっていれば、彼は思い留まるかもしれない。

　これらは自殺攻撃者本人にテロをやめさせるひとつの方法だが、自爆攻撃はテロ組織が計画・準備し、実行させていることを忘れてはならない。テロ組織そのものには自殺願望はもちろんない。

　テロ行為は大きくふたつのタイプに分けることができる。「単独のテロ」と「組織的テロ」である。前者の場合、ひとりの人間が復讐の目的で衝動的に行なう。事前の計画もなければ、テロを立案・準備した第三者もいない。このタイプの攻撃では、テロリストはその時に自分が所持している武器を使い、外に出て人々を殺しまくる。

　これとは対照的に、「組織的テロ」は、組織によって計画・準備され、資金が提供される。この手の攻撃は、より複雑かつ危険で、及ぼすダメージもはるかに大きい。1993年から現在までにイスラエルで発生した自爆テロを見ると、例外なく組織的テロであり、単独犯によるものはひとつもない。

　つまり、自爆テロは組織の目標を達成するために行なわれているということだ。だとすれば、抑止の圧力をかける相手はテロ組織の指導者たちである。彼らに、自爆テロをやれば、それをはるかに上回る報復攻撃が待っていることを肝に銘じさせるのだ。

テロ支援国家の抑止

テロ組織を利用する国家

　テロの抑止に関するもうひとつの問題は、テロ支援国家に対する抑止力である。長年、テロリズムは国家ではない組織や人間集団と独立国家の間の闘争と見なされてきた。しかし、20世紀半ば以降、国家が自国の利益のためにテロ組織を使うことが多くなってきた。少数派、民族解放運動、革命組織などの「弱者の武器」だったテロリズムは、超大国も含めた国家の道具ともなっているのだ。

　国家が自分たちのメッセンジャー（傀儡）として使うためにテロ組織を作らせることもある。その目的は国家のためにテロをやらせ、国際舞台における自らの立場を高め、また国内および地域におけるポジションを確立することだ。すでに存在するテロ組織と協力関係を結ぶために支援することもある。

　テロ組織側は、目標を達成するまで組織を存続させ、攻撃を継続し闘争を拡大させるため、国家に政治的支援や資金援助などを求める。テロ支援国家は、世界に自らのイデオロギーを広める手段としてテロ組織の攻撃を援助してきた（テロ支援国家は最終的にテロ組織がその本拠地のある国で権力を掌握するか、自分たちのイデオロギーを国民の間に浸透させることを期待している）。

　クラインとアレクサンダーは「彼らは通常兵力の使用が不適切かつ非効率的、またはリスクが大き過ぎるような状況下で戦略目標を達成するためにテロ組織を支援する」[103]と言う。

　戦争にかかる経費の高騰、冷戦、非通常兵器を用いた戦争に発展する恐れ、また戦争に負ける危険性、戦争をはじめた側と思われたくないことなどが、テロリズムを国際社会の中で国家の目的を達成する効率的な手段に変えたのである。

　最初にテロ組織を支援（直接ないし共産圏諸国を通じて）したのは、ソ連であった。ソ連崩壊後はイランがテロ攻撃に関係しはじめ、すぐに最大

のテロ支援国家となった。

　世界のテロ問題におけるテロ支援国家の重要性を認識しているアメリカは常時、テロリズムに関係している国家を監視し、毎年、テロ支援国家の動向についての報告書を発表している。アメリカの企業はテロ支援国家リストに載った国との取引を禁じられており、またそれらの国は人道支援を除いて、アメリカから軍事や経済援助を受けることはできない。2003年版の報告書の『グローバル・テロリズムのパターン——国家に支援されたテロリズムの概説』にはこう記されている。

　「テロ支援国家は、アメリカと国際社会のテロとの戦いの妨げとなっている。これらの国々は、テロリストの集団に重要な基盤を提供している。支援する国家がなければ、テロ組織は、資金、武器、物資の調達や作戦を計画・準備する場所の確保などが、いまよりはるかに困難になるはずだ。合衆国はこれらの国々にテロ組織に対する支援をやめるように主張し続ける」[104]

イラク戦争のメッセージ

　2003年にイラク戦争が起き、さらにリビアがテロリズムを放棄するまで、アメリカのテロ支援国家リストに変化はなかった。キューバ、イラン、イラク、リビア、北朝鮮、スーダン、シリアである。[105]これらの国々に対して、テロ組織への援助を停止させ、自分たちのテロ攻撃もやめさせることは可能だろうか？　テロ支援国家の活動を抑制できるかどうかは、先に論じた問題、相手の合理的判断能力のレベルによる。アメとムチによる政策は、不合理な国家に対しては適切ではなく、状況を悪化させてしまうことさえある。

　ドゥロールは『狂った国家』と題された著書の中で、狂った国家に対する戦略としての抑止政策の弱点を、抑止しようとする国家にとって重要な目的が「狂った国家」にとってはまったく意味のないものであること、と説明している。さらに言えば、「狂った国家」は危険を顧みない傾向が強い。とはいえ、ドゥロールは破滅を覚悟した国家のような極端な例を除いて、抑止は彼らの狂気と戦う補助的戦略としては悪くないとしている。

テロ支援国家のほとんどは、自らの選択で支援を行なっている。目的を達成しようとする時、彼らはその行動がもたらす代償を考慮に入れる。利益とコストを秤にかけるわけだが、これは基本的に理性的な判断である。[106]

　しかし、テロ支援国家の大部分は、民主主義システムによる政府を持たず、国家レベルの政策決定は、時として独裁者の感情に大きく左右される。こういう状況では費用対効果の方程式に、イデオロギー、宗教、感情といったものに傾いた変数、また西側諸国のそれとは違った人命を軽く考える価値観といったものが入り込み、われわれの考える合理的判断とは変わってくる。

　だが、テロ支援国家の独裁者でも、自分の行動が最終的にどの程度の利益となるか、またテロとの関係が露呈すれば必ず自国に科せられる制裁が、彼個人そして国家の利益をどれくらい損なうかについて考える。

　この見地からすると、イラクで行なわれていたテロ支援国家に対する軍事作戦はアメリカ、そしておそらく西側諸国全体の対テロ政策の中でも画期的な出来事であった。

　イラクに対する軍事行動がはじまる前から、繰り返し問われたのは、なぜイラクなのか、ということだった。イランやシリア、その他のテロ支援国家の方がイラクより危険であり、先にそれらの国家に対処すべきではないのか？　本当はイラクの石油が目的だったとか、ブッシュ家のサダム・フセインに対する復讐といった皮肉な見方を無視して考えれば、イラクはアメリカのテロ支援国家リストに入って当然だったし、ブッシュ大統領の定義した「悪の枢軸」国家のひとつに数えられてもおかしくなかった。

　理由はふたつある。ひとつはイラクがテロリズムを支援していたこと、そしてもうひとつは、大量破壊兵器を保有していたことだった。少なくともアメリカとイギリスはそう見ていた。つまり、イラクがテロ組織に大量破壊兵器を提供する危険性があったということだ。9・11同時多発テロの発生は、この脅威をより現実的なものとしていた。

　イラクが最も危険なテロ支援国家とされたのは、このふたつのほかにもうひとつ理由がある。国家の指導層とその不合理な政策決定プロセスである。

さらにイラクに対する軍事行動の目的のひとつは、テロ支援国家リストに入っているほかの国々に対して抑止のメッセージを送ることであった。その意味では、アメリカが国際社会の強い反対や国連の承認なしで戦争に踏み切った事実は注目に値する。

　ブッシュ大統領の自分が必要と考えることを断固として行なう態度は、ほかのテロ支援国家に対する抑止の重要性を高めた（テロ組織は別だが）。リビアが大量破壊兵器を廃棄し、欧米との関係を修復しはじめたのも、イラク戦争のメッセージを彼らが理解したことが大きな要因であった。

　いずれにせよ、イラク戦争はアメリカにとって大きな賭けだった。もしイラクでの軍事行動が長引き、米兵だけでなくイラクの民間人に多数の死傷者が出れば、テロ支援国家に対する抑止のメッセージ性は失われ、抑止に関する限り、イラク戦争は利益よりもダメージの方が大きくなってしまうからだ。

　今でもイラクには大規模な米軍部隊が駐屯しており、イラク人による安定した政権は実現していない。テロに関係すればそれによって被る損害は利益をはるかに上回るというイスラム原理主義国やテロ支援国家へのメッセージとするためには、これらの問題を解決せねばならない。イラクに駐留している米兵の死傷も抑止力を弱める結果となるかもしれない。とくにそれで米兵の士気が低下したり、安定政権が樹立される前にアメリカがイラクからの撤退を決めたりすればなおさらだ。

テロの代償

　ほとんどのテロ支援国家は損得を計算し、また自分たちの行動に世界がどう反応するかを考える。そして、それぞれの国には、テロを支援することで支払わねばならない代償の上限がある。代償の測り方も、限界点も国によって違ってくる。そのためテロと戦っている国は、テロ支援国家がこれ以上テロに関係することはできないと思うほど、その代償を高くしなければならない。

　国家に支援されたテロに対してどのような手段がとれるだろうか？

図4-4には、テロ支援国家に対して国際社会が段階的にとれる懲罰・抑止手段が示されている。最初は警告とテロを支援する行為をやめるように要求することである。続いて国際社会の非難、そして文化的制裁（国際イベント、国際的な文化・教育プログラムなどからの排除、仕事や留学などで海外生活しているテロ支援国家の国民の強制退去など）。

　次のステップは外交的制裁である。これは国際機関からの追放からはじまり、国連機関や国連会議からの排除、国連メンバー国との国交停止などがある。

　次のステップ（または前述の制裁と並行して）は、経済制裁だ。テロ支援国家の暴力的な活動（軍事的およびテロの支援）を助長させるおそれのある兵器やハイテク技術の購入の制限、テロ支援国家の経済にダメージを与えることを目的とした輸出入の禁止、世界にある資産の凍結や押収（その国家が支援している組織が行なったテロの犠牲となった人々を援助するための国際基金を創設するため）、テロ支援国家への物流の出入りをスト

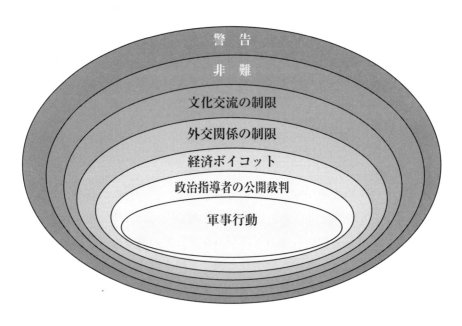

図4-4　テロ支援国家に対する制裁

ップするための陸海空の国境封鎖などがある。さらにテロ支援国家に対する経済制裁を公然と無視して取引を続ける国や企業にも制裁を加える。

次の段階は法的措置だ。テロ支援国家の元首と諜報機関の長たちを「戦争犯罪人」と定義し、「人道に対する罪」で彼らを告訴し、のちに国際法廷を開いて起訴し、量刑を決める（被告が欠席していても構わない）。

テロ支援国家に対する最高レベルの制裁と抑止の手段は、その国の領内にあるテロ組織の施設と、スポンサー国自体の軍事施設に対する国際社会による軍事攻撃である。

一度だけの攻撃、国際社会の連携や協力の不在、また国際社会の中途半端な態度は、テロ支援国家にテロ組織の援助を継続しても罰せられることはない、代償を払うことになっても許容範囲内で済むと思わせてしまう。このトレンドは、海外の企業にイランとリビアというテロ支援国家とは取引をさせないようにするための法律をアメリカが作った時にイランの外務省がとった態度によく表れている。イラン外務省は、「クリントンの決定には国際社会の支持がない。よって失敗することは目に見えていえる」と述べたのだ。

制裁の抜け道を探す

テロに関係している国家は、あらゆる手段を使って国際社会による制裁の抜け道を見つけ出そうとする。また制裁が科せられているにもかかわらず、文化的関係・外交関係・経済関係を秘密裡にでも維持してくれる国を探す。テロ支援国家は、そういう相手には高い報酬を支払う。その反面、制裁に参加している国々に対しては、大規模テロや全面戦争といった言葉を使い脅迫したりする。またテロ支援国家は、国際的なボイコットを解除させようと、民族的、宗教的、国家的その他のつながりのある国を利用し、国際司法機関に救済を求めることもある。

たとえば、1992年アメリカとイギリスは、欧米の旅客機２機を爆破したとリビアを非難し、乗員乗客440人の殺害で告発した。両国は国連安保理にリビアに対する制裁決議案を提出した。それには航空輸送の禁止、外交関係の格下げ、リビアへの武器輸出の禁止などが含まれていた。

米英の決議案が国連安保理で可決されると（安保理決議748号）、リビアはハーグの国際司法裁判所に決議実施の停止を要請したが、裁判所はこれを却下。リビアに対する制裁は、国連憲章第7章第41条に基づくものだった。この条項は安保理に世界の平和と安全を維持するために行動する全面的な権限を与えている。リビアの指導者だったカダフィ大佐は、国連の制裁には屈しないと宣言し、世界中の国王、大統領、スルタンたちに国連安保理に提出された決議案に抗議するためメッセージを送った。その中でカダフィは次のように述べている。

　「世界がこの国連憲章の歪曲を受け入れ、このような決議が可決されれば、野蛮人の世界に逆戻りしてしまう。われわれが野蛮人ではないのであれば、国連を哀れみ、国際連盟の時のように国連から脱退し、ニューヨークを去るべきだ。これが法の問題ではないことは明らかである。第三世界における新たな植民地主義がはじまろうとしているのだ」

　リビアの呼びかけに同盟国のシリアが応じ、カイロで開催されたアラブ連盟の閣僚会議で、国連安保理にアラブ連盟加盟国はリビアに対する制裁を科す安保理決議748号を履行しなくてもいいように働きかけることを提案した。この要請は、国連憲章の第50章に基づくものだった。

　国連加盟国に何らかの措置がとられ、その結果として、ほかの加盟国に経済的な問題が生じた場合、それらの国々は国連安保理に相談する権利がある。シリアは「アラブ連盟の閣僚会議でわれわれの提案は受け入れられた。アラブ人として、パンナム103便爆破テロ事件の容疑者2人を裁判のため中立国に引き渡すことに同意したリビアの側に立つ」と主張した。

リビアに対する国連決議

　国際社会は制裁が無視されるのを黙って見ているわけにはいかない。自分たちの利益や同盟国であるテロ支援国家との関係を維持するために制裁を公然と無視する国家があれば、国際的な懲罰・抑止手段の効果は極度に弱まる。それを防ぐためには、国際社会は、制裁を意図的に破る国家も制裁の対象となるということを明確にせねばならない。

　過去においては、テロとの関係が露呈した国家には、次のような手段が

とられていた。たとえば、1986年ロンドン発テルアビブ行きのエル・アル航空機を爆破するために、シリアがヒンダウィというテロリストを送り込んだことが判明した時のことだ。当時の西ドイツ連邦政府は、自国内にあるシリアの大使館や航空会社、またシリア国籍の人間の監視、大使をシリアに送る決定の延期などを含めたさまざまな手段をとった。フランスと西ドイツがシリアへの制裁を決めたのは、ルクセンブルクで開かれたEU外相会議が、イギリスのシリアに対する共同制裁動議を却下したあとだった。時を同じくしてイギリスは、EUが予定していたシリアへの総額1億4千万ドルの援助を拒否した。イギリスのハウ外相は、「現状においては、英国はシリアへの財政援助を継続することはできない」と述べた。
(112)
(113)

リビアにはさらに厳しい措置がとられた。1986年、アメリカはリビアがさまざまなテロ攻撃（米軍兵士が死傷したものも含めて）に関与した情報に基づき、リビアのトリポリとベンガジを爆撃した。1991年4月、アメリカのイニシアチブで国連はテロに関与し続けるリビアに対して制裁を科した。リビア政府が、旅客機2機の爆破テロへの関与（イギリスのロッカビー上空で爆発したパンナム103便とニジェールのサハラ砂漠上空で爆発したフランスのＵＴＡ便。両方とも数百人が犠牲となった）が疑われるリビアの諜報機関員の引き渡しを拒否していることが制裁の主な理由だった。

国連決議748号は、リビアにテロ行為をやめ、テロ組織の支援も停止すると宣言することを要求していた。また安保理は、国連加盟国にリビアへの武器の供給を完全に停止し、自国に駐在しているリビア人外交官の数を減らしてその行動を制限することを求めた。これは国連が国際テロリズムとの関係を告発された国に対して制裁を科した最初の例である（決議案は賛成10、棄権5で可決された）。
(114)

1993年11月、安保理決議883号が可決された（賛成11、棄権4）。今回はリビア政府の資産凍結と、リビアへの石油掘削機器の提供の禁止が決定された。決議はリビアが安保理の要求を満たせば解除されることになっていた。その要求とは、パンナム103便爆破テロ事件の容疑者を裁判に出席させること、そしてＵＴＡ機事件についてのフランスの調査に協力することだった。
(115)

テロ支援国家に対するダブル・スタンダード

　テロ支援国家との戦いは、国家、超大国、同盟諸国、集団や組織など国際舞台におけるさまざまなプレイヤーたちの間に多くの利害の衝突を生じさせる。時として国内でも治安と経済の間で摩擦が起きる。アメリカで9・11同時多発テロが起きるまで、セキュリティよりも経済の方が重視されていた。

　長年、行なわれてきた措置に基づいて考えると、ほとんどの国は、国益（とくに貿易・経済関係）を犠牲にしてまで、テロ支援国家にテロとの関係を断絶させようとはしない。このダブル・スタンダードの最も顕著な例は、ドイツとフランスを筆頭としたヨーロッパ諸国と最大のテロ支援国家イランとの関係である。経済制裁その他を使ってイランのテロへの関与を制限し、最終的にテロをやめさせようとしているアメリカと違い、欧州諸国はイランとの貿易・経済関係をさまざまな理由をつけて正当化している。

　アメリカの主張とは逆に、テロ支援国家と広範な経済関係を持つ国は、制裁ではそれらの国家にテロの支援をやめさせることはできないと論じる。それどころか、制裁はテロ支援国家を追い詰め、さらに過激化させてしまうと主張する。制裁は国際テロリズムをエスカレートさせるだけ、というわけだ。

　彼らの意見では、テロ支援国家には「クリティカル・ダイアログ（批判的対話）」政策をとるべきで、貿易、経済、文化その他のつながりを維持し、対話のチャンネルを開いておく方がいい。チャンネルがあれば、テロ支援国家の行動を批判でき、テロから手を引くように彼らに影響を与えられる。

　テロ支援国家との戦いにおける国際社会の偽善は、元イギリス首相マーガレット・サッチャーが1989年に国際民主同盟の第4回サミット会議で行なった演説の中の言葉によく表れている。サッチャーは、国際社会はテロ支援国家に対して甘すぎると考えていた。彼女は、「彼らに文明的な振る舞いを期待する方が間違っていると言わんばかりに」国際社会はある国々を許そうとしている、と言った。「テロ支援国家は、国際社会から普通の

メンバーのように扱われるべきではない」[116]

　当時の英外相のハウは、西側諸国の国際テロリズムとテロ支援国家に対する発言と、それが実際に行なわれる格差についてこう語っている。

　「ヨーロッパのある国でテロが起きても、ほかの欧州諸国には他人事のようだ」[117]

　しかし、アメリカやイスラエルのように「クリティカル・ダイアログ」に反対する国も、時折テロ支援国家と経済的結びつきのある国を利用することがある。人質解放の交渉やその国が支援している組織にテロ攻撃をやめるように圧力をかける必要がある時だ。そういうことをすると、テロ支援国家と経済的関係を維持すべきという考え方に対する批判がまったく無意味になってしまう。[118]

　仲介の役割を担った国は、テロ支援国家との広範な経済的および商業的関係を続けることが許されるわけだが、これはテロ支援国家に対する共同国際戦略をとることを妨げる。

　「クリティカル・ダイアログ」政策を維持しようとする国家の主張を検証するには、テロに関係している国家が利害の計算のできる合理的思考が可能という大前提に立ち戻る必要がある。クリティカル・ダイアログ方式を支持する勢力は、テロに関係した国家にその代償を払えと要求することは避けるべきだと言うが、これでは国家の損得勘定のバランスはテロに関係することを制限する方向には傾かない。

　テロ支援国家との関係を維持する国は、それを正当化するのにモラル的理由を使うことがある。彼らは、腐敗し暴力的で過激な政権の政策のせいで、罪のない国民を苦しませるのはモラルに反していると言う。1996年8月にパリで開催された先進国首脳会議で、フランスとドイツは「（対象国の）全国民を人質に取る」ようなアメリカのやり方は残酷である、と批判したが[119]、正義が問題であるなら、テロ支援国家の国民の苦しみは、テロ攻撃を受けている国家の国民の苦悩と比較せねばならないだろう。前者の受けるダメージがテロ支援国家の行動をストップまたは制限し、テロの標的となっている国家の国民に対する損害を減少させるのであれば、制裁は正当なものである。実際、テロ攻撃と戦っている国の損害は、テロ支援国家

テロ抑止の問題　137

の国民のそれよりも大きい。なぜなら後者の受けるダメージは経済的なものだが、前者が直面するのは生死のかかった状況だからだ。当然、生きる権利の方が人間らしい生活を送る権利に優先する。モラル的理由でテロ支援国家との関係を正当化することができないのは、そのためだ。

経済制裁の効果

　ここで問題となってくるのは、制裁によってテロ支援国家の国民に圧力をかけることで、政府のテロ政策を変えることができるのかということである。経済制裁に反対する国々は、テロ支援国家は独裁体制をとっており、世論は国内政治の中で重要な役割を果たしていないと指摘する。テロ支援国家の国民の生活に圧力をかけても、望ましい結果は得られず、それどころかそういった圧力は、国民をさらに過激化させ、テロ活動に参加する者を増やすだけと彼らは主張する。またテロ支援国家の住民は貧困生活に慣れており、（欧米とは違い）国民の生活に必要なものは国内で賄うことができる。つまり、彼らは経済制裁のプレッシャーに長期間耐えられるということだ。そのため経済制裁の効果を疑問視せざるを得ない。

　こういった議論は正確ではない。第一に制裁は国内世論に影響を与えるために行なうのではなく、政府がターゲットなのだ。経済制裁は国家経済に深刻なダメージを与え、経済的資源をテロ組織の支援やテロ攻撃に使うことを制限することを目的としている。経済制裁の効果が国民の生活に影響を与えはじめる前に、政府の経済や軍事その他の大規模プロジェクトを行なう能力などが影響を受ける。こうなると政府は国家の経済問題に対処するため、より多くの時間を割かねばならなくなる。

　さらに言えば、テロ支援国家の国民の中からテロ攻撃の実行者がリクルートされるわけではない。国民が自分たちに経済制裁を科している国々に怒りを覚えても、その感情は国際テロではなく、まず国内でのデモという形で表れてくる。こうした社会不穏は現政権に対する反体制派を成長させる。そして、この反体制派勢力が最終的に独裁政権を転覆させ、テロを否定する新政策をとるようになるかもしれない。[120]

　1990年代の初め頃、イランは経済危機の頂点にあった。原油生産は1日

250万バレルから410万バレルに増加していたが、約30億ドルの短期債権を返済できず、工業製品や産業用の原料を輸入できなくなっていた。1993年のイランの対外債務は総額400億ドル余り[121]。それでもイラン政府が経済破綻を免れたのは、商業的・経済的つながりのあった国々が債務返済の繰り延べを喜んで受け入れてくれたからだった（たとえばドイツは約50億ドルの債務返済のリスケジュールに同意した[123]）[122]。

　要約すれば、テロ支援国家に対する有効な政策を策定するには、国際社会は以下のことをする必要があるということだ。1）世界が認める包括的なテロリズムの定義を決める。2）テロリズムにどのように関係しているかに基づいて国家を分類する。3）テロ支援国家に対する制裁は必要かつ国際社会の義務であることを認識する。4）テロ支援国家の最新のリストを公表する。5）制裁を科せられたテロ支援国家と経済的つながりを維持する国家や企業にも制裁を科す。6）テロ支援国家に対する制裁がきちんと実施されているかモニターしたり、制裁を破っている国家に警告を出したりすることなども含めて恒久的な対テロ・メカニズムを構築する（国際協力については第10章で詳述する）。

　これらすべてのことが実現できれば、テロ支援国家の国益のバランスを崩すことで彼らのテロへの関与を減らし、結果として世界で起きるテロも減少していくはずだ。

防御的抑止

対テロ防御行動

　防御的警備行動は、対テロ政策の中でも最も重要なもののひとつである。これには国境の防御、また重要施設、交通動脈、象徴的な標的、人口密集地その他の警備などがある。対テロ政策における警備の目的は、テロリストの国内潜入の阻止、国内を移動中のテロリストの逮捕、重要施設や区域への潜入の阻止、そして最後は恐怖でテロの実行を思い留まらせることだ。

　対テロ政策の中で防御行動は、ふたつの重要な要素からなる。まず早期

テロ抑止の問題　139

にテロリストの正体をつかみ無力化することで、テロリストが予定のターゲットに接近することを困難にし、攻撃を阻止する。もうひとつは警備の固い施設への攻撃は絶対に成功する見込みはないと思わせ、恐怖で彼らの攻撃を抑止する。

　しかし、クレンショーは効果的な対テロ戦争を行なっている国でも、多くの場合、それだけではテロを根絶することはできず、さらにテロの手法やターゲットを変えさせているだけで、テロ攻撃を阻止できていない事実を強調する。[124] つまり、防御手段は、テロの標的とタイミングを変更させているだけなのではないかということだ。結果として警備の十分ではないターゲットやテロの標的になるとは思われていなかった場所が狙われ、治安部隊を驚かすことになる。そういう意味では防御的抑止は諸刃の剣なのかもしれない。

　しかし、この考え方は正しいとは思えない。防御行動の削減、または完全な停止という決定が導き出される可能性があるからだ。ある標的に対してテロが計画されている情報や分析があったとしても、だ。防御的抑止がテロ実行のタイミングと、標的を変えるだけだとしても、十分利点はある。治安部隊に次の攻撃に関する情報を収集や攻撃行動に出る時間を与えてくれるからだ。政策決定者は、防御的抑止を担保するため、テロの標的になりそうな施設を守る防御手段を継続してとるべきである。

テロ活動の「レッドライン」

　テロを抑止しようとする国家は、テロ組織が越えてはならないレッドラインを引く。テロ組織がそのラインを踏み越えれば、報復攻撃されるということだ。ここで問題となるのは、テロ組織がレッドラインを越えたら、たとえその時点では国益に反するとわかっているような場合でも、国家は必ず報復攻撃しなければならないことだ。テロリストになめられたり、国民や国際世論の信用を失わないためである。もうひとつの問題はレッドラインが公表されると、テロ組織はそのラインに達しない行動は許されると解釈する可能性がある点だ。ラインさえ越えなければ報復攻撃はない。仮にあったとしても、それほど激しいものではない、と。

しかし、明確なレッドラインが公表されないと、テロ組織は国家側の報復・懲罰行動の意味がわからず、テロ攻撃を続けるかもしれないし、どこまでやっても大丈夫かをテストするため、テロをエスカレートさせることもあり得る。

　政策決定者は、一度レッドラインを公表したら、テロ組織がそれを踏み越えた時には、必ず行動を起こさねばならないことを肝に銘じておく必要がある。そのため、セキュリティ関係の政策決定者たちが無能で、断固として報復する意思を持っていない場合には、レッドラインを公表すべきではない。

　またレッドラインを越えない行為は許されるとテロ組織側が勘違いしないように、テロ攻撃のバイオレンスのレベルに基づいていくつかの段階に分け、国家が受けた損害に見合った報復を行なう抑止政策をとるべきであろう。当然、レッドラインを越えたテロ組織への報復とライン内のテロ活動へのそれとは違ったものになるが、これならばすべてのレベルのテロに対応できる。簡単に言えば、いかなるテロ行為も許さないということだ。

抑止行動の結果としてのテロリズムの激化

　テロリズムに対する抑止活動にはマイナス面もある。テロ組織は対抗できない抑止力に直面すると、これまでよりもっと危険な方法と武器を使ったテロを考案したり、より重要な施設を攻撃するモチベーションが高まる。こうなると立場が逆転し、テロ組織の側が国家に懲罰・抑止行動をとらせないようにテロ攻撃をエスカレートさせることもあり得る。

　イスラエル・タルによると、抑止手段を使い過ぎると敵は屈辱を覚え、復讐心が高まる。そして、自分たちの軍事的劣勢と無力を思い知らされる。タルによると、この劣等感がテロ組織に軍事能力の強化を決意させるという。

　「現在の効果的な抑止手段は、敵の戦闘能力と意思を強め、未来の抑止力の効果を弱める」とタルは言う。つまり、抑止は自らを弱体化させる種を自分の手でまいているということだ。

　その顕著な例は、クレンショーの人質事件についての考え方に見ること

ができる。クレンショーによると、1976年に発生したエンテベ事件でイスラエルが人質救出に成功したあと、ほとんどの西側諸国で緊急対応部隊が創設された。これによって人質事件の際、政府が軍事的手段を使うことが非常に多くなった。人質たちの命が危険にさらされるにもかかわらずに、だ。テロリストたちはすぐにこの戦法に慣れ、人質を違う場所に分けて隠したり、自爆戦術を用いて特殊部隊を無力化するといった救出作戦を困難にする新たな手段を考案した。[126]

われわれは効果的な抑止の手段が、結果としてテロ組織の能力を高めてしまう問題は無視できない。この問題は、抑止のアドバンテージを無効にするわけでも、その重要性を低下させるわけでもないが、テロリズムと戦う国家の治安部隊への警鐘となっている。成功にあぐらをかいていてはいけない、ということだ。

テロ組織に対する抑止手段が効を奏し、比較的静かで穏やかな時期でも、治安関係者は次にテロリストが使ってくる効果的な新しい攻撃方法、入手すると思われる武器、狙ってくるターゲットなどを予測する努力を怠ってはならない。

テロリズムが進む方向を早期に分析・予測できれば、テロの新たな効果的手段の及ぼすインパクトを最小限に抑えられる。治安部隊はテロリストに一歩先んじることが可能となる。

対テロ抑止の段階的モデル

政策決定プロセスの基本段階

対テロ抑止手段の有効性に関する議論、そしてこの分野におけるイスラエルのこれまでの経験に基づいて、われわれは抑止に関するさまざまな問題を明確にすることができた。それを何らかの行動を起こす前に政策決定者が事前に抑止の有効性の評価に使える段階的モデルにまとめてみた（図4-5参照）。

このモデルでは、どういう時にテロリストがテロ実行を思い留まるのか、そしてどういう時に計画通り実行するのか詳しくは説明していない

抑止の目標は何か？
テロリズムを根絶ないし減少させる。特定のテロ攻撃を阻止する。テロの種類を変えさせる。テロの標的と実行日時を変更させる。

誰に対する抑止政策なのか？
抑止する相手を明確にする、相手の合理的判断能力のレベルと弱点を分析する、脅しの深刻さをどの程度理解しているか、脅しに抵抗する能力（政府と国家をわけて考える）、脅しのメッセージを送る相手をはっきりさせる。

抑止力のタイプは？
攻撃的、防御的、懲罰的、経済的、政治的、軍事的。

相手にメッセージをどうやって伝えるか？
直接または間接的に伝える、秘密裡に伝える、公式声明として伝える、行動で伝える。

脅しがどのように解釈されるか？
敵が脅しを間違って解釈する可能性。

脅しがどのような結果をもたらすか？
計画の放棄、行動計画の変更、（劣等感と屈辱によって）新たなパワーの獲得。

脅しは実行可能か？
客観的に見た能力、脅しをかけている国家の強さのイメージ。

脅しを実行する覚悟はできているか？
政策決定者たちの決意、社会の意思の強さ、決意のイメージ。

脅しを実行せずに済ます方法はあるか？
敵がレッドラインを越えた時に何もせずにいることの重大さ。

損得勘定
目的が達成された時に得られる利益、また最悪のシナリオが現実のものとなった時の代償の見積もり。

図4-5 テロ組織に対する抑止政策の策定

（各組織の特徴や状況によってこれは決まってくるので、一般的な答えを出すことはできないため）。しかし、テロ組織に対して最も良い抑止の枠組みを選ぶ際に間違いを犯す可能性を少なくするツールと原則が示されている。

　モデルは抑止の目的に基づくものでなければならない。目的は国家に対するすべてのテロ行為を阻止する「包括的抑止」なのか、それとも部分的抑止なのか？部分的抑止であるのなら、その目的はテロの規模や頻度を減らすことなのか、ある特別なテロ攻撃を阻止することなのか、あるいはテロ組織に対してある種の攻撃をやめさせることなのか？

　次の段階では抑止のターゲットはテロ支援国家なのか、テロ組織なのか、テロリストが群れているだけの集団なのか、または単独のテロリストなのかを明確にし、さらに抑止する相手の合理性を事前に判断する。

　同様に（インテリジェンス情報に基づき）抑止する相手の特徴を分析・評価する必要がある。相手の弱点は何か？またさまざまなタイプの制裁を科せられる可能性にどのくらい脅威を感じているか？

　その後、前述した特徴分析に基づき、攻撃的、防御的、懲罰的の中からどの抑止手段を用いるかを選ぶ。どのようなプレッシャーを相手にかけるのか、政治的または経済的な制裁か、レッドラインを越えた場合、軍事行動に出るのか？

　抑止の目的、抑止する相手の正体、適切な抑止手段が明確となったら、次に政策決定者はどうやってメッセージを相手に伝えるかを決めなければならない。直接伝えるべきか、それとも第三者を通すべきか？メッセージは秘密裡に伝えるのか、公の場で発表するのか、それとも行動で示すのか？（ここで政策決定者はメッセージを公にすることの利点と欠点を考慮に入れておかねばならない。利点はテロリスト側にレッドラインを明確に伝えられることである。欠点は前述したように、ラインを越えないテロは我慢しなければいけなくなるかもしれないことだ）

政策決定プロセスの最終段階

　基本段階が終わったら、政策決定者は、敵がこの脅しをどのように理解

するかを推定しなければならない。この推定と敵の反応が違っていたら、誤りの許容範囲はどこまでなのか？

　次のステップでは、政策決定者は脅しがどのような敵の反応を引き起こすか分析する。脅しは、敵に計画中だったテロ攻撃を放棄または変更させるといった目的を達成するだろうか？　それともテロ組織の劣等感と屈辱感を刺激し、テロリストたちの戦闘能力向上の意思を強めるだけなのか？　この意味では、テロを抑止しようとする国家は、抑止の長期的な影響も考えておかねばならない。

　ここで政策決定者は、敵がレッドラインを踏み越えた時にメッセージ通りの報復を行なう力が自分たちにあるかどうかを確認する。答えがイエスであれば、相手が認識しているこちらの能力を推定し、それが実際の能力とマッチしているかを分析する。

　またテロ組織が一線を越えた時、警告通りの報復を実行する政府のリーダーたちの決意の固さを評価しておく。さらに国内外の状況が報復を許すかどうかも検証する必要がある（国民はテロ組織への報復で生じる可能性のある問題を受け入れる用意があるか？）。

　この時点で政策決定者は、敵がレッドラインを越えても伝えてあった報復を行なわない場合のことも考えておく。

　政策決定プロセスの最後に、抑止の費用対効果（成功と失敗の双方）を政策決定者は計算しておかねばならない。失敗は最悪のシナリオが現実のものとなったケースを基準に測定する。

第5章　攻撃的・防御的対テロ行動

攻撃的対テロ行動

　テロリズムとの戦いで重要な要素のひとつは、攻撃行動である。テロリスト側の標的に対して軍・情報機関がとる行動で、テロリストが展開し活動している場所で実施される。通常、テロ支援国の領内、あるいはテロ攻撃を仕掛けてきた国の領内といった軍・情報機関のコントロール下にない地域、または自国内にあるテロ組織の秘密基地に対して行なわれる。
　テロ組織が完全、あるいは部分的に支配している場所や比較的自由に行動できる地域での攻撃行動には、テロ組織の標的を狙った地上からの侵入作戦、航空攻撃、砲撃、海上作戦、組織内の特定のターゲットを狙う特殊作戦などがある。

攻撃行動の効果の評価
　国家が行なうテロ組織に対する攻撃行動は、時として政策決定者の一時的な気まぐれの結果であったり、多くの死傷者を出したテロのあとに政府にかかる国民の圧力や報復の欲求が理由で実行される。ここで問題となるのは、さまざまな対テロ手段、とくに攻撃行動の必要性や効果を評価する客観的な基準を定めることは可能かという点である。
　対テロ戦略の一環として攻撃行動を行なう国家は通常、国内外から厳しい批判を受ける。またテロリズムに対する攻撃行動は、短期的にも長期的にも悪影響を及ぼす可能性のある複雑な行為である。そのため政策決定者は、攻撃的手段を用いることがどのくらい効果があるのか、事前に見積も

っておく必要がある。

　攻撃行動の効果を検証するためには、まず行動の基本的な目標と選択された攻撃手段によってその目標が達成できるかどうかを明確にしておかねばならない。

　攻撃行動の目標
　攻撃行動の目的には、テロ攻撃の阻止、テロ組織の行動の妨害、報復と懲罰、抑止、国民の士気の高揚、そしてテロ組織のメンバーと支援者たちの士気を削ぐことなどがある。時には選挙その他の国内の政治情勢が攻撃行動の原因となることもある（図5-1参照）。
（1）テロ攻撃の阻止
　攻撃行動の重要な目的のひとつにテロの阻止がある。テロ組織のメンバーや組織構造にダメージを与えれば、テロ攻撃の計画立案、テロリストの訓練、爆発物や武器の用意、またその他の支援活動といったテロ実行の準備段階のどこかの部分を潰すことができる。

　また攻撃行動には、組織のテロ実行能力を潰すのではなく、特定のテロ

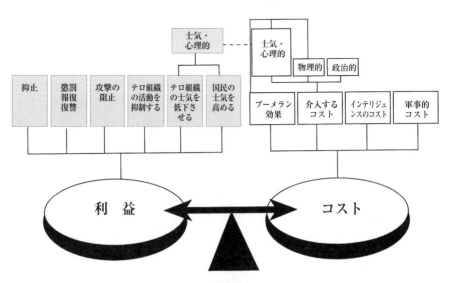

図5-1　攻撃行動の有効性

攻撃を阻止するために行なわれるものもある。⁽¹²⁷⁾

　テロの阻止は、攻撃行動の目的としては最も受け入れられやすい。攻撃行動に批判的な人々でもそれは変わらない。理由はもちろんテロを食い止めることで人命が救われるからだ。だが、攻撃行動の真の目的はほかにあるのに、テロ攻撃の阻止が口実に使われることがある。この標的を攻撃すればテロを阻止できると証明するのが非常に難しい場合もある。また攻撃行動はテロ組織のモチベーションを上げ、その活動をエスカレートさせるだけだと主張する者もいる。とはいえ、テロリスト側が反撃してくる可能性があったとしても、それだけの理由で攻撃行動を否定すべきではなく、その利点をテロ組織が長期にわたって行なってきた攻撃の範囲と性質との関係で分析する必要がある。

（2）組織の通常活動の妨害
　攻撃行動の目的としてもうひとつ考えるのは、テロ組織の日々の活動を乱すことだ。この目的は、たとえば組織のリーダー格の活動家のひとりを殺害することで達成できる。その後、権力の空白を埋めるためにほかの活動家たちの間で「権力闘争」が起きるからだ。また組織のインフラを破壊すれば、元に戻すまでに労力と時間がかかるため、通常活動の妨害は成功する。

（3）報復と懲罰
　テロ攻撃の恐るべき残虐性は、国民の安全に対する自信を喪失させるとともに、政策決定者と一般大衆のテロリストに復讐し懲罰を与える欲求を強める。国家が行なう攻撃行動には、この欲求によるものもある。

（4）抑止
　攻撃行動には懲罰のほかに抑止がその根底にある。ひとつの作戦にこのふたつの目的が込められていることが多い。テロの実行者たちを罰すれば、それは同時に「われわれを攻撃するとお前らもこういう目に遭う」というほかの者たちへのメッセージとなるからだ。こういったメッセージは

時折、イスラエルの政治指導者や軍・情報機関の長の口からも発せられてきた。たとえばヒズボラの書記長アッバス・ムサウィが暗殺された時、モシェ・アレンス国防相はこう言っている。

「これはすべてのテロ組織へのメッセージとなったはずだ……われわれに対して何かをはじめれば、われわれがそれを終わらせる。すべての犯罪組織、テロ組織、そしてそのリーダーたちにはっきり言っておく」[128]

その数年前、アラファトのナンバー2だったアブ・ジハードが殺害されたあと、当時のイスラエル首相イツハク・シャミールは、戦没者記念日の式典で次のように語った。

「イスラエル国民は復讐の仕方を知っており、われわれに危害を加えた者はその七倍仕返しされるということを、敵が理解することを期待しようではないか」[129]

またファトヒ・シュカキが暗殺されてからほどなく、当時、外相だったシモン・ペレスはエルサレム・ビジネス会議でこう述べている。

「イスラム聖戦は殺人集団だった。そして彼、シュカキはそのリーダーだった。殺人を犯す者は暗殺されても文句は言えない」[130]

(5) 組織の活動家と支持者の士気を低下させる

テロ組織の指導者や幹部は、自分たちの命と組織のインフラが攻撃のターゲットとなる可能性があることを常に認識している。これが彼らの行動や毎日のルーティンに影響を与えている。それは支持者やシンパを含めた組織の活動家たちも同じだ。国家の技術力、作戦実行能力、そして諜報能力の凄味を見せつける形で行なわれる攻撃行動は、彼らの士気を低下させる。

作戦の実行に使われた情報が組織内部の「スパイ」からもたらされた可能性もその原因となる。攻撃されたあとに組織の「浄化」活動がはじまることがよくあるのはそのためだ。一例を挙げれば（イスラエルに暗殺されたアッバス・ムサウィの後継者）ハッサン・ナスララ師はヒズボラ書記長に就任後、自分の最初の仕事は、組織内にイスラエルのスパイたちがいないかどうかチェックすることである、と宣言している。[131]

攻撃的・防御的対テロ行動　149

（6）国民の士気を高揚させる

　攻撃行動のもうひとつの目的は、テロに揺れる国に住む国民の士気を高めることだ。すでに述べたように、テロによるダメージは主に心理的（恐怖や無力感など）なものである。強大な軍事力、大胆さ、決断力、想像力、そして何よりも軍事技術と諜報分野における優位性を示す難しい軍事作戦の成功は、国民を安心させ、テロに対抗する力を強化する傾向がある。

　しかし、「士気高揚」を目的とした攻撃行動は、この分野の専門家たちには禁じ手、非難されるべき行為と見なされる。「士気高揚」という「取るに足らない大衆主義」の目的のために人命を危険にさらすなどもってのほか、というわけだ。だが、事はそれほど単純ではない。

　攻撃行動の心理的影響は、かなり大きいように見える。とはいえ、攻撃行動をそれだけの目的で決定してはいけない。攻撃行動のあとに来る敵の報復も考慮に入れておかねばならないからだ。報復のテロ攻撃は再び国民の士気を低下させてしまう（後述の「ブーメラン効果」参照）。

（7）不適切な動機

　士気高揚のための攻撃行動は、もうすぐ行なわれる選挙に影響を与える、国民の目を政治的・社会的また経済的な危機からそらせる、政治リーダーが党内外の政敵に対してポイントを稼ぐ、などといった「不適切な動機」があったのではないかと誤解されることがある[132]。だが、攻撃行動は国民の士気喪失という戦略的リスクを避けるために必要なことである。

　このように攻撃行動には基盤となるさまざまな目標がある。それらの目標は相互につながっており、その時々の状況によって優先順位が変化する。いずれにしても、攻撃行動の有効性は、目標がどの程度まで達成されたかで決まってくる。

攻撃行動の代償

　政策決定者は、攻撃行動には次の5つのマイナス面があることも認識し

ておかねばならない。

（1）インテリジェンスのコスト

　攻撃行動を成功させるには、正確な情報をリアルタイムで入手する必要があるが、その情報により攻撃終了後、敵に情報源の正体がばれてしまう危険がある。

（2）物理的コスト

　攻撃行動は情報収集、計画、訓練、そして実行の各段階に莫大なリソースを必要とする。その合計が物理的コストである。

（3）国際世論のコスト

　攻撃行動は（とくに国外で実行されたもの）国際世論の非難の的となる。テロ組織のシンパや支援する国々からは轟々たる非難を浴びる。多くの場合、このタイプの行動は国際法違反であり、地域を不安定化させる危険なものと見なされる。

（4）失敗した時のコスト

　政策決定者は軍事作戦が失敗、あるいは計画通りにいかなかった時のことを考えておかねばならない。そういった状況は外交・国際問題となるし、また戦闘部隊の救出作戦が必要になれば軍事的にも問題となる。敵の軍隊との軍事衝突に発展する危険性があるからだ。

（5）報復のコスト（ブーメラン効果）

　前述したように、政策決定者は攻撃行動がテロ組織の報復のモチベーションを高める可能性があることを考慮に入れておかねばならない。テロリスト側にその能力があれば、攻撃行動の高い代償を払わねばならなくなる。

　以上の理由から、テロ組織に対して攻撃行動に出ようと考えている政策決定者や情報機関は、以下の事柄を頭に入れておく必要がある。

（1）頻度（定量的パラメータ）

　攻撃行動はやり過ぎるとその効果が薄れる。同じエリアで似たような攻撃を繰り返すとテロ組織側が慣れてしまい効果的な防御策をとるようになる。

（２）標的の選抜（質的パラメータ）

攻撃行動ではその人間を排除することで、テロ攻撃を阻止できたり、組織の活動が麻痺したり、またテロリストが攻撃を躊躇するようになる重要人物を標的とする。

（３）費用対効果

攻撃行動をとる際には、事前に費用対効果の分析を行ない、最悪の事態が起きた時に生じるダメージを見積もっておく。

（４）選択肢

攻撃行動は経費がかかるため、低コストで同じ目的を達成できる手段はないかすべての選択肢を検討する。

攻撃行動の有効性の評価

報復政策の有効性についての議論

攻撃行動の有効性の評価には、費用対効果の分析だけでは十分ではない。有効性に関係するほかの要素があるからだ。ホロウィッツとアロンソンは、イスラエルの報復攻撃の効果を、攻撃直後の影響と長期的影響、国境周辺の状況と超大国のイスラエルに対する姿勢に与える影響、またアラブ世界とイスラエルの国内政策に及ぼす影響などを観察して検証することを提案している。

これらの要素に基づき、彼らはイスラエルの行なった主要な報復作戦のいくつかを分析した。その結論は次のとおりだ。報復攻撃はイスラエルの抑止力を維持・強化し、全面戦争を避ける「安全弁」となっており、さらにイスラエルの政治エリートたちの公的立場を強めている。しかし、報復行為の有効性に関する法則を確立するのは、報復が行なわれなかった場合の状況を知ることができないため難しい[133]。

ザチ・シャロームは、支持派と批判派の論争の根底にあるのは、イスラエルによる報復攻撃の有効性への疑問だと考えている。1950年代のモシェ・シャレットに代表される否定派は、報復は長期的に見るとアラブ人のイスラエルに対する憎悪と怒りを増加させると主張する[134]。報復に賛成する

者は、アラブ側のイスラエルに対する憎しみとイスラエル国家を破壊する意思はすでに固まっており、報復攻撃はそういった感情を強めることもなければ弱めることもないとしている。しかし、実際にはイスラエルの報復政策は、アラブ諸国の対イスラエル行動に出る意欲を低下させている[135]。

シャロームによると、報復の効果を計るのに重要な判断基準がふたつあるという。報復政策によって達成しようとする目標と、それが達成されなかった場合に考えられる状況である。彼の考えでは、政策決定者たちは当初、報復政策に広範囲に及ぶ影響があるとは考えておらず、1950年代には敵の侵入行動に対して防御策をとっていることを国民に対して証明するための活動と見なしていた。その目的は達成できたようだが、シャロームはこう結論している。

「アラブ諸国に対する抑止の手段としての報復政策の有効性についての議論は、解決を見ておらず、今後も解決する見込みがあるとは思えない」[136]

ハナン・アーロンは、1978年までのイスラエルの対テロ政策を、費用対効果の分析を使って検証した。「効果」を検証する彼の調査で主要パラメータとなったのは、対テロ手段の結果として生じる人命へのリスクである[137]。アーロンは、テロによる物理的損害をその他の要因(交通事故など)で引き起こされたダメージと比較する方法を提案している。彼は最も死傷者の多い原因に対処する計画に、最も多くリソースを割り当てるといった具合に、結果によって分配方法を決めるべきだとしている[138]。

問題は、対テロ行動の効果を計るうえで「人命を救う」ことが唯一または最良の指標であるのか、あるいはほかの量的ないし質的要素が考慮に入れられるべきなのか、という点だ。

4つの指標

第1次インティファーダ(1987〜90年)の際、イスラエルの攻撃的対テロ行動の有効性を評価するのに新たな要素が加わった。当時、国防相だったイツハク・ラビンが統括していたインティファーダ初期のイスラエル政府の西岸地区における政策は、うまくいった行動、イスラエルの国内世論の批判、そして友好国からの圧力などによって時折変更された。すぐに政

策決定者たちは、イスラエル人とパレスチナ人の死傷者数をどの程度減らすことができたといった実証的な方法でイスラエルの対テロ政策の有効性を計るだけでは十分ではないことを悟った。イスラエルはその活動がマスコミによってどのように報道され、それがイスラエル国内と世界にいかなるメッセージを伝えるかを考えねばならなくなったのである。

それゆえに対テロ戦争の有効性の検証には、主に次の４つの指標が重要となる。１）作戦実行能力、２）テロ行為を実行するモチベーション、３）テロリストとその支援者たちの士気、４）テロ攻撃にさらされている国民の士気、である。（図５-２参照）

（１）作戦実行能力

この指標は、対テロ行動がテロリストの攻撃実行能力にどの程度ダメージを与えたか（あるいは強化させたか）を計るものである。対テロ行動がテロ組織の実行能力にもたらす結果はいくつかある。

・内部イメージに対するダメージ……組織の力の源となっている地元住民

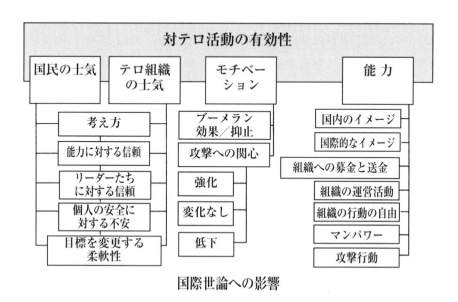

図５-２ カウンターテロの有効性の指標

の間でのイメージが損なわれる。
- 国際社会におけるイメージに対するダメージ……組織の国際社会におけるイメージ、これまでの政治的成功、今後の政治的な計画や目指す目標などがダメージを受ける。
- 資金集めのプロセスへのダメージ……組織のさまざまな資金源、マネーロンダリング、送金など。
- 組織の運営活動の阻害……人員のリクルート、現場の準備、武器調達、トレーニング、訓練、そして組織の構造上、あるいは技術的な発展などに関係した活動の妨害。また現在進行中の作戦に必要な設備や人員にダメージを与える。
- 組織の行動の自由に対するダメージ……攻撃行動の結果としてテロを準備・訓練する地域内で行動の自由が制限されれば、組織のテロ実行能力は低下する。
- 人員へのダメージ……メンバーが殺されたり、一斉逮捕などで少なくなっていけば、組織の能力は低下していく。
- 組織の作戦実行能力に対するダメージ……テロ行為を行なうために特別に用意された組織の施設、または基地、司令部、爆発物製造所などのインフラの破壊。

（２）テロ行為を実行するモチベーション

　この指標は、攻撃的対テロ行動の効果を、組織のテロを実行するモチベーションで計るものである（攻撃的手段はテロ組織の政策決定者の感情や復讐心に影響を与えたり、組織のプライオリティを変化させたりするため）。攻撃行動は時にテロリストたちの報復攻撃の意欲を高める原因となる（ブーメラン効果参照）。

（３）テロリストとその支援者たちの士気

　攻撃的対テロ行動は、組織内の活動家や支援者たちの士気にネガティブな影響を与える。それには、組織には目的を達成する能力があるという信念を揺るがせる、組織の指導部に対する信頼を傷つける、組織の活動家と

支援者たちに恐怖心を与え、安心感を奪うなどがある。こういった内部の士気低下は、組織の目標の妥協につながる可能性がある（ここでもわれわれはその逆の反応が現れることを考えに入れておかねばならない）。つまり、内部の士気は、組織のテロ行為を行なうモチベーションを高めたり低下させたりする要素のひとつになるということだ。

（４）テロ攻撃にさらされている国民の士気
　テロリズムとの戦いは、テロに苦しめられている一般大衆の士気にも影響を及ぼす。対テロ行動は成功すれば、個人と国家の士気を高め、目標を達成し、平穏と安全をもたらす国家の能力、また国の指導者たちへの信頼を高める。国家目標を継続する国民の意思も強化される（現場での対テロ行動が成功しなければ、こういうことは絶対に起きない。失敗すればまったく逆の影響が出るおそれがある）。

　攻撃行動の効果を正確に判断するのは、非常に難しい仕事である。実施された攻撃行動によって何件のテロが阻止できたかを知ることは不可能であり、また攻撃行動が行なわれなかったら何が起きていたかもわからないからだ。短期的には成功したように見えても、長期的には失敗だったということもある。当然、その逆もあり得る。
　治安機関と政策決定者たちが、これまでに論じてきた問題と分析をすべて考慮したうえで、プラス面がマイナス面よりも多ければ、テロ組織に対して積極的に攻撃行動に出ることを考えてもいいかもしれない。イスラエルの元国防次官モデルカイ・グルはこれに関して次のように語っている。
　「何度か攻撃してもテロをやめない敵の場合、われわれは攻撃の結果を正当化できるように、死傷者、損害、政治的悪影響などを含めた敵への反撃がもたらす影響を検証せねばならない。これらの要素すべてを考慮に入れない政府に災いあれ」[139]

ターゲテッド・キリングの有効性

モラルの問題

　ターゲテッド・キリング（暗殺）は、対テロ政策の最先端に位置する攻撃行動である。ターゲテッド・キリングとは、テロリズムと戦っている国家が、組織内でテロ攻撃の立案、指揮、準備、要員のリクルート、訓練、支援などを行なっている者たちを殺害するか、少なくともテロ活動に参加できなくなるようにする目的で攻撃することである。

　個人に対する攻撃行動には、相互に関係し合ったふたつの問題がある。基準となるモラルの問題とこうした行為の有効性の問題だ。言い換えれば、個人に対して実施する攻撃行動の正当性である。「ターゲテッド・キリング」の有効性は、先に分析した攻撃行動の問題と密接に結びついている。そのため基準となるモラルについてまず考えてみる。

　モラルの問題は文化によって異なり、その価値観には絶対性がないため、誰もが同意できるモラルを見つけるのは難しい。それは文化や時代によって変化する価値観であり、同じ社会の中でもグループ間や個人で変わってくる。

　人命は地球より重く、人間の生命を奪うことに正義はないと考える人々がいる。この原理は、暗殺も含め重罪を犯した者にも適用される。この考え方では、犯したテロ行為がどれほど凶悪なものでも犯人を死刑にすることはできない。ターゲテッド・キリングの反対者は、もしテロリストがテロ行為を行なったという情報を政府が持っているのであれば、ほかのすべての犯罪者同様、逮捕して裁判にかけ、そこで犯罪の証拠が提出され、有罪が決定すれば、状況によっては死刑が許可されてもいいかもしれない、と主張する。ある政策決定者の気まぐれで適法手続きも経ずに犯罪者を殺すことはできないということだ。

　これに対してターゲテッド・キリングの支持者たちは、多くの犠牲者を出したテロに直接関係し、これからも無実の人々を殺害する恐れのあるテロリストの暗殺はモラルに反したことではなく、人命を救うために必要な

ことだと論じる。ターゲテッド・キリングの支持者も人命の価値に言及し、生命の神聖の名の下に政策決定者には、少数のテロリストが多数の市民を殺害し世界平和を危険にさらすことを阻止するために、できる限りのことが許されねばならず、よって個人に対する攻撃は正当な行為でありモラルにも反していない、と主張している。

これに関連して、イスラエル空軍の司令官だったダン・ハルーツ少将が、2002年7月にイズアディン・アル・カッサム旅団（ハマスの軍事部門）の指導者のひとりだったサラフ・シェハデが殺害された1カ月後のインタビューで語った内容が興味深い。

「根本的な問題について話そう。一般人やわが方のエージェントに犠牲者が出るとわかっていながら、テロリストを攻撃しても許される状況というものはあるか？　私の答えは何の迷いもないイエスだ。標的が過去に大規模テロを実行した者や、これからそれを実行しようとしていることが確実にわかっている者ならば、絶対にイエスだ」[140]

ほかのインタビューでハルーツ将軍は同じ問題についてこう言っている。

「ターゲテッド・キリングを実行するたびに、われわれはパーク・ホテルで死んだ29人のこと、ドルフィナリウム（ディスコ）で死んだ22人のこと、そしてエルサレムで爆破されたバスのことを考える。これはわれわれの戦争なのだ。戦争と考えていない者は皆、間違っている」[141]

暗殺の正当性の検証

ターゲテッド・キリングを犯罪を罰する手段ではなく戦争行為と見なせば、モラルの問題は余分なものとなる。確かに「対テロ戦争」は宣戦布告なしの戦争であり、また前線と後方が入り混じる国境を越えた戦争でもある。だが、テロリストは時と場所を選ばず国民を無差別に攻撃してくるとはいえ、テロと戦う国家は、相手の行動から何が許されて何が禁じられるのかを決めてはいけない。独立国家は受け入れられている戦争のルールの範囲内で行動することを求められる。攻撃行動では十分に注意し、意図的に一般人に危害を加えたりしてはならない。それが敵対国家ではなく、組

織やグループでも同じだ。

　この制限からひとつの疑問が出てくる。ターゲテッド・キリングの標的はシビリアン（民間人）なのか、それともテロ組織の暴力闘争の軍事要員（あるいは戦闘員）なのか？　この問いに対する答えは、当然、それが誰であるかで変わってくる。攻撃するつもりでいるテロリストに危害を加えるのは、人命を救うための合法的な正当防衛であることを疑問視する者はほとんどいない。それと同様に対テロ戦争でも、計画の立案や実行に関係した活動家に対する作戦行動はどのようなものでも合法と考えるべきである。

　これまでにイスラエルがさまざまなテロ組織を相手に実行してきたターゲテッド・キリングの標的となった活動家には、いくつかのタイプがある。組織の指導者、組織の軍事部門の幹部、テロ攻撃を立案、またはオーガナイズする活動家、テロ細胞のリーダーとそのメンバーなどである。

　これに関連して1997年（ヨルダンにいたハマスの活動家ハレッド・メシャール暗殺未遂事件後）、クネセットの外交・安全保障委員会の情報・治安機関小委員会のヨシ・サリッド議員は、ターゲテッド・キリングを正当化できる唯一の理由は、本物のテロ攻撃を阻止する必要性だと述べている。この必要性には、いくつかの条件がついている、と彼は言う。攻撃が行なわれることが「確実に証明」されている「いまそこにある危機」であること、そしてターゲットは実際にテロ攻撃を行なおうとしている者（宗教的・思想的指導者ではなく）であるということだ。[142]

　もうひとつの問題は、組織の非軍事作戦部門の指導者や上級活動家を害するのは、同じく正当な行為なのかという点である。これについてはさまざまな意見がある。ある学派は、彼らは戦時には民間人として扱われるべきだと主張するが、ほかの学派は、テロ組織はいろいろなグループや個人が一致協力してテロ攻撃を実行する準軍事集団であり、一体と見なすべきだと考える。後者の考えでは、行政・政治部門の人間と戦闘要員を区別する必要はない。両者とも民間人を標的にしたテロ攻撃能力を強化しようと努力しているからだ。さらに言えば、多くのテロ組織では、責任の所在がはっきりとしていない。組織の政治局のトップが行政部門のメンバーも兼

攻撃的・防御的対テロ行動　159

任しており、組織のテロ政策にもかかわっていたりする。行政や作戦部門に複数の役職を持っている者もいる。

アブデル・アジズ・ランティスィ（ハマスのスポークスマン。幹部のひとりでアハメッド・ヤシン師殺害後、後継者としてガザのハマス組織の指導者となった男）の暗殺未遂事件のあと、マスコミ報道や世論で、これはイスラエルの「ターゲテッド・キリング」の「大きな飛躍」という議論が出た。首相府長官のドブ・ウェイスグラスはランティスィ暗殺未遂の正当性を訊ねられた際、ランティスィは「イスラエルに対するテロ活動の最前線にいた」、そしてイスラエルの得た情報によると、ハマス内部でアブ・マゼン（当時のパレスチナ自治政府の首相）との対話を一切拒否する強硬策をとっていた、と述べている。(143)

ターゲテッド・キリングという手法自体に問題があるため、政策決定者は組織の軍事部門に所属していることが明確にわかっていないテロリストやテロが実行されるまでのプロセスに直接関係していなかった者には使わない方が無難なようだ。軍事活動家とテロ要員だけを標的にしていれば、国際社会からの批判も多少はやわらぐだろうし、自衛のための「先制攻撃」と見てもらえる。民間人を狙う正当性のまったくないテロ行為とは対照的に、軍や治安部隊を相手にするゲリラ活動にはある程度の正当性が認められているため、テロリストの暗殺にもゲリラ活動と同程度の正当性が与えられてしかるべきである。

個人に対する攻撃行動の正当性の検証には、行為自体のコンセプトにも触れる必要がある。ターゲテッド・キリングは特定の人物のみを狙うため、行政的な懲罰も含めたテロ組織に対するいかなる攻撃行動よりも限定的である。言い換えれば、偶然居合わせた罪のない人々を傷つけるおそれがあるという理由でターゲテッド・キリングを批判し反対するのは、テロ組織に対する攻撃行動（基地、キャンプ、本部などへの航空攻撃、砲撃その他）のほとんどをしてはいけないと言っているのも同然ということだ。テロ組織の施設は多くの場合、民間人の居住地域にあるし、空爆や砲撃などの攻撃方法ではターゲテッド・キリングほど標的を限定できないからである。こういった姿勢は対テロ戦争を受け身的な守りに制限してしまう。

国家と国民が直面している現代のテロの脅威の凄まじさを考えると、それは非常に危険なことである。

司法手続きの必要性

　ターゲッテド・キリングに関するモラルの問題は、テロリストに危害を加える正当性だけではない。暗殺の決定、実行、モニターというプロセスに関係する問題も含まれている。誰が暗殺にゴーサインを出すのか、誰が暗殺作戦をモニターするのか、誰が実行するのか、暗殺が決定される前に司法ないし準司法手続きを経るのか、といったことである。

　イスラエルの対テロ政策に関してこれらの疑問に答えるのは、簡単ではない。イスラエルは対テロの分野では「曖昧な政策」をとっており、こういった種類の活動の決定プロセスやその他の詳細は機密扱いされるからだ。外国の文献によると、イスラエルではターゲッテド・キリングの最終決定は、必要な情報を受け取り、関係諸機関と相談したあとに首相が行なっているという。ターゲッテド・キリングを実行するか否かを話し合う特別閣僚委員会に相談することもあるという。ターゲッテド・キリングの決定プロセスは時期（首相の政策や仕事のやり方で変化）と状況（ターゲットが誰か、標的に関する情報がどれだけ新しいか、攻撃の特徴、予定される攻撃場所など）によって変わってくる。

　いくつかの刊行物によると、以前はテロリスト殺害の決定には、司法手続き的なプロセスがあったようだ。1970年代、ゴルダ・メイアが首相だった頃、モサドは暗殺すべき人物のリストを作成し、実行前に計画のすべてが情報諸機関の長からなる委員会（ＣＳＳＣ：ヘブライ語ではバラシュ）に提出されたあと、「Ｘ委員会」に上げられ認可された[144]（Ｘ委員会はゴルダ・メイア政権ではテロリストの裁判所として機能した。無任所大臣のイスラエル・ガリリが「検察官」となり、軍情報部とモサドとＩＳＡの長官が証人として呼ばれ、法務相が「弁護人」となり、その人間を殺すべきではないという論陣を張った。裁判官の役割は首相、国防相、そして野党の党首が務めたという[145]）。

　実際に「Ｘ委員会」のようなものが存在し、そういった活動をしていた

攻撃的・防御的対テロ行動　161

のであれば、これは疑似裁判を行なうことで、裁判なしで人の命を奪う道徳上の問題を解決しようとする試みであった。とはいえ、被告は裁判にかけられることを知らされず、自らを弁護する機会も与えられず、法務相が弁護士の役割をやらされるという状況では、適切な司法手続きとは到底言えない。

　ターゲテッド・キリングの倫理的問題に答えを出すために考えねばならないことのひとつは、より組織だった司法プロセスを使ってこういった対テロ行動の実施は可能か否かという点である。ターゲテッド・キリングは、敵地の奥深くか、友好国や中立国で実行されるため、極秘に行なわればならない。こうした作戦では、それを知る者の数は最小限に抑えねばならず、通常の裁判を行なうのは不可能である。また暗殺の合法性の問題と他国の主権を侵す可能性が、国家の行政府や司法機関が正式に決定を下すことを妨げている。

　前述したように、現役テロリストの殺害を許可する適切な司法手続きの必要性は、その暗殺作戦をどう解釈するかにもよる。ターゲテッド・キリングが懲罰行為ではなく、テロ攻撃の阻止や抑止、敵の活動を妨害するなど純粋に軍事目的を達成するためのものであり、またその行動が国家と組織間の対テロ戦争（宣戦布告の有無にかかわらず）の中で行なわれるのであれば、それは正当な軍事行動であり、司法手続きは不必要となる。

合法的かつ許される暗殺

　もうひとつの問題は、ターゲテッド・キリングの合法性である。この問題についてルイ・レネ・ベレは明確な倫理的立場をとっている。彼はこう述べている。

「テロリストの排除は法的な義務である……テロリストが彼を庇護している国で何を企んでいるかを訴えることのできる『国際法廷』は存在しない。テロリズムを支援している国家があるのなら、身を守る唯一の方法はテロリストを排除することだ……1945年、ニュルンベルク裁判では、このような極悪な犯罪が行なわれる場合、通常の司法手続きに固執するのは、すべての手続きを無視するより不当である、とされた。現在の国際法で

は、テロリストは『人道に対する敵』であり、18世紀の海賊のように最初に捕えた者が即座に縛り首にすべきである。捕まえた人が被害者だったらなおさらだ」[146]

ベレほど極端な考え方をする必要ない。戦争という枠内での自衛または軍事行動であれば、合法的かつ許される行動と言える。いずれにせよ、ベレの倫理的・法的結論を受け入れたとしても、暗殺の正当性はどのような人間を殺したのかだけではなく、殺害の手段と場所も関係してくるということを思い出して欲しい。そのため外国の主権を侵さない暗殺とそうではないものを区別する国際法規の制定を働きかけるべきである。その場合、国家のタイプによって違うアプローチが必要となってくる。

（1）戦争状態にある国家

この国家の領内で実行されるターゲテッド・キリングは、両国の間で行なわれている戦争の一部と見なされる傾向にある（とくに主権を侵害された側が、テロ組織を利用して侵害した国家に危害を加えている場合）。

（2）テロ組織を支援している国家（とくに国際的にもテロ支援国家と認定されている国）

こういった国家は、テロリズムから身を守ろうとしている国から自国領内にあるテロ組織の標的を攻撃され、国家の主権を侵害されても文句は言えない。

（3）テロリズムを支援していない国家

テロ支援国ではない国家の領土をテロリストが通過したり、政府当局のあずかり知らぬところで滞在しているような場合、公式チャンネルを通じてテロリストを逮捕して裁判にかけるか身柄の引き渡しを要請する。それが拒否されない限り、その国の許可なく行なわれる主権侵害行為はすべて違法である。

暗殺の有効性

このようにターゲテッド・キリングの合法性は、他国の主権侵害が関係してくると非常に難しい問題である。こういった状況では、まず最初にテロリストの逮捕と裁判、そして身柄の引き渡しを要求するのが賢明なやり

方だろう。段階を踏むことで、テロリストの暗殺に踏み切る前に、それ以外のすべての手段を使ってその男を無力化しようとしていたと判断される。同時にこの要請は、相手国の目を国内にテロリストがいる事実に向けさせるかもしれないし、身柄を引き渡すか、その男に法的措置がなされなければ、その国の領土内で暗殺を実行するという遠回しの警告にもなる。その場合、身柄引き渡しを要請する国は当然、テロリストが有罪である明白な証拠を管轄の裁判所に提示しなければならない。これは厄介な仕事だが、暗殺ならそんなことをする必要はない。

　最後の問題は、ターゲテッド・キリングの有効性に意見の一致が見られないことだ。クレンショーによれば、治安機関は、テロ組織は指導者を失えば崩壊すると考えており、リーダー暗殺の方向に進みやすいという。しかし、逆の結果が出ることもある。たとえば1970年代、イタリアの赤い旅団は、幹部のひとりが逮捕されると、政府要人を殺害しはじめた。赤い旅団は、幹部たちが逮捕されたからといって敗北したわけではないということを証明して見せるために活動を激化させたのである。クレンショーは、組織をひとつにまとめていた指導者がいなくなったことで組織が分裂すると、暴力性が増したり、メンバーの居場所がつきとめにくくなったり、モチベーションが強化されたりすることがあると付け加える[147]。別のケースでは、ＰＫＫのように指導者が逮捕されると、組織のテロ活動が減少したり、停止してしまうこともある。

　モラルと有効性の問題の関連は、ターゲテッド・キリングと同じくらいの効果があり、道徳的な問題も少ない手段（誘拐、強制送還その他）があるのではないかという疑問に反映されている。言うまでもなくこれに対する答えは、計画された作戦の性質による、である。この問題はどのような作戦でも計画段階に入ると同時に検討する必要がある。

イスラエルのターゲテッド・キリング

ミュンヘン五輪虐殺事件
　イスラエルが最初に決定したターゲテッド・キリングのひとつは、1972

年９月４日にミュンヘン五輪でイスラエル選手たちが殺害されたあとと一般的には信じられている。しかし、メラリとエラッドは、この種の作戦はミュンヘン事件以前にも実行されており、ロッド空港乱射事件が発生した1972年半ばより、イスラエルではパレスチナ・テロ組織のリーダーたちを攻撃すべきだという声が高まっていたと指摘している。

　事実、乱射事件の３週間後、ベイルートでパレスチナ解放人民戦線（ＰＦＬＰ）のスポークスマン、ガッサン・カナファニが車ごと爆殺された。カナファニのあとを継いだバッサム・アブ・シャリフは本の中に仕掛けられた爆薬が爆発し重傷を負い、ほかのパレスチナ人幹部たちも送られてきた封筒が爆発し負傷した。(148)

　全世界のマスコミによりライブで報道されたミュンヘン虐殺事件は、イスラエル国民に衝撃を与え、政策決定者たちは、戦う決意と新たな厳しい手段をとることを迫られた。その答えは、ミュンヘン虐殺の発案、計画、準備、指揮、実行に関係した人間すべての暗殺であった。作戦開始のシグナルは当時首相を務めていたゴルダ・メイアが事件後に行なった発表だった。

　「私たちのアラブ人テロリストとの戦いは……自衛や安全策などの防衛手段に限られたものではありません。人殺しのテロリストたちと指導者が誰かをつきとめ、彼らの行動をあばき、その計画を阻止し、組織を壊滅させる、といった積極的なものであるべきです」(149)

　イスラエルの諜報機関はミュンヘン事件に関係した活動家たちを追跡しはじめた。作戦計画が準備され、政治レベルからの許可が出ると、テロリストたちは殺害されていった。サラー・ハラフ（アブ・イヤッド）はヨーロッパのファタハ活動家とＰＬＯの代表が多数、イスラエルの暗殺ターゲットとなったと述べる。

　「この影の戦争は激化した。シオニスト国家の諜報機関は、われわれの多くの同志に爆発物を仕掛けた小包を送りつけてきた。アルジェではＰＬＯ代表のアブ・ハリルが致命傷を負った。トリポリでは同じくＰＬＯ代表のムスタファ・アワド・ザイードが失明し身体が麻痺した。カイロでは、ファタハのリーダーだったファルーク・カドウミとハヤル・アブダル・ハミ

攻撃的・防御的対テロ行動　165

ッドが狙われたが、怪我をせずに済んだ。ストックホルムでは、赤新月社のディレクターのオマル・スファンが両手の指を失った。ボンではパレスチナ人学生組織のアドナン・ハマッドが重傷を負った。コペンハーゲンでは、アハメッド・アワダラーという学生が腕を切断せねばならなくなった。パリにおけるＰＬＯ代表だったズワイターとローマの代表だったハムシャリが暗殺されたあと、1973年1月25日、ニコシアにいた、われわれの代表フセイン・アブ・アルハイルが殺害された……ブラック・セプテンバーは全力を挙げて反撃し、暗殺の数を倍増させた……」(150)

パレスチナ自治区内での暗殺

　ヨルダン川西岸地区にパレスチナ自治区ができたことで、それ以前の政権では普通に行なわれていたテロリズムに対する攻撃行動のルールが変わった。1994年9月、当時、参謀長だったエフード・バラクはこう述べている。

　「ＩＤＦ（イスラエル国防軍）が自治区内でテロリズムに対処することはないと最初からわかっていた。その仕事は誰もが知っているある場所に引き渡された。現在、ガザとエリコでうまくいくかテスト中だ」(151)

　自治区内の対テロ活動をパレスチナ自治政府に任せることになったのには、いくつかの理由があった。そのひとつは武装しイスラエルを敵視する人々が居住する地域で活動するのは困難だったことが挙げられる。自治区の治安任務を委ねられたばかりのパレスチナ自治政府の主権を侵害することも避けたかった。もうひとつは、パレスチナ社会におけるアラファトの立場やイメージが損なわれると、進行中の和平交渉に支障をきたす恐れがあったことだ。だが、この政策は長くは続かなかった。イスラム原理主義組織はイスラエルに対するテロ攻撃をやめるつもりはなく、パレスチナ自治政府にはテロを取り締まる能力がないことが判明すると、政策決定者たちは方針を変えて治安機関にパレスチナ自治区内でも活動するように指示した。最初は慎重にそれは行なわれた。

　この任務は覆面捜査班と特殊部隊に任された。ターゲットはイスラエルで実行されたテロ攻撃の発案、計画、準備、そして実行にかかわったテロ

組織の幹部たちであった。1994年10月にテルアビブの中心部で起きた自爆テロ（死者21人と負傷者34人）のあと、イツハク・ラビンは治安部隊にテロリストのリーダーの暗殺を指令したと発表した。「われわれはこのテロ攻撃をオーガナイズした者を探し出し逮捕するか、殺害せねばならない」[152]

英国の週刊誌『ザ・オブザーバー』によれば、この指令はモサド、ＩＳＡ、軍情報部の長官が出席した緊急閣僚会議の場で出されたという。その51日後、パレスチナ・イスラム聖戦のリーダーのひとりハンニ・アル・アベッドが殺害された。イスラエルは自分たちが殺したとは言わなかったが、パレスチナ・イスラム聖戦はイスラエルの治安部隊の犯行と非難した。1995年１月、シモン・ペレス外相は、政府はテロ組織に対して攻勢に出ることを再確認し、クネセットの外交・安全保障委員会でこう述べた。

「われわれは苛酷な措置も含めて、あらゆる手段を用いて、テロリストを探し出し、彼らが悪の所業を行なう前に潰さねばならない。われわれは手段や場所の制限なしに、彼らに対抗しなければならない」[153]

アンマンでの大失策

近年行なわれた最も大胆なターゲッテッド・キリングのひとつは、ハマスの政治局責任者ハレッド・メシャール暗殺未遂である。この暗殺作戦は失敗に終わり、世界にイスラエルの犯行であることが露呈してしまった。この事件を見ると、イスラエルの行なう暗殺の特徴がよくわかる。

1997年９月25日、ヨルダンのアンマンで毒を用いたハレッド・メシャールの暗殺作戦が決行された。だが、メシャールの運転手とボディガードの妨害によって失敗に終わった。ボディガードは通りかかった車を停車させ、イスラエルの暗殺者たちに気づかれずに追跡を開始した。300メートルほど行ったところで暗殺者たちは車を停め、外に出た。ボディガードは彼らを走って追いかけ、偶然付近にいた私服警官に加勢してもらい、暗殺者たちを取り押さえ逮捕した。彼らが逮捕された情報がイスラエルにもたらされると、モサド長官がメシャールの身体に注射された毒の解毒剤を持ってヨルダンへ向かった。ヨルダン政府との交渉の末、イスラエルの暗殺者たちはヤシン師（ハマスの指導者）ほか数人を刑務所から出すことを条

件に解放された。[154]

　暗殺が失敗したことが公にされると、イスラエル国民はいくつかの疑問を抱きはじめた。なぜハマスの政治活動家であるはずのメシャールが暗殺の標的に選ばれたのか？　なぜイスラエルと和平条約を結んでいるヨルダンが暗殺の場所に選ばれたのか？　なぜこの暗殺作戦には普通ではない方法がとられたのか？　そして、なぜ失敗に終わってしまったのか？

　最初の疑問に関しては、イスラエルの政策決定者と諜報諸機関は、確かにハレッド・メシャールは公式には政治局の責任者だが、テロ活動とは無関係ではないと主張した。ヨルダンの事務所からメシャールはイスラエルに対するテロ攻撃を命令し、実行部隊を指揮し、また資金を送っていた。[155]

　メシャールが暗殺ターゲットに選ばれたことについてネタニヤフは次のように述べている。

　「ハレッド・メシャールは絶対に暗殺したい相手だった。西岸地区とガザの騒乱の中心はヨルダンのテロ司令部だと私は感じていた。テロ事件に関係なく、彼を殺りたかった」[156]

　ネタニヤフが暗殺の決定にテロ事件はそれほど影響しなかったという印象を与えようとしている一方で、元モサド長官のダニー・ヤトムは次のように述べている。

　「テロ攻撃の命令がヨルダンのハマス本部から出ていることが判明した時、続発するテロをストップさせることが私には重要だった」[157]

　ヨルダンが暗殺場所に選ばれたのは、当時、メシャールがアンマンに在住し、そこを拠点としていたからだが、おそらくテロリストたちに、世界のどこに隠れてもイスラエルの手から逃れることはできない、というメッセージを送る意味もあっただろう。[158]

　ハマスの幹部を殺害する決定が下されたのは、1997年7月にエルサレムのマハネ・イェフーダ市場で発生したテロ攻撃の直後に開かれた安全保障に関する閣議においてであった。メシャールの暗殺を提言したのはモサドで、ネタニヤフ首相が承認した。殺害には注射器を使って耳からメシャールの身体に毒を注入するという特殊な方法が選ばれた。その理由はイスラエルの犯行の「痕跡」を隠し、メシャールの死を暗殺ではなく自然死にみ

せかけるためだった。作戦が計画通りにいっていたならば、イスラエルの犯行だったことはわからなかったはずだ。死因は自然死とされ、イスラエルとヨルダンの関係には何の影響もなかったであろう。[159]

　アンマンでの大失策により、イスラエルで内部批判がはじまった。批判の対象となったのは、事件と暗殺決行にいたるプロセスだけでなく、作戦失敗後の危機にどう対処したかもだった。それには特殊な暗殺方法とその情報がどのようにしてヨルダン側に伝えられたか、メシャールはどんな治療を受けて助かったのか、さらに政治レベルの責任が公になったことなども含まれていた。

　メシャールの命を助けることになる解毒剤をヨルダン側に渡す決定について元モサド長官のダニー・ヤトムは、暗殺が失敗に終わったことを知ると、

　「私はダメージを最小限におさえようと、国王と面会するためヨルダンへ行くと提案した。実はメシャールを助ける解毒剤をヨルダンに渡すアイデアを出したのはネタニヤフだった……誰かが、人類の歴史の中で、殺した人間を生き返らせる最初の例になるな、と言った。私は作戦が失敗したと知った時から、メシャールの命が助かるかどうか心配でならなかった。彼が死ななければ、比較的簡単にヨルダンとの問題を解決することができるのは明らかだったからだ」[160]と説明している。

　モサドのヨルダンでの失敗を調査するために1997年10月6日に設置されたチェハノバー委員会は、会合を47回行ない、37人から証言を聞き、数百の証拠物件と文書を検討した。委員会の会議はすべて非公開で行なわれた。委員会の作成した報告書の公開されている部分の中で、チェハノバー委員会は作戦が失敗した主な原因を、

　「作戦の計画、承認、実行に関係したさまざまなレベルでモサド内部に蔓延していた発想の硬直化である。モサドは問題の武器をうまく使えば『サイレント・オペレーション（静かな作戦）』は確実に成功すると信じていた。すぐには標的の身体に影響はでないため、計画ではしばらくは何が起きたのか誰も気がつかないと考えられていた。この『静かな作戦』は失敗する確率はほとんどゼロとされ、何らかの理由で失敗し『うるさい作戦』

攻撃的・防御的対テロ行動　169

に変わってしまう可能性は考慮されることはなかった」としている。[161]

　チェハノバー委員会と並行してクネセットの外交・安全保障委員会のインテリジェンス・諜報機関小委員会もアンマンの大失策の調査を開始した。[162]小委員会はこの事件に関して27回会合し、28人の証言を聞いた。この小委員会は、長年にわたり歴代の政権は「組織だった思考と継続的かつ一貫した防衛方針」に基づく対テロ政策の策定に失敗してきたと記している。[163]

　また同小委員会は「対テロ行動の適切なドクトリンの欠如により、テロ攻撃への反応は危険なファクターとなった」と結論した。このように小委員会は、大規模テロのリアクションとして行なわれる攻撃行動を批判した。[164]

　メシャールの暗殺未遂によって生じた外交問題は、イスラエル・ヨルダン関係だけにとどまらなかった。この事件でモサドのエージェントはカナダのパスポートを使ってヨルダンに入国していた。カナダ政府は、諜報工作にカナダのパスポートや身分証明書を使用しないという約束をイスラエルが破ったことを非難し、駐イスラエル・カナダ大使を一時帰国させた。[165]

　メシャール暗殺未遂事件を見ると、ターゲッテド・キリングを海外（とくにイスラエルと和平条約を結んでいるアラブ国家）で実行する問題点がよくわかる。またこの事件は、作戦実行前に、最悪の状況に陥った時のことをすべて考えておく重要性を示している。この作戦では計画段階で、起こり得るリスクが十分考慮に入れられなかったようだ。チェハノバー委員会はこれを、イスラエルと暗殺の関係を隠す「隠密作戦」の成功を楽観視し過ぎた結果としている。

　メシャールがターゲットに選ばれた理由に関して、もうひとつ疑問がある。事件の数カ月前、イスラエルはアメリカで逮捕され、もうすぐイスラエルに送還されることになっていたメシャールの前任者ムーサ・アブ・マルズークの身柄引き渡し要請を取り下げていることだ。

困難な倫理的判定

　ターゲテッド・キリングのモラルの問題については、政党内でも意見が一致しているわけではない。たとえば1994年7月、当時、環境相だったヨシ・サリッドは「テロリズムはルール無用の戦争であり、戦い方もそうあるべきだ」と述べている。さらに彼は「テロを行なった犯人が誰か確実にわかっており、彼らを逮捕して裁判にかけることが不可能なうえ、さらにテロ攻撃を実行する危険性があるのであれば」法と民主主義に基づかないやり方でテロリストを殺害することに何の倫理的問題はない、と言う。

　そしてサリッドは「人の命を奪う暗殺は恐ろしい。だが、何十人もの無実の人々が爆弾で殺される方がもっと恐ろしい」と付け加える。

　しかし、当時サリッドの所属していた政党の党首で、通信・科学・芸術相だったシュラミ・アロニは「イスラエルは法治国家であり、国際組織のメンバーである。海賊の集団ではない(166)」とターゲテッド・キリングに反対する理由を述べている。

　主観的な性質の問題であること、そして規則と世界的に受け入れられた価値観の欠如は、ターゲテッド・キリングに対する倫理的判定を困難にしている。こうした活動に倫理的な正当性を見出す難しさは、1968年から74年までゴルダ・メイア政権でモサド長官を務めたズビ・ザミールのミュンヘン虐殺の犯人たちをモサドが暗殺したという主張について述べた言葉の中に見ることができる。ザミールは後悔の言葉を残している。

　「私は人間としてもユダヤ人としてもあのことを誇りに思っていない。恥と感じている自分もいるくらいだ。だが、ほかに方法はなかったのだ」

　また彼は、首相のゴルダ・メイアは「ユダヤ人はそういうことはしない」と言って、「個人を狙う暗殺」に反対していたが、パレスチナ人によるテロが増加すると考えを変え、ターゲテッド・キリングを許可するようになった、と述べている。(167)

　ザミールとは対照的に、政策決定者や諜報機関の責任者の多くは、無条件ではなかったが、テロ組織の幹部たちの暗殺を支持した。ネタニヤフはこのタイプの対テロ活動について訊かれて、こう答えている。

　「まったく問題ない。テロリストのリーダーたちは、その行動に責任を負

わねばならない。私は政治の階段を昇りつめた者に危害を加えるのには慎重だったが、作戦の指揮官となると話は別だ。彼らに関して言えば、何をすべきかは明らかだった(168)」

ネタニヤフ政権で対テロ局の責任者だったメイヤー・ダガンは、
「私は賛成だが、いくつか制限を設けねばならない。われわれは常に行動にどのような利益があるのか、目的は何なのかを考えねばならない。目的のひとつはテロの阻止だ。もし何者かに危害を加えることでテロを阻止できるのであれば、目的に適っている。２つ目の目的はテロの抑止だ。また私はこういった活動を懲罰にも使うべきだと考えている。これが３つ目の目的だ。宗教的権威を持つがテロリズムには関係していない人物を攻撃するべきか？　答えは否だ。それは逆の効果をもたらす行為だ……(169)」

ターゲテッド・キリングの有効性

リプキン・シャハクは、ターゲテッド・キリングはある種のテロには抑止の効果があるだろうが、将来に起きるテロに対する抑止力はないと考えている。シャハクはターゲテッド・キリングを「復讐」の戦いのようなものと感じているようだ(170)。

南部レバノンのナバティエ村付近の道路で爆弾が爆発し、車に乗っていたシーア派組織の幹部２人が負傷した日（1994年12月）、当時、軍参謀長だったエフード・バラクは次のように宣言した。

「ヒズボラのメンバーはいつ、いかなる場所にいても殺される危険がある事実に脅えるがいい。どこにいようと犯した罪から逃れることはできない。ＩＤＦ（イスラエル国防軍）は賢明に行動し、やるべきことをやる(171)」

元軍情報部長官で、対テロ首相顧問をゴルダ・メイア政権で務めたアーロン・ヤーリブによると、ターゲテッド・キリングによるテロの抑止は、1970年代ミュンヘン五輪虐殺後に行なわれたＰＬＯの幹部工作員たちの暗殺に関して言えば成功したという。

「作戦の及ぼした影響は甚大だった。彼らは秘密任務に従事している幹部たちだったが、それが突如として、自宅にいてもいつ殺されるかわからないような状況に陥ったからだ(172)」

軍情報部長官を務めたウリ・サグイはＩＤＦを退役後、テロ組織に対する抑止手段としてのターゲテッド・キリングの有効性を疑問視する意見を述べている。
　「そういった活動が抑止力となることは証明されていない。テロ組織のリーダーは殺害されて当然だが、いつも組織の中から次のリーダーが出現してくる」[173]
　シュロモ・ガジは、「エンジニア」と呼ばれたヤヒヤ・アヤシュの暗殺に関連してこう書いている。
　「これは殺人者たちへのメッセージでもある。罪のない民間人を狙って行なわれた卑怯で残酷なテロにおいて、それを実行した者たちは『もう時間だ。ゲームはやめる！』と言っても無駄だ。イスラエルにはそんなルールは通用しない。テロリストたちは死ぬまでイスラエルの『指名手配リスト』にその名を連ねることになる。それを知っていれば、テロの実行に二の足を踏む者も出てくるかもしれない……」[174]
　2002年9月11日、ヘルツェリア学際センターで開催されたアメリカ連帯会議で、軍部代表のモシェ（ボギー）・ヤーロン参謀長がレクチャーを行なった。彼は「アル・アクサ・インティファーダ」について言及するなかで、こう述べている。
　「テロリストたちが行動を開始する前に、彼らを探し出し、逮捕または殺害することが、先制攻撃の要諦である——ターゲテッド・キリングはすでに説明を要しない戦術となっている」[175]
　このようにターゲテッド・キリングの有効性に関して、政策決定者たちの意見は分かれるが、次のように結論してもいいだろう。
　テロ攻撃の阻止やその活動の妨害が目的であれば、組織内のテロ活動のリーダーを排除することで達成できる。リーダーの不在は、後継者の座をめぐる権力闘争を引き起こす。そして、殺害されたリーダーの空白を埋めることのできる能力やカリスマ性を持つ人材が見つからないと、組織の活動に支障をきたしはじめる。またリーダーが殺され組織のルーティンが崩れると、その影響は短期的ではなく、継続的なものになる傾向がある。組織は防衛と幹部たちの警護に資金、マンパワー、時間などかなりのリソー

スを注ぎ込まねばならなくなるかもしれない。

　組織の幹部たちには、警護を強化したり、なかには暗殺を恐れるあまりに新しい行動パターンをとりはじめる者もいる。イスラエルがもうすぐ自分たちを殺すつもりでいるという情報や噂を聞いたり、同じ組織の仲間や違う組織の活動家が殺害されたりすると、自分たちの活動を変更することもある。たとえばハマスのスポークスマンで政治部門のトップだったアブデル・アジズ・ランティスィ博士の暗殺未遂事件のあと、イズアディン・アル・カッサム旅団は、メンバーたちにイスラエルに暗殺される恐れがあるので、移動には自家用車を使わないようにと通達を出している。

　「不適切な自動車の使い方によって、シオニストの敵とそのエージェントがムジャヒディンに危害を加えることを容易にしている。この26時間にイスラエルはイズアディン・アル・カッサム旅団の活動家6人を、彼らが乗っていた車を狙って殺害している」

　身辺警護はテロリストとその家族、そして周辺に住む人々に多大な労苦を与える。暗殺の恐怖を常に感じていたPLOの幹部たちは、ファタハ内部にフォース17という特殊部隊を創設している。この部隊の主な任務のひとつは組織の幹部の身辺警護であった。メンバーたちはその任務のために特別な訓練を受け、ファタハの幹部たちのボディガードを務めている。

　つまり組織の活動を妨害するという意味でのターゲテッド・キリングの有効性は、テロリストのリーダーたちが暗殺の脅威にどのくらい恐怖を感じるかによる、ということだ。過去に何人かのテロリストの指導者たちが、イスラエルに暗殺されることを恐れ、その時はいつか必ずやってくると考えている、といった意味のことを語っているのは注目に値する。

ブーメラン効果

対テロ強硬策が新たなテロを招く？

　対テロで「強硬政策」を主張する者たちは、国はもっと積極的に攻撃的な対テロ行動に出るべきだと考えている。それとは逆に、攻撃行動は効果的ではないと考える者もいる。排除すればテロ組織の活動を麻痺させるこ

とのできるターゲットを見つけ出すのは困難なうえ、そういった行動はテロ組織の復讐心を煽り、より残虐なテロを仕掛けてくる危険性があるからだ（これを「ブーメラン効果」と呼ぶこととする）。

バンドゥーラはこれを「厳しい報復は、最初のテロより深刻な損害をもたらすテロ攻撃を呼び込んでしまう可能性がある」と説明している[184]。クレンショーは、対テロ手段をとる前に政府は、テロ組織がそれに対してどのような反応を示すかも考慮せねばならないと強調する。国はこの分析に基づき、状況に適した政策決定をすべきで、政策決定者は選択した政策の長所と短所、そしてその「最終結果」も理解していなければならない、とクレンショーは言う[185]。

ブーメラン効果の理論では、テロ組織に深刻な打撃を与えると、テロリスト側の攻撃が激化することが多いため、プラスになることは何もない。一方、攻撃的テロ対策の支持者たちは、テロ攻撃の規模と性質を決めるのは、組織の作戦実行能力であり、モチベーションではないのだから、ブーメラン効果は理屈に合わないと主張する。彼らによると、テロリストのモチベーションは常に高く、テロが実行されるのは、その準備ができた結果だという。テロ組織のインフラに多大なダメージを与えれば、その作戦実行能力は低下し、報復のモチベーションが高まったとしても実行することはできない。攻撃行動の支持者たちは、ブーメラン効果は、軍事攻撃されないようにテロ組織が心理戦の一部として作り出した論理に過ぎないと主張する。反対派は、ブーメラン効果は本当にあり、実際、テロ組織への攻撃行動を避ける政策に影響を与えている、と考えている。

ブーメラン効果が原因のテロ

ブーメラン効果の実例として最も有名なものに、ヒズボラの書記長だったアッバス・ムサウィ暗殺後に発生したブエノスアイレスのイスラエル大使館爆破テロがある。1992年4月、大使館の前で自動車爆弾が爆発し建物が崩壊。数十人が死亡し、負傷者は数百人にのぼった。明らかにブーメラン効果が原因のテロであった。当時の国防相モシェ・アレンスは「国防相時代に最も記憶に残っているテロ関係の出来事は何だったか」と問われ、

「ブエノスアイレスのイスラエル大使館への攻撃だ。あれはわれわれへのメッセージだった」と答えた。

アリエル・シャロンはこう主張する。

「最も危険なのは、こちらが何かをしたら、敵が仕返ししてきたので、こわくなって何もできずにいる、という状況だ」

元対テロ首相補佐官のイガル・プレスラーも同じ考えだ。

「テロ組織がわれわれの行動に対して反撃してくるのであれば、彼らを叩き続けねばならない。攻撃の強度を上げながらだ。攻撃されたら必ずやり返さなければいけない。大事なのは攻撃に対する反応の一貫性であり、敵にメッセージを送り続けることだ」

もうひとつの例は、エンジニアと呼ばれていたヤヒヤ・アヤシュ暗殺と、その後に発生した自爆テロだ。自爆テロに深く関与していたアヤシュは、イスラエルが狙っていた最も地位の高い幹部だった。彼はイスラエル領内で最初に起きた自爆テロの首謀者であり、暗殺されるまでハマスの行なった自爆テロのほとんどに関係していた。彼自身で自爆テロ用の爆弾を用意し、攻撃計画を立て、実行者に指示を与え、自爆テロ要員を育成していた。アヤシュはガザで、ＩＳＡのエージェントと思われる人間からもらった爆薬の仕掛けられた携帯電話で殺害された。

アヤシュが暗殺される前の約６カ月間、イスラエルでは自爆テロは起きていなかった（治安機関はこの期間にも多数の攻撃が阻止されたと主張しているが）。自爆テロが半年ほど起きなかったのは、ハマスとパレスチナ自治政府の間でイスラエルの総選挙前にそういった攻撃を続けるのは避けるべきだという合意があったためである。アヤシュ暗殺の２カ月後、再びテロ攻撃がはじまり、１週間のうちに４件（３件はエルサレムとテルアビブで起きた自爆テロ）の大規模テロがイスラエルで発生し、数十人の命が奪われ、数百人が負傷した。ウリ・サビールはテロ攻撃が起きたあとのシモン・ペレス首相とイスラエル国民のムードについてこう語っている。

「イスラエルに帰国するとすぐに私は首相に会った。最後に彼と会ってまだ10日しか経っていないのに、まるで10歳も年をとってしまったかのように見えた。彼は前の週に４回、テロの発生現場を訪れ、犠牲者たちの怒り

と憎悪の叫びを聞いていた」⁽¹⁹⁰⁾

　だが、ペレス首相はこの４回のテロがアヤシュ暗殺のブーメラン効果だったとは認めず、インタビューで次のように答えている。

　「これは報道の問題だ。エンジニアと携帯電話の話を知っているからそう思うのだろうが、私からすればバカげたことだ。なぜならわれわれはエンジニアがテロ攻撃を続けようとしていたことを知っているからだ。仮にアヤシュが生きていて、あの４回のテロを実行したとしたら、マスコミは何と言うか？『テロは阻止できたはずだ』だろう。アヤシュを殺しても殺さなくても、マスコミは同じことを言っていたということだ。私は真実を知っている。彼がテロ攻撃をやろうとしていたことを」⁽¹⁹¹⁾

「ブーメラン効果など存在しない」
　サビールはふたつの出来事の間には何の関係もないというペレスの分析を支持する。
　「アヤシュの暗殺がその後のテロを引き起こしたとは思わない。テロリズムのモチベーションは常に戦略的であり、復讐心からくるものではないからだ」⁽¹⁹²⁾
　当時、ＩＳＡ長官を務めていたカルミ・ギロンもこの分析に同意する。
　「ヤヒヤ・アヤシュ暗殺のあと、私は『思慮が足りない』と批判された。『見ろ、お前は報復のテロを招いてしまったではないか』と。あの頃私が『ちょっと待ってくれ、あなたはハマスのことがわかっていない』と言っても、ひとり闇の中で話しているようなものだった。ハマスがヤヒヤ・アヤシュ（の暗殺）を組織内部の政治目的に使ったのは確かだ……彼らは真剣にこう言っていた。『殉教者ヤヒヤ・アヤシュの復讐をする』と。しかし、あれから長い年月が過ぎ、復讐はあらゆる手段を使って終わっているはずなのに、彼らのテロは続いているではないか」⁽¹⁹³⁾
　ギロンはインテリジェンス・コミュニティ、とくにハマスの自爆テロ攻撃は「指名手配されていたテロリストを無力化したことに対する復讐が動機となっている」と声高に主張していた軍情報部と「激しい議論」となったことを認めている。ギロンは1996年２月から３月にかけて起きたテロ攻

攻撃的・防御的対テロ行動　177

撃の背景を説明することで、アヤシュ暗殺のブーメラン効果を否定する。

「当時（著者注：1995年の終わり頃）、アラファトは自治区内のハマス指導部（ヤシン師はまだ刑務所にいた）と、テロをやめて政治活動に専念するように説得する極めて難しい交渉を行なっていた……両者の間で合意が成立すると、自治区内のハマス指導部は、海外のハマス指導部の承認を得るため、自治区を離れねばならなくなった。1995年12月、両指導部の会合はエジプト政府の保護の下、カイロで開催されたが、海外の指導部はテロという武器を手放すことを拒否し会議は決裂した。私の考えでは、このアラファトとの交渉とカイロでの決定が1995年8月から1996年2月までハマスがテロ活動を自粛し、1996年2月から3月にかけて再び彼らのテロが活発化した理由だ」[195]

メイヤー・ダガンは原則的にブーメラン効果の存在を否定する。

「私の意見では、ブーメラン効果などない。あるのはブーメラン効果を作り出す敵側の心理戦略だけだ」

ダガンは、ブーメラン効果はテロ組織がイスラエルとの抑止力のバランスをとるために発明したものと主張し、イスラエルの攻撃で手痛い打撃を受けたあとに発生したために「ブーメラン効果」と言われている過去のテロ攻撃は、イスラエルの攻撃行動がなくてもいずれ多少違った形で起きていただろうと考えている。ダガンはイスラエルの攻撃行動がテロ組織の復讐心を強めることは認めるが、彼によればモチベーションの問題は二の次で、重要なのはテロの実行能力だという。イスラエルの攻撃が成功すれば、敵のテロ実行能力は確実に低下する。ダガンはこう結論する。

「つまり重要なのは、われわれは『ブーメラン効果』など存在しないかのように行動せねばならないということだ……イスラエルは『ブーメラン効果』を無視して戦争目標を定めるべきだ。イスラエルは常に敵が次に何をしようとしているか考えていなければならないが、これは『ブーメラン効果』とはまったく関係ないことだ」[196]

ブーメラン効果を過剰に恐れてはならない

この考え方は、多くのイスラエルの政策決定者に共通するものだが、再

攻撃能力	モチベーション	
	攻撃能力より高い	攻撃能力より低い
攻撃行動により能力低下	ブーメラン効果が起きる可能性は低い	組織の能力が深刻なダメージを受けていない場合、ブーメラン効果が起きる可能性あり
攻撃後も能力に変化なし	ブーメラン効果が起きる可能性は低い	ブーメラン効果が起きる可能性大。計画された攻撃行動がもたらす影響を検討する必要あり

検証が必要である。ダガンのテロ攻撃のモチベーションと実行能力を区別するやり方は、現在でも有効である。したがってイスラエルの攻撃行動はテロ組織のモチベーションを高めるが、実行能力は低下させるという主張も正しい。しかし、テロ組織はふたつのタイプに分けて考えるべきである。テロ攻撃を行なうモチベーションがその実行能力を上回っている組織（パレスチナ・イスラム聖戦のように、あまりリソースを持たない小規模のグループに多い）と実行能力ではなくモチベーションによって攻撃が制限される組織（これはハマスやヒズボラのように、メンバーも支持者の数も多い大規模なグループ）である。

ダガンの分析は前者の小規模グループに関して言えば正しいが、後者のタイプには当てはまらない。テロ攻撃を実行する能力のある組織でも、モチベーションと解釈されるさまざまな理由から、組織のリーダーが一定の期間、テロ攻撃を控えたり、ある種のテロ攻撃を行なうことを避けたりすることがある。こういった組織に対する攻撃行動は、メンバーの復讐心を高める。そして、実行能力はすでにあるので、組織の指導部がテロ攻撃に踏み切る可能性が高くなる。これはブーメラン効果と言っていいだろう。

上記の図は、計画中の攻撃行動が実行された結果、ブーメラン効果が生じる可能性を示したものである。

前述したように、攻撃される前のテロ組織のモチベーションが実行能力

を上回っている場合、ブーメラン効果の起きる可能性は低くなる。攻撃行動はテロ組織の報復の意思を強化するかもしれないが、実行能力が不足しているため（攻撃されたことで、さらに低下しているかもしれない）、その意思を実現できない。その組織がのちに実行するテロを過去に受けた攻撃行動と結びつけ、今回のテロ攻撃は「ブーメラン」だったと主張することがあるかもしれないが、当然、それは本物のブーメラン効果ではない。

　攻撃される前の組織のモチベーションがテロ実行能力より低い、つまり能力不足ではなく、何らかの理由でその時点ではテロ攻撃を控えているようなケースでは、計画中の攻撃行動が組織のテロ実行能力にどのような影響を与えるかを事前に分析しておかねばならない。もし攻撃行動が組織のテロ実行能力を低下させないのであれば、ブーメラン効果の報復攻撃が行なわれる危険性が出てくる。攻撃行動が組織の実行能力にダメージを与えるという分析結果が出たのであれば、その損害がどの程度のものになるのか、それによって報復攻撃ができなくなる可能性などを予測しておく必要がある。

　ここで重要なポイントは、政策決定者が「計画された攻撃行動がブーメラン効果につながるのではないかと感じている」場合でも、それだけで作戦をキャンセルすべきではないということだ。攻撃行動の利点と、それによって受ける可能性のある損害を秤にかけて、最終決定を下すべきだからである。

　政策決定者は、テロ組織の報復によって成功した攻撃行動で得られた利益が帳消しになってしまうことも考えておかねばならない。しかし、ブーメラン効果を過剰に恐れると、国家はテロに対して受け身的になり過ぎ、対テロ戦争の主導権がとれなくなってしまう。

　またブーメラン効果は組織によって、また時期によって変化する動的現象であることを忘れてはならない。攻撃行動の標的にされたあとに、そのテロ実行能力を発揮した組織が、違う時期にはそれができないということがある。そのため攻撃行動は、組織がブーメラン効果による報復攻撃に出られない時期を狙って行なうべきである。

テロ組織に対する攻撃行動のタイミング

対テロ行動の３つのタイミング

　国家の対テロ政策を決める政策決定者たちは、いつ、いかなる状況下でテロ組織に対する攻撃行動を行なうかを考えねばならない。対テロ行動のタイミングはいくつかあり、国によってそれぞれ違ってくる。そのひとつは、国家の攻撃能力と収集したインテリジェンスに基づいて継続的に行なわれる「対テロ行動」である。もうひとつは、治安部隊に上がってきたインテリジェンスに基づき、テロ攻撃を阻止する「先制攻撃」、そして３つ目は「報復」だ。これはテロ攻撃が発生したあとに、抑止を目的として対テロ活動を集中的に行なうという方法である。

　この３つのほかにもうひとつ完全に受け身の「抑制」がある。これは大規模テロが起きてもテロ組織に対して攻撃行動に出ないアプローチである。攻撃行動から得られる利益よりも損害の方がどうしても大きく見えてしまうからだ。

　オブライエンはテロ事件発生後にとる行動には、報復と予防のふたつがあると述べている。両方とも行動の根底にあるのはテロリストを罰することである。多くの場合、ターゲットは以下の３つから選ばれる。１）テロリスト本人と組織のインフラ、２）テロ組織のスポンサー国が所有する施設、３）テロリストを支援する住民たち、である。

　オブライエンは、予防効果を上げるには、テロリストと彼らのインフラに長期的なダメージを与えねばならないことを強調する。予防行動の狙いは、テロリストたちの手から主導権を奪い、彼らを守勢に追い込むことであり、そのための攻撃行動を報復と考えてはいけない。クレンショーは、テロの防止効果を確実にするには、その手段が先制攻撃であっても報復攻撃であっても、国はテロ攻撃に関係した者のみを罰するようにしなければならないと付け加える。

　アラン・ベームは、予防手段とテロ攻撃に対するレスポンスの間には直線的なつながりがあるかのように見るのは、両者の複雑な相互関係を無視

攻撃的・防御的対テロ行動　181

した誤りだと述べている。多くの場合、予防はレスポンスであり、レスポンスは予防であると彼は主張する。[199]

　チャータースは、なぜある国では先制攻撃ではなく、テロ事件発生後に対応する受け身的な対テロ政策がとられているのかについて興味深い議論を展開している。彼は政府また社会は通常、テロリズムを組織犯罪と同じように扱う傾向にあるという。これによりテロ対策は甘くなり、治安機関はテロ事件が起きるまで、組織や活動家に対して何もできない状況に置かれる。[200]

　ジョージ・カーバーはアメリカを例に使ってチャータースの主張を支持する。9・11同時多発テロ以前のアメリカ社会とその法制度では、何かをこれからやろうとしている者を、それが罪のない民間人を危険にさらすことであっても、逮捕することはできなかった。アメリカでは実際に犯罪を犯すまで逮捕できず、逮捕後も推定無罪を含めてその人間の人権は法律によって守られる。[201]確かに2001年にアメリカで「愛国者法」が制定されるまでは彼の分析は正しかった。この法律は、治安・諜報機関のテロを防止するための権限を大幅に強化し、アメリカの法的状況を一変させた。

テロリズムに対する４つの政策

　ウィルキンソンは国家がテロリズムに対してとれる行動を４つの政策タイプに分類している。１つ目に「報復」。目には目をの原則に基づく力の行使である。２つ目は「非妥協」。妥協は新たな要求にしかつながらないという考えに基づく政策だ。３つ目は「現実主義」、そして最後は「譲歩政策」である。それぞれの政策タイプに外交手段、経済的行動、また防止と抑止手段がともなう。テロリズムの脅威に各国がまったく同じリアクションをとらないのは、この政策タイプの違いによる。[202]

　国家は、ニーズの変化とその時々の状況によって、対テロ政策とテロ組織に対する行動のタイミングを変えることがある。その興味深い例はイスラエルの対テロ政策である。レッサーとホフマンは、イスラエルの対テロ政策は、報復と、段階的に強めていくレスポンスと考えられているが、これは事実ではないと主張する。イスラエルは国内で発生したテロ攻撃すべ

てに対して行動を起こしているわけではないし、イスラエルの対テロ戦争の大部分は、テロ攻撃の阻止とテロ組織を活動不能にすることを目的に行なわれているからだ[203]。

　対テロ攻撃行動のタイミングに関するイスラエルの政策は、状況の変化と政策決定者の考え方によって時折変化してきた。ルスティックは、1949年から56年までのイスラエルの対テロ政策は、報復とエスカレーションに基づくもので、越境作戦が何百回も行なわれ、数千人のアラブ人が負傷した[204]。またジョージ・ハバッシュの「人民戦線」がアテネでエル・アル航空機を攻撃した際には、ＩＤＦは報復としてレバノンでドラマチックな行動に出ている。1968年12月12日、イスラエル軍部隊がベイルート空港を襲撃し、アラブの航空会社所有の旅客機13機を爆破したのである。作戦は人命を傷つけることなくレバノンの航空輸送に深刻なダメージを与えるように計画された。バー・レブ参謀長は外国の記者の質問に答えて、こう言っている。

　「安全は世界からよく思われたい気持ちより重要だ」

　そして軍事ジャーナリストたちとのミーティングでは、

　「私はＩＤＦによるベイルート空港の攻撃により、今後アラブ諸国の航空会社と政府が、あらゆる手を尽くしてテロ組織にわれわれの航空機を攻撃させないようにすることを期待しているし、そうなると信じている。航空機だけでなく海外にあるテロ組織のターゲットになる可能性のあるイスラエルの施設などすべてだ。それが今回の作戦の目的だった。そしてその目的は達成されたことを願っている[205]」

変化するイスラエルの対テロ政策

　メラリとエラッドはベイルート空港攻撃にはふたつの目標があったと指摘する。ひとつはイスラエルと外国の間を行き来する航空機に対するさらなるテロ攻撃の抑止、もうひとつはレバノン領内を拠点に行なわれているテロ攻撃をストップさせるようにレバノン政府に圧力をかけることである。

　「1968年末、抑止と報復の政策が選ばれた。この政策ではイスラエル国外

で起きるテロ攻撃はアラブ諸国政府の責任とされた。これはイスラエルに対するテロ活動がはじまった頃の考え方と同じである。当時、イスラエルの指導部はアラブ諸国に、イスラエルに対するいかなる攻撃も実行者が拠点としている国の責任と見なす、と警告していた」(206)

　メラリとエラッドは、当時のアバ・エバン外相がベイルート空港攻撃をイスラエル生存のための戦いのひとつ、としたことも記している。

「ベイルート攻撃に対する世界の反応はイスラエルの報復政策に影響を与えるか、とインタビューで問われ、エバンは『われわれは報復政策などとっていない。われわれにあるのは生存のための政策だ。報復攻撃が生存に必要だったら、私はそれを支持する』と答えている」(207)

　こういった発言があったにもかかわらず、1960年代後半から70年代前半にかけての国際社会の批判が原因で、イスラエルはスポンサー国のインフラではなくテロ組織自体の標的に報復攻撃を行なうようになった。ミュンヘン事件のあと、イスラエルは隣国にあるテロ組織のターゲットに大規模な報復攻撃を行なうことを決定した。事件の4日後、イスラエル空軍はシリアにあったテロリストの基地8カ所とレバノン領内の基地3カ所を空爆した。当時のデビッド・エラザール参謀長はテレビのインタビューに答えて、シリアとレバノンにあるテロリストの基地への攻撃は、ミュンヘン五輪虐殺に対する報復であるだけでなく、われわれに危害を加えようとするテロリストがいる限り続く戦争の一部だ、と語った。

「われわれは状況に即してあらゆる手段を用いて戦う。報復は空爆だけではないが、今回は非常に効果的だった」(208)

　ＩＤＦ（イスラエル国防軍）の報復はこれで終わりではなかった。空爆の数日後、今度は地上軍がレバノン領に侵入し、南部レバノンの中央部にあるテロリストとその助手たちの家150軒を爆破した。

　多数の犠牲者を出したミュンヘンとロッド空港のテロ事件後、野党のヘルート党は、テロ組織への報復攻撃だけで満足せずに、アラブ諸国に自国領からテロ組織を追放させるための大規模な行動を起こすべきだ、という積年の要求を再び持ち出した。1972年9月、シリア空爆後にクネセットで行なった演説で、ハイム・ランダウはこう主張している。

「散発的な攻撃では目的を達成することはできない……われわれは昨日シリアを攻撃した。それはいい。しかし、続けなければだめなのだ……」[209]

　ＩＡＦ（イスラエル空軍）司令官だったエゼル・ワイズマンは、ヘルート党が支持した対テロ戦略の立案者のひとりだった。彼はカイロ、ダマスカス、トリポリ、そしてベイルート中心部の爆撃を提案した。その理由は「そこがテロリストたちの犯した戦争犯罪の起訴状を送る正しい住所」だからというものだった。ワイズマンはＩＤＦが南部レバノンを占領し、そこからＰＬＯを排除することも提言している。テロを撲滅するためなら戦争も辞さないということだ。ワイズマンに言わせれば、

「国家は破滅の危機が目前に迫った時でなくても戦争をするものだ」[210]

「テロ攻撃が起きるたびに報復していた時代は終わった」

　1970年代後半のリクード政権の発足は、党指導部にすべての面でイスラエルの対テロ政策を変えるチャンスを与えた。政府は初めて、1950年代の労働党主導の連立政権時代からリクード党のリーダーたちが主張してきた政策を、レバノン戦線で実施できることになったのである。軍事力を用いたテロリズムの撲滅である。それができなくともパレスチナ人組織の拠点はイスラエル国境付近から排除する。

　イスラエルの対テロ政策が大きく変化したことは、1978年3月18日に開始されたリタニ河作戦で表面化した。その7日前、現代イスラエルの経験した最悪のテロのひとつが起きていた。海岸沿いのハイウェイで公共バスの乗客たちがテロリストに虐殺されたのだ。衝撃を受けた国民の怒りは凄まじく、政府はレバノンのテロ組織に前例のない行動に出ることを余儀なくされた。首相府長官のアリエー・ナオルによると、

「ＩＤＦの計画は全会一致で承認された……目標はイスラエルとレバノンの国境線沿いにあるテロリストの基地、インフラ、兵器をすべて破壊することだった……それほどの規模の作戦が行なわれれば、結果として南部レバノンの状況は激変するのは明らかだった。緩衝地帯が設けられ、キリスト教勢力は親イスラエルのリーダーの下に統一されるはずだった」[211]

　1986年半ば、連立政権で国防相を務めていた頃のイツハク・ラビンも同

じようなスタンスでイスラエルの対テロ政策を説明している。

「テロ攻撃が起きるたびに報復していた時代はもう終わった。対テロ戦争はグローバル化し、防御手段と攻撃手段の両方が必要になっている。われわれは攻撃できる時に攻撃する。これらの対テロ手段は、特定のテロ事件に影響されるものではない」[212]

大規模テロが起きるたびに攻撃行動に出ていると、国家の対テロ能力の有効性を弱めてしまう。一例を挙げると、歴代のイスラエル政権の多くは、レバノンでIDF兵士が攻撃されたり、イスラエルで民間人が殺されると、決まってレバノン領内にあるテロ組織の施設への航空攻撃を命じていた。このあからさまなやり方にテロ組織側はすぐに防御策を講じ、結果としてイスラエルの航空攻撃の効果が低下してしまった。

要するに、政策立案者は攻撃行動のタイミングを、国家の短期的・長期的利益、地域および国際情勢、テロ行為の規模と性質、テロ組織についてのインテリジェンス情報などに基づいて決定しなければならないということだ。また明確な対テロ目標がない限り、大規模テロの直後に、自動的に攻撃行動に出るのは避けるべきである。

防御的対テロ行動

警備不足がテロ攻撃の動機となる

防御行動は、国境と交通の要路や狙われやすいターゲットを守るさまざまな手段すべてのことである。カウンター・テロリズムの中でも最も重要なもののひとつで、その主な目的は、テロリストが国内に侵入してくるのを防いだり、標的の場所に向かおうとしているテロリストを見つけて逮捕したり、テロの被害を最小限におさえる措置をとったりして、テロ攻撃を阻止することだ。それに加えて、防御行動には、テロ攻撃の実行を諦めさせること、国民の安心感を強めることなどがある。

タイミングに関して言えば、攻撃行動が計画段階でテロを潰すのに対して、防御行動はすでに実行段階（図5-3参照）に入っているテロ攻撃を阻止することを目的としている。ここで言う実行段階とは、テロを実行する

細胞が基地を出発した時点からはじまり、次に標的のある場所へ向かいつつある段階、標的付近に到着した段階、現場でテロ実行を用意する段階などに分かれる。

クリストファー・ダビーは、警備を突破することが極めて難しく、また逮捕される可能性が高いとテロリスト側に感じさせることができれば、ほとんどのテロ攻撃は防御行動で抑止できると考えている。（第4章「防御的抑止」[213]参照）

クレンショーは、テロの標的になり得る場所で十分な警備が行なわれていないと、その警備不足がテロ攻撃の動機となることがあると考えている。[214]ヤーリブはイスラエルの政策を語るなかで、防御行動のみに頼ると、

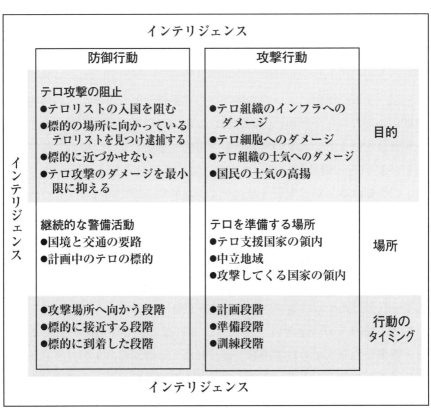

図5-3 攻撃・防御行動のタイミングと場所

テロリストに主導権を完全に握られてしまうため、危険な結果を招くおそれがある、と述べているが、過去の事例から防御戦術はテロ組織を抑止し、その活動を制限・混乱させると主張している。[215]

　オブライエンは、あらゆる警備手段がとられ、テロの発生件数を減らすことができたとしても、すべてのテロ攻撃を防げるわけではない、と述べ、防御行動の問題点を指摘している。[216]

　防御行動の目標を達成するために治安部隊はパトロール、待ち伏せ、検問などを行ない、さらに国境や守る標的の状況に基づいてフェンス、地雷、金属探知機、センサー、レーダー、爆薬と化学兵器用の「臭覚」探知機、監視カメラなどを使って警備を強化する。もうすぐ実行されるテロ攻撃について具体的な警告情報がもたらされ、必要な場所と時間に警備を強化できることもあるが、ほとんどの場合、防御行動は不確かなインテリジェンスしかない状況下で行なわれる。テロ攻撃に関する具体的な情報もなく、あるのは過去の経験とテロ組織の意図に関する大まかな分析だけ、ということだ。

　国境、交通の要路、テロの標的になる可能性のある場所などの警備の穴を埋めねばならないため、防御行動には多大なマンパワー、さまざまなハイテク技術やテロリストの行動を阻む障害が必要となる。それには巨額な費用がかかる。結果としてそれらの手段の有効性を問う議論が生じてくる。警備網は時として数百キロにおよぶ地域を長期にわたってカバーせねばならないが、テロ組織側は標的となる場所ひとつと実行日時にその活動とリソースを集中できる。

　多数の標的となり得る場所の警備にかかる経費と、最高度の警備をもってしても、百パーセント確実に標的への攻撃を阻止できない事実が、防御的警備行動に関する議論をさらに激しいものにしている。[217]

　国家予算はゼロサムゲームであり、それは対テロ活動の分野でも同じだ。警備に割り当てられる予算が高ければ、そのぶんほかの対テロ活動に回る予算が少なくなるということだ。ここで国家のリソースの有効な使い方、そして対テロ予算の最も効率的な使い方の問題が出てくる。バンデューラはこれに関して、テロ事件は少ししか起きないのに、テロリズムに対

する恐怖は広範にわたり、テロとの戦いに巨額な経費が使われている問題を指摘している。[218]

防御的警備行動の複雑さと、それにかかる高いコストに起因するリソースの割り当ての問題に関連して、こういった活動にはいくつかの倫理的・モラルの問題もある（これについては第6章で詳述する）。

防御的警備のための莫大な支出

長年、さまざまなテロ攻撃に対処することを強いられてきたイスラエルは、防御的警備に莫大なリソースを使わねばならなかった。幅が狭く縦に長いという地理的特徴により、イスラエルは自然の要害もない状態で、長い国境線を守らなければならない。また「グリーン・ライン」（1967年の第3次中東戦争の停戦ライン）の内側のイスラエル領と、敵対するパレスチナ人たちがユダヤ系イスラエル人と並んで住んでいる西岸地区の間には国境がないため、テロリストがイスラエルの都市部に侵入してくるのを防ぐのは、ほぼ不可能だった。1994年12月、アフラの住人が斧を持ったテロリストに殺害される事件が起きた時、イツハク・ラビン首相はこう語った。

「彼はユダヤ人に危害を加える目的で斧を携え、検問を通過した。われわれは彼がどうやって通過したのか調査しなければならない。もっと多くの検問所があったとしたら、もっといい検問所があったとしたら……しかし、あったとしても、一匹狼の殺人者を見分けるのは難しいだろう。あの辺はユダヤ人の車も含めて、たくさんの車が行き来している。だからテロリストの車を見分けるのは困難だ。言うまでもなく、東エルサレムに住んでいる何千人ものパレスチナ人たちは、われわれと同じナンバー・プレートを使っており、その中には平和に反対している者たちもいる」[219]

イスラエルの警備への莫大な支出は、時に批判の対象となってきた。その好例は1970年代、大使館やエル・アル航空機とその施設など、テロリストに狙われそうな海外のイスラエルのターゲットを守るために行なわれた特別な努力である。シュロモ・ガジは「海外での警備行動を80パーセント下げていたとしても、たいして変わらない結果に終わっていたかどうかは

攻撃的・防御的対テロ行動　189

定かではないが、われわれがあの重荷から解放されていたのは間違いない……」と言っている。[220]

これとは対照的にレハバム・ゼエビは、イスラエルに対する航空機ハイジャックをストップさせたのは、効果的な警備行動の賜物としている。
「われわれは安全な国営旅客機を持つことに成功した」[221]

いずれにせよエル・アル航空の徹底した警備努力が乗客に安心感を与えた事実を否定する者はいない。この安全の感覚が恐怖を打ち消し、イスラエルの国営航空会社は営業停止に追い込まれるのを免れた。メラリはこう付け加える。

「テロリストたちは、攻撃場所に武器を秘密裡に持ち込んだり、自由に移動したり、情報を集めたり、またテロの現場から素早く逃走したりすることが、どんどん難しくなっていく状況に直面している。防止手段は国境外におけるテロ対策に極めて重要である」[222]

防御行動はテロを防止する鎖の最後の輪

イスラエルの対テロ政策における防御行動、そしてイスラエルの治安部隊は、長年にわたってテロの阻止と損害を少なくすることに何度も成功してきた。一例を挙げれば、1996年3月にテルアビブのディゼンゴフ・センターのショッピング・モールで発生した自爆テロだ。このプリム祭の祝日に実行された攻撃は当初、モールの建物内で行なわれることになっていた。もし計画通りに実行犯が建物内で自爆していたら、犠牲者の数は数百人に及んだだろう。しかし、実行犯は予定を変えてモール外の路上で自爆した。モールの入り口に入場者のバッグをチェックしている警備員たちがいたからである。数十人の死傷者が出たとはいえ、テロの計画者たちが考えていたより、損害ははるかに少なかった。

イスラエルの警備の有効性は、ほかのテロ攻撃でも証明されている。ショッピング・モールや市場といった人が集まるターゲットに入ることができないため、代わりに警備の手薄な場所を攻撃するといった事件がよくあることからもそれがわかる。

効果的なセキュリティ・ネットワークを構築することを難しくしている

地理的かつ人口構成的な制限があるイスラエルは近年、西岸地区とイスラエル領の間に分離壁を大変な労力を費やして建設している。イスラエルの警備の専門家たちは、この分離壁はイスラエルの難しい国境問題を解決し、テロを防止することになるだろうと述べている。もしイスラエルが自国領内に信じられないほど容易に自爆テロ要員やテロリストが侵入してくる状況を変えたければ、確かにこの分離壁は現実的な解決法である。世界にはイスラエルを批判する声もあるが、これは正当な自衛手段である。
　とはいえ、イスラエルは分離壁が完成しても、それでテロが終わると考えてはいけない。イスラエル領内への侵入はなくならないだろうし、壁ではパレスチナ自治区から発射されるカチューシャ・ロケット弾を食い止めることはできないからだ。
　結論を言えば、防御行動はテロリズムを防止する鎖の最後の輪ということだ。諜報ネットワークが機能しなくなり、抑止政策が崩壊した時、頼りになるのはこの部分しかない。それゆえにテロの脅威にマッチした規模、能力、方法、手段を持つ警備網が必要となる。中心となるのは国境、交通の要路、人口密集地、また脅威評価、過去の経験、具体的なインテリジェンス警告などによってテロの標的となる可能性があるとされたものの防御である。
　警備活動には大量の人員を必要とするため、確実なインテリジェンス警告が入ってきた時や緊張が高まっている期間には、治安部隊のメンバーを支援するボランティアたちが、少なくとも警備網の一部を担うべきだろう。防御的対テロ活動にボランティアを使えば、退屈な警備活動を行なう部隊を強化でき、警備にかかるコストを下げ、またテロに対処する国民の士気を高める。テロの防止にボランティアとして参加すれば、テロに対する恐怖がやわらぐこともある。

第6章　民主主義のジレンマ

テロをめぐる対立する意見

　テロリズムに対処する西側社会にとって最も困難かつ重大な問題は、民主主義のジレンマである。このジレンマは、なによりも第一に願望と価値観のずれに起因する。テロとの戦いでは（懲罰行為、抑止、積極攻勢、防御および情報収集などの面で）、最大限の効果を挙げたい。しかしその一方では、国家の自由民主的性格を維持しつつ、基本的な民主主義の価値観（人権、市民的自由、マイノリティの権利尊重、無辜の者に対する危害回避）では妥協しない（以下「倫理的ジレンマ」と称する）。
　さらに、民主主義ならではのジレンマは、別の面にも現れる。政府の体面である。民主主義国家の政府は、自由の価値観を守らなければならない。テロリズムとの戦いでその価値観を傷つけるならば、政府としての合法的存立が問われかねない。一方、民主国家の政府は、権限に基づきあらゆる対策を講じて、国民の生命財産を守らなければならず、それができなければ、有権者は政権首脳がテロ対策に手段を尽くさなかったと考えるようになり、政権は長くはもたない（以下「統治のジレンマ」と称する）。
　カウンター・テロリズムに関する専門的な考察で、突出した論議のひとつが、現代のテロリズムと自由民主主義の政治体制との関係である。研究者の多くは、テロ組織が自由民主体制の中に成長し行動するに適当な土台を見つけた、と確信している。民主的政権と民主的統治手段がベースとする価値観が、テロ組織に都合のよい環境を提供する。つまり組織が成長できる環境であり、同時にそれは政府に対しては制約となり、テロ対策上、効果的な行動がとりにくい[223]。この学派は、自由民主体制の特徴とその価値

観および制度を、テロ攻撃の誘因と見なす傾向がある。

　もうひとつの学派は、これとは逆に民主的価値観と制度は、テロ組織にとって障害であり妨げになる、と考える。イェヘズケル・ドゥロールは、民主主義国家がテロリズムに比較的うまく対処し、その被害をおさえてきたと主張する。さらにドゥロールは一歩進んで、議論を促すため、わざと心にもないことを述べ、「テロリズムは民主的社会で積極的な役割を演じる可能性がある」と論じる。すなわち、危険な圧力のたかまりを阻止する、いわばガス抜きの安全弁的役割を持ち、さらには法と秩序側の勢力の団結維持、そして政府支援に役立つ政治ドラマを提供してくれる。テロリズムで政府は活気づくし、非常な低コストで危機的状況を経験し、それから学ぶことができる。[224]

　シュミットは「民主主義には体制を補強し、暴発を防ぐ特質が備わっている」と主張する。非暴力的な政権交代のメカニズム、報道の自由、個々人同士の問題、あるいは集団と政府間の問題を処理できる法体制があるからである。[225] シュミットによるとテロリズムは民主主義国家の方にどんどん拡散しているように見えるが、この印象は誤解を生むという。民主主義国家には報道の自由があり、国家に対するテロリズムでも、政府の規制なく報道できる。民主的社会の方がテロの発生が多いように見えるのは、そのためである。[226]

　自らの理論を統計データの比較におく研究グループは、現代のテロリズムは、主に民主主義体制の国家に対して行なわれており、それなりの成果を上げていると主張する。[227] ウィルキンソンは、これを「テロリストたちは議会制民主主義の体制を不安定化させるために、誹謗中傷のプロパガンダを流し、民主主義の価値観を傷つけようとするが、彼らはそれを自由民主主義のシステムを思う存分利用して行なう」と言って説明している。[228] われわれは、テロリストの活動規模とその性質に直接影響していると思われる自由民主主義の特徴を多数指摘できる。言論の自由、集会の自由、移動の自由といった自由民主主義がベースとしている価値観が、テロ組織を成長させる。そして、テロリストたちはテロ攻撃を実行するために、ある場所からある場所へと自由に移動し、さらに自分たちのメッセージを世界に向

民主主義のジレンマ　193

けて好きなだけ発信するのである[229]。

　このふたつの学派の間に見られる意見の対立は、現代テロリズムの本質を理解すれば解消される。テロリズムは、自由民主国家特有の現象ではない。現代のテロリズムは、基本的には変則的であり、犠牲者が誰であろうと関係ない。テロの目的は社会に不安感を浸透させることで、やがて姿勢を変え、政治運動へ向かおうとする。その過程を見れば、現代テロリズムにとって民主主義国家は活動に都合のよい場所であることがわかる。そこは開かれた社会であり、世論が存在する。そのチャンネルを使えば、国民が政策決定のプロセスに影響を及ぼすことができる。刑罰と治安機関の活動に制限が設けられており、報道は検閲がなく、競争が激しい。

テロリズムと民主国家の世論

　テロ組織は、自己の政治活動、思想および宗教上の目的と一致する政策をとるよう、政策決定者に圧力をかけようとする。現代の民主的社会では、この目的に沿う方法は、世論に圧力をかけることである。国民は、テロが発生すると身の危険を心配し、テロ組織の要求をのむように、政策決定者に圧力をかける傾向にある。言うまでもなく、この戦略は、政治システムが世論に耳を傾け、それに従って行動する国家でしか通用しない。

　国際問題と治安関連に世論がどれくらい影響力を持つかについては、議論の余地があるが、その影響力があるとすれば、それは民主主義の体制の中で表明される。自由民主主義は、ほかの政治形態と違って、多種多様なチャンネルを持ち、国民はそれを通した意志の表明によって、政策決定者に影響力を行使できる[230]。

　スタンフィールド・ターナー元ＣＩＡ長官は、テロリズムが世論操作で政策決定者に影響を及ぼすことができる例として、レーガン大統領の米海兵隊撤収（レバノン、1983年）を挙げている。大統領はこの撤収を「転進」と称したが、米海兵隊がレバノンから撤退したのは、テロリズム、あるいはテロリズムと世論の組み合わせが圧力として作用したためであると、世界は理解した（訳注：1983年10月23日、ヒズボラによる爆弾を積んだトラックの自爆テロで米海兵隊司令部が攻撃され、海兵隊員241人が死

亡。同年4月18日には米大使館への自爆テロで死亡63人、負傷120人の被害がでている）。

　レーガンは、テロリズムに対する個人的な考えは違ったようだが、民主的社会の圧力には抗しきれなかった。最近の例としては、スペインの選挙結果がある。2004年3月11日、マドリードの鉄道各線にテロ攻撃が加えられた。スペイン国民の多くは、この事件のずっと前から、アメリカの対イラク戦争に対する自国政府の肩入れに反対し、スペインのイラク介入を批判しており、世論調査はテロ攻撃のあるなしにかかわらず、政権交代を期待していた。そのテロは選挙の3日前に起きた（訳注：通勤列車への攻撃で死亡192人、負傷2050人）。これが引き金となって政権は交代し、これまで野党の地位にあった者が政権の座についた。その結果、スペイン軍部隊のイラクからの撤収が決まった。ビンラディン式テロリズムの前代未聞ともいえる戦略的勝利であった。

意思決定者に対する世論の影響力

　攻撃下にある国の世論にテロ組織が及ぼす影響は「必要性のバランス」理論を使って説明できる。これはイェホシャファット・ハルカビが、ゲリラ戦に関する著書で形成した理論である。ハルカビによると、これを使って国家間の紛争を検討し、双方の「懸かっている国益」の本質を分析することで、その結果を予見することも可能だという（懸かっている国益を比較し、それがより本質的な性格を持つ方が勝つ）。ハルカビは「必要性のバランスは、戦争継続の意志、そして敗北をもたらす態度に影響する可能性がある」と主張する。

　われわれもハルカビの理論を使って、国家レベルで重大な問題に対する国民の態度にテロリズムが及ぼす影響について明らかにすることができる。テロ攻撃が発生すると、国民は自分と家族の安全に比べれば、攻撃された国益の重要性は低いという思いを抱くようになる。これがテロリスト側の狙いである。彼らが送ってきたメッセージは、自分の命を守るためにテロをやめて欲しければ、われわれの要求を聞け、われわれが目的を達成することを認めろ、ということだ。

民主主義のジレンマ　195

しかし、前述したように、意思決定者に対する世論の影響力に関しては、別の見解もある。テロリストの戦略では、世論を目的達成のための決定的要素のひとつと見なすが、果たして期待どおりの結果をそれで出せるのか不明であると論じる研究者もいる。
　ふたつの派に見られる見解の相異から、次の４つの基本的問題が明らかになる。
　（１）民主主義国家では、意思決定者の政策形成に世論がどの程度影響を与えるのか？
　（２）外交政策と治安問題では、世論の影響はどこまで有効なのか？
　（３）政策決定者は、国民の本当の意見に影響されるのか、それとも自分の考える世論に基づいて行動するのか？
　（４）政策決定者は、テロ対処法に関して国民の態度に影響されるのか、それとも実際には前者が後者に影響を及ぼしているのか？

　民主的社会では、表面的上「世論」が、さまざまな方法で——主に選挙を通して——政策形成に中心的かつ重要な役割を果たす。選挙のメカニズムが、基本的政策方針の決定への国民の参加を保証するが、進行中の政府活動に世論がどれほどの影響力を持つかについては意見が分かれる。いずれにせよ、政策形成に及ぼす世論の影響は、主として次の４つに左右される。「国家の政治文化と伝統」「国民の注目している問題」「強力かつ活動的な仲介機関の存在」と「機能発揮」である。

世論の影響力の限界
　世論が国民の意志を示すものであり、政策決定者に影響を及ぼすという前提は、外交政策と治安問題に関しては、とくに危うくなる[233]。国民は、決定に必要な情報をすべて持っているわけではないからだ。政府首脳の意志決定に必要な情報は、情報収集と分析を担当する機関の手にある。政治学の分野におけるエリート主義者とマルクス主義者からすれば、意志決定は大衆ではなく、エリート集団によって彼らの影響力に基づいて下されるので、世論は関係ない。いずれにせよ、とくに治安問題と外交問題に関して

言えば、政策形成に及ぼす世論の影響がどの程度のものなのか明確な答えはない。

さらに為政者が「国民の態度」と理解するものを考慮の対象として含めようとする時、国民の本当の思いはまったく違っていることがある。このような食い違いは、テロ攻撃、とくに人質を取られている危機的状況の際にあらわになる。政府は、人質の安全と解放のため、誘拐犯の要求をのまざるを得ぬ状況に立される。このような場合、政府首脳は、国民の思いと願望を汲んだ結果をそのまま決心につなげがちである。たとえ思いを汲むことが、現実と釣り合っていなくても、そうしてしまう。テロ組織は、そこにつけ込む。

つまり、民間人や兵士を誘拐した組織は、社会全体――とくに人質の家族――を狙った心理戦を展開するのである。いたたまれぬ状態にある彼らは、誘拐犯の要求をのむように政府に圧力をかける。その実例が、2003年から2004年にかけて行なわれた、イスラエルとヒズボラ間の人質解放交渉である。誘拐されたエルハナン・タンネンバウムの解放、そしてイスラエル兵3人の遺体返還が目的であった。

しかし、多くのケースで、とくに治安・外交問題に関連したもので、意思決定者の態度を形成するのは、世論ではなくその逆である。つまり、為政者が行動と声明を通して、世論を形成する。イスラエルの世論とレバノン戦争に関して、1985年にアシェル・アリアンが実施した調査によると、イスラエルの政治風土では、指導者が枢要の地位にある時は、その本人に軍配を挙げる。[234]

テロ攻撃と選挙の関連

イスラエルのカウンター・テロリズムに関しては、治安・外交問題に比べれば、世論が政策決定者に多大な影響を及ぼす。イガル・プレスラーは、テロリズムに対処することになると、世論の圧力が政策決定者にインパクトを与えると、次のように強調する。

「よく覚えているが、アルゼンチンでテロ攻撃を受けたあと、国民の議論が政策決定者に多大な影響を与えた。対テロ戦を求める声が極めて強く、

これが政策決定者に作用したのだ。私見であるが、この分野においては世論の影響が強すぎるのはよくない。カウンター・テロリズムに必要なのは、冷徹な計算であり、世論ではない」[235]。

ラフィ・エイタンも、世論が実際に意思決定者に影響を及ぼすとして、彼の個人的経験から、これを支持している。

「その通りだ。ベギン首相時代、シャミール首相時代、そしてイツハク・ラビンの国防相時代に一緒に働いたが、皆の関心事は、国民の目にどう映るかだった」[236]

元ＩＳＡ長官ヤーコブ・ペリーは、意志決定プロセスに対する世論の影響は、カウンター・テロリズムだけでなく、裁判の過程にも及ぶと考える。

「決定的なインパクトとは言わないが、一般的に見て世論は影響力を持つ。裁判官で、世界から完全に隔離されて事案だけを見ている者は、ひとりもいない。裁判官も新聞を読み、議論に耳を傾けている。それが一定の効果を持つわけだ」[237]

このような事情を考えると、テロ攻撃と選挙の関連も見ておくべきである。特定の候補者や政党の支持撤回を意図して、テロ攻撃をやって有権者を脅迫し、選挙の結果を変えるのである。

選挙と連動したテロ攻撃は、前述のマドリード事件のほかにイスラエルの事例もある。1996年の総選挙に先立ち、一連のテロ事件が発生した。その年は、労働党に代わってリクード党が政権の座についた。2002年の選挙当日には、ベトシャンの投票所のひとつが凄まじいテロ攻撃を受けた（訳注：2002年11月のリクード党選挙。ファタハ系のエルアクサ殉教旅団のテロ攻撃で、イスラエル人６人が死亡、約40人が負傷した）。

民主主義国家では、テロリストの行動にインパクトを持つものとして、世論のほかに、次の４つが検討要素として存在する。

（１）発達した報道機関の存在

自由民主主義国家には、さまざまなメディアのネットワークが広汎かつ多数存在し、互いに競い合っている。このネットワークは政府に支配され

てはおらず、報道する情報を強制的に検閲されることもない。民主国家の自由かつ発達した報道機関は、テロ組織が彼らのメッセージを攻撃発起地域から市民一人ひとりの家へ届ける伝達手段として使える(この件に関する詳しい分析は第8章参照)。[238]

(2) 刑罰の限界

　自由民主主義の基本的価値観は国家の行動を制約し、テロリストの逮捕と処罰に有効であると考えられる手段の行使を禁じる。民主的政権は、それ自体が法に規制されているため、法律に規定されない、あるいは民主的価値観と相容れない処罰(たとえば集団処罰)ができない。民主主義の力は、その合法性によって決まる。政権が法と民主的価値観を堅持すれば、合法性を得る。基準から逸脱すれば、その政権は信用をなくし、権威失墜の道をたどることになる。[239]

　クローソンによると、民主国家における法の執行は、政策決定者と国民双方の支持を得てはじめて有効となる。意思決定者はその遂行に手段を尽くし、意思決定者と治安機関に対する国民の協力も必要である。[240]シュミットは、これにテロリズムに対処する際、司法が課する規制を加えている。司法は、テロ活動の容疑者に有罪判決を下すためには、証拠能力のある確固とした事実を証拠として求める。[241]

(3) 人命の値打ち

　人間は、個体の安全と集団の存在を確保するため、寄り集まって社会を形成した。したがって、どの国家でも、いかなる形態の政府でも、第一の要件はその住民の生命を守ることにある。住民の安全が存在にかかわるほどの攻撃を受けるなら、自由民主主義国家では、政権交代を意味する。さらに厳しい場合は、政権のタイプすら変わってしまう。したがって、民主主義国家では、テロリストが人質の生命の安全と交換に要求する「代価」は、政治形態の違う国で要求し手に入れることのできる「代価」よりも、当然ながらずっと高くなる。[242]

（4）統治のジレンマ

　民主的政権の合法性は、少数派の権利を守りつつ多数派支配の原則をベースにするところにある。自由民主主義国家は、個人の自由を保証し、公民権を守り、政敵に対しては寛容でなければならない。しかし、同時に国民の身体的安全を守る義務があり、このふたつの目的は矛盾しかねない。[243] 国民の生命財産が具体的かつ現実に脅かされている事態は、政権の合法性を危うくし、政権維持が難しくなる恐れがある。[244] ホフマンとモリソンは、この点について「テロリストが政府を政治的二律背反の状況に突き落とす」と指摘する。[245]

　テロリストは、民主的政権に両立がほとんど不可能な問題を突きつける。暴力手段を使用し、緊急法や苛烈な刑罰を使う厳しいテロ対策をとれば、テロ攻撃の規模と被害を最小限におさえられる可能性はある。しかし、こういった対策は自由民主主義国家の基本的な価値観にそぐわない。国内と国際社会の激しい非難を浴びることにもなる。[246] それとは逆に、自由民主主義の拠って立つ価値観と原理原則を熱狂的に固守し、厳しい対策をとることを避ければ、国民を標的とするテロは継続し、エスカレートすることも考えられ、個々人の身の安全が危うくなり、国民の士気に影響する。民主主義には傷がつかないかもしれないが、政府与党は政治的足腰が立たないほどの打撃を受け、悪くすると力で支配する「実力者」の登場を招く。その「実力者」は国民に「いかなる代償を払ってもテロリズムを根絶する」と約束し、高圧的かつ独裁的支配体制を作り上げるだろう。

　ジョージ・カーバーによると「われわれは、とかく目をそむけて認めようとしないが、民主主義国家では扱いの難しい厄介な問題に対処しなければならない。職務を遂行しようとしている、選出された公人に関しては、とくにそれがあてはまる」のである。[247]

　バンドゥーラによると通常、個々人の苦しみを低減するので、対テロ手段の投入が得策である。[248] 外見上、何人か無辜の住民の権利が侵害されても、多数の人命を救うため、それは正当化できる。その意味で、ホフヌングは次のように主張する。

　「治安問題の対策に関する合意と宣言の基本にある前提は、ほかの競合的

存在に対する国家の優越性である。国家の優越性を認めることは、欲求や願望を満たそうとする個人や個々人の集まりの権利より、組織化された社会の利益を重んじる倫理上の優先に由来する」[249]

法律万能主義と法律無視のはざま

　実際問題、政策決定者と、テロと戦うためにさまざまな対策をとる治安機関は、時に個人の権利を侵害する可能性のある対策をとることがあるが、「民主主義の防衛」といったスローガンで、それは正当化される。

　民主主義を守るため、民主主義国家は必要であれば、過激な手段をとる権利と義務があるとする。言い換えれば、民主主義の防衛は、自由民主政権のルールと価値観の維持において、「自殺のレシピ」になってはいけないということである。

　一方、ガッド・バルズィライは、民主主義の防衛という概念に異議を唱え、これは「存在しない、いわば仮想現実というごまかしの認識」であると主張する[250]。バルズィライによれば、「テロリズム」という用語が政策決定者の悪しき行動を可能にする。すなわち個人や集団を分離し、寛容に値する一定集団とは区別し、議論を尽くすこともなく責め苦を与え、彼らの要求を無視する一方で、国が法を侵害していても無罪放免にする[251]。

　プニナ・ラハーブは、テロと戦う治安機関の行動に関するバルズィライの主張を支持し、「この機関は、社会を保護する目的で緊急に作られた武器ひとつという素性を、結局はわきに置いてしまって、自己の利益と公共の利益との境をあいまいにしはじめる」と指摘する[252]。このラハーブの考えは、エフード・スプリンザックの研究に依拠する。それは、イスラエルにおけるユダヤ人社会の極端な法律万能主義（リーガリズム）と法律無視（イリーガリズム）に関するもので、かつて反英（独立）闘争時代にエシューブ（パレスチナのユダヤ人社会）を建設した人々の特徴が、後者のメンタリティであり、現代イスラエルの指導部がこれを受け継いでいる、と論じる。さらにこの研究は次のように指摘する。すなわち、この政治風土では、国家が法の上に存在する。そしてこの政治風土が、過大なテロ対策を許容する法規範を生むベースとなったという[253]。

民主主義のジレンマ　201

この「民主主義のジレンマ」、とくに統治のジレンマが、深刻な波及効果を生みだす。そのひとつが、市民側の過激主義である。社会の特定階層が、政府のテロ対策を「不十分で投げやり、正しくない」と受けとめると、政権交代（民主主義の手続きに従ったものか、あるいは暴力による）を求めて行動する。彼らが「私的制裁」を加える可能性もある。つまり、彼らが考えるテロ撲滅のやり方で、テロリストに対応し、あるいは政府にその対応をせまる。カウンター・テロリズムは、民主主義のジレンマが抱える危険のひとつである。

倫理的問題

　倫理的ジレンマは、前述したように、統治のジレンマと絡みあっている。それは、対テロ戦争の効果度と自由民主主義の価値観に対する侵害度のバランス問題である。
　多数の研究者が、対テロ提案や処方箋を出している。自由民主主義の価値観に対する侵害を最小限にとどめると称する対策である。この点について、ロバート・モスは、都市部での対テロ作戦を発動する時、多大な抑制が必要と論じる。モスによれば、人であふれる貧困地区で追跡捜査を実施する時、隊員たちが「土足で踏み込む」のは十分あり得ることだが、住民の憎悪をかきたてることは極力避けるべきである。さらに世論を敵にまわさないために「敵」と定義される者の数を可能な限り低くおさえることも大切である。そのうえで正当な政府批判の権利を制限してはならない。⁽²⁵⁴⁾
　ウィルキンソンは、次のように付記している。
　「テロの制圧策は、無差別に使ってはならない。政府が対テロ作戦を発動する時、投入手段は、テロリストとその協力者だけを対象にすべきであり、社会から彼らを守るのが肝腎である……カウンター・テロリズムの政策と実施は、あらゆる面で、シビリアン・コントロール下に置き、民主的な管理監督が必要である⁽²⁵⁵⁾」
　シュトールの主張によると、カウンター・テロリズムは、非常な効力を持つので、テロ活動に対処するひとつの方法として見くびってはならず、この方法は民主主義を守ることをベースとする場合だけ、正当化される。⁽²⁵⁶⁾

チャータースは「歴史的経験から見て、自由民主主義の価値観を深刻に侵害することなくテロリズムと戦える」と判断している。その証拠として、彼はイタリア、フランスおよび西ドイツの例を引用する。この３カ国は民主主義の原則と手続きを侵害することなく、テロの発生を徹底的におさえ込んだ。チャータースから見ると、これが対テロ戦争における真の成功基準である。[257]

　場合によっては、テロと戦う国家が、自由民主主義の価値観侵害をできる限り少なくするため、事前に主旨を発表することもある。厳しいテロ対策は一時的な実施であり、テロ発生をくいとめ、あるいは根絶するためにのみ投入される旨、説明するのである。

　テロの対象になっていない民主国家が、テロに苦しむ諸国を批判するのは気楽なものである。いかなる状況下、あるいはいかなる条件下でも、自由民主主義の価値観は守らなければならない。たとえそれが、テロ対策の効果を弱めることがあっても、厳守は譲れないと彼らは主張する。

　だが、このアプローチによると、国家が民主主義の価値観で妥協すれば、それがテロ組織に本来的な勝利を与えることになる。組織は、国家の存立基盤と民主的体質に打撃を与えたいと思っているからである。したがって、これは絶対に避けなければならない。多くの国がふたつを両立させる「黄金の道筋」を見つけようとしている。国家の価値観をしっかり堅持しつつ、同時に対テロ戦争で後退せず結果を出す方策である。

民主主義と情報活動のジレンマ

　イスラエルは、さまざまなタイプのテロに頻繁に見舞われている。その政策決定者はテロに苦しむ国の指導者であり、常に「民主主義のジレンマ」に直面している。[258] これは、テロの規模や頻度に差はあるとはいえ、歴代政権に共通する問題である。

　民主主義のジレンマは情報収集手段、容疑者の尋問、テロリストの裁判手続きと証拠の有効性、賛否の分かれる懲罰（たとえば家屋の取り壊しや封印、外出禁止令の発令）、さまざまなタイプの攻撃行動（適法手続きを経ずにテロ活動家を殺害するターゲテッド・キリングなど）、そしてテロ

リズムに関するメディアの検閲などを中心にいろいろな問題と局面に見られる。

　民主主義のジレンマが如実に表れるのは情報収集活動である。情報収集には時に違法行為が必要となる場合もあるが、ケースによっては違法ではなくても、自由民主主義の価値観にかかわってくるものがある。とくに議論の的となってきた問題のひとつに、テロ容疑者の尋問による情報収集がある。過去10年間、イスラエルの政策決定者を悩ませてきた主要問題のひとつが尋問の方法であった（この問題は極めて重大であり、別に述べる）。しかし、情報収集における民主主義のジレンマは、容疑者の尋問方法だけでなく、監視、盗聴、エージェントの使用といったほかの情報収集手段にも関係している。

　モニタリングに関してベニヤミン・ネタニヤフは、「民主主義国家は、テロリストを追跡捕縛し、裁判にかけて処罰することを可能にする、さまざまなモニタリングと情報収集手段を持っていなければならない」と主張する。これに対してクレンショーは「通常、民主的政権は集団ないし個人が合法的な抵抗運動から暴力活動への移行を決めることを事前に探知するために、国民をモニターするような真似はしない」と指摘する。シュミットも、民主的政権においては、テロに関する情報収集の難しさを強調する。国家が各国民の生活を探ることなど、余計なお世話だからだ。

テロ容疑者の盗聴をめぐる問題

　民主主義のジレンマが持つ厄介な性格は、テロ容疑者の盗聴の問題を見ればよくわかる。その好例は1990年1月、当時シャミール政権で国防相を務めていたエゼル・ワイツマンが、当時チュニスに住んでいたPLO議長ヤセル・アラファトと電話で話したあとに解任された事件であろう。明らかに盗聴で得られた政治的にインパクトのある情報が、問題のある使われ方をしたのである。

　テロ組織に関する情報収集手段としての盗聴にともなう難しさは、最高裁の下した判決に垣間見ることができる。ドルナー判事の下した判決はその一例である。イスラエルの裁判所は、イスラエルの管理下にあるがイス

ラエル領の一部でない地域では、イスラエル人を対象とする場合を除き、盗聴を許可する権限を与えられていない。これが裁判所の判断であった[262]（ただしヨルダン川西岸地区での盗聴は禁じられなかった）。

これは、盗聴法の改正にも反映されている。1995年3月27日に、クネセットの憲法・法規・法務委員会が承認した改正で、「ＩＳＡ（イスラエル安全保障局）は、東エルサレムおよびイスラエル国内において、ハマスとパレスチナ・イスラム聖戦を含めたムスリム宗教関係者に対して、地方裁判所所長の許可なしに盗聴することはできない」とし、許可を得るためには、「ＩＳＡは、秘密委員会（クネセットの外交・安全保障委員会と憲法・法規・法務委員会の各委員長により編成）に、盗聴対象になるための要件、盗聴実施上の条件と限度を提示しなければならない」とした。

対象者の交信手段についても、その盗聴に制限がつけられ、携帯電話、ファックス、コンピューター・ネットワークの通信、無線機通信を含む交信の盗聴は、裁判所の許可なしにはできなくなった[263]。さらにこの改正の中には、ＩＳＡの実施した盗聴の内容は、すべて法務当局の検閲対象となることも明記された。イツハク・ラビン首相は、この包括的決定に反対で、クネセット議員で憲法・法規・法務委員会のデディ・ツッカー委員長に書簡を送り、国家の安全保障を危うくするので、すべての盗聴内容を法務当局の検閲対象にする決定は受け入れられないと主張した。ラビンは次のように述べている。

「国家の安全保障上の理由による盗聴は、犯罪防止や犯罪者摘発のための盗聴とは性格が基本的に異なる……これは、デリケートかつ最重要の機密情報の取得にかかわるもので、国民の生命と平和達成の機会に影響を及ぼす内容であって、取り扱いに慎重を要する。この重大責任を負う当局者は、このような機密案件に責任を有する、首相でなければならない」[264]

テロ容疑者の尋問方法の問題

イスラエルで、カウンター・テロリズムにおける民主主義の問題が、具体的にでてくるのは、ＩＳＡによるテロ容疑者の尋問である。1987年から1994年までに、ＩＳＡは2万5000人以上のテロ容疑者を尋問している（年

平均3125人）。その中で尋問手段に対して苦情を申し立てた者が数十人いた。当初ＩＳＡの内部監査官がこの苦情を調査していたが、1990年代の初めから国の検察が担当することになった。⁽²⁶⁵⁾

　尋問方法は、容疑者の人権とテロ防止の相克問題である。拷問で容疑者に苦痛を与えるようなことをしてはいけない。だが、その一方でテロ攻撃を阻止し、多数の人命を救うことのできる重要な情報を拷問で引き出せるかもしれない。⁽²⁶⁶⁾

　このジレンマは、イスラエルの歴代政権が抱えてきた課題で、政府と執行機関（主に治安部隊とＩＳＡ）の間、そして議会と司法機関の間の微妙で難しい関係を示している。これまで、政府はおおむねＩＳＡの尋問方法を支持してきた。また議員たちは、調査委員会の規定する尋問手続きを認める法案の採択を避けてきた。そして司法当局は、使われている尋問方法の継続をＩＳＡに許しながら、尋問に関する法律ができないことに繰り返し不満の意を表明していた。

　この問題に関連した極めて深刻な事件が過去に起きている。ＩＳＡが自白を得ようとして使った尋問手段が大問題になった「ナフサ事件」である。ナフサはチェルケス系のＩＤＦ（イスラエル国防軍）将校で、敵のエージェントと接触した罪で有罪判決を受けた。彼はテロ組織から協力者になれ、と脅迫されたが、彼らの脅しに屈せず、協力者になることを拒否した。しかし、ナフサはそのテロ組織の代表と複数回会ったことを上司に報告しなかったため逮捕された。1987年４月、ナフサは最高裁に上告した。非公開で行なわれた最高裁の審理で、ＩＳＡの不適切な対応と処置が明らかになった。その中には捜査を記録したテープとノートの破棄も含まれていた。

　最高裁はその判決で、ナフサを尋問した者たちの行為を厳しく譴責（けんせき）し、彼らが嘘の証言を軍法会議に提出したと述べ、ＩＳＡの尋問手続きに明確なルールを設ける必要性を強調した。裁判中に双方は司法取引を行なった。原告の国は、告訴──敵に対する情報および武器の提供・テロ用機材のイスラエル領内への搬入によるスパイ罪、反逆罪──を取り下げた。正確に言えば告訴内容が、比較的罪の軽い「権威からの逸脱行為」に書き換

えられた。

　ナフサの釈放後、ＩＳＡの尋問方法に関する国家調査委員会の設置を求める声が高まったため、ＩＳＡの尋問方法を調査するチームが編成された。メンバーには、イスラエル法曹協会の前会長イツハク・ツニク弁護士、元モサド長官ズビ・ザミール退役少将などが含まれていた。だが、このチームはほどなく空中分解してしまった。

　ヨセフ・ハリシュ司法長官は、ナフサの尋問にかかわった者を調査するよう警察に指示した。シャミール首相は、警察の調査を阻止できるのは国家法務委員会のみということを知っていた。こうして1987年5月31日、イスラエルの第9次国家法務調査委員会の設置が決まった。首相がこういった委員会の設置に反対すると発表したのは、その前日だった。これがランダウ判事の名を冠したランダウ委員会である。メンバーの中にはヤーコブ・マルツ判事、イツハク・ホフィ退役少将などがいた。

　委員会に提出するＩＳＡ側の意見書は、ＩＳＡ次長のヤーコブ・ペリーが作成者に任命された。ランダウ委員会は、検討会議を開くこと43回、41人から証言を聴取した。証言した者の中には首相経験者、裁判所および軍法会議の判事、さまざまな分野の専門家、過去にＩＳＡに尋問された経験を持つ者などが含まれた。

　1987年10月30日、ランダウ委員会は報告書を提出。そこには「……委員会は、このような状況下ではなんらかの身体的圧力を加えない限り、有効な尋問は不可能とするＩＳＡの立場に同意する」とある（第二節三七）。ペリーによると、委員会は「状況によっては、テロ容疑者の尋問時に、なんらかの身体的圧力を加える必要がある」と述べた。ペリーは次のようにつけ加えた。

　「上級機関（国家調査委員会）が証拠を得るための警察の尋問と、テロ活動の防止を目的とする情報機関の尋問には違いがあることを初めて認めたのである。委員会報告には、機密の付則があり、そこに記載されたさまざまな指示に、この見解が反映されている。尋問時の対応に関する全般的ガイドラインがあり、そこには、一連の禁止事項が含まれ、それぞれの尋問方法で許されるレベルが記載されている。睡眠妨害、隔離、手錠、身体の

民主主義のジレンマ　207

ゆさぶり、頭部遮蔽その他の『おだやかな身体的圧力』が許容され、その適用時の制限がつけられている。さらに委員会は、横暴な容疑者の顔面を平手打ちする場合、事前に上級部署の許可を得なければならないと規定している。委員会は閣僚委員会の設置も勧告した。そこで異例なケースについて検討し、機密付則に含まれるガイドラインを実施する。政府は勧告をすべて受け入れ、採用した……」[271]

テロリストの尋問ルールの原則

テロ容疑者に圧力をかけることは許されたが、委員会は「原則的には、圧力手段とは、欺瞞行為を含む一連の策略を使いながら、迫力ある態度で徹底的に追及する非暴力的な心理的圧迫形態である。しかしながら、この手段で目的を達成できない場合は、おだやかな身体的圧力手段の適用は避けがたい」とし（第四節七）、「尋問者が過度の身体的圧力を勝手に適用することを防止するため、本件については、明確な境界線を設定し、ＩＳＡ尋問者はこれを指針とすべきである」とした（第四節七）。[272]

ランダウ委員会報告は、テロリストに対する尋問のルールと基準を体系化し、緊急時に際しては「おだやかな身体的圧力」をかける必要性を認めた。緊急時とはもうすぐどこかでテロが起きることがほぼ確実な「時限爆弾」を抱えているような切迫した状況下で、拘束者がテロの阻止につながる重要情報を持っていると考えられる場合のことだ。[273]同時に委員会は、尋問方法と暴力の使用に関して明確な制限を設けた。これ以降、これらの原則が、ＩＳＡ尋問者の行動を検査するうえで基準となり、このガイドラインからの逸脱があれば、尋問者が懲罰を受けることになった。[274]

プニナ・ラハーブは、ランダウ委員会について、「委員会の勧告は、カウンター・テロリズムの現実、また道徳的行動とテロとの戦いが、必ずしも合致しないという認識に基づいている」と結論している。[275]

アラン・ダーシュウィッツは、この点について著書『テロリズムはなぜ機能するのか』で、次のように主張している。

「この対立において、いくつかの重要な価値観がぶつかり合う。ひとつは国民の安全と治安である。緊急時においては、それが爆弾テロを阻止し多

数の民間人の命を救う唯一の手段であるならば、この価値観は拷問の使用を求める。もうひとつの価値観は、自由と人権である。この価値観は、われわれの法制度の合法的一部として拷問を受け入れないように求める」(276)

合法的な尋問の範囲

イスラエルでは、市民団体とテロ容疑者が拷問に関して政府を何度か告訴している。原告を「イスラエル拷問反対市民委員会」、被告をイスラエル政府とする裁判では、最高裁判決（HCJ5100/94）がでている。それには「おだやかな身体への圧力」という項に、次のような身体圧迫方法が記されている。

- 身体のゆさぶり……容疑者の胴体上部を激しく前後に繰り返しゆさぶる方法。首と頭部がふらふら激しくゆれる。答弁書で国は、ゆさぶり方式は非常に特殊の場合のみに最後の手段として使われると論じている。
- シャバック姿勢……容疑者の手首をうしろで縛り、小さくて低い椅子に座らせる。そして、その椅子を前方へ傾ける。容疑者の片手は、身体の後部と背もたれの間におかれ、別の手はイスの背面で縛られている。容疑者の頭には、不透明の袋が肩までかぶせられる。また部屋の中では音楽が大音量でかけられる。国の主張によると、尋問中に両手を縛るのは、重大な警備上の理由と尋問者の身の守るためだという。また頭部を袋で覆うのは、拘束者とほかの容疑者との接触を防止するためで、大音量の音楽も同じ目的である。
- 蛙の姿勢……つま先立ちさせた状態で、しゃがませる方法。５分間隔で繰り返す。国によると、この尋問方法はもう行なわれていない。
- 手錠緊縛……手錠や脚錠をきつく締めつける方法。尋問が長びけば、手・腕・足が傷つく。
- 睡眠遮断……国は、容疑者が通常の睡眠時間を与えられない場合があることを認めたが、それは容疑者を疲労困憊させることを目的としているのではなく、尋問が長時間に及んだ結果、としている。

国によると、これらの方法の使用は「拷問」にはあたらない。拷問とは

民主主義のジレンマ　209

冷酷、残忍で、屈辱的な扱いであり、国際法では違法行為とされている。

　最高裁は、その判決の中でふたつの対立する価値観を両立させる必要性がある問題としてとらえている。すなわち、人間の尊厳を守る義務と、その一方で犯罪と戦い、とくにテロ攻撃に対する迅速かつ有効な対応をとる必要性である。

　最高裁は、尋問の合法性が価値ある目的と手段に由来するとして、暴力を使わずに効果的な尋問を行なうことは可能と結論した。これを前提として最高裁は、身体のゆさぶりは合法的尋問に入れてはならない暴力的な手段であり、蛙の姿勢も、人間の尊厳を傷つける屈辱的な方法として禁止した。

　また最高裁は、シャバック姿勢をとらせる際に手錠をかけるのは尋問者の身を守るためという理由は受け入れず、拘束者の尊厳、身体および基本的人権を必要以上に傷つけると断じた。尋問を待つ容疑者の頭に袋をかぶせることについても、ほかの容疑者とのアイコンタクトさせないのが目的であるのなら、窒息するおそれのある不透明な袋を使う必要はなく、尋問官の権限を逸脱した行為と批判し、これを禁止した。

　睡眠遮断については、尋問に付随して生じる場合はあり得るが、眠らせないことを目的にしてはならないとした。最高裁は大音量で音楽を流すのも禁じる一方で、尋問官に弁明の機会を与えることにした。もし尋問官が禁止された行為を行なった容疑で起訴されたら、行為の「必要性」の弁護ができるようにしたのである。しかし判事たちは、その弁明の機会を与えられたからといって、ＩＳＡの尋問官がこれらの身体圧迫行為を行なってもいいことにはならないと釘をさした。(277)

「時限爆弾」的状況の定義

　民主主義のジレンマの問題、とくに「時限爆弾」的状況における尋問の方法に関して、シャミール内閣および挙国一致内閣時代の政策決定者であった人々の大局観を見ると興味深い。後者の問題に関してイツハク・シャミールは「われわれは、このような危険な殺戮を阻止し、人間の命を守る最善の方法を見つける必要がある。しかし、民主的社会の体制を傷つけて

はならない」と述べている。
(278)

　シモン・ペレスは、次のように主張した。

「結局のところ、私は倫理規定から逸脱しないように最善を尽した。戦争はどれでも二度戦われると私は考えていた。一度目は戦場で、二度目は歴史書の中で。私は歴史書の中でも敗北したくない……私は決断を下す時は、国家が恥さらしになって後悔しないように努めた」
(279)

　一方、ヤーコブ・ペリーは次のように確信する。

「民主主義国家の手段を使ってテロリズムと戦うのは、ほとんど不可能である……全体的に見て、この点ではイスラエルはよい評価を得て然るべきだと思う……血の一滴を見ても大げさに悲鳴をあげるリベラル派の人間には到底受け入れられないだろうが。私は、イスラエルができる限りのことをやって、最善を尽していると思う。『われわれは民主的なことだけをやっている。つまり民主的手段だけを使っているのである』と偽善者のようなことは言えない」
(280)

　カルミ・ギロンは、時限爆弾的状況の定義にかかわる深刻な問題と、ＩＳＡ長官が、身体のゆさぶりを使って容疑者を尋問する特別許可を与える困難な決断について、非常にわかりやすく説明してくれる。

「時限爆弾とは何か？……尋問官は２時間後に確実に爆弾が爆発することを知っている。わからないのは爆発する場所がロスチャイルド通り39番地か38番地かだ。こうなると法律のことなど構っていられない。必要に迫られて尋問官は懲役刑覚悟で容疑者の身体をゆさぶるだろう。しかし、これは現実的な状況ではない。実際にわれわれが直面するのは、ムスタファはおそらく本人の知らぬ自爆テロ要員をアハメッドがリクルートし、その男がいまシャヒード（殉教者）になる準備をしていることを知っている、といったインテリジェンスと知識しかない状況なのだ。そしてこういった不確実な情報が入手できる最良のインテリジェンスであり、これがわかっていることである。そして、これが私の言う『時限爆弾』だ。結局、この情報は間違っており、ムスタファは実は別人で、アハメッドはどこかでムスタファの名前を聞いたことがあるだけだったのかもしれない……これが彼らを尋問すべきかどうかわからない状況である。ここで尋問官に、必要と

民主主義のジレンマ　211

あれば司法長官のところへ行って説得し、『必要性』を認めさせろ、というわけにはいかない。尋問官は法律家ではないからだ。彼らに何が許され、何が禁じられているかに関する命令を下し、それ以上のことは何も言わなかったとしたらどうなるか。彼らは尋問しない。これが結果である。彼らは絶対に尋問しない！したがって、この点に関する私の意見は明確で、よく知られている。拘束されたハマスとイスラム聖戦のメンバーの8パーセントに特別許可が使われ、その90パーセントに効果があったと思う」[281]

リプキン・シャハクも、時限爆弾のジレンマを強調し、次のように述べている。

「時限爆弾的状況においては、爆発を阻止し多数の人命を守る唯一の手段が身体的圧力を使った尋問であるなら、その使用は正当化される。この点について私は微塵の疑いも抱いていない。問題は、それが果たして本当に時限爆弾なのかどうかである。いつどのようにして、それがわかったのか……それは2カ月後に爆発するかもしれず、爆発を阻止する時間的余裕が1カ月あるかもしれない。これは極めて複雑な問題である」[282]。

ルース・ガビソンは、尋問方法の使用にかかわる板挟みの状態を、次のように説明している。

「治安機関の性格を変え、身体的圧力を使用しないもっと有効な機関を作れ、創造的試みをせよという勧告がある……これは、ある意味おそろしい勧告である。テロリストにとって天国の環境を作れというようなものではないか。そうなれば、イスラエルの国民の生命はいっそう脅威にさらされ、和平プロセスの継続も危うくなる。われわれはすでにおだやかな身体的圧力というオプションを試したことがある。それは、われわれにとって、そして世界を見渡しても、腐った果実を作り出しただけだった」[283]

ダーシュウィッツは、そのジレンマを次のように総括する。

「このような非致死的苦痛を加えることについて簡単な費用対効果分析を行なえば一目瞭然だ。罪のない人々の命が多数失われるよりも、テロの阻止に必要な情報を持っているひとりのテロリストに非致死的苦痛を加える方が絶対に良いということだ。苦痛は時間がたてば収まるが、死んだ人は

生き返らない。千人の無辜の人間の命の方が、ひとりの罪人の身体の健康よりも大事なはずである」[284]

民主主義を守るため、非民主的手段を使う

イスラエルが、オスロ合意でパレスチナ人との和平確立に邁進していた頃、イツハク・ラビンとシモン・ペレスの両政権（1992〜96年）は、自由民主主義の価値観とテロ対策の有効性との衝突で、板挟み状態にあった。当時イスラエルでは、恐るべきテロ攻撃が続いていた。とくに多数の人命が犠牲になる自爆テロの連続で、イスラエル国民は常に身の危険を感じるようになり、和平プロセスそのものの継続が危うくなっていた。

当時、テロ対策にかかわった人々の発言にそれが見てとれる。たとえば、テロ対策担当の首相補佐官だったイガル・プレスラーは、「テロリズムと戦いたい者は皆、自由の価値観を犠牲にしてでも、冷徹な計算をしなければならない」[285]と語っている。当時モサド長官を務めていたシャブタイ・シャビットは、自分の立場を少し違った形で述べている。

「少し民主的ではないが生き残る方法と、民主的行動で自滅するやり方を選べと言われたら、私は前者を選ぶ。民主主義のジレンマについて理性的に論議すれば、最後には必ずこの結論にたどり着く。われわれは、これを認めなければならない。サッチャー首相は、民主主義を守るため、非民主的手段を使う以外に選択肢がないことが、時にはあると言っている」[286]

ＩＳＡ長官のカルミ・ギロンは、「この点に関しては、私は『民主主義は自殺のレシピではない』というバラク判事の言葉に従っている」[287]と述べている。

ダーシュウィッツは、民主主義の原則を傷つける可能性について公民権の擁護者として有名なフロイド・アダムスの言葉を引用する。アダムスは「民主主義においては、帳簿外、あるいはレーダー・スクリーンの下で物事を処理しなければならないことが、時としてある」[288]と言っている。

ラビン政権時代、ＩＳＡはランダウ委員会の設定したルールと、特別許可に従って行動した。特別許可とは、「時限爆弾」的状況下で尋問官が容疑者に「おだやかな身体的圧力」をかけるための権限である。この許可

は、首相を長とする特別閣僚委員会によって与えられ、3カ月ごとに更新される。
(289)

1993年4月、イスラエル国内で起きるテロの増加により、閣僚委員会はＩＳＡの尋問官に認めていた指示の「設定変更」に同意した。ランダウ委員会の定めたガイドラインから逸脱しない範囲で、尋問制限を多少ゆるめたのである。また閣僚委員会は、指示に従った尋問で容疑者がいかなる損傷を受けても、尋問官が刑法上の責任を問われることはないと述べた。
(290)

ＩＳＡ長官は、最高裁に提出した宣誓供述書の中で、ＩＳＡに与えられた許容度を背景とした現状を指摘し、テロリストの尋問における身体的圧力の使用に関して、次のように述べている。

「私は治安機関が、法の規制内でランダウ委員会によって勧告された特別尋問手段を特定のケースで使用できなければ、尋問によるテロ活動の阻止はできないと確信する」
(291)

改正された尋問手順では、飲食を与えない、トイレの使用を認めない、熱気や寒気にさらすといったことを含めて、テロの容疑者を尋問する際に絶対にしてはいけないことが規定されている。一般的に言って、「公式の尋問規定は、人間の生命に危険を及ぼしたり、著しく悪化させたり、あるいは拷問と解釈されるような禁止された手段や圧力の使用を認めていない」

また次のように述べている。

「尋問官は、慎重に行動しなければならない。最初は、例外的な手段は用いず尋問する。そして、通常の手段では必要な情報は得られそうにないと確信した時のみ、概括されている例外的な圧力を加えることができる」
(292)

ＩＳＡに課せられた規制について、当時ＩＳＡ長官であったカルミ・ギロンは、こう語っている。

「イスラエル社会は、防衛・治安第一の社会から標準的な市民社会へと革命的な変貌を遂げてきた。この変化がＩＳＡの機能と力を弱めた。最初に犠牲となったもののひとつが、尋問能力だった」
(293)

ギロンは、テロ攻撃の阻止における尋問の重要性を次のように強調する。

「テロリストの細胞は、ドミノ倒しのように崩れていく。ひとつの細胞は誰かを道連れにして倒れる。ひとつの細胞が次の細胞へというわけである。これも効果的な尋問あればこそである。そして、そういった尋問も特別許可なくしては、不可能だ。この点をよく理解していたのはイツハク・ラビンだった。彼は尋問が、ＩＳＡの持つ戦争の武器であることを知っていた。その武器がなければ、テロリズムとの有効な戦いはできない。ラビンは、自分の持つ政治上、行政上、道義上の力をもって、この武器の適切な使用を支持した」⁽²⁹⁴⁾

ダーシュウィッツは、目的を達成するという単純な事実から、拷問の使用を正当化する。

「拷問が結果を出すことがあるからだ。根絶されることなく、今なお世界各地に猖獗する大きい災厄が、拷問によってくいとめられることも、時としてある」⁽²⁹⁵⁾

「おだやかな身体的圧力」の適用

ハマスとパレスチナ・イスラム聖戦の活動家を尋問する時、「おだやかな身体的圧力」を使う必要があるのは、このふたつの組織はＩＳＡの尋問方法と尋問官がやっていいことのリミットを熟知しており、さまざまな尋問に耐える訓練をメンバーたちに行なっているからである。

閣僚委員会がＩＳＡの尋問官に認めた尋問手段によって、いくつかのテロ攻撃が事前に阻止された。たとえば、1994年12月ハマスはペタハティクバの市場や、トランスサマリア・ハイウェー（西岸地区）を走行するバスを狙った自爆攻撃を計画したが、両方とも阻止された。

ＩＳＡの尋問に耐える訓練を受けたテロ細胞のメンバーが数人逮捕され、尋問にかけられた。しかし、彼らはなかなか口を割ろうとしなかった。そこで尋問者がＩＳＡ問題閣僚委員会から「身体的圧力の加重」の特別許可を得て、状況が変わった。⁽²⁹⁶⁾1995年８月、ＩＳＡは別のテロ攻撃を未然に防いだことを発表した。こちらは、おだやかな身体的圧力が効を奏したケースである。事件のあらましは次のとおりだ。

ＩＳＡはハマスのメンバーふたりを自爆攻撃に送り出したテロリスト、

アブダル・ナセルを逮捕した。攻撃のターゲットは、エルサレムの26番線バスであった。ナセルは２日間の尋問で口を割らなかったため、ＩＳＡ長官は、身体的圧力の使用を許可した。ＩＳＡは計画の全貌を知り、爆弾搭載の自動車１台といつでも使用可能な自爆用爆弾３発を発見した。さらに身代金目当てにイスラエル兵を人質にとろうとしていたテロ細胞も摘発された。イツハク・ラビン首相は、本件について次のようにコメントしている。

「法が存在する。法は法である。立派なものである。しかし、テロリズムと戦い、自爆テロリストを阻止するには適していない……法務長官や弱者の同情をふりかざす者の課す規制に縛られることなく、容疑者への尋問が許されるのであれば、エルサレムのテロ攻撃を阻止できたであろう」[297]

尋問されて死亡――最悪のケース

民主主義のジレンマの根強さは、カルミ・ギロンＩＳＡ長官とミハエル・ベンヤイル法務長官の対立によく表れている。ギロンは次のように述べている。

「問題の根源（われわれの間に存在する）は……私の意見では、ベンヤイルが法の護持と、イスラムのテロに対処できる法的手段のＩＳＡへの付与の間の適切なバランスをとれなかった点にある……ベンヤイルのとっている極端な立場は、ほかの伝統的な法務長官と比較すれば鮮明となる。メイヤー・シャムガールも、のちのアハロン・バラクもバランスをうまく保つように努力していた」[298]

ベンヤイル法務長官は、特別（権限）許可が自動的に与えられ、３カ月ごとに更新されることに反対だった。ベンヤイルによれば、権限付与は特例であり、ＩＳＡの尋問官による使用はモニターされるべきだった。ギロンによると、ラビン首相はベンヤイルの要求の前に無条件でＩＳＡを支持し、そのことで関係者の前で法務長官と激しい論争になったことがあったという。[299]

ランダウ委員会によってすでにＩＳＡの活動は制限されており、さらに制限を増やすことにラビン首相は反対だった。ＩＳＡとその幹部たちの活

動を議会が管理監督するという法案が提出された時も、彼は頑として反対
した。ラビン首相は、尋問方法の話になると治安機関の側を断固として支
持した。その頑なな態度にデビッド・リバイ法相が批判的な声明を出した
ほどだった。リバイは「首相は法に縛られており、対テロ戦争で自分の望
むことをすべてできるわけではない」「この政権には、治安問題に関心の
ある者はいるが、その法的部分には興味はないようだ」と言った。

　しかし、「おだやかな身体的圧力」の使用と身体のゆさぶりが常に望む
ような結果をもたらしたわけではない。最悪の事態は1995年4月に起き
た。アベド・ハリザット容疑者の死亡である。この事件は広く知れ渡り、
ＩＳＡ尋問者の活動にさらに制限が加えられることになった。ハリザット
の遺体を調べた検死官の報告によると、

　「死因は自然死ではない……脳に対する外傷の結果による死亡である。衝
撃は頭部殴打による直接の打撃ではなく、意図的な頭部ゆさぶりによって
生じた。肩についた傷は、強い圧迫をその部位に加え続けたか、あるいは
殴打したために生じたと考えられる。傷のタイプが、乱暴なゆさぶりの結
果による死であることを示している」

　ハリザットの死によってＩＳＡには、容疑者に対する身体的圧力を即刻
中止するよう強烈な圧力がかけられた。批判はいろいろあり、倫理的・道
徳的見地から、尋問時における身体的圧力の使用は民主主義の基本的価値
観を傷つけたとする議論のほかに、その有効性を疑問視する意見もあっ
た。苦痛をのがれるためにウソの供述をする可能性があるというのだ。そ
うなれば、テロ防止に役立たないどころか、深刻なダメージをもたらすお
それがあった。

きわどい区別

　倫理的問題や身体的圧力の利点問題とは別に、ランダウ委員会の勧告
は、尋問時に苦痛を与えることを禁じる一方で、場合によっては身体的圧
力の使用を許す、というふたつの相反することを同時にやろうとしている
と批判された。これについてルース・ガビソン教授は次のように論じてい
る。

「ランダウ委員会は、おだやかな身体的圧力を許し、一方で苦痛を与える拷問を禁じている。これはきわどい区別である。われわれは、誰かが尋問されて死亡したら無関心ではいられない。しかし、特殊なケースとはいえ、法務当局と政治首脳部が認め、上司を通して指示された行動のルールに基づき、何の悪気もなく義務感を持って仕事をしている人間を裁判にかけて有罪にするのも難しい(303)」

カルミ・ギロンは次のように主張する。

「確かにハリザットのケースでは、われわれに職務遂行上の瑕疵があった。しかし、統計を見て欲しい。ＩＳＡは、これまでに尋問中に8千人ほどの身体をゆさぶったが、何も起きなかった。ハリザットの場合、尋問時に本人の体調と精神状態、さまざまな普通ではない状況が重なって起きてしまったのだ。私が主張しているように、彼の死は、必ずしも苛酷とはいえない特別許可を撤回する理由にはならない(304)」

ハリザット死亡の影響について、ギロンはこう語っている。

「ハリザットの件により、ベンヤイル法務長官はすべての特別許可の詳細を治安問題閣僚委員会に報告することを決定した。われわれには容疑者の身体をゆさぶる回数、椅子の高さ、音楽の音量（デシベル）などまで詳しく報告する義務が課せられたということだ。当然私は彼と言い争ったが、どうにもならなかった。われわれは、許可ごとに何をしたか詳しく説明しなければならなくなった。異様としか言いようがなかった(305)」

「これが民主主義の宿命」

イツハク・ラビン首相は、再びＩＳＡに助け舟を出さねばならなかった。1995年8月、ＩＳＡ問題に関する閣僚委員会メンバーの大半が、特別許可の延長を拒否した時、ついにラビンは爆発し、

「自分はもう治安の責任は負えない。クネセットと政府にそう言う」

と怒鳴った。さらにラビンは「ＩＳＡを制約するのは大変な間違いだ」と付け加え、ハリザットの件に関しては「尋問方式に手違いがあったのだ。8千人の容疑者にこれを使って、ひとりを除き何も問題がなかったのだ」と述べ、最後にこう締めくくった。

「ＩＳＡが現在使っている方法を禁止するのなら、われわれのテロと戦う能力を低下させた責任を負ってもらう」[306]

法務長官は、尋問時における身体的圧力の使用禁止を支持し、頑としてその態度を変えようとしなかったが、最高裁は治安機関に比較的自由な裁量権を認める傾向にあった。これは当時イスラエルが頻発するテロ攻撃で惨憺たる状況あったためと思われる。

1995年9月、最高裁は尋問にどうしても必要な場合に限り、ＩＳＡに初めて睡眠遮断の使用を許可した[307]。自爆テロ細胞のオペレーターと接触した容疑で逮捕されたハマスのイマン・アダル・ヒジャジという男が、尋問者が1日に連続6時間以上の睡眠をとらせてくれないと裁判所に訴えたが、却下された。

1998年1月、法廷は5対4でＩＳＡに対してアブド・アル・ラフマン・ガニマトという男の尋問での身体的圧力の使用を禁じる暫定的差し止め命令を出さない判決を下した。ガニマトは11人を殺害し、52人を負傷させた「ツリフ」というテロ細胞のリーダーだった。このように判事たちは、容疑者を椅子に縛りつけ、手錠をかけ、頭に袋をかぶせ、大音量で音楽を流しながら尋問することを実際には認めていたのである[308]。

イスラエルにおける拷問反対市民委員会を原告とし、政府を被告とする裁判で、最高裁が出した判決（HCJ5100/94）の結びの言葉から、テロリストの尋問方法にかかわる民主主義のジレンマについて、われわれは多くを学ぶことができる。

「われわれは、この判決があの現実（著者注：イスラエルの困難な状況）との対応を容易にはしないことを認識している。われわれには、手段を選ばず、ということは許されない。そして、敵の使う手口や行動のすべてがわかっているわけではない。これが民主主義の宿命である。民主主義は片手を縛られた状態で戦わねばならないが、それでも利き腕は持っている。この国の治安問題を理解するうえで、重要な要素が法の規範を守り、個人の自由を守ることである……本法廷にこの諸原則の適用が重くのしかかるなかで判断を下す……われわれは象牙の搭にとじこもっているのではなく、この国の社会に生きているのである。われわれは、テロリズムの厳し

民主主義のジレンマ　219

い現実を認識している。この判決がテロリストおよびテロリズムに適切なやり方で対処する能力を殺ぐという懸念が、われわれを苦しめている。しかしながら、われわれは判事である」[309]

攻撃的対テロ行動のジレンマ

民主主義のジレンマは、国家のカウンター・テロリズム戦略の一環である攻撃行動にも見られる。攻撃行動とは、こちらからテロリストの本拠地やテロを準備する場所に乗り込み、攻撃することを指す。攻撃行動は、倫理的・道徳的問題にかかわる傾向がある。とくにテロに直接関係していない人々に被害が及んでしまった時や攻撃行動が外国の主権を侵害する時、あるいは国際法と一般に受け入れられている法規範に違反する場合に当てはまる。

（1）テロリズムにかかわりのない人（付近の一般住民、通行人その他）に対する巻き添え被害

空爆、砲撃などを含めてほとんどの攻撃行動は、本質的にテロとは無関係の人々に被害の及ぼす可能性がある。とくに攻撃のターゲットが人口密集地にある場合、すなわちテロリスト、あるいはテロ組織の施設が一般住民の居住地域の中や近くに存在すると、巻き添え被害が出る可能性が高まる。一般住民に対する被害が大きくなればなるほど、攻撃行動の正当性は低くなる。

ターナーによると、カウンター・テロリズムは攻撃対象の選択があいまいになり任意性が強くなってくると、それ自体がテロリズムの性格を帯びてくる。[310] テロ組織の多くが基地や爆発物保管所、または作戦司令部を人口密集地の中に置くのは、まさにそのためである。テロリストにとっては、一般住民の死亡が増えれば増えるほど良い。難民キャンプ、学校、病院などがテロリストの組織化と活動のカバーによく選ばれる。

攻撃行動の副産物として一般住民に死傷者が出るのは、テロ組織にとっては都合が良い。攻撃してきた国のイメージが悪くなるし、国際世論から非難の集中砲火を浴びるかもしれない。それが高じて、悪くすると国際社

会から制裁を受ける可能性も出てくる。

　人口密集地の住民の多くは、政治的に無関係であり、せいぜい消極的な支持をテロ組織に与える程度だが、攻撃してきた国に対しては悪の権化のような感情を抱くようになる。また攻撃行動を行なった国でも、国民の間でそういった攻撃の正当性や有効性を問う論争を巻き起こし、それが政治的分裂や闘争の大義を傷つける結果につながっていくかもしれない。

（2）認知されている法規範に違反する武力の行使
　近年、イスラエルの対テロ戦略の要のひとつとなっているものにターゲテッド・キリング（暗殺）がある。最近広く喧伝され、国際社会の批判にさらされている攻撃行動である。すでに前章で攻撃行動、とくにターゲテッド・キリングに関する規範上・倫理上の問題を論じた。反対派は、ターゲテッド・キリングは裁判なしでの死刑判決を下すのも同然の行為で、法規範を侵害すると主張している（この問題については第5章を参照）。

（3）外国の主権侵害
　多くのテロリストが第三国の領内に潜伏している。その第三国の事情はいろいろである。テロ組織のスポンサーになっている国もあれば、排除する力がないので目をつぶっている国もある。そのためテロ攻撃を受けている国は、その潜伏国に侵入して攻撃行動を行なう必要が、時にはある。このような行動は、その国に対する不法侵略行為と見なされるかもしれず、深刻な国際的批判に見舞われる恐れがある。

テロ組織に対する攻撃行動は許される
　攻撃行動を行なう国に対する前述の3つの批判には、テロに絶対妥協しないという幅広い国際戦線を形成し、共通認識で固く結束する必要がある。テロリズムは、規範的な国際ルールを露骨に侵害しているのであり、2001年9月11日以降、世界全体の直接的かつ重大な脅威になっている。
　テロ組織は人口密集地に基地を作り、一般の人々を「人間の盾」として使う。市民の命はテロ組織に握られている。住民がターゲットになってし

まうような地域内に軍事・テロ基地をおくことは禁止しなければならず、この基地に対する攻撃で生じる巻き添え被害は、テロ組織の責任であることも明確にしなければならない。このような明確な宣言が住民に対して圧力として作用し、人口密集地でのテロ組織の施設作りに住民が反対するという可能性が期待できる。

　テロ組織に対する攻撃行動は許される——これは、国家に対するテロ組織の攻撃を未然に阻止するための先制攻撃であり、自衛行動の一環として考えるべきである。しかし、自衛であっても、国家はいくつかのルールを守らなければならない。それには民間人に対する意図的攻撃の回避、またテロ組織にダメージを与える必要性と、周辺のテロとは無関係の住民が巻き添え被害に遭う可能性とのバランスをとることなどが含まれる。換言すれば、国家は予想される巻き添え被害を最小限におさえる攻撃方法を選択しなければならない。

　第三国の主権侵害に関しては、その国がテロリズムを支援し、あるいは自国領内でのテロ組織の活動に目をつぶり、警告され、取り締まりを要請されてもそれに応じない場合、その領内のテロ組織に対する攻撃行動は、前述のように自衛行動の一環として認められ、合法的と見なされる。

防御的民主主義のジレンマ

　防御行動は、それが受け身的行動で、個人と共同体の持つ自衛権の範囲内と考えられるならば、表面上は自由民主主義の価値観を危うくすることはない。しかし、現実にはイスラエルのケースに見られるように、テロリズムに対する防御行動の中には、社会の個人と集団の権利を侵害し、市民に規制を課すものがある。通常、これらは警官や警備員が、テロリストを発見したり、その携帯品を調べたり、ターゲット・エリアに侵入させない、といった基本任務に必要なことである。

　群集の中にいるひとりのテロリストを見つけ出すのは、干し草の山から1本の針を探すようなもので、まさに至難の業である。大勢の人を対象にしたセキュリティ・チェックが必要となる。防御行動に関する民主主義のジレンマは、次のいくつかのレベルで表出する。

（1）身分証明の必要性

　テロリストの攻撃と戦う国家は、やむを得ず通行人の身分確認を行なう。場所としてはチェックポイント、人口密集地や重要施設への出入口、あるいはハイウェーでの随時検問などがある。身分確認は極めて重要であり、その反面、個人の公民権を規制することになる。さらにテロリストは、特定の部族、宗教集団、あるいは少数民族に所属している場合が多く、同じ国内でもほかの集団構成員に対するよりもチェックが厳しくなるであろう。そのような疑惑が、容疑者の民族的プロファイルの一部として、外見上あるいは身体上の識別サインを含む時、その国の自由民主主義の価値観がそこなわれる恐れが生じる。

（2）個人の着衣と所持品の検査

　テロと戦う国家の市民は、ショッピング・モール、劇場、集会場、空港など人が大勢集まる場所で、バッグその他所持品の検査を受け、中身を調べられる。明らかにプライバシーの侵害となる。時にはその侵害がさらに大きくなる場合がある。たとえば着用衣類のチェック、あるいは身体的検査である。嫌疑を受けた人はともかく一般人も例外なくセキュリティ・チェックの対象になる。

　技術革新により金属類は金属探知機、爆薬はスニッファー（匂いセンサー）などでチェックできるようになり、侵害の程度は小さくなっている。しかし、セキュリティ・チェックと技術だけに頼ってばかりはいられない。不審物と不審者の識別は、訓練を受けた専門の警備員にまさるものはない。技術自体が個人のプライバシーを侵害する恐れもある。たとえば、透過性映像技術を使えばハンドバッグの中身がわかるだけでなく体型や身体の局部も見えてしまう。

（3）治安負担に耐える義務

　テロリズムと戦う国家の市民は、治安維持コストの負担を求められることが往々にしてある。治安および対テロ活動の経費確保のため、特別税が

課せられるかもしれない。これを直接負担とすれば、間接負担もある。たとえば、商店主が治安対策費の負担を求められ、その財政負担分を値上げの形で顧客に負担させるやり方である。イスラエルのように、市民が治安活動への参加を求められる場合もある。学校や幼稚園のような施設の警備である。これは、市民防衛隊のようなボランティア団体ではなく、緊急法や行政令が発せられ市民の義務となる。

　治安上の防御行動にともなう自由民主主義の価値観に対する侵害は、テロ対策上の民主主義のジレンマを象徴する。つまり、自由民主主義の価値観を侵害しなければ、効果的なテロ防止は難しいということである。その侵害ゆえに、攻撃行動に対して大きな批判を受けるが、これは自由の価値観と規範にかかわる。一方、攻撃行動の場合、人命を救うための必要性と義務を否定できる者は誰もいないことを考えると、批判的な人でさえ、このような対策の中止を国に要求するのは難しい。

　防御行動にかかわる民主主義のジレンマは、すべての対テロ活動に共通するが、民主主義の価値観に対する侵害でもある。政策決定者は、対テロ手段の実施を決定するにあたり、攻撃・防御いずれの行動をとる場合でも、自由の価値観が侵害される可能のあることを認識しなければならない。だが、相応の理由があるからといって、攻撃・防御の行動を排除することにはならない。問題は、行動が価値観に与える侵害の程度、行動の有効性、あるいは代替案でどのくらい侵害度を小さくできるかなどである。

テロ対策決定の指針

　カウンター・テロリズムの実施にあたり、それがどの程度、民主主義の領域に侵入してくるか、モデル（図6-1）を使って予想できる。「まったく侵害なし」から「無辜の市民に対する身体的損傷あり」まであり、右へ行くに従って侵害度が大きくなる。すなわち、適正なる統治ルールに対する侵害（法手続きに対する侵害を含む）、国際法に抵触する行動、当該国家の法律違反になる行動、自由民主主義の価値観侵害（たとえばマイノリティの権利、市民的権利など）、人間の基本的な自由の侵害（表現の自

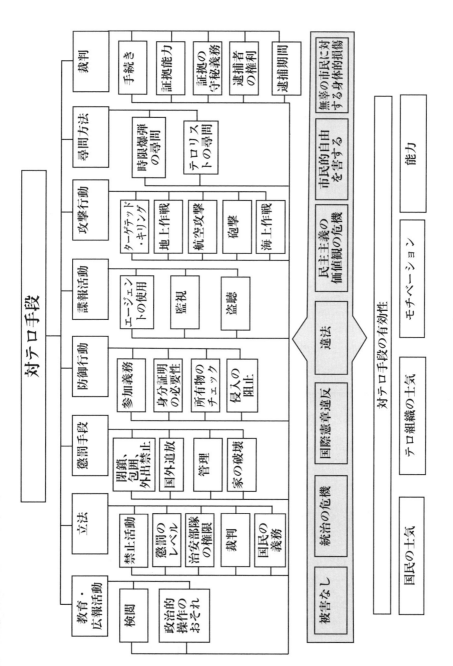

図6-1 民主主義のジレンマの指標

民主主義のジレンマ　225

由、移動、集会の権利、財産所有の権利、財産を守る権利、人間の尊厳など）、そして最後に「無辜の市民に対する身体的損傷」（すなわちテロ活動に関与していない人に対する物理的危害）がくる。

ケースによって、指標が重複する場合やひとつだけのこともある。民主主義の領域において、テロ対策の手段として使われるものに、情報収集活動、防御的ないしは攻撃的方策、処罰などの法的処置などがあるが、その投入によって生じる侵害の深刻度は、次のパラメーターで定義する。すなわち、侵害の性格（深刻度の程度）、手段投入によって影響を受ける指標の数、侵害の頻度と範囲（この行動で何人がどれほどの繰り返しで侵害されるか）である。

提案したモデルは、質的モデルである。政策決定者が、民主主義の領域への侵害を最小限にしようと願いながら、対テロ活動のタイプを選択する際にこのモデルを使うことができる。ここで強調しておかねばならないが、各テロ対策によって生じる絶対的侵害に関する厳格なルールを決めるのは難しく、テロ対策のタイプに関して決定が必要な時には、このモデルをベースにして、新しい倫理・道徳的評価を作るべきである。

この再評価は、支配的な状況、脅威の深刻度、そしてモデルに従った場合に予期される侵害を考慮して行なわれるべきである。政策決定者が理解しておかねばならないのは、先の指標は民主主義のジレンマ方程式で、負の側面（コスト）を示しているということである。この計算にはもちろん正の側面もある。期待される成果、すなわちテロ対策の効果である。

カウンター・テロリズムのルール

民主主義のジレンマを要約すれば、民主主義国家においてテロ対策に影響を及ぼす基本的問題のひとつ、ということである。テロ組織は、さまざまなテロ対策を投入する際に生じる倫理的・道徳的ジレンマを知っており、策を弄してこのジレンマを高め、相手政府の合法性を傷つけようとする。

前述のように、問題は自由民主主義の価値観をあまり侵害することなく、テロ組織を制圧する戦いができるかどうかだ。その答えはイエスであ

る。もちろん容易にできることではないが、統治と倫理上のジレンマに直面する状況で最良の戦いは、各ジレンマの両極端のバランスをとることである（図6-2参照）。

イスラエルはテロリズム対処において経験の蓄積があり、民主主義のジレンマからくる侵害を可能な限り少なくする努力もしてきた。このような事情を前提として、われわれは次のような対テロ行動のルールを提案する。

（1）統治責任

政府は、法の範囲内であらゆる手段を尽して、国民の生命と生活を守ることを明確にしなければならない。緊急性を帯び、かつ執拗な状況からテロと戦わなければならず、それが法に抵触する可能性があれば、政府は前

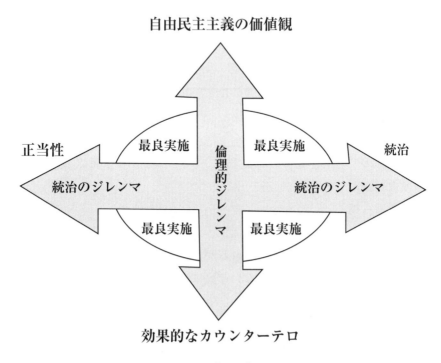

図6-2 民主主義のジレンマの指標

述の指標に従って法を改正する努力をしなければならない。いずれにせよ、どのテロ対策であっても、法を破ってはならない。

（2）緊急法

　自由民主主義の価値観と相容れないおそれのあるカウンター・テロリズムの緊急法を、議会の圧倒的多数で採択しなければならない。このような緊急法は時間限定の臨時立法とし、期限がくれば自動的に失効する。その緊急法には、いつ、いかなる場合にこの法が適用されるかについての条項、そしてその実施を統制する独立監督機関の設置が含まれなければならない。緊急法は、通常の法で十分な場合には極力その適用を控える（この問題の詳しい検討は第7章を参照）。

（3）統制

　すべての治安機関は、常時かつ臨機に政府の法務の監督を受けることを明記しなければならない。

（4）法令審査

　国家のテロ対策の一環として実施される作戦は、すべて（裁判所による）審査の対象になることを決めておかなければならない。[311]

（5）賠償

　テロ対策上の活動によって傷ついたと思う者は、裁判所を通して補償を求める権利がある。

（6）テロ組織の定義

　テロ組織のリスト作成にあたっては、十分にして明確な定義をしなければならない。

（7）攻撃行動

　攻撃行動には、テロ攻撃の事前阻止、テロ組織の活動妨害、組織インフラの破壊、組織化の防止など含まれるが、純粋に処罰的なものではない。治安部隊は、テロに関与していない市民に対する巻き添え被害を最小限におさえる方法や手段を選択し、投入しなければならない。

（8）情報収集

　市民的権利を侵害しかねない方法（内偵、監視、盗聴など）による情報収集の許可は判事が出し、事前承認のみであることを明記しなければなら

ない。

（9）起訴手続き

犯罪容疑者に適用されるものとは異なる起訴手続きの設定が必要な場合、逮捕の瞬間からその過程をモニターする外部の独立機関が任命されなければならない。

（10）尋問法

法の範囲内で各種の尋問方法が確立されなければならない。それと同時に、違反防止のため、監督メカニズムの導入も必要である（この監督はテクニカルなものでもよい。また容疑者に知られることがなくても、尋問課程をモニターする独立機関によるものとする）。「時限爆弾」的状況に対しては、独立した特別委員会と議会の監督を条件として、特別の尋問方式を導入しなければならない。その趣旨は、拷問ではなく、進歩した尋問技術の使用にある。

（11）行政刑罰

各タイプの行政刑罰は、すべて裁判所による法令審査の対象にならなければならない。処罰を正当化する証拠資料には、容疑者やその弁護人に明かすことのできない、特定の人だけに限定される情報も含まれる。官選弁護士局内に、機密情報取り扱い許可を持つ特別課を設けることも考慮する。その課が資料を検討し、その有効性に関して、知識・経験に基づく意見を容疑者や弁護人に知らせることなく、判事に提出する（第7章参照）。

（12）集団懲罰

集団懲罰は避けなければならない。テロリスト自身を超えたインパクトを持つ行動（封鎖、外出禁止令、包囲など）は、処罰目的ではなく、特定の作戦目的に限り、期間限定で実行しなければならない（本件に関する検討は第7章を参照）。

（13）防御対策

市民的権利を侵害するおそれのある治安および防御対策は、できるだけやらないようにする。それでもこのような対策が必要な場合は、議会の承認を受けなければならない、いずれにせよ、治安対策上必要な制約は、一

民主主義のジレンマ　229

般社会内のマイノリティ集団を狙い撃ちするものであってはならない。しかし、広範囲にわたる容疑者への調査は、必要とあれば避けてはならない。対象が部族、国籍、宗教などを共同分母とする場合でも然りである。

(14) 検閲

テロ攻撃に関するメディアの報道は検閲してはならないが、メディアはテロリストに利用されないよう、プロとしての振る舞いが求められ、その行動のルール作りが期待される。メディアが自ら進んでこれができない場合、この方向へ動くよう世論の圧力が必要である（第8章参照）。

第7章　対テロ立法と処罰のジレンマ

対テロ立法に取り組んできた英国

　対テロ戦争における最も厄介な問題のひとつは、民主主義のジレンマと密接に関連する立法の問題——つまり、テロ対策を促進し、それを有効ならしめるための特別法を通過させることである。実際には、そのような法律は緊急事態法あるいは特別法規として制定されてきたのが普通であり、これまで生じてきた必要性や、特定のテロ対策を実施するには法的基盤が必要だとする治安機関からの要請に応えるものである。これら対テロ法や規制は次のような下位規範グループに分類することができる（図7-1参照）。

- テロリズムを禁止する立法——テロリズムとテロ組織を定義し、テロ組織への参加やテロ活動、テロリズムへの援助、支援、助長、一体化、そのような行為の遂行を扇動することを禁止する法律
- テロ容疑者を起訴するための特殊な法的妥協を規制する立法
- テロ関連犯罪に科される刑罰の類型と刑の軽重を定義し、これらの犯罪で有罪になった者への最低限の処罰を定める立法
- 対テロ戦争への参加を一般人に求める立法——特別な防護組織、治安のための経費の財源となる税金の徴収など、治安・防護手段に費用を支払うかまたは参加することを義務づける法律
- 対テロ手段との関連内において治安機関の権限を規定する立法——捜索、監視、盗聴などの権限

　テロ対策に取り組んでいる世界中の国家は、テロ活動とテロ攻撃実行者

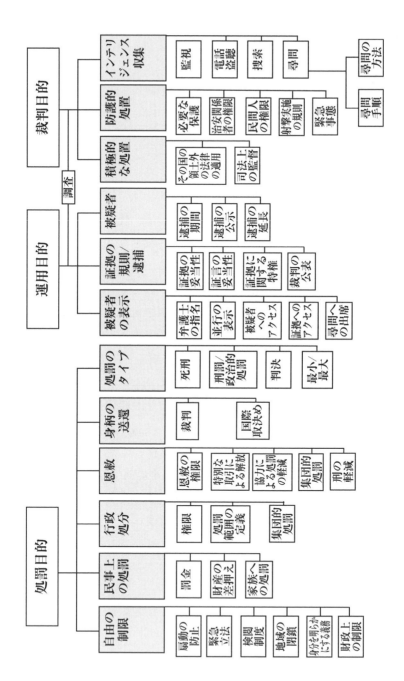

図7-1 対テロリズムに関する立法

に対する多種多様な法律を制定してきた。それらは、緊急事態と軍政の宣言に始まり、対テロ立法および法執行機関の権限強化、テロリズムに対する処罰政策の強化、テロ活動被疑者の権利の制限などを経て、最終的には、テロリズム関連の万事における法的証拠に求められる許容条件の緩和にまでいたる。

　これに関して、ホフマンとモリソンは、テロリズムの分野における特殊立法として「悔悛法（Penitence law）」を指摘している。このタイプの法律はイタリア、イギリスその他の国々で制定済みであり、その趣旨は、「後悔しているテロリスト」、つまり治安機関に自首し、仲間をこれに引き渡し、法廷でテロリストに不利な証言をする意志を持つテロリストに対して寛容を示すこと、すなわち処罰を制限することである。これらの法律は一様に効果を上げているわけではなく、比較的に有効な場合もあるとはいえ、たとえば英国においては、効果がないどころか有害であることさえ明らかになっている。

　対テロ立法に取り組んできた最も注目すべき国家のひとつが英国であることは事実である。この国は長年にわたってアイルランドによるテロ活動に対抗するために厳しい法令を成立させてきた。たとえば、1971年にはテロ活動に関与していることが疑われた者は、裁判所の礼状なしで拘束できるように治安機関の権限が拡大されたが、この措置は失敗に終わり、結局は施行からわずか7カ月後に停止された。同様に、味方に不利な証言をすることに同意するテロリスト（協力者）を利用しようとしたが、これも失敗に終わった（「スーパーグラス」として知られる裁判）。

　北アイルランド法（1973年）とテロリズム予防法（1974年）の緊急立法では、テロリストの裁判をひとりの上級裁判官で行ない、陪審員による裁判は行なわれないことが定められた。警察官には令状なしで容疑者を最大7日間拘束する権限が与えられ、軍の兵士には合理的な理由がなくても、所持品検査をする権限が与えられた。

　イギリスは1975年、死者21人を出したバーミンガム大規模テロ攻撃のあとに「テロリスト予防法」の改正を成立させた。この改正により、とくにテロリズムへの関与と支援が疑われる者を国外に追放する権限が内務大臣

に与えられた。さらに、立証責任は国ではなく被告人が負うことになった[314]。イギリス政府は1988年には、被疑者の黙秘権を取り消すよう法律を改正する提案を行なった。この改正に関し、当時の内務大臣ダグラス・ハードは次のとおり述べている。

「民主的な政府は、民主主義の敵を相手にする時であっても、この種の措置を提案するには事前に熟慮に熟慮を重ねなければならない。われわれはそうした。われわれの結論は、殺人者のエンジンを動かす燃料を特定し、それを停止させるのに必要な権限を裁判所から取り上げてはならないということだ」[315]

対テロ法が抱える問題

1989年には、あらゆる法律の中でもおそらく最も影響力が大きな法律が制定された。メディアがテロリストとその支援者にインタビューすることを禁じたのである。これと同時に、テロ組織に役立つと考えられる銀行口座の差し押さえを可能にする法律が成立した[316]。

ホフマンとモリソンは、緊急立法と広範な対テロ法に関連する問題の例証としてイギリスの例を挙げており、そのような立法が乱用された場合の危険性も示している。彼らによると、これらの法律に基づいて1975年から80年までに4245人が逮捕されたという。その中で国外追放されたのは205人のみで、381人は内務大臣に提出された申請手段によって勾留され、46人が法律に定められている罪で起訴され、さらに187人がほかの犯罪行為によって起訴された[317]。勾留者の大部分は有罪を宣告されることなく、有責性も立証されなかった。イギリスの法制度でさえ、テロ被疑者の勾留、尋問、処罰に関する厳格な立法政策については批判的だった。

イギリスでは1981年に最高裁裁判官ハリー・ベネットが作成した「ベネット・レポート」において、暴力的な尋問法に対して厳しい批判が向けられると、大きな変化が起きた。前述したように、イギリスでとられた手段の中には効果がなく、有害であることが明らかになっているものもある。スーパーグラス裁判と並行して、英国の治安機関はＩＲＡに関するインテリジェンス情報を入手すべく若いアイルランド人を逮捕し、情報を提供す

れば身柄を解放して起訴を取り下げると圧力を加えようとした。情報提供を拒むならイギリスに協力しているという噂――命が危険にさらされかねない噂――を広めると被疑者が脅されたこともあった。この種の情報を使用することは政府の正当性を危機にさらし、実際にはＩＲＡを助けることになった。[318]

アメリカにおける法的状況は英国とは異なっていた。1986年の包括的テロ対策法では、海外でのアメリカ市民に対するテロ攻撃は連邦犯罪と見なされ、容疑者を国外で逮捕してアメリカの裁判所で裁判にかけることができるとされている。米国の裁判所は通常、被疑者がどのようにして出廷させられたかについて問題としない。

パトリック・クローソンは、ＦＢＩがレバノン沿岸沖の公海上にテロリストのファイエズ・ユナスを誘い出して逮捕するため、与えられた権限を拡大行使した例を挙げている。クローソンによると、アメリカでテロリズムと法的に対峙する際の大きな問題は、米国で認められる厳しい基準に従いながら、テロ容疑者に対する証拠を検証する必要がある点だった。被疑者弁護人には、たとえ情報源と情報収集法が暴露され、国益を損なうおそれがあっても、証拠の検証を行なう権利があったのである。[319]こうした状況が変化したのは、2001年9月11日の同時テロ攻撃後だった。この年には「愛国者法」が米議会を通過し、国内外のテロリズムの脅威に対処する米治安機関の能力を拡大すべく、以前にはなかった多くの権限が実質的に付与されたのである。

イタリアとドイツの対テロ法

セトン-ワトソンは、イタリアの関係当局と政党はほかの西ヨーロッパ諸国と比較してテロリズムの重大性を認識するのが遅かったが、ある分野では非常にすばやく反応したと述べている――すなわち立法の分野である。[320]同国では1975年5月22日に成立した公序法第152号よって、警察官が令状なしに捜査を実施することが可能になり、市民がヘルメットまたはマスクなどを着用してデモに参加することを禁止できるようになった。

アルド・モーロが誘拐、殺害されたあとの1978年にはさらなる法律が成

立し、テロ目的のための誘拐および脅迫、とくに人質が拘束中に死亡した場合には刑が重くなった。その一方で、共犯の証言者になったり、テロリズムへの関与に反省の意を表したり、人質の解放を助けるなどしたテロリストには処罰が軽減されることになった。この法律により、下級裁判官が文書によらず口頭で電話の盗聴を承認することができるようにもなった。

　一連の激しいテロ攻撃のあとの1979年12月、イタリアでは別の法律が成立し、警察官が「治安維持上の理由」から被疑者を逮捕できるようになり、テロリズムに関与している「合理的な疑い」があれば令状なしに捜査を実施することが許可された。しかし、「赤い旅団」のテロ活動をやめさせるうえでいちばん役に立った法律が、1982年3月に成立した法律第304号だったことは明らかである。この法律は、悔悛の意を示したテロリスト（pentitiと呼ばれていた）に恩恵と寛大な措置を付与するものだった。同法律では、テロ組織に加盟していたことを罰しないのみならず、当局に自首したテロリストには実刑を科すことが必須ではない旨が定められた。

　この法律により、関係当局に協力することを選んだ刑務所内のテロリストについては刑期が大幅に短縮できるようになった。協力したテロリストは処遇が改善され、復讐から守られるようになった。イタリアの「赤い旅団」との対テロ戦で大いに役立ったこの法律は、テロリストに関する処罰政策を練り上げるのがいかに複雑であるかを示す実例といえる。なぜならイギリスでは同様の政策が惨めにも失敗し、対テロ活動に途方もない害をもたらしたからである。これらの法的手段の成功度がさまざまであるのは、米英が社会的・文化的に違い、手段が採用される環境に差違があるためである。

　ドイツにおいても治安機関は法律に基づいて対テロ戦略を拡大し、効果を上げてきた。1971年、ドイツでひとつの法律が成立し、ハイジャックと人質殺害に対する刑が重くなった。1974年には、被告人が欠席しても裁判を実施することが可能になり、1976年には重大な暴力犯罪を支援または助長することを禁止する法律が制定された。またこの法律は、被弁護人が起訴されている犯罪に弁護士が関与していることが疑われる場合、この弁護士が代理を務めること、あるいは同じ犯罪で起訴されている複数人の代理

を務めることを禁じている。

　実業家でドイツ経営者連盟会長のハンス・マルチン・シュライヤーが誘拐されたあと、同国では緊急法が成立し、治安機関が住宅地域で捜査できるようになるとともに、身分を明らかにするよう市民に要求できるようになった。1986年には、テロリストを追跡するためのデータベースを作成するため、ドイツ国内における人的移動に関する情報収集を可能とする法律が成立した。[322]

イスラエルの対テロ法

　イスラエルでは、立法に関する民主主義のジレンマは主に緊急事態立法に集約される。現にイスラエルには3種類の緊急事態法があり、それぞれが別個の立法実体を出所としている。すなわち、1）強行法緊急立法（国防〔緊急事態〕法規、1945）、2）行政立法（法律および秩序令708-1948の第9節に基づいて政府閣僚が3カ月間制定する緊急立法）、3）クネセット立法（期限付き、あるいは緊急事態の継続によって決まる一次立法）である。[323]

　テロリズムに関連する立法の主たる典拠は、国防（緊急事態）法規、テロリズム防止法（以後、単に「法」と称する）および刑事法、とくに刑法である。[324]

　この「法」は、イスラエル建国（1948年）時に建国前の強行法の形で成立したもので、それ以降もかなりの修正と変更が加えられて効力を維持してきた。[325]ガッド・バルズィライによれば、「法」は新政府によって1948年に一手段として行使されたものだが、その主たる目的は、国家の権限を受け入れない地下運動（とくに「シュテルン団」——「レヒ〔イスラエル解放戦士団〕」）を制限することと、IDF（イスラエル国防軍）と治安機関の武力を国家と政党の統制下に集中すべく、地下運動を非合法化するのに役立てることだった。[326]

　バルズィライは、「法」に関して次のふたつの大きな問題点を指摘している。そのひとつは、特定の集団がテロ組織を形成していると断定する特権を「法」が国に付与することで、この特権に対しては抗告がほとんどな

い、あるいは撤回の可能性がほとんどなく、ふたつ目は、テロリズムとテロ組織の関係者のみならず、テロ組織に支援、共感、一体化する者、あるいはテロ組織を鼓舞する者に対して「法」を広範に規範的適用することである。バルズィライは「法」が政治目的に利用された事例を提示している（なかでも1986年に同法が修正されたことと、イスラエル人がＰＬＯと会合することが禁止されたことによって政治利用された）。

　国防（緊急事態）法規に関しては、多くの研究者が次のような事実を批判している。イスラエルは独立以来、強行法規に代わる一次法規を成立させることなく、時勢と要件に合わせるべく追加修正して適用する方法を選んできたという事実である。この関連でツールは、イギリスではとうの昔に廃止されてほかの法律に取って代わった国防（緊急事態）法規には、治安上の必要性と人権のバランスがなく、当該法規の効力によって付与される権力の乱用を防止する審査メカニズムもないと述べている。

　基本法のいくつか、とくに人間の尊厳および自由に関する基本法が成立しても、行政府の権限が弱まることはなかった。それは、この法の諸規定を支持することに関する条項のためだった。同条項は、基本法より前に制定された国防（緊急事態）法規などの法令の適法性は諸基本法の基準に耐えられない、と事実上明記していた（これらの解釈は諸基本法の精神内にはあったであろうが）。

　バルズィライは、批判すべきはイスラエルの政治システムだけでなく、いつもテロリズム防止法の解釈など、治安上の事項に関する治安機関の見解に介入するのを避けている司法システムも批判されるべきだと主張する。

　「制限や問題が多々あるリベラルな対話は、テロリズム防止法の入り口で止まってしまう。最高裁判所は口をはさもうとしない……しかもイスラエルにおけるユダヤ人世論は、治安に関する事項では真の司法上の監視に反対する傾向があり、エリートと世論は、『テロリズム』と定義される事柄に司法が口出しすることに反対してきた」

　バルズィライによれば、テロリズムを防止する円滑な立法機構を育成する代わりに寛容の文化を進化させるべきであり、そうすれば、テロ組織が

民主主義国で勢力を拡大したり活動したりすることが必然的に困難になるという。
(331)

バルズィライと正反対の立場にあったイツハク・ラビン首相は、1993年3月に開催されたクネセットの外交・安全保障委員会の会合において、国防（緊急事態）法規は複雑であり、この法規によって治安機関の行動が制約されていると述べた。ラビン首相はさらに、最高裁が治安上の事項に介入していることにも抗議し、介入する能力を制限する立法まで要求したのだった。

テロ資金の没収

テロリズムを阻止・防止するために法律を適用するうえで厄介なもののひとつが、テロ組織に流れる資金の没収の問題である。現代では、テロ組織を運営し、活動を維持するには広範な経済基盤が必要とされる。パレスチナ・テロ組織の大部分は、「職業テロリスト」からなる管理運営・指揮ネットワークを維持しており、イデオロギー上の観点から活動している一方、こうした活動によって生活費も稼いでいる。パレスチナ・テロ組織の中でも、とくにPLOは1970年代から80年代にかけ、レバノンその他の場所で、彼らなりの「軍部隊」の枠組みで数百──場合によっては数千──の構成員からなる大規模ネットワークを維持し、メンバーに月給を支払っていた。給料のほかにも、当然のことながらテロ組織はインフラの購入・建設、武器の調達、メンバーの養成・訓練、テロ活動の実行などに多額の資金を必要とする。したがって、テロ組織に対処するうえで最も効果的な手段のひとつは、組織への資金の流入を阻止するか、せめてそれを妨害することである。

これまで述べたように、こうした活動には一定の立法と国際的な協力が必要である（テロリストが資金を送金・浄化するのに西側の銀行を使用し、銀行は取引客の秘密を守ろうとする傾向にある事実を考えれば、とくにそうである）。イスラエル国防（緊急事態）法規の規定第74（2）は、治安関連犯罪の実行にかかわりのあるいかなる物件の没収──実際には要求さえ──も許可している（ここでの説明上、「物件」を資金ということ

対テロ立法と処罰のジレンマ　239

もできる）。また、刑法第32〜39条は、治安関連犯罪では資産を没収することもできるとしているが、ここでは資産の没収は必要条件ではない。いずれにせよ、共犯者ではない資産所有権者には、没収の取り消しを裁判所に訴える権利がある。(333)

したがって治安機関は、治安関連犯罪とテロリズムが発生した際に財物没収という制裁を行使することが、この法によって許可されているのである。問題の資金と資産が、表向きは人道的活動もしているテロ組織に属し、その組織の合法的な活動によってテロ組織への規則的あるいは一時的な資金援助が隠されており、合法的な手段を使ってそのことを把握・立証するのが困難である場合に問題が生じる。このため政府は1989年5月、「テロ組織、テロ活動あるいはテロリズムの助成」に関連する財物の没収を可能にする改正テロリズム防止法案を議会に提出した。

この法案の狙いは、テロリストとその家族に送金するための隠れ蓑になっている、主として東エルサレムにある慈善、福祉、保健団体に属する資金および資産の没収を可能にすることだった。この法案では、裁判所はこの犯罪に関する訴訟においては通常の証拠規則に従うことなく証拠に関して特権を行使でき、証拠を被告人またはその弁護人に示さないでも良いことになっていた。

当時の治安相ダン・メリドールは、この法案を議会の第一議会に提示するにあたり、「心が重く」、このような法案を提出するのは「緊急事態の結果ではあるが、1948年の緊急事態宣言とは違い、最近ひどく悪化しつつある情勢のためである」と述べている。(334)

範囲限定のテロリズム防止立法

立法上のジレンマは、本書で論じるもうひとつの問題であるテロリズムの定義とも関連する（第1章参照）。「テロリズムは定義することができず、定義する必要もない」という考えは、「テロリストは『通常の』犯罪者による禁止行為――殺人、強盗、扇動、脅迫など――と同様どころか同一の行為を実行するので、テロリズムという現象を定義する必要がなくてもテロ活動を禁止できる」という主張でもある。

マフィアのボスを刑務所に入れるには脱税その他の重罪だけを根拠とすればよく、マフィアの活動に関与していることを立証する必要がないのと同じように、テロ行為を理由としてテロリストを社会から排除し、裁くこともできるというわけだ。したがって、ここでの論点は、さまざまな国で施行されている刑法は、「テロリズム」という用語を定義する必要がなくてもテロリストを裁判にかけるための法的要件に十分応えるものでなければならないということである。

　このアプローチはテロリズムを純粋に重大犯罪の類型のひとつとして扱うものであり、それを支持する者によれば、ある国の国内立法のみならず国際立法の枠組みにおいても有効である。このアプローチの提唱者は、国際協調を成し遂げるのにテロリズムの定義に関する国際合意を必要としないと考える。テロリストに対して行動し、これを捕らえて引き渡すそれぞれの国の義務は、国際基準のもとでそれ自体禁止されている罪を犯すことから生じる。つまり、このアプローチの支持者によると、犯罪分野に存在する各種条約がテロリストに帰せられる行為を禁止しているのだから、それだけで十分だということになる。せいぜい可能なのは、国際的な枠組み合意を発展拡大させ、自爆攻撃や航空機に対する射撃などの行為を含めることくらいである。いずれにせよ、こうした標準的な国際システムは、テロリズムという用語の定義に頼らなくとも、有効性を維持することが可能である。

　一方、このアプローチに反対する者は、仮にテロリストの行為が犯罪者のそれと同じであったとしても、テロ犯罪は本質において異なっており、社会全体に対する攻撃によって公衆を危険にさらし、世界全体の安定と安全に脅威を及ぼすおそれがあるため、犯罪行為よりもさらに重大であると主張する。この理由だけでも、テロリズムを「通常の犯罪」と区別し、国内と標準的な国際システムの両方において拘束力を持つ規範と禁止令を定義する特別立法を、テロリズムという現象に充てるべきだということになる。

　テロリズムを定義する際の問題に対して提案された解決法とある意味で似ているが、特定類型の戦争犯罪としてテロリズムに関連づける解決法は

立法上のジレンマも解決し、これらの両派でどちらかを選ぶとすれば、テロリズムを定義して異なった立法を行なうべきとするアプローチが優先されるように見える。

テロリズムはあらゆる点から見て戦争行為であるため、確立している刑事法と規範は戦争法規と同じようにはテロリズムに適用されない。このため、一見したところテロリズムは処罰できないが、テロリズムは戦争犯罪であって戦争法規に歴然と抵触するものであるため、戦争犯罪人を処罰するのと同様にテロリストを裁判にかけて処罰することができる。だが、そのためには、テロ行為とこの種の行為に関与した人々を裁判にかけて有罪にすることを可能にする具体的な国内外の法を明確にする必要がある。

対テロ緊急立法

緊急立法の問題は特定の立法のジレンマと直接的に関連がある。テロ行為に対する特別法などあってはならないと考える人々は、裁定当局がテロに対処する際は既存の法律の枠組み内で行動すべきであり、当該法律を変更して拡大する必要があるなら、緊急立法としてではなく、一次立法システムの一部としてなすべきであり、通常の立法手順に従ってこれを実施すべきだという意見が一般的である。

これとは対照的に、ほかの人々は、テロの脅威の重大性と問題の緊急性を考えると、政党や利益団体その他さまざまな組織間で数週間や数カ月もかかることがある政治的駆け引きのような悠長な手順は許されないと考える。テロの脅威には迅速な対応が必要であり、テロを撃退する重要な仕事に従事する人々には、効果的予防に必要とされるあらゆる法的手段を与えるべきである。そのために通常の立法手順を短縮したり回避したりする必要があったり、緊急立法と仮処分を用いたりすることが必要であるとする。

2001年9月11日のアメリカに対するテロ攻撃とそれに続く事件から明らかなように、国際テロリズムの脅威により、緊急立法によって治安・情報機関の権限を拡大する必要性を支持する人々の主張が強くなった。しかし、この種の立法の必要性を明確にすることと並行して、恣意的立法の危

険性を制限する規則を設けることが極めて重要であるように思える。恣意的立法は、当局によって緊急立法の本来の趣旨から逸脱した不法目的に利用されかねないし、成立の根拠となった問題が解消されたあとも長らく効力を維持しかねない。

したがって、この種の緊急立法は議会における絶対多数によってのみ成立しうるということと、事前に定められた一定の期間が過ぎたあとは、延長する決定が——いま一度、議会の絶対多数によって——行なわれないかぎり、自動的に失効するよう決めておくべきである。さらに、そのような立法が行政部と治安機関によってどのように執行されるかについて、議会の監視もなければならない。

テロ組織の非合法化

対テロ立法に関する主なジレンマのひとつはテロ組織の非合法化の問題であり、さまざまな国で何度も起きている。その一方で、そのような立法を支持する人々は、テロリズムの重大さと人命への危険性のため、この問題に抜本的に取り組むことと、可能な限り早い段階でそれを防止することが必要だと確信している。テロ組織が勢いと力を増すことは阻止しなくてはならず、それらの活動能力がまだ不十分で小さく一時的な段階にあり、支持者や同調者の数が限られているうちに防止しなければならない。

したがって、自らの目的を達成するために民間人に暴力を行使することが組織のメンバーの政治的傾向であると判明したら、できるだけ早くテロ組織として非合法化すべきである。このアプローチが想定するのは次の諸点、すなわち、テロ組織を非合法化することにより、1）危険思想を広めようとする組織のメンバーたちが自由かつ合法的に行動することを阻止し、2）テロ組織が財源その他の支援を得ることを阻止し、3）新メンバーをリクルートする能力を低下させ、4）テロ組織の指導者を合法的活動の枠組みに引き戻す、あるいは指導者を逃亡させて法から身を隠させること、である。

さらに、この考えはテロ組織を非合法化することで治安機関がテロリストを発見し、その活動を阻止することを容易にするということも考慮に入

れている。容易になる主な理由は、非合法化することで、テロ組織の目的は支持するが、そのためにトラブルに巻き込まれることを恐れている市民たちから支持、支援、庇護などが得られなくなるからである。この種の立法によって、テロ組織を非合法化する前には使えなかった法的処罰手段が使えるため、非合法テロ組織に対する治安機関の行動も容易になる。また、組織の活動から見せかけの合法性と正当性を取り除くことにもなる。

その一方で、テロ組織を非合法化してもテロリズムを阻止することが一層難しくなるだけだという意見の人もいる。彼らの意見によれば、非合法化によってテロ組織の活動家を地下に追いやり、公然の活動を妨げてしまい、治安機関が彼らの行動や動向、意図を追いにくくなるという。地下組織への潜入は、公然活動している開放的な組織に潜入するよりも大幅に困難となる。また非合法化は、テロ組織をさらに過激化させる原因にもなる。

すなわち、非合法化はすぐに暴力を行使しようとする過激論者の組織内における立場を強化し、組織の暴力活動を激化させることになる。現実には、非合法化された瞬間から組織のすべての資源が攻撃の計画と実行に向けられることになる。それまで合法的な非暴力活動の財源として使われていた資源ですら、それ以後はテロ活動に使用されることになる。非合法化することは組織やメンバーとの対話のチャンネルをすべて閉ざすことにもなり、テロ組織の態度をやわらげて紛争を平和裏に解決する可能性を阻害してしまう。

最後に、特定の組織を非合法化する特権を政府に認めてしまうと、与党が政治目的のためにこれを乱用しがちになり、政治的ライバルを無力化できるようになる。

このジレンマを解消するために、社会が受け入れがたい「極限状況」があるということは述べてもよいかもしれない。暴力が故意に民間人に行使されるのがまさにテロリズムであり、極限状況の一例である。テロ組織の政治的、社会的、経済的活動と、彼らが政治目的を達成するためにテロリズムを用いることの間に人為的な線引きをするのは、テロリストに利するだけである。というのも、テロリスト側は政治部門と軍事テロ部門を別個

に設立しようと急ぎ、両者の間にはなにも関係がないと主張し、彼らの称する「合法的な」政治部門の活動は禁止されるべきではないと言い張るようになるからである。組織を危険から遠ざけるため、テロリストの指導者が一見ふたつに分かれた組織を設けようとすることも時としてある。ひとつをテロリズムに専念させ、もう一方を正当な政界で活動させて議会選挙にすら参加させ、一挙両得を狙おうとするのだ。

　西側の重要国を含め、さまざまな国々は、このテロ組織の政治的、経済的、社会的な活動をテロ活動から分離するという罠に陥ることがよくある。これらの国々は、ある組織を社会的、政治的関与を理由としてテロ組織として認定しないし、テロ組織の政治部門の活動権利を認めることが多い。その最たる例がレバノンにおけるヒズボラ運動であり、これは1980年代に中東でイランのテロリズムの先鋒となった。

　ヒズボラは残忍なテロ攻撃を行なって米・仏・イスラエルなど多くの国で多数の死傷者を出し、ほかの多くのテロ組織、とくにパレスチナ人組織にとっての手本になるとともに、経済上、軍事上、作戦上、思想上の策源地の役目を果たしている。それと同時に、ヒズボラはレバノン国内で政治活動を行ない、そのメンバーがレバノンの国会議員に選出されたことさえある。こうした理由から、多くの国々は最近になってイギリスが口火を切るまで、ヒズボラをテロ組織と認定してそれなりに取り扱うことを、少なくとも表面的には控えてきた。[335]

　このタイプの組織を非合法化する必要性は頻繁に生じるし、その手順を不正に利用する危険性の背景事情に対抗するためにも、このような組織の違法性を宣言するには治安機関による緻密かつ合理的な申請を根拠とすると決めておくべきである。ただし、こうした行動の利点と欠点を事前にすべて考慮しておかなければならない。申請はすぐ国会に付託され、組織を非合法化する決定の副次的影響をすべて検討する。申請がその国の市民グループに関連し、国外のテロ・グループ（国際または外国テロ・グループ）とは無関係の場合、国会の絶対多数によってのみ承認すべきである。

　特定組織を非合法と宣告する決定を行なうには、前提必須条件として、ある団体をテロ組織として認定するための明確かつ確固とした基準を多々

設定しなければならない。言うまでもなく、これは「テロリズム」ついて合意された定義を根拠としなければならない。これらの基準は一次立法において定義され、これらの累積要素にすべて適合する組織は非合法化されるべきである。

公開裁判および証拠に関する特権

　公開裁判の原則が意図するところは、公正な裁判が行なわれることのみならず、裁判が監視されていることを保証することでもある。一般大衆は、法律が効率的かつ公正に、偏向も差別もなく執行されていることを知る必要がある。イスラエルにおいては「司法に関する基本法」第3条において、法によって例外が定められていない限り、あるいは法廷が法に基づいて例外を指示しない限り、法廷審問の公開の原則が定められている。

　モシェ・ネグビによると、イスラエルの立法者と裁判所は第3条の最終節を過剰利用してきており、法廷内で起きている出来事についての報道を非常に多くの裁判において妨げてきた。この関連においてネグビは裁判所法（総合版）第68条に触れている。同条は、国家安全保障を危険にさらすおそれのある裁判を含む広範な裁判において、裁判官に非公開法廷を開催する権限を与えている。

　治安問題全般、とくにテロリズム関連問題についての法廷審問に関するマスコミ報道の問題については、イスラエル最高裁で審理されたことがある。主たる不満は諮問委員会に向けられた。同委員会は1945年の国防（緊急）法規の規則第111（4）に基づいてパレスチナ人を占領地から追放する問題について審議すべく設立され、非公開で審議を行なった。最高裁判決第103/92号「ジョウアド・ボウルスほか対諮問委員会ほか」において、最高裁はこの諮問委員会の審議は特別な部分以外は非公開で行なわれるべきではないとおおむね上告人の主張を認める判決を下した。検察庁は、審問のためには特権を発動することが必要だったと主張した。その際の理由として挙げられたのが、次の諸点が困難だからということだった。すなわち、秩序を維持し、強制追放候補者を逮捕するための強制力を配分すること、審議に関心のある者全員を収容するに足るホールを見つけること、部

外者を軍施設内に入れるのを防ぐこと、である。しかし、これらすべての主張は、イスラエル最高裁が「われわれの司法制度における基本的価値」と規定する公開討論の原則に対抗するには不十分だった。

　テロ容疑者の審理期間中におけるもうひとつのタイプの特権は、証拠に関する特権、すなわち全部または一部を問わず、法廷に提出された罪証は被疑者または弁護人に検証させないという決定である。そのような特権を発動する理由は、証拠の情報源を保護したいからというのが一般的である。特定の裁判においては、情報を被疑者、または弁護人に知らせると情報源の生命や活動に危険をもたらすおそれがある。最高裁判決第672/88号「ムハンマド・アブドラ・アブ-ラブディ対西岸地区ＩＤＦ司令官」においては、追放令に反対する訴えに賛成の諮問委員会が証拠特権を発動する理由について説明した。その理由には、情報源の暴露の防止、あらゆるテロ組織への「情報漏洩」の防止、治安機関の活動手法の暴露の防止などが含まれていた。

　証拠に関する特権は、イスラエルではさまざまな法律に基づいて発動される傾向にある。実務上は、ふたつの公益の間で難しいバランスが必要とされる。この点についての説明は、最高裁判決第672/88号「ムハンマド・アブドラ・アブ-ラブディ対西岸地区ＩＤＦ司令官」におけるドブ・レビン裁判官の発言が秀逸である。

「……秘密資料を取り扱う際に法廷を導くべきこれらふたつの側面は、どちらも同じように重要である……われわれは、上告人が自らに関連する情報を入手するのを手助けすると同時に、政府が拠って立つ秘密情報源が暴露されるのを防ごうとしているのである……これら相矛盾する利益の間のバランスはもろく、傷つきやすくもある……したがって、細心の注意をもって秘密資料を取り扱い、その意味するところを理解し、特権付き証拠の中に存在する情報については、前述のリスクをもたらさない詳細部分のみを抑制的に公開できるようにすることが必要である」

　最高裁判決第19/86号「アズミ・アルショエビ博士ほか対ユダヤ・サマリア地区軍事監視員」では、ガブリエル・バック裁判官が次のように付け

対テロ立法と処罰のジレンマ　247

加えている。

「当人に不利となる証拠の公開に関する申請を却下するには、情報の公開に関連する証拠の暴露が秘密情報源を暴露してこれを危険に陥れるということを関係当局が真に恐れているということ、さらには、当局側のこうした恐れは不合理なものではないということを法廷が信じて疑わないことが必要なのである」[341]

証拠に関する特権の問題はテロ活動関連の犯罪に特有なものではないが、インテリジェンスがテロを防止するうえで不可欠であるという事実、そしてテロが大勢の人間の生命を脅かすために、この問題とこれらのふたつの間でバランスを見つける必要性が一層重要となるのである。

それゆえ、証拠に関する特権に反対する主張が提訴されると、最高裁は当事者双方に対し、最高裁の裁判官が秘密の証拠について調査し、それに特権を付与することが真に適切であるかを審査すると提案することが頻繁にある。しかし、最高裁側のこうした意欲も多くの場合、上告人側に拒否されるか、証拠の公開に関する審理は上訴自体を審理する裁判官合議体の一員ではない裁判官の前で行なわなければならないとする規定に触れてしまう。[342]

テロ関与被疑者の起訴

対テロ立法は、対テロ手段の法的かつ司法上の基礎を築くものであり、テロリストを処罰することは、法を執行し、テロ活動で有罪判決を受けた者を処罰することであるが、両者の間にはテロリズムへの関与が疑われる者を起訴するという厄介な問題がある。多くの国々（イギリス、スペイン、イタリアその他）では、その時々に法律が制定されてきており、特別手続きを設定したり、治安機関と検事がテロリストまたはテロ教唆被疑者を裁判に付しやすくしたりしてきた。こういった特別手続きは、容疑者が逮捕される瞬間から法廷で有罪を宣告されるまでの、起訴のあらゆる段階に関連するものであり、次の諸要素とも関係する。

• 勾留期間……特別手続きによれば、裁判所の延長許可を得る必要なしに

テロの被疑者を勾留できる期間は、通常の刑事事件で認められている期間よりも長いのが一般的である。
- 証拠の許容性……特別手続きは、適正な手続きに従って行なわれなかった盗聴、監視、捜索など、法律によって許可されていない方法で入手したテロ関連の罪証を提出できるようする傾向にある。
- 特権……公開裁判の原則とは対照的に、テロ容疑者の裁判中では一定の場合に特権が発動される。特権は裁判官に提出された証拠に関して発動されることが多く、したがって被告人と弁護人はこれを見ることが許されない。その他の事例では、被疑者が勾留されている事実と裁判が行なわれている事実を公開することに報道禁止令が課される。
- テロリズムに関与した疑いで勾留されている者の権利……テロ容疑者はほかの疑いで勾留されている者に認められる基本的権利、たとえば弁護士と接見する権利、電話で会話する権利などが否定されることがある。
- 法的手続き……特定の国においてはテロリストに対して特別な法的手続きが実施されている。たとえば、重大犯罪の場合に陪審員団の前で審問が行なわれることが一般的である国々が、こうした慣行から逸脱する決定を行ない、裁判官の前でテロリストを裁く決定がなされることもある。

特別な裁判手続きが必要であるとして治安部隊が挙げる理由には、次のようなものがある。
- テロ組織の違法活動に関する証拠を入手することの困難性……テロリストは秘密裡に地下で活動することが多く、組織内に潜入し、尾行し、違法活動の証拠を入手するのはとくに困難である。このような状況から特殊な手段が時として必要になり、起訴の必要条件の緩和が必要になる。
- 被疑者から注意喚起情報を入手する必要性……治安機関によると、このためには被疑者を裁判にかけることも弁護人への接見を許可することもなく、ある期間これを勾留することが必要となることがある。この心理的な圧力によって、被疑者の協力を誘うことができる場合がある。
- テロリズムの性質の重大性……テロリズムは重大な脅威をもたらすことから、被疑者の黙秘権を否定し、尋問中の黙秘をテロリズムへの関与の証

拠と見なす必要がある。換言すると、テロ活動の容疑者の黙秘は無実の訴えを実質的に否定するものである。
●情報源を保護する必要性……多くの場合、法廷に持ち込まれた証拠については特権を発動する必要があるが、その際の条件は、証拠を被疑者とその弁護士に明らかにすることによって情報源の生命または存在に危険を及ぼしかねない場合であり、これが人的情報源（ヒューミント）であるか通信情報（シギント）であるかを問わない。
●被疑者の仲間が地下に潜る懸念……この懸念のため、仲間が逮捕されるまで被疑者が勾留されている事実を隠すことが必要になる場合がある。
●テロリストによる復讐に対する裁判官および陪審員側の懸念……この懸念によって、テロリスト裁判の陪審員によって裁判が無効になったり、特別な裁判官が指名されたりすることがある。

立法上のジレンマの要約

　立法に関連する民主主義上のジレンマを解決する方法は、両極の立場——ひとつは対テロリズム特別立法にはなんの益もないとする立場で、もうひとつは既存の法律によってテロリズムの防止が妨げられていると主張する立場——の中間にあるように思える。

　対テロ特別立法を認めると、自由民主主義的価値と人間的自由、市民的自由に対する害となりかねないという議論を常に招くという事実に反論の余地はない。だが問題は、通常の刑事法の枠組み内でテロと戦えるかどうかである。テロリズムに特有の性格とそれがもたらす危険性によって、治安部隊が特別の対テロ手段を使用できるようにする立法が必要とされることはないのだろうか。

　ホフヌングは、治安上の問題における政策決定者の推論の道筋を考察するため、3つの基準を提案している。すなわち、1）どんな利益が守られるか。2）危険性はどれだけ深刻か。3）危険性はどれだけ差し迫っているか、である。彼によると、危険の大きさ、発生の可能性、その緊急度との間の相関関係が高ければ高いほど、危険性に対して加えられる制限の正当性が大きくなる[343]。

しかしながら、ホフヌングが提案した基準だけは十分ではないように思える。テロリズムの危険性に関連するあらゆる事項においては次の要素も考慮に入れることが必要である。すなわち、テロリズムの範囲、考えうる短・長期的な損害、テロリズムの特性、テロリズムが国と社会全体に及ぼす士気に対する物理的危険性と危害である。

　国家が大規模テロリズムに対処しなければならなくなった時は、特別な法的基盤を制定し、効果的に戦うために必要な措置（攻撃的、防御的、法的およびインテリジェンス）が講じられるようにしなければならない。しかし、このような重大な必要性が存在する場合ですら、立法は規模においても自由と民主主義の価値を傷つける程度においても、さらにまた継続期間においても制限されるべきである。立法は、テロに完全に打ち勝つにはこれで十分、あるいは少なくとも社会が機能を維持できる水準までテロの規模と損害を減らすのに十分だという見込みのもと、期間が限定されるべきである。

　とはいえ、暫定的な立法では十分とは言えない。緊急立法の一部として、治安機関の行動に対する司法および立法部門による監視が効果的に実施されるよう、明確に規定されたチェック・アンド・バランスのシステムを制定することが必要である。このタイプの監視メカニズムは対テロ戦争を批判的に検証でき、法律の恣意的利用によって損害を受けたと考える者からの不満の受け皿としての機能も果たす。立法者と法体系が民主主義上のこのジレンマに必要なバランスを見つける際に直面する作業の困難さについては、イスラエル最高裁長官アハロン・バラク裁判官の次の言葉によって裏付けられる。

　「私は、すべてを治安上の問題と見なすような世間知らずの裁判官がイスラエル社会にいないことを望む。法による統治は国家が保証するものである。私は、基本的権利が何よりも大切だと見なすような世間知らずの裁判官がイスラエル社会にいないよう望む。憲法は自殺の処方箋ではない。私は、理性的で注意深い裁判官がイスラエル社会にいるよう望む。そのような裁判官は物事のあらゆる面を見ようとし、自分の独創的な役割を自覚し、さまざまな利益を客観的に数え上げ、基本原理を中立的に適用し、多

数決原理と個人の基本的権利の間で微妙なバランスを見つけようとする。そのバランスは民主主義と社会制度が同一であることを象徴するものである」[344]

テロリストに対する処罰のタイプ

処罰政策は立法行為と密接な関係がある。実際には、立法は処罰行為に先立つ準備段階である——立法においては、政策決定者が処罰に値するテロリズム関連犯罪とその重大性を定義し、最低限の刑罰あるいは特定犯罪に対する刑罰の範囲を決定する。

テロリズムと戦うための政策を形成するうえで重要な段階のひとつは、次の諸点に対する処罰政策を策定することである。すなわち、テロリズムに関与したこと、攻撃の実行に加担したこと、テロリストを支援したことなどである。

クレンショーは、テロリズムへの対応は基本的には単純なことであり、それはつまり法律を効果的かつ適切に執行することだと述べている。治安機関は標的への接近を阻止してテロリズムを防ぎ、それに失敗したならば、犯罪実行者を突き止めてこれを勾留し、そのほかの者を抑止する。[345] 処罰措置の意図するところは、とくに社会から危険人物を排除して公衆の福祉を確保すること、社会に及ぼした損害の原因となった攻撃の実行に加担し、それに責を負う者に報復すること、テロ組織の活動を撹乱することによってその指導者と活動家を問題解決に忙殺させ、テロ行為を実施する時間や手段を持てなくすること、そして最後に、他者が同様に行動するのを防止することである。

多くの国々ではとくにテロ組織に対して多数の処罰手段を行使する傾向があるが、その理由は、それによって政策決定者が効果的な対テロ活動を実施していると社会に発信できるほか、目的を達成しつつあることを示すことや、テロリズムと戦う決意を強調しつつ行動を開始することもできるためである。テロ組織と国家の関係では国家は対応する側に立たされるのが普通だが、処罰に関しては国家が主導権を握る側として振る舞うことができる。[346]

252

原則として、さまざまな国における処罰方針はふたつの大きなグループ、すなわち攻撃的な処罰と裁判による処罰に分けることができる。攻撃的な処罰とは、テロ組織の指導部または活動家に対する処罰、もしくはテロリズムを支援した国家に対して攻撃的な手段を行使する処罰である。攻撃的な処罰では、テロ攻撃に責任を有する者を罰してこれに報復するという目的をもって国家がテロ組織と組織の有力メンバーに対して実力を行使するが、その狙いは、彼らの仲間を抑止すること、あるいは彼らの士気を低下させるとともにテロ攻撃の標的になった国民の士気を高めることである。この種の処罰は通常、国の指導者、治安組織といった国の執行部門による行政上の決定としてなされ、事前の法的手続きなしに実行が可能な場合もある。

　裁判による処罰とは、攻撃の前、その最中、またはその後に捕まったテロリストに対する処罰であり、彼らの協力者、指導者、テロ行為になんらかの方法で関与した者に対する処罰でもある。裁判による処罰は、国家の法律に従って、または特別の裁判手続きの一部として実施される。

　テロリズムの特性から、通常の刑罰において使われる手段とは違う重大な処罰手段が必要になるケースがある。場合によっては、加えられる処罰手段がテロ活動に関与していない人々に直接的または間接的な影響を及ぼすことがある。これらの手段（外出禁止、境界閉鎖、家屋の取り壊し、または立入禁止など）は「集団的処罰」と定義され、自由民主的価値と矛盾するように見えるものである。[347]

集団的処罰

　一般国民と専門家の討論の主要なテーマのひとつは、「集団的処罰」の適用についてである。この処罰は個人や活動家の集団に向けられるものではなく、公衆の大集団がテロ組織を支援したり、援助したり、あるいは彼らに共鳴したりするのを防ぐための圧力を加えるため、こうした集団に向けられるものである。

　集団的処罰の目的は、テロリストを支援者たちから遮断し孤立させ、援助や武器、食料、装備品、情報および避難場所を使わせないようにするこ

とである。毛沢東が「水中の魚のごとく」大衆の中を動くと表現したテロリストを阻止する必要があるというのが、この手段を支持する論理である。

　この考えの支持者によると、国家はテロリストやゲリラの活動を困難にしてテロリズムを根絶すべく、水を攪拌して湿地を干上がらせなければならない。このアプローチは、誘拐後に殺害されたドイツ経営者連盟会長ハンス・マルチン・シュライヤーについて1977年9月にドイツ社会民主党の旧党首ビリー・ブラントのが語った言葉の中に表れている。ブラントによると、「テロリストに同調する者は引き金を引いた者よりもその行為に責任がある。そのような者がいなければテロリストは無力だったはずだ。彼ら1人ひとりが、殺人者が英雄として振る舞える好意的な環境を作ったのである。心理的な支援や隠れ家がなかったなら、この殺人を実行するのは不可能であったろう」

　その一方、集団的処罰の適用に反対する人々は、この手の処罰はテロ組織に対する大衆の支持を強め、また自らの自由で民主的な国としてのイメージを傷つけ、国際的な合法性を失うことになると考える。ホフマンとモリソンは、テロ組織への積極的、または消極的な支援を防止する手段には効果がないことが明らかになってきており、結局は国民全体が受ける不便と不安のためにテロ組織への国民の支持が増大してきていると考えている。

　イスラエルには、暴力行為全般、とくにテロリズムに加担、協力、または支援してはならないというメッセージを明確に強く伝えるために、パレスチナ人に対して集団的処罰を適用することを推奨してきた人々がいる。たとえば、対テロ担当の首相顧問、のちに観光相を務めたレハバム・ゼエビは、次のように主張している。

「われわれは彼らにとって害になるものを探さなければならないが、そのようなことはやっていない。たとえば集団的処罰はほかに例がないほど効き目があるという事実があるにもかかわらず、われわれはそれを恐れている。アレンビー橋経由による石材の輸出は、ヨルダン川西岸のベイト・ファジャールでの騒擾によって禁止されるだろう。もしヘブロンで騒ぎが起

きたなら、ヘブロンの畑で採れたブドウはヨルダンに送られなくなるだろう。これが不道徳的であるというのなら、われわれはこのようなやり方でユダヤ人とアラブ人の双方で流れる血を少なくしているのだから、道徳以上のものだと答えることにしよう。しかし、人々はこのような措置を講じることに反対している。それが集団的処罰であるからだ。政府はマスコミを恐れ、国会と内輪からの批判に脅されながら日々を送っている」(352)

　イツハク・シャミールが集団的処罰を（これらの手段を適用する際にイスラエルに課される制約を理解したうえで）支持していることは、この件に関する彼の意見からも読み取れる。

「報復という行為には常に効果があったということを思い出していただきたい。アラブ人たちは、報復行為が自分たちの行なったテロ行為に対する直接的な反応であることを理解できないためしがなかった。ユダヤ人に対する卑劣な殺人は止まった。アラブ人はわれわれのメッセージを理解した……だが、今日なら私はそんなことは提言しない。イスラエルは法治国家であって、国家成立前の地下運動には適切だった措置をいま講じることはできない……政策による制約がなければ、われわれはイスラムのテロリズムを簡単に『根絶』することができるだろうし、テロは跡形もなくなるだろう。われわれがそのような措置を講じることができないのは、世界のほかの国々や真の友人であるアメリカを考慮に入れなければならないという事情がそうさせるからにほかならないのである」(353)

　アリエル・シャロンは、イスラエル領内でのパレスチナ人に対する集団的処罰は今のところ縮小すべきであるという異なった立場を提言している。彼によれば、インティファーダ（民衆蜂起）を終わらせるには、より厳格な手段をとる必要はなく、別な手段が必要であるという。

「私は別な手段をとることをたびたび推奨してきた。いちばん大事なのは、われわれに反対して行動しているパレスチナのアラブ人とそうでない人々を見分け、前者に対して戦うことである」(354)

　毛沢東は、身体的な危害を加えること、財産を傷つけること、あるいは市民の名誉を汚すことがないよう、自分の部下を繰り返し戒めた。大衆の怒りと復讐心を引き起こす、そうした行動が自分たちのゲリラ活動にとっ

対テロ立法と処罰のジレンマ　255

ていかに危険かを毛沢東は、理解していた。この目的を達成するため、彼は国民と接する際のあらゆる側面を網羅した『べき・べからず集』を発行し部下たちに配っている。

毛沢東時代の中国人ゲリラにとっての真理は、テロリストやゲリラと戦っている国々にとっては今日も通用するものであり、これら諸国もテロ攻撃の開始、誘導、支援、計画、実行に直接的または間接的に関与していない人々の名誉、財産、人格を重んじなければならない。テロリズムと戦っている国々の政策決定者は、集団的処罰によって有意な抑止を形成するには、標準的な自由民主主義的環境には存在しない行動、つまり国際世論から容認も許容もされない行動をいつかはとらなければならないということを忘れてはならない。しかし、国際的な環境や民主主義的な価値観とは無関係のいかがわしい政体や独裁体制が実行できる行為は、自由民主主義的な政府の下では実行することは不可能である。換言すると、民主国家では集団的処罰という手段によってテロリストと協力者を抑止するのに必要なコストの閾値(しきいち)に達することは、民主主義の特質を失うことや国際的な地位を危険にさらすことなくしては困難ということだ。テロ組織に関してコストの閾値に達しないかぎり、集団的処罰による損害は利益よりも大きい。とはいえ、攻撃それ自体を実行した者のみならず、実行に直接的または間接的に関与した者も処罰するのは国の権利である。攻撃の準備と計画に参加した者はもちろんのこと、攻撃について知っていながらそれを防止しなかった者全員に危害を加えることは、集団的処罰と見なされるべきではない。

テロリストを処罰する問題を検討するにあたって答えるべき疑問のひとつは、個人の処罰はどこで終わり、集団的処罰はどこから始まるのかという点である。実際のところ、われわれが問題にしているのは処置の範囲(図7-2参照)とその両極——個人の処罰と一般民衆への処罰——の間についてであって、攻撃を実行した者となんらかの関係があることが共通項となっている人々の集団、あるいは攻撃を実行する段階のひとつで関与していたことが共通項となっている人々の集団の場合は、これを罰することも可能である。

では、そのような集団——すべての悪行に無実であるとは断言できない集団——を対象にする処罰は、テロ攻撃とは無関係な市民、あるいはテロリストの行動、または目的を消極的に支持するのがせいぜいな市民に対する集団的処罰と同様に見なされるべきなのであろうか。

テロリストの住居の破壊
　イスラエルと世界中の治安機関は処罰の効果を高めるべく、逮捕と所定期間の勾留に加えて処罰の追加的手段を求めてきた。イスラエルの治安機関と政策決定者が効果的と考えるひとつの方法は、攻撃実行者の住居または攻撃に使用された建物を破壊することである。この種の行為は勝手に実施できるものでも無差別に科される処罰でもないが、攻撃者ひとりよりも大勢の集団に危害を与えるものであることは間違いないので、言うまでもなく、表面的には集団的処罰のひとつである。

　イスラエルの破壊命令は軍の指揮官が発し、通常、被疑者の逮捕直後に迅速に実施される。これらの命令の狙いが、家族や知人がテロリストを助けるのを防ぐことと、その行動に対しては家族も代償を支払わなければな

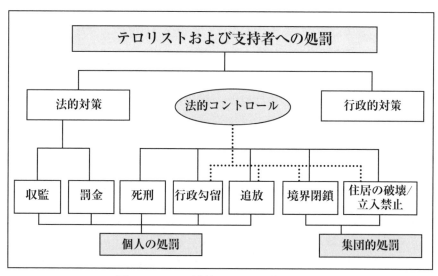

図7-2 テロ対策における処罰手段

らないことをテロリストに知らしめることであるのは明らかだ。ＩＳＡ元長官のヤーコブ・ペリーによると、「ＩＳＡの分析では、家族とその財産に危害が加えられることが、テロリスト候補者にとって自爆攻撃をやるか否かを考える決定要因になった」という。

イスラエル国防（緊急事態）法規の規則第119および第120は、破壊命令を発するための法的根拠であり、その意図するところは実際には、軍の指揮官が担当地区の秩序と治安を維持できるようにすることである。つまり、破壊命令は差し迫った軍事行動上の要請のために発せられるのであり、処罰としてではない。こうした状況から最高裁は1989年、規則第119（1）に定められた権限の行使は犯罪実行者が有罪であるか否かによらないと判断した。

テロリストの住居の破壊は行政上の決定である。軍指揮官が目の前の証拠の価値について推論する際は、理性的な人間が行なう検証を基本とするものでなければならない。イスラエルの治安部隊は「戦争遂行上、絶対に必要な場合を除いて」敵の財産を破壊することを禁止した1907年のハーグ陸戦法規の規則第23（g）を根拠として、住居の破壊を正当な行為としてきた。

治安部隊が住居の破壊と立入禁止を実施することにより、理由もなく処罰を受けたと考えるパレスチナ人をはじめ、テロリストの家族、テロリストに家を貸した人物、同じ建物あるいは隣の建物に住んでいた隣人などから最高裁に提訴が多くなされた。これらの訴えのほとんどが却下された。その理由は、破壊と立入禁止は現場の軍指揮官が実施できる合法的な軍事行動であるからというものだった。

これと同時に最高裁は、そのような行動が原状回復不能だからという理由だけであったにせよ、こうした行動の重大性と、住居の破壊によって生じる損害の範囲が非常に大きいことを承知していた。最高裁のメイヤー・シャムガール長官は1988年、建物の損壊をともなう軍事行動が直ちに必要とされる場所では、軍指揮官は建物の処分を裁判所が決定するまでは建物を立入禁止にすることを提案した。ＩＤＦはこの仕組みを広範に使用し続けた。そのため軍指揮官の作戦上の考慮にはなるべく干渉しないようにし

258

ていたにもかかわらず、最高裁は建物の破壊または立入禁止を決定するための判断基準と制限を次のように設けた。

（1）被疑者が実行したということが証明される証拠の存在はもちろんのこと、建物内に居住している被疑者に帰せられる行為の重大性も考慮に入れる必要がある。

（2）建物のほかの居住者（通常はテロ実行者の家族）によるテロ行為への関与の程度を考慮に入れることができる。親戚縁者側の自覚と関与の証拠がなくても、それ自体でこの制裁の行使を禁じるものではないが、この要素は前述のとおり、被上告人の命令の範囲に影響を及ぼしがちである。

（3）関連して考慮すべき事柄は、テロ容疑者の住居を建物のほかの部分から分離した住居設備と見なせるか否かである。

（4）建物のほかの部分または隣接する建物を損壊することなしに、容疑者の住居設備の破壊が可能か否かを明確にしなければならない。できないと判明したら、関連施設への立入禁止のみで済ませることを考えるべきである。

（5）被上告人は、建物の破壊によって影響を受ける可能性がある者の数と、いかなる犯罪も行なっていないと思われる者、あるいは被疑者の行為を承知さえしていなかったと思われる者の数を考慮に入れる必要がある。[360]

これらの検討点と判断基準は、イスラエル最高裁への多くの訴えですべて繰り返し検討されたものである。[361] 何度も取り上げられた問題のひとつは、破壊される予定の「住居とテロリストの関係」だった。規則第119では、違法行為の実行に使用された建物またはテロリストが居住していた建物の破壊は可能であるが、それを決定するには次のような複雑な問いに答える必要があった。その建物はテロリストの住宅なのか？ テロリストの恒久的住居または一時的居所として使用されている住宅はテロリストの両親の住宅ではないのか？ 賃貸アパートはテロリストの住居と考えられるのか？ などである。

1986年、最高裁はテロリストが特定の建物で時折、生活していた事実は、建物——たとえば学校の休み中に何度か短期間住んだ建物——を破壊

する十分な理由となると判決を下した。[362] 1997年に出された別の判決では、元最高裁長官メイヤー・シャムガール裁判官が、被上告人の暮らしの中心は、週末のみだったにせよ、家族が住んでいた村と家にあったと判定した。[363]

テロリストが恒久的住居にいない場合は、住居との関連性が絶たれるのかという疑問については1994年に判決が出され、不在の性質と状況に従って判断すべきとされた。たとえば、不在の理由が、テロリストが逮捕を恐れて治安機関から逃れるためであれば、住居との関連性が絶たれることはなく、また不在が一時的であった場合や、その間にテロリストが代わりの住居に住んでいた場合もこれと同様である。[364]

最高裁が審理を求められたもうひとつの問題は、住居の破壊および立入禁止によって「他者が被る損害の程度」である。この問題を処理するにあたり、最高裁は建物の破壊を許可する規則の使用を制限することと、破壊の結果として他者が受けることになる損害の割合に関する基準を決定することを望んだ。[365] 大勢が住んでいる多階層建物の一室にテロ行為に関与している人物が住んでいるからといって、建物全体を破壊すべきというのは合理的ではない。[366] しかし、程度の原則にはもうひとつの面――「犯罪の重さ（テロ行為の重大性）」――もある。これに関して最高裁は、テロ行為を実行することにより、協力者の住居の破壊を含む、とくに厳しい手段が正当化されると判断した。[367] 1985年、ベン-ドロール裁判官は建物の破壊または立入禁止によってテロリストの近隣住民が受ける損害は、投獄を宣告された世帯主の家族が生計手段を失う時に受ける損害と本質において違いがないという見解さえ述べている。[368]

建物の破壊および立入禁止は実質的に懲罰であるという事実にもかかわらず、最高裁は国の立場を受け入れ、その種の行為の主な性質は抑止であることを再度強調した。[369] こうしたなかで最高裁は、建物の破壊は集団的処罰のひとつであるため禁止される、という主張も退けた。[370] バラク長官によると、「これは処罰手段ではなく、予防と抑止を目的とするものだとわれわれが決めた瞬間から、この主張には根拠がなくなり、却下されるべきものとなった」[371]

最高裁は、住居の破壊または立入禁止の有効性に反対する訴えを審理するつもりはなかった。このような行為ではテロ攻撃を防止できないばかりか、他者に攻撃への参加を促してしまうと主張する議論がさまざまな宣誓供述書とともに持ち込まれたが、最高裁はこれらの内容を審理することさえ退けた。最高裁は国の専門家の評価を優先し、これらの手段がとられなかった場合、どれだけの損害が出ていたか知ることは不可能なのだから、テロ攻撃が続いているという事実をもってこうした手段が効果的でないと結論付けることは、必ずしも可能ではないと考えたのである。[372]

　この文脈においては、イスラエルのかなりの数の政策決定者と治安機関の長も、これらの手段の有効性に疑念を抱いていることに留意する必要がある。しかし、彼らの批判は、これらの措置が誘因となって他者が復讐し、攻撃するという仮説から出たものではなく、住居を破壊された家族がこれを再建できるようテロ組織が多額の補償金を支払うことに由来するものだった。

　1993年末から94年にかけてイスラエルで多発した波状的自爆攻撃によって多数の死傷者が出て、イスラエル国民の間にかなりの不安が生じたうえ、治安機関側はこの現象を制圧するのに大きな困難に直面した。この一連の自爆攻撃により、最高裁は建物の破壊と立入禁止の問題の審理に一段と消極的になった。たとえばマツザ裁判官は1994年、自爆攻撃によって狂気の過激主義という新局面が生じたため、自爆攻撃を遂行したテロリストの住居の押収や破壊などの手段を行使する権利が治安当局に与えられたと述べている。同裁判官によると、当局は過去には、テロリストの死がほかの潜在的テロリストに完璧な抑止をもたらすとの仮説に基づき、攻撃実行中に殺害されたテロリストの住居を損壊するのを避けるための手段をとっていたが、その手段と比べて自爆者にもこうした方針を適用することは、テロリストの近隣居住者や自爆攻撃を実行するという意図を知っていた者がテロリストに翻意を促そうとする機会を事前に否定してしまう傾向にあったという。[373]

　1997年、最高裁のアハロン・バラク長官はテロリストの住居を破壊することが実際に効果的な手段なのかは確かではないが、「生きた爆弾」から

対テロ立法と処罰のジレンマ　261

自らを守るために国に残された限定的手段の枠組みの中では、この手段を軽く見るべきではないと述べている(374)。

最高裁は自爆攻撃とその恐るべき効果により、こうした手段との関連で執行部門を法的に見直し、程度の原則と建物の関連性についてかなりの柔軟性を見せるようになってきた。程度の原則については、最高裁判決第1730/97号「アデル・サラム・A/ラボ・サビアー対ユダヤ・サマリア地区におけるＩＤＦ司令官イラン・ビラン将軍」の審理においてバック裁判官が次のように述べている。

「上告人の代替案、すなわち被上告人にとってはテロリストが家族と共有している私室のみを破壊あるいは立入禁止にすれば事足りるはずだという案は、自殺攻撃を問題にするにあたってはとくに説得力がないように思える。自爆して自殺しようとしているテロリストに関して、軍が自分の死後に自分の私室を立入禁止のみならず破壊すらしうるという恐怖は、いかなる形の抑止力としても資することがないように思える。そのような状況では、被上告人の執行命令はあらゆる意義を失ってしまうことだろう(375)」

最高裁は住居との関連については、テロリストが住居または作業場として使用している賃貸アパートは、たとえ他者が所有しているものであっても、これを破壊または立入禁止にする必要性と正当性があるということを支持するのが抑止の考えだと判断した。こうしたなかで最高裁は、部屋を立入禁止にする目的はテロリスト自身を抑止するのみならず、その周囲にいる者も抑止することだと判定した。

最高裁のバラク長官は、この件に関する裁判所の立場を補強すべく一事例を援用し、テロリストにアパートを貸していた建物の所有者が、アパートがテロ活動に使用されていると疑い始めたため、これらテロリストにその建物から退去するように要求し、前払いされていた借料さえ返還したことがあったと述べた。結果として同裁判官は、建物の所有者と借家人としてそこに住んでいるテロリストとを区別する必要があるという主張を退けた(376)。

家屋の破壊と立入禁止に関する問題の厄介な性質、混乱、この問題への最高裁の介入意志の欠如については、最高裁判決第1730/96号「アデル・

サラム・A／ラボ・サビアー対ユダヤ・サマリア地区におけるIDF司令官イラン・ビラン将軍」においてチェシン裁判官が次のように指摘している。

「……これらすべての中には、専念すべき問題ではない問題に専念しているというわれわれが持っている感覚——しかも非常に強い感覚——を弱めるものがなにもない……。この違和感の源は、国防法規に基づく家屋の破壊行為が戦争行為の性質と特性を持っているという事実にある。しかも、戦争行為は裁判所が日常的に審理を要請される行為ではない。

サラック・ナザルはバスの中央で爆弾を炸裂させて23人を殺害し、十数人以上を負傷させた。彼について私は『その殺人行為は本質において戦争行為であり——その枠組みの中にはなく、公式な定義によるものでもないが——、本質的に戦争である行為に対しては本質的に戦争行為と戦争の手法でもって対応すると述べた……。人命と人命の保護が他の権利よりも重要であるという申し立てを否定しようとする人間や態度というものがあるだろうか。財産権は生存権の後ろに座らなければならないのだろうか。もし軍指揮官が、テロリストの住居の破壊はハマス（あるいはイスラム聖戦）にいる仲間のようなテロリストと殺人者かもしれない別の者を抑止する——その機会はほとんどないにせよ——可能性があるかもしれないという意見であるのなら、どうして裁判所がこの指揮官にああしろこうしろと口を出すことができようか。戦争は戦争であって、軍の指揮官になすべきこととなすべきではないことを指示するのは、裁判所の仕事ではない」[377]

家屋の破壊と立入禁止の有効性

テロリストの住居の破壊に関連して生じる疑問のひとつは、この行為は正当化されるにせよ、つまるところ効果的なのだろうか、あるいは他者の攻撃実行の動機付けとなって結局はマイナスになるのではないかということだ。インティファーダ（1987年）当時の軍法務官アムノン・ストラシノフは、この問題に対する揺れる心境を次のように証言している。

「治安コミュニティーは、住居の破壊は非常に効果的であり、他者がテロ行為を遂行するのを抑止・防止するのに役に立つという立場である……この仮説には十分な根拠があるのかもしれないが、いかなる経験的研究によ

っても実証されたわけではない。家屋が破壊されているにもかかわらず、周知のとおりテロ行為は続いている」[378]

　家屋の破壊と立入禁止の有効性については、ダン・ショムロン元参謀長から知ることができる。彼は1988年11月8日に開催されたクネセットの外交・安全保障委員会において、「家屋の爆破によって長期的な損害が生じているとはいえ、インティファーダが荒れ続くのを許すわけにはいかない。この行為に抑止効果があることも無視できない」と述べている。

　当時の国防相イツハク・ラビンはショムロン元参謀長の見解を支持し、この方策が実際に効果的であると考えていた。ラビンによると、「家屋の破壊という形で採用してきた懲罰政策の結果、最近ではモロトフ・カクテル（火炎瓶）による攻撃が減少している」[379]。

　家屋の破壊は、アル・アクサ・インティファーダ（2000年以降）時には処罰・抑止手段としても行使された。元国防相ビニヤミン・ベン=エリエゼルは、これに関連して2002年9月11日にヘルツリヤ学際センターで行なわれたＩＣＴ第2回国際会議における演説で次のように述べている。

　「われわれが達したもうひとつの結論は、自爆攻撃者は自分自身の福利を気にすることはないが、家族のそれは考えているということである。われわれはこの理由から、自爆攻撃者を送り出す者と支援者と並んで、家族の市民権をも剥奪するか、あるいはこれに経済的な損害を与えることによって、自爆攻撃者の抑止を狙う処罰手段を設けた。慎重に言えば、これまで講じてきた手段によって抑止の初期段階ができたと申し上げたい。自爆攻撃を行なおうとして抑止された者や、攻撃を実行する決心を変えた者もいたということがわかった」[380]

　しかし、家屋の破壊や立入禁止による抑止の有効性は、1980年代末期の「最初のインティファーダ」当時、この手段が精力的に使用されたことによっても、また、その後に個別的かつ選択的に使用された際にも実証されたわけではない。アリエフ・シャレブは、この手の処罰を実施する目的と、その抑止効果に生じた新事態を説明できるとするふたつの要素を示している。

　ひとつは、家族に財政的な補償を行なうというＰＬＯの決定であり、も

うひとつは、この処罰手段に関連する「ブーメラン効果」、つまりイスラエルへの憎悪と拒否反応の増大である。さらに、このタイプの懲罰が国際世論に引き起こす批判を加えることもできる。これらはすべてこの手段の有効性に疑問を投げかけてきた。家屋破壊がテロリストに及ぼす有効性に対する疑問については、シモン・ペレスの言葉の中に回答を見出せるかもしれない。彼は家屋の破壊と立入禁止を除外しないと述べたが、この手段を非常に限定的かつ選択的に行使することを提案した。「使いすぎると効果がなくなる……効果を損なわないよう、すこぶる慎重になることが必要だ。そのため、数と目標の選択は入念に行なう必要がある」。ヤーコブ・ペリーはこれに同意し、こう付け加えている。

「家屋が破壊された場所があって、これがこの地域の平和と平穏に影響を及ぼしていた。しかも比較的長い間……。反対の影響を及ぼしている場所もあった……日常的になればなるほど、この手段は効果を失う。目的を定めた方法で使えば使うほど、よい効果が得られるのだ」

行政処分

　司法上の処罰は、容疑者を逮捕し、裁判にかけ、判決を宣告する過程に関する正当な刑事法手続きによって科されるものであるが、これとは対照的に行政処分は、民間人用の刑事裁判所において承認かつ要請されるものから逸脱するものである。実務上、軍指揮官および治安監督者は、裁判所の命令なしに処罰を科すことや、法と秩序を乱す者を社会からさまざまな期間排除することができ、秩序と治安の維持のために種々の手段を講じるべく、一次法あるいは二次法によって認められた権限を行使する。

　行政処分の重要性が増すのは、テロリズムが市民の幅広い支援を受けてこれまでになく大きくなった活動家集団を基盤にするようになった時、あるいはテロ攻撃が繰り返し発生し、既存の法体系では問題の範囲にふさわしい対応ができなくなった時である。

　行政処分では以下が可能となる。すなわち、起訴手続きの短縮、刑事法の規範内に分類されない懲罰手段の行使、多数の活動家に対する広範な同時処罰、容疑者の逮捕時および起訴時における情報源の秘匿——などであ

る。したがって、行政処分にともなう問題は、通常の刑事裁判手続きに適合しない処罰（訳注：日本における行政処分では「処分」という語が当てられるので、以下「処分」）手続きが存在する点にある。被処分者は裁判官の前に出されることなく、軍の上級指揮官またはその指名による者の行政命令によって処分される。さらに、通常の刑事裁判における被告人と同程度の自己弁護の機会が与えられることもない。場合によっては、被処分者が処分の内容にまったく通じておらず、自分が何によって処分を受けるのか正確に知らないこともある。それを知っていたとしても、自己に対する証拠を確かめることがほとんどの場合できず、そのために、自己弁護も嫌疑に対する反証もしにくくなる。

　イスラエルはテロ攻撃に対する長年の戦いの過程において、ユダヤ・サマリア（西岸）地区とガザ地区の管理地域で行政上の手段を講じざるを得ないことがたびたびあった。前述したような家屋の破壊および立入禁止は、これら行政手段のひとつである。行政処分のその他のタイプで、軍指揮官による秩序維持と暴動対策を容易にするためのものとしては、境界閉鎖および外出禁止、行政勾留ならびに強制退去がある。これらの手段は行政上の予防手段として定義されるのが普通で、必ずしも処罰手段として定義されるものではない（図7-2参照）。

境界閉鎖

　境界閉鎖は多くの場合、イスラエル、西岸地区またはガザ地区においてテロ攻撃が行なわれたあと、もしくは攻撃が行なわれそうだという情報を治安機関が入手した時に実施されるものである。この措置は、西岸地区およびガザ全体に対して講じられることもあるし、これら2地区の一方のみ、または特定の町か村に限定されることもある。境界閉鎖措置の支持者は、境界閉鎖は完全にはできないが、テロリストが塀で囲まれたガザ地区からはもちろんのこと、西岸地区からもイスラエルに潜入しにくくなるうえ、イスラエル国民の警戒心も一層高まり、境界閉鎖が発令されている時に街にいるテロリストが目につくため、見分けやすくなると考えている。

　閉鎖が発令されると、テロリストが悪意のない労働者のふりをしてイス

ラエルに潜入することが困難になり、イスラエル国内で活動しにくくなるほか、「個人主導」の攻撃（イスラエル国内にいるパレスチナ人が火器以外の武器を使用して衝動的に行なう攻撃）を防止することができる。さらに、境界閉鎖の支持者によると、それが発令されるとイスラエル国民の治安意識が高まるという。1993年、当時の参謀次長アムノン・リプキン-シャハックはこれに関して次のように発言している。

「境界閉鎖の実施が治安に貢献することは事実である。閉鎖が発令されて以来、テロリストによる重大な事件は発生していない。原則として、イスラエルに滞在するアラブ人の数を減らすことが可能になればなるほど、治安状況は良好になるだろう」[384]

　境界閉鎖およびその他の類似手段の行使を拒否する人々は、イスラエル領域内のパレスチナ人に集団的処罰を科す手段としてこれを捉えている。その主張は、この行為は実際には市民に圧力を加えてテロ組織をあばき、市民の中でのテロ活動を防止することを目的としているというものである。これらの手段の最たるものが境界閉鎖であり、西岸地区とガザ地区内では生計源が不十分であるため、とくに問題をはらむものである。このため、この手段を広く使用するとパレスチナ人に経済的に重大な支障をもたらすことになる。

　境界閉鎖に対して聞かれる別の主張は、この手段には効果がまったくなく、テロ攻撃を防ぐのにも寄与しないというものである。西岸地区のパレスチナ人と停戦ライン内のイスラエル人の間にはいかなる物理的な障壁もないので、境界閉鎖手段によってパレスチナ人は仕事ができなくなるものの、イスラエルへのテロリストの侵入を防ぐことにはならず、西岸地区とガザ地区のイスラエル人に対する攻撃を防ぐことにもならないのは確実である（訳注：2000年頃から両者を分かつ壁が建設され始めた）。さらに、境界閉鎖の発令によって人々が不便な生活を強いられることにより、パレスチナ人の不満が助長され、テロ組織への支援が強まり、さらに特定のテロ組織に属していない人々による報復行動がはじまるかもしれない。

　最高裁は、ＩＤＦが行なっている比較的広範囲の境界閉鎖および外出禁

止——前述のとおり、主としてイスラエル国内における重大なテロ攻撃のあと、あるいは領域内で情勢悪化の恐れが増大しつつある際に実施されるもの——について見解を求められたことがある。たとえば、ヘブロンにあるマクベラの洞窟でバルーフ・ゴールドシュタインが大量殺人を行なったあと、最高裁はヘブロンで「たびたび発せられる外出禁止を取り消す」ための差止命令を発するよう訴えられた。最高裁は複数の判決の中で、治安上の理由から外出禁止を発することは許されるとの判断を繰り返した[385]。

その一方で、最高裁は軍指揮官は人々にもたらす不便に配慮しつつ、この命令を発する必要性を、そのつど再考しなければならないことも強調した。軍指揮官は、この手段の行使を回避できるかどうか、いつ回避できるか、あるいは、せめてその行使を減らせるかを考えねばならない[386]。これに関連して最高裁は、外出禁止状態が長く続けば続くほど、延長を正当化する軍事上の現実的要請があることを証明する国の責任はそれだけ重くなると判断した[387]。最高裁は境界閉鎖——裁判所の用語では封鎖（blockade）——の問題に関して同様のアプローチをとった。

ネタニヤフ政権が発足した1996年当時、すでにパレスチナ自治区内で何カ月にも及ぶ境界閉鎖が発令されていた（1996年2月と3月に自爆攻撃が多発して以来）。この境界閉鎖は実際には1996年末に解除され、約3万5000人のパレスチナ人がイスラエルへの入国と同国内で働くことが許可された。アラファト議長は、境界閉鎖はパレスチナ人に対して1日あたり約900万ドルの損失を与える処罰になっていると主張した[388]。

イスラエルの政策当局は、イスラエルは境界閉鎖を処罰手段として使用しているのではなく、テロ防止の手段としてのみ使用しているということ、また同措置が実施されるのはイスラエルに対するテロ攻撃の現実的な恐れがある時と、パレスチナ当局がテロ攻撃を排除・除去すべく行動していないことが明らかになった時のみ、ということを強調した。

当時の国防相イツハク・モルデカイは、「われわれが処罰の目的で境界閉鎖することなど断じてなく、多少の危険性があっても解除が可能と認めた場合には解除している」と述べている[389]。当時の財務相ダン・メリドールも、イスラエルは「境界閉鎖を永続的な政策として考えているわけではな

い」と強調した。[390]

　アラファトが、イスラエルの境界閉鎖政策がパレスチナ人の基本的人権を侵害し、飢餓と生活必需品不足を招いていると繰り返し主張したのに対し、ネタニヤフは次のように応じた。

　「これまでの経験によると、パレスチナ当局はデマの宣伝で薬と食料が不足しているという印象をでっちあげるだろう。白々しいウソを、だ！ 不足などまったくない！ そんなことが起きるのをわれわれが許すはずがない。彼らはドアを開けるだけでいいのだ。そうすれば物や薬が手に入る。われわれは漁師が魚を捕りに行くのも許してきた。パレスチナ当局を害することなど、まったく興味がない……われわれには次に何が起きるかわかるし、お決まりの文句もすぐにわかる。『イスラエルがわれわれを飢えさせている』とかいうやつだ。恥知らずのウソだ！ 飢えなどまったくないのに」[391]

　ネタニヤフは当時を振り返って、境界閉鎖措置を行使する背景となった政策について次のように説明した。

　「私は境界閉鎖の熱心な支持者ではない。境界閉鎖は人々の間に不満を生むし、得るものよりも大きな害をもたらす。パレスチナ当局に圧力を加える際には、積極的な軍事行動と一緒に補助要素として境界閉鎖措置を用いたこともたびたびあった。閉鎖期間については、非常にリベラルな路線をとった」[392]

境界閉鎖の限界

　この時期の政策決定者および対テロ専門家は、テロリズム防止の点で境界閉鎖の有効性はそれほどないと意見が一致していたように見える。分離フェンスや物理的、地形的障害物が現地にないことや、西岸からイスラエルに侵入しようとするテロリストを防ぐのに十分な治安部隊がないなかで、生計を絶たれた数十万人の市民が境界閉鎖によって受ける損害は、イスラエルへの合法的入国を防止することによって得られうる利益よりも大きかった。当時の対テロ局長メイヤー・ダガンは、境界閉鎖の限界について次のように説明している。

「私の考えでは、それ（境界閉鎖）はテロとの戦いでは効果がまったくない……短期の境界閉鎖は無意味で、長期的に閉鎖しても役立つのはひとつだけ——テロ組織に不安感を生じさせることだけだ。イスラエルにはアラブ人などほとんどいないから、どんな行動も普通には見えないし、公衆の目がそれだけ大きく注がれるからだ。境界閉鎖はテロリズムに対して効果があるか？　それは疑問だね。ひとつ言えるのは、テロリストのほとんどは境界閉鎖があった時でもイスラエルに潜入していたということだ……一般市民を満足させるための行動としては、有効な道具であるように私には思える。市民の安心感に直接的な効き目があるからだ。申し分のない反応だ。だから私は常に境界閉鎖を支持してきた」⁽³⁹³⁾

それゆえに、ダガンは境界閉鎖がイスラエル市民に及ぼす直接的な心理効果と士気高揚の効果を力説するのであり、これがその利点だと考えているのである。しかし、興味深いのは、1997年3月にテルアビブのカフェ・アプロポで発生したテロ攻撃のあとに実施された全国世論調査で、攻撃を防止するためにパレスチナ自治区領との間に永続的な境界閉鎖を敷くべきだと答えた回答者は48パーセントであり、44パーセントは実施すべきではないと答えたという点である。⁽³⁹⁴⁾

この場合もテロリストの住居を破壊する手段についてと同様、この手段の支持者と反対論者の論争に対する回答は、境界閉鎖を行使する規模と頻度、持続期間と性質、課される背景と状況にあるように思われる。この手段の効果は抑止としては疑問であるが、予防能力を向上させ、人々の安心感を高めることができるならば正当化されるかもしれない。分離フェンスが1967年の国境に沿ってイスラエルと西岸地区間に完成した暁には、少なくともテロリストの潜入の阻止を目的として西岸地区に境界閉鎖を発令する必要性は、一段と弱まるであろう。

行政勾留

行政処分のもうひとつの形は行政勾留である。これは被占領地域における民間人の権利について定めた1949年のジュネーブ第4条約を根拠とするものである。この条約の第78条には、占領政府は転覆活動の容疑者を無期

限で行政勾留することが許されることが明記されており、権限のある機関への訴願権利と、権限のある当該機関への6カ月ごとの行政勾留延長の審査請求がその条件となっている。

レオン・シェレフによると、行政勾留はその必要性が国際規範によって認められた例外であり、したがってジュネーブ条約は、民間人によるさまざまなタイプの抵抗に直面することを予期しうる占領軍は例外的措置を講じざるを得ないということを理解して考慮に入れているのだという[395]。イスラエルでは、行政勾留は停戦ライン内の治安と西岸地区内、ガザ地区内の社会治安に害を加えることが疑われる者に対して科される。

行政勾留の問題に対するイスラエル最高裁の姿勢については、最高裁元長官メイヤー・シャムガールが1998年に行なった発言から明らかである。

「行政勾留者は、有罪判決を受け服役しているわけではない。これは軍当局の決定により、例外的な緊急措置として治安上の絶対的理由に基づいて収監される（ジュネーブ第4条約第78条）……勾留が意図するところは、被勾留者が実行する傾向にある行動から生じる治安上の危険の防止・阻止と、通常の法的手段（刑事訴訟）あるいは将来の危険性について過去の活動から結論を導くのでは阻止できる合理的な可能性がなんらない行動から生じる治安上の危険の防止・阻止である[396]」

バラク最高裁長官はこの10年ほどあとに、民主国家は治安維持の手段として行政勾留が必要であることを認識していると力説した[397]。

行政勾留者の身分は囚人のそれとは違い、イスラエル刑務所法（改正版）および規則に基づき、収監されている部屋の掃除と整頓以外は労働を強要されることがない。最高裁元長官シャムガールによると、ジュネーブ第4条約の策定者の多くは、第78条による被行政勾留者の収監条件を可能な限り捕虜の収監条件と同様にしようとしていたという[398]。

イスラエルが何年にもわたって行なってきた非常に多くの行政勾留を見ると、治安部隊はこの手段を立法者の意図をはるかに超えて多用してきたようである。このことを裏付けたのが、イツハク・ラビンの首相在任期間中の際立った手法と、勾留期間を6カ月から1年に延長することを含め、行政勾留の大量適用の必要性についてラビンと政府法律顧問の間で持ち上

対テロ立法と処罰のジレンマ　271

がった議論だった。これに関連してラビンは、行政勾留は極めて重要だと考えていると述べている。それによると、「特定の人々に不利な情報がある時は、しばしばこれが最も効果的な処分である」[399]。

　イスラエルでこのタイプの処分を広範に使用するには、法制度（とくに軍法務官事務局）をそれに応じて準備し、法規に定められた法的手続きを現場の条件と要請に適合させる必要があった。治安機関が直面した主な問題のひとつは「自動的監視」の問題であり、これによって、勾留の状況を審査する裁判官の前に被勾留者を拘束の96時間以内に出頭させることが必要となった。

　軍の法制度では、被勾留者が多数いることからこの必要条件を満たせず、そのため特定の事例では、裁判官の前に時間内に出頭させられない被行政勾留者を釈放する事態になった。このため、軍法務官が1988年３月17日に行なった提議に従って「被行政勾留者に関する差止命令（暫定命令）（ユダヤ・サマリア地区）（第1229）5748-1988」が変更され、その後、ガザ地区に対する同等の差止命令も変更された。これら変更の枠組みにおいて、拘束の96時間以内に軍裁判官が行なう自動監視の義務は、３カ月ごとに定期的に再検証を行なうという必要条件と同様に廃止されたものの、被勾留者には上訴委員会に自分の勾留を上訴する機会が与えられた。それに加えて、行政勾留命令を発する権限が担当地域のＩＤＦ部隊指揮官のみならず、すべての軍指揮官に与えられた。種々の命令の変化によって、軍が領域内の数千人のパレスチナ人を勾留できるようになり、この目的のためにケツィオットに特別な勾留施設まで開設された[400]。

　当時の軍法務官アムノン・シュトラフノフによると、この処分を広く適用しても適正な法手続きに実務上の障害が生じることはなかった。

　「軍指揮官は行政勾留命令に署名する前でも、担当地域の法律顧問の意見を求める必要があった……法律顧問の義務は、情報の相互照合があるゆえに、被勾留者に不利となる情報が複数の情報源に基づいているということを確認すること……そして、この情報が信頼でき、根拠が十分にあるということを確認することだった。基本指針は、被疑者を軍事法廷で起訴することが可能かつ証拠物件を法廷での公開審理中に見せることが可能な場合

には、そうすべきであるというものだった」⁽⁴⁰¹⁾

　行政勾留の規模が大きいため（3年間で数千名）、果たして軍の法制度で行政勾留の各事例をきめ細かく個別に検証できるのか、若干の疑問が生じる。差止命令の変更とその後に行なわれた大量拘束により、イスラエルや海外で市民の抗議が続発し、これによってとくに差止命令がさらに修正されることになり、被行政勾留者の提訴を審問する裁判官は、勧告を行なう権限のみならず提訴の決定権限を有することになった⁽⁴⁰²⁾。

　インティファーダの「第一波」の勾留者は拘束から6カ月が経過し、その全員の行政勾留手続きを再開しなければならないという喫緊の必要性が生じたあとの1988年11月、治安部隊はひとつの要請を行ない、行政勾留命令の最大期間を差止命令に定められた6カ月から1年に拡大するよう求めた。この要請は軍法務官室から拒否されたが、1989年8月に再提起され、結局は差止命令が修正された。インティファーダ期間中の被行政勾留者1万4000人のうち、1万500人が拘束に対する異議を申し立てた。その申し立てのうち、軍裁判官に受理されたのは約5パーセントであり、その大部分は勾留期間をさまざまに短縮されたが、直ちに釈放された被勾留者は少数だった⁽⁴⁰⁴⁾。

　治安コミュニティーは、行政勾留はインティファーダに対処するうえでも、テロ対策と暴動対策のためにも、利用できる最も効果的な手段のひとつだと考えていた。イスラエルの政策決定者の多くは、行政勾留は処罰と見なすべきではなく、テロ組織に関する機微なインテリジェンス情報のため、まずは必要な防止手段として見なすべきだと力説した。リプキン-シャハックによると、「行政勾留は抑止力ではない。行政勾留はひとつの道具であって、有罪判決を下すのに利用できない情報を持っている時に、民主主義国家の法的制約の下で必要となるものである。行政勾留が攻撃を防ぎ、攻撃を挫くことは誰にとっても明らかだ。したがって、私は今日においてもそれが効果的で適切なものだと考えている。しかし、この場合も、適切な程度について検討することが必要だ」⁽⁴⁰⁵⁾

　ダガンも必要悪としての行政勾留にこう言及している。

対テロ立法と処罰のジレンマ　273

「私は選択の余地はないと思う。イスラエルにおいては行政勾留なしでは活動し得ない。インテリジェンス情報を相手側に見せることなく使えるのだから、それはわれわれが持っている最高の手段のひとつだ」[406]

行政勾留を行使する国は、法律と国際条約の規定の下で許される手段の枠内で活動し、行政勾留という言葉どおりの手順に従って行動するためにも、特段の注意を払わなければならない。この種の極端な手段を本来の意図以外の目的（政治指導者の行政勾留など）で恣意的かつ過度に頻繁に行使することは避けなければならない。諮問委員会への上訴が許されていなかったという理由で、ある人物を行政勾留から解放するよう1984年に指示したオルシェン裁判官によれば、「確かに、国の治安を守るには人の勾留も正当化されるのであり、このことは市民の権利保護の必要性に劣らず重要である。とはいえ、両方の目標を同時に達成できる場合には、どちらも無視すべきではない」[407]

追放

軍の指揮官が法と命令を執行する一手段として行使する行政処分のひとつに「追放」がある。これはイスラエルの政策決定者と治安機関の長の多くから、重要かつ効果的な懲罰手段であると見なされ、適度に行使すべきものと考えられている。しかし、追放はイスラエルにおいては必ずしもテロリストに対して用いられてきたわけではなく、暴動やテロリズムの扇動者に対して多用されてきたのが実情である。この手段の目的は原則的に、一般市民への政治的あるいは宗教的な教化に関与して扇動を広めながらテロ攻撃の基盤整備を行なっている有力者を地域から排除することである。[408]

イスラエルの最高裁は追放の合法性の疑義について審理するようたびたび求められてきた。疑義提起者の主張は、追放は占領地域から住民の追放を禁じた国際条約と相反するというものだった。[409] 最高裁によると、ジュネーブ第4条約第49条の制定の背景にあるのは、ホロコーストの時にヨーロッパのユダヤ人が強制労働収容所と絶滅収容所に大量に移送させられたことだった。最高裁の見解では、この条項は追放の恣意的行為を禁じることを目的としているが、占領国が占領地で公共の秩序を維持し、その治安の

ために必要な措置を講じる義務が軽減されるわけではない。[410]

　最高裁はジュネーブ第4条約に基づく追放の合法性の疑義について審理することを避けてきたにもかかわらず、追放の手続きやその段階、意味合いに関連するさまざまな問題については熟慮してきた。たとえば、最高裁は多数の判決において、追放予定先の国で生命、福利または自由が危機にさらされる場合には追放してはならないという判断を行なってきた。[411] その一方で最高裁は、被追放者には追放先の国家を決める権利がなく、ある国への追放については本人の同意は不要という判決を下している。[412] 最高裁は治安機関に対し、追放命令は疑いの余地のない説得力のある確かな証拠を根拠とすべきであり、曖昧な、あるいは心もとない証拠や噂に基づいてはならないとも指示した。[413]

　最高裁が審理を求められた手続き上の核心問題のひとつは、追放命令に対して提訴する権利だった。国防法規の規則111（4）および112（8）で、立法者は刑事裁判の審問では認められない特別手続きを設定し、これによって追放予定者は提訴することができるほか、特別諮問委員会で自分の主張を述べ、証人を召喚することができる。また、特別諮問委員会を率いる法曹は、追放予定者に不利な既存情報（特権証拠を含む）を検証する権限と、追放命令を支持するか否かを軍の指揮官に勧告する権限を有する。軍の指揮官が諮問委員会の意見を受けたあとに追放命令を取り消さない決定をした場合、被追放者は最高裁に上訴することができる。

　最高裁は、この特別手続きは被追放者が受ける重大な損害および危害によるものであると判断した。[414] この手続きから著しく逸脱したのがカワスメ事件である。1980年5月2日、マクベラの洞窟での礼拝から戻った6人のユダヤ人がヘブロンで殺害されたあと、ヘブロン市長とカルコール市長に加えてアル-イブラヒミ・モスクのイスラム宗教指導者が追放された。これら3人は、追放命令が出された直後に軍の地域指揮官との話し合いのためという名目でそれぞれの住居から連れ出されたが、実際には命令に対する訴えを諮問委員会に提訴する機会もなく、ヘリコプターでレバノンとの国境まで空輸された末に追放された。彼らに代わって妻らが最高裁に提出した訴状により、最高裁は委員会に出頭する機会を被追放者に与えなかった

としてＩＤＦを強く非難したものの、追放命令を取り消すことはなかった。最高裁は原状復帰を選択し、追放命令の期間について審問すべく２人の被追放者が委員会に出頭できるようにする判決を下した。⁽⁴¹⁵⁾

最高裁はカワスメ事件では既成事実を甘受せざるを得なかった一方、1992年12月に415人のパレスチナ人のハマス活動家とイスラム聖戦の活動家が追放された事件では、追放が実施される前に、「暫定追放命令」という名目で別の追放手続きを準備した。以下はこの事件の詳細である。

415人のハマス活動家とパレスチナ・イスラム聖戦の活動家は、1992年12月にラビン政権が会合した数カ月後に追放された。これは、２週間で５人の治安関係者が殺害された連続テロ攻撃に続くものであり、さらに、ハマスのテロリストが国境警備隊員ニシム・トレダノを誘拐後に殺害したことが背景になっていた。追放された者の大部分はハマスの非軍事宣伝・政治機構に属し――つまり寄付金の配分担当者あるいはスポークスマンや政治活動家であり――必ずしも攻撃実行に直接的に関与したわけではなかった。ラビンは、この追放によって損害を被るのは「ハマスの上層部」であって、テロリスト活動の中核部分ではないと見ていた。⁽⁴¹⁶⁾彼らを追放する目的は、ハマスの活動を支援する環境を弱体化させ、それによって和平プロセスとＰＬＯを強化することだった。さらに、テロリズムと戦う政府の決意を示し、国民を落ち着かせるのも目的だった。⁽⁴¹⁷⁾

この空前の追放は、規模においてのみならず、方法においても特異なものだった。イスラエルはトレダノの遺体が発見された直後に占領地内で大量拘束に踏み切り、約1600人のパレスチナ人を拘束した。政府はその夜に数百人のパレスチナ人を２年間だけレバノンへ追放することを決定し、この目的のため、「暫定追放」に関するふたつの特別差止命令すら発布した（ひとつはガザ地区に、もうひとつはユダヤ・サマリア地区に適用）。これらの差止命令によって追放の即時実施が許可され、被追放者には、追放後に代表者によって特別提訴委員会に追放について提訴する権利が遡及的に与えられた（訴状を提出する権利は、当初は追放の日から60日に限定されたが、この期間制限は1993年１月に取り消された）。その一方で、一般差止命令によって提訴委員会の権限が規則112（8）による権限から拡大さ

れ、それらの決定は単なる勧告ではなく、拘束力を持つことが定められた。この取り決めに基づいて415人の追放命令が出された。しかし、一部の被追放者が最高裁に上訴し、バラク裁判官からの暫定差止命令に基づいて彼らをレバノンに移送するバスが止められ、その日の早朝に申し立ての審理が開始された。14時間の審理の末、最高裁は追放を許可し、暫定命令を取り消す判決を下し、被追放者はレバノンに送られた。[418]

ゼーブ・セガール教授は、満場一致（それも異常なことに匿名）で通った最高裁の判決は「裁判官の意見が一致するという稀有な証明」の表れであるという意見である。[419] ハイム・コーエンは、この満場一致は追放を快く思っていない裁判官とそれを喜んで受け入れようとする裁判官との妥協の産物であったか、あるいは代替案がないためだった。[420] 彼によると、匿名にしたのは裁判所内の混乱を隠蔽するためだった。[421]

いずれにせよ、パレスチナ人はこの追放に乗じて反イスラエル宣伝キャンペーンを継続的に繰り広げ、多くの国々から抗議と非難がイスラエルに寄せられた。国際的な非難に対し、ペレス外相は次のように返答した。

「パレスチナ人はわれわれにこれ以上追放を行なわないよう望んでいるが、彼らはテロをやめるとわれわれに約束できるのだろうか。逆に、テロをやめるという提案を持ってきてほしいものだ……彼らがナイフを使うのをやめるなら、われわれは銃を使うのをやめよう。石を使うのをやめるなら、追放のような処罰を行使するのをやめよう」[422]

追放に対する国際的な圧力

国連安全保障理事会は1992年12月18日、この追放を非難し、イスラエルに対して被追放者の即時帰還を要求する決議第799号を可決した。これと時を同じくして、西岸地区とガザ地区全体にデモの嵐が広がり、その間にも多数のパレスチナ人が殺傷された。[423] 被追放者は追放先の土地を離れることを拒否してテントの困窮生活をレバノンで続け、世界中のジャーナリストが彼らの状況を現地で報道し続けた。ヒズボラは被追放者に資金援助し、彼らに協力したうえ、軍事訓練、爆発装置の作製、自爆攻撃、攻撃の実施法など、軍事行動のための訓練を行なった。[424] レバノン政府は被追放者

に国際人道支援が届けられるのを拒否し、1992年12月25日にはイスラエル政府も自国管理下の地域を経由して人道支援が送られることを認めない決定を行なった。⁽⁴²⁵⁾

メディアがレバノンにおける被追放者のテント生活についての報道を続けるにつれ、イスラエルに対する国際的な圧力が増大した。1993年1月、アメリカとイスラエルの間でひとつの合意がなされ、それによって追放の期間が1年間に短縮されることになった。被追放者は1993年9月9日にイスラエル領域に戻り、そのうちの8人はレバノンに残った。戻れば長期にわたって拘束されることを恐れたためだった。⁽⁴²⁶⁾

上記の内容は、追放に関して生じる法的問題からその有効性に関する問題にまでいたる。最高裁は、明確化を求めて提議されたほかの処罰手段について審理する際のアプローチと似たような態度で、追放の有効性の問題について審理することを明らかに避けたのである。ランダウ裁判官が1980年に発言したところによれば、「決定（著者注：追放すること）に関する有効性と見識の問題は、裁判官の審査の範囲外であり、政治的決定の領域に属する……」。⁽⁴²⁷⁾この文脈において、この時期の政策決定者やさまざまな組織の長が処罰としての追放をどのように見ていたかは、とくに興味深い。この問題に関し、シャブタイ・シャビットは次のように回答している。

「効果的だとは思わない。やっかいな悪者を捕まえて放り出す時の運用面では効果的だ。しかし、その悪人は、メディアがあって、情報も飛び交う隠し立てのできない世界の中で、遠くからトラブルを引き起こす。どちらが悪いことなのか私にはわからない」⁽⁴²⁸⁾

シモン・ペレスの説明によると、「それが効果的なのは、使われることが極めて稀で、極めて統一的に行なわれ、極めて少数である場合である。400人のハマスを追放したのは間違いだった」⁽⁴²⁹⁾

ペレスが首相としてこれとは異なった立場を示したのが、1996年2月と3月に発生した一連の自爆攻撃のあとに領域内からテロリストを追放することに関して相当な決意を示した時である。これらの攻撃直後にイスラエルの対応を検討すべく開催された閣僚会議において、政府の法律顧問が予

防手段ではなく抑止行動としての追放に反対したのに対し、ペレスは次のように答えた。

「境界閉鎖は継続するし、（テロリストの住宅の）爆破も継続するし、許可のない労働者は退去させるし、テロリズムを支援していることが証明された自爆攻撃者の家族も追放するつもりだ」

これは集団的処罰だと批評した閣僚のシュラミット・アロニの発言に対し、ペレスはこう回答した。「攻撃も集団的だ。しかも、彼らは集団的な支援も受けている」

ペレスが1996年に発表した、自爆攻撃者の家族を追放するという政策は、実際には2000年まで実施されることがなかった。この時期、波状的な自爆攻撃と攻撃未遂が空前の規模で発生したことを背景として、イスラエルの治安機関は自爆テロリストの考えを変えるための新たな抑止策を必要としていた。自爆攻撃者は家族に被害が及ぶことを恐れるという分析から、家族を追放するという意見が再び持ち上がった。政府法律顧問による法制度は、この分野での治安組織の行動の自由を制限することと、自爆テロリストの家族自体が攻撃実行と攻撃者の支援に関与していた場合にのみ追放ができることを決定した。この条件により、この処罰手段に対する最高裁の支援を得ることが可能になった。

最高裁は2002年9月、テルアビブのバス中央駅で自爆したアリ・アジョウリの弟妹であるキファーとインティサールをジェニンからガザ地区に追放する許可を出した。9人の最高裁裁判官よって行なわれた裁判では、家族員を追放できるのは、当人がイスラエルに真の危険をもたらし、しかも当人を追放することによってその危険を除去できるという条件においてのみである旨の判決が下された。

審理において検察庁代表は、これから講じられる新たな措置には強い抑止効果があり、「残された遺書から、自爆攻撃者は家族には何も起きてほしくないということと、自爆行為が家族の得になってほしいということを気にしていることがわかる」と主張した。彼によると、このような措置が講じられた結果、テロ組織は自爆攻撃者の徴募が困難になり、多くの攻撃が防止されてきたという。

対テロ立法と処罰のジレンマ　279

2002年3月9日に開催された閣僚会議で、アリエル・シャロン首相は治安機関に対し、自爆攻撃者の家族を西岸地区からガザ地区に追放するための準備を開始するよう指示し、「躊躇するな、これが抑止の役に立つのだ」と告げた[432]。しかし、家族を追放する活動は繰り返されなかった。

　結論として、行政処分と集団的処罰の政策に関する問題については、行政処分の代わりに通常の刑事裁判による処罰手続きを適用することが可能な場合は、いずれにおいても後者を優先させるべきである。ほかに選択の余地がなく、行政処分が明らかに必要な場合は、可能な限り行使を限定すべきであるし、法に従い、期間を限定してこれを事前に決めておき、しかも処分を課す行政組織の外部の検査の下においてのみ行使されるべきである。

第8章　テロ報道のジレンマ

テロ組織とメディアの互恵関係

　世界各地のテロ組織およびゲリラ組織は、その方法、目的、使用武器、外部からの支援など、それぞれ異なる。そのため各テロ組織に共通する戦略が存在するかどうかについては、研究者によって見解が分かれる。

　ある学派は、テロ組織が理にかなった重層的戦略に従って行動すると主張する。それは、テロを実行してメディアに大々的に報道させることからはじまる。マスコミ報道は人々の心に恐怖を植えつけ、それを通して政治情勢と住民の態度に影響を及ぼす。さらに国民が抱く不安を政策決定者に対する政治的圧力として利用し譲歩させる。つまり、テロリストの要求をのませ、その意向に沿った政治的決心を迫るのである。この見方は、メディアと世論をテロ組織の攻撃政策における中心的要素として位置づけている。

　別の学派は、テロ組織の行動戦略におけるメディアの中心的役割を疑問視し、政策決定者に対する世論の影響力を重視しない。安全保障問題と外交政策においては、とくに影響を与えないとしている。

　前者の学派によると、文字メディアと電子メディアが、現代の民主社会では主要な役割を果している。それは国民と政治指導部の間をつなぐ仲介者であり、世論形成と政府の意思決定に影響を与える。現代社会におけるメディアの重要性を認めるとすれば、それはテロおよびゲリラ組織の使う戦略の主要な一部であるということだ。これは、カルロス・マリゲーラが主張している説で、それによると囚人の救出、処刑、誘拐、破壊活動、テロ、心理戦などは、すべて暴力によるプロパガンダで、宣伝効果を狙って

実施される。[433]

　つまりテロ攻撃は、文字メディアと電子メディア双方で最大限、報道されることを目的としている。テロ組織は、自分たちのメッセージを伝える道具としてのメディアの重要性を認識しており、メディアの注目を集めるために最大の努力をする。そのために彼らは、テロ攻撃の犠牲者数を増やし、より残忍で恐ろしい手段を使ってテロの凶暴性を強めていくのである。

　ワイマンは、テロ攻撃のマスコミ報道によってテロリストが手にするアドバンテージには、次のようなものがあるという。テロ組織の活動に対する国民の関心を高め、組織の影響力を強める。テロ組織の破壊活動に肯定的なイメージを作り出す。テロリストを闘争の弱者と位置づけ、彼らの目的に対する支持をプロモートする。対テロ活動に関する重要な情報を提供する、などだ。[434]

　クレンショーは、テロリズムの歴史に注目し、そこには、段階を踏んだ行動展開が見られると指摘する。以前はタブー視されていたターゲットや、暴力とは無関係と思われていた場所を選んで意図的に攻撃する。そして、この目新しさが、国際メディアを通して全世界に伝えられる。[435]

　ポストは、テロリストがテレビカメラをひきつけ、事実上これを独占して有力な武器とし、メディアを通して対象とする視聴者を操作すると語る。ポストによると、テロ組織は、メディアの力と重要性を実証し、自己の目的の正当性を訴える手段として使ってきた。[436]

　この見方は、テロ組織とメディアが一種の互恵関係にあることを示唆している。実際、テロリストたちは、メディアの報道から多大な恩恵を受けている。メディアは、テロリストがさまざまな対象層にメッセージを伝え、組織とその活動に対する支援をとりつける舞台となっており、またそれは実力をはるかに超えた組織の虚像も作ってくれる。

　さらにマスコミ報道は、テロ組織にとっては、テロ攻撃を計画したり、敵側の攻撃意図を分析するための重要な情報源でもある。またほかの組織が成功したテロ攻撃を模倣するために必要な情報も得られる。テロ対策に追われる国家の国際的イメージと地位に打撃を与える一方、テロ組織に対

する国際社会の認知を確保するのにもメディアの報道は欠かせない。

　テロリスト側はメディアにニュースになる情報を提供する。そこには犠牲者とその遺族の悲劇といった人命のかかったドラマがある。テロ攻撃を実行した犯人たちの背景も話題になる。政治コメンテーターの話のタネにもなる。つまり、テロリズムは手に汗にぎるさまざまな話題をメディアに提供するのである。いずれも興味深いテーマであり、高い視聴率を期待できる。テロ組織は、メディアの注目を集めるためにあれこれ努力する必要はない。多くのメディアが競合する状態にあり、それぞれに利益をあげなければならないからである。

　暴力事件（とくにテロ攻撃）は、「新聞ダネ」になり、世間の関心をひく。シュミットとデ・グラフは、メディアは利潤追求をベースに行動し、それが広告収入に依拠している事実を無視できないと論じる。この収入は、テレビとラジオでは視聴率、新聞では販売数にかかっている。テロリストの行動は、大衆の耳目を集め、メディアの売り上げにつながる。[437]

テロ攻撃に対するメディアの報道姿勢

　テロ戦略ではメディアが重要であり、そのためマスコミ報道は攻撃の構成要素それぞれに影響を与えていると考えられる。要素とはターゲット（標的の持つ象徴性、治安上の重大性、人口密度、位置など）、持続期間、タイミング、選択された攻撃方法などである。

　この点についてホフマンは、テロ活動には現代のメディアが鍵となる役割を果たすと強調する。さらにメディアが報道を準備し待ち構えているなかでテロ攻撃が起きなかった場合、準備に使った費用を正当化させるために「人間的視点」を強調した背景報道が作られる。こうして全体像ではなく、人間的視点による歪んだ代物ができ上がり、巨大ネットワークは単に報道する機関ではなく、事実上、政策形成に影響を及ぼす機関となる。[438]

　1980年代、アメリカ国民の大半は、テロ攻撃に関するメディアの報道姿勢を批判する声に同調していた。1986年1月にＡＢＣテレビとワシントンポスト紙によって行なわれた世論調査によると、国民の大半は（調査対象の76％）、テロリストが成功するかどうかは、メディアにどれだけ取り上げ

られるかにかかっており、メディアはテロ攻撃を往々にして誇張して伝え、テロリストが求める報道を行ない、彼らの思うつぼになっていると考えていた。このようなテレビ報道は違法であり、必要とあれば、警察に報道差し止めの権限を与えるべきとの提案があったほどだ。それでも回答者の大半は、テロリズムに関するメディアの報道が公益に役立ち、報道がさらなるテロを誘発することがあってもテレビはテロリストの活動を報道していくべきと感じていた。また圧倒的多数は、テレビのあるなしとは無関係にテロリズムは存在するという意見であった。(439)

　メディアのテロ報道に関する矛盾した感情は、学術的な研究分野にも見られる。メディアとテロ組織の相互依存関係説とは対照的に、テロ組織はメディアの報道をそれほど重視しておらず、メディアに従って戦略を立てるわけではない、という主張もある。この説の支持者は、メディアの重要性を卑小化し、時にメディアを攻撃することもあるテロ指導者の声明に、とくに注目する。さらにこの学派は、政治問題でテロ組織が政策決定者に圧力をかけ住民を威嚇しても、その影響度は高くなく、むしろ疑問であると論じる。

　これに関連してクレンショーは、ＩＲＡ（アイルランド共和国軍）とＥＴＡ（バスク祖国と自由）についての調査を紹介している。それによると、このふたつの組織はメディアの報道に何のメリットも感じていない。実際のところ彼らは、メディアを敵意と偏見に満ちた主観的な存在と見なしている。彼らの観点からすれば、メディアの発するニュース、報道番組は、自分たちが反対する国家の政策の一環である。このふたつの組織の代表たちは、メディアの報道路線が現状維持を支持する一方で、組織のイメージを傷つけるため暴力は誇張して伝え、組織の非暴力的活動については無視すると主張している。(440)さらにテロリストの攻撃は、極めてネガティブな姿勢で報道されるのが普通であり、メディアの報道制限が攻撃数を減らすという主張に疑問符がつくという。

報道がテロ対策の強化につながる

　ホフマンは、時にはマスコミ報道がテロに対処するうえで、ポジティブ

な役割を果たすことがあると主張する。たとえばアメリカでは、爆弾魔ユナボマー（T・カジンスキー）が自分のイデオロギーに関する声明を日刊紙に掲載せよと要求したことで足がつき、摘発されている。また1985年のTWA機ハイジャック事件でも、人質になった家族によると、米メディアの過熱報道のおかげで、アメリカの政策決定者が解決を迫られる課題のトップに事件が位置づけられ、これが人質の解放につながったという。[441]

さらにわれわれは、次の事実を考慮する必要がある。テロ攻撃の報道を避けたり、減らしたりすれば、テロ組織は再びメディアの注目を集めるために、攻撃をエスカレートさせる可能性があるということだ。またテロ報道をなくしてしてしまうと、国民は信頼のおける最新情報がないため疑心暗鬼となり、余計なパニックがひろがる恐れがある。

この説の支持派は、メディアはテロ組織の真の目的に奉仕してはいない、と主張する。たとえテロリズムがメディアを通して国民の政治姿勢に影響を及ぼすとしても、果たして世論が政策決定者とその政治見解になんらかの影響を及ぼすかどうかは不明である。政策決定者は、世論の影響とともに、ほかの相反する影響にさらされるからだ。さらに言えばメディアのテロ報道が世論にインパクトを与え、これがまわりまわって政策決定者に影響を及ぼしたとしても、実際にテロリストの期待した影響とそれが同じかどうかはわからない。逆にメディアの報道が世論を喚起し、その声がテロ対策費用の増加につながるかもしれない。

ウィレンスキーは、テロリズムが恐怖と脅迫によって目的を達成することはない、と考えている。彼によると、テロリズムは民心を硬化させ、テロ対策の強化につながる。[442] ラカーは、テロリズムが迷惑の域にとどまる限り、社会は我慢すると論じる。しかし、不安感が高まり、テロリズムが本当に脅威になってくると、国民はテロとの戦いにおける人権無視で政府を非難することをやめ、人権問題は二の次にして、もっと攻撃的なテロ対策の導入を求めるようになる。[443]

グルは、西ヨーロッパにテロ攻撃の波が襲いかかった時、それにともなって国民の声が高まり、テロ組織撲滅に向けた真剣な対策を求めるようになったと論じる。グルによると民主的社会におけるテロの波は、テロ自体

テロ報道のジレンマ　285

の自滅の種をまく場合が往々にしてある。そのような連続的な暴力は、テロリストに対する支持を弱め、治安部隊は情報収集がずっと容易になるからだ。
(444)

テロリストが望むのはインパクトである

　ホフマンは、1989年にランド研究所で実施された調査に基づき、過去5年間のテロ攻撃に関する米メディアの広範な報道にもかかわらず、国民はテロリストの立場と動機に支持や同情を抱くことにはならなかった、と主張する。グルとホフマンは、国内テロ（ひとつの国の中だけで起きるテロ）を取り上げているため、必ずしも国際テロ（少なくとも2カ国がかかわるテロ）、あるいは国内に「持ち込まれた」テロリズムを対象としているわけではない。

　メディアのテロ報道と世論に及ぼす影響が、果たしてテロ組織の利益になるのかどうか、ふたつの種類の意見を紹介してきたが、相反する意見の橋渡しをしてくれるのは、ヤセル・アラファトの右腕でPLOのナンバー2だったアブ・イヤドかもしれない。

　1972年9月のミュンヘン五輪襲撃事件についてアブ・イヤドは、こう述べている。攻撃の目的のひとつは、「（オリンピックという）ふだんとは異なるメディアの集中を利用して、とにかくわれわれの闘争を国際社会に反響させることだった。それがポジティブな反響だろうとネガティブな反響だろうと、そんなことは関係なかった……」。つまり、アブ・イヤドはパレスチナ人民の問題に国際社会が注目するのであれば、テロ攻撃が引き起こす批判など、どうでもよかったと言っているのだ。換言すれば、世界がなんと言おうと気にしない、要は世界が自分たちについて語り、問題と要求に気づいてくれればいい、ということだ。

　ホフマンはこの線に沿って話をすすめ、テロリストは通常、望んでいたインパクトが達成できたかどうかを集めた注目の量によって計り、話題性のタイプや、それがポジティブかネガティブかは問わない、と述べている。

テロ組織の戦略にとりこまれるメディア

　メディアは、テロリズム戦略で中心的役割を果たす。テロ攻撃による被害は普通、攻撃現場に限定されるが、犠牲者を超えた範囲、つまりターゲット・オーディエンス（標的とする対象者）に影響を及ぼすことも、テロの狙いのひとつである。テロ組織がターゲット・オーディエンスに知らせたいメッセージは、メディアによって伝えられる。メディアは、次の3つの異なるターゲット・オーディエンスにメッセージを伝える重要な役割を果たしている（図8-1参照）。

　最初のターゲット・オーディエンスは、組織と同じ起源を持つ集団と組織内の活動家である。メディアは彼らに力のメッセージを伝えてくれる。技術的に劣り、メンバーも少ないうえに実行手段が乏しいにもかかわらず、戦略目標を達成する能力があるというメッセージである。さらに支援

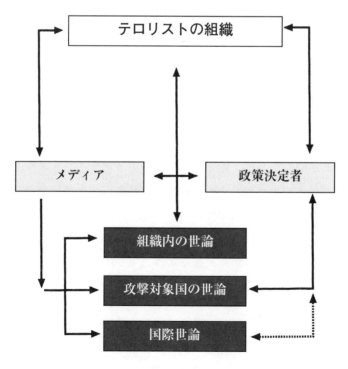

図8-1 現代のテロリズム戦略

や参加の呼びかけ役にもなり、このターゲット・オーディエンスの士気を高める役割を果たす。

2番目のターゲット・オーディエンスは、テロ組織が攻撃の標的にした集団である。彼らには、いつどこにいてもテロリストに襲われるおそれがあり、所属する組織の軍事力・経済力では、生命や財産を守ることができないことを伝える。通常、このメッセージには政治あるいは作戦上の具体的な要求がついていて、黙って従えば攻撃は終わり、平和が回復するといったことが謳われている。彼らの士気をくじき、妥協に追い込むことがテロ組織の狙いである。

3番目のターゲット・オーディエンスは国際世論である。これは紛争にかかわりがなく、状況を傍観者として見ているオーディエンスだ。テロ組織は彼らの目を自分たちの紛争に向けさせ、テロリスト側の主張と人民の苦しみを伝えるために、テロ攻撃という手段を使う。

さらにメディアは拡大鏡の役割を果たす。攻撃のインパクトを強めて伝え、テロリズムを効果的なツールに変えるのである。メディアが報じなければ、テロリズムは多くの死因のひとつにとどまり、最も危険な死因とも認識されないだろう。

ワイマンは、テロリズムを劇場の舞台にたとえている。両者はその構成要素が酷似している。プロデューサーはテロ攻撃の提唱者、ディレクターは攻撃の組織者、キャスティング・ディレクター（配役担当責任者）は実行犯をリクルートする係、観客は攻撃を見るさまざまなタイプのターゲット・オーディエンスである。舞台装置は攻撃実行に選ばれた背景、劇の筋書きはテロの実行計画、配役はテロリストおよび犠牲者、その他の関係者。劇の主旨はターゲット・オーディエンスへ伝えるメッセージである。そして舞台は多くの観客から見えるよう、そして主旨を吸収できるように客席より高く設けられている。その役割を果たすのがメディアである。

ジャーナリストのジレンマ

メディアはテロに関する報道について通常、ふたつの論点に立って、その取材姿勢を正当化する。ひとつは「国民の知る権利」で、メディアは民

主的方法によってその権利を保証する役割を果たしている。彼らによれば、国民の知る権利を守るために、検閲や制限、モラル上の制約を受けず、タブーなき報道を第一に考えているという。たとえメディアがテロ組織にとって大事な舞台の役割を果たし、間接的に組織の活動に手を貸す結果になるとしても、メディアはジャーナリストにこの原則に従った行動を求める。

　もうひとつは視聴率である。メディアの取材範囲と規模および性格を決める主要因が視聴率であると多くのメディア関係者が主張する。テロリズムの残忍性を見たいという視聴者の要望がある限り、いつも誰かがその要望に応えて提供する。したがってメディアの報道の性格を規制したり、変えたりすることは不可能である。

　このふたつの論点は、徹底的な研究と検討が必要である。「血イコール視聴率」という方程式は、一見正しいように見えるが、そこには限度がある。極めてむごたらしい光景（ばらばら死体のクローズアップなど）の放映や悲惨な現場の状況を繰り返し放送すると、視聴者の中にはテレビのスイッチを切ったり、別のチャンネルに切り換える者もいる。これはイスラエルの経験から明らかである。

　1990年代、自爆テロが続いていた頃、イスラエルのメディアは何の規制もなく無制限に、悲惨な現場の光景を放送していた。それに対して国民の間から厳しい批判の声があがってきた。テレビやラジオの視聴者が局へ電話し、新聞でも批判記事が掲載され、時には市民が直接テレビ局へ出向いて抗議することもあった。結局、これらの批判が効を奏して、2000年末頃（ちょうどアル・アクサ・インティファーダのはじまった頃でパレスチナ人によるテロが頻発した時期）から、イスラエルのテレビ報道の性格が好ましい方向に変わった。

　ジャーナリストは、テロ攻撃を責任ある姿勢で節度をもって報道すべきという国民の要求は、彼らに深刻なジレンマを突きつけた。ジャーナリストのジレンマである。これにはふたつのバランスの問題があった。まず、ジャーナリストには、情報を求める市民の正当な要求に応える義務と、事件の経緯を追求する職業上の責務の間のバランス。次に、競合するさまざ

まなメディアとの取材競争に勝つことと、短期長期にかかわらずテロ組織の目的に間接的にでも奉仕してはならないという責務の間のバランスである。[449]

「メディアは市民の義務を守れ」という呼びかけは、ワイマンのステートメントに示されている。それによると市民は、可能な限り正確かつ偽りのない最新情報を得る権利がある。つまり、市民の「知る権利」である。それと並んで、市民は「知らない権利」を持つ。それは被害者のプライバシーの権利であり、メディアの報道によって、テロ犠牲者の個人的かつ内輪の事情がさらされてはならないという権利である。市民の安全にかかわる治安上の情報を守る権利も含まれる。[450]

ジャーナリストが、ふたつのバランスに配慮する必要に迫られたのが、2001年9月11日、アメリカで起きた同時多発テロだった。悲惨な光景を撮影する取材チームは、カメラに小さな星条旗をつけ、中継車には星条旗や行方不明者の写真を貼った。こういった行為は、職業上の責務と市民としての義務を認識し、それを守ろうとするアメリカ人ジャーナリストたちの姿勢を明確に示していた。

1997年、イスラエルで「シェファイイム会議」と称する会合が開かれた。ヘルツリヤ学際センターの国際カウンター・テロリズム政策研究所が主催した専門家会議で、イスラエルのメディア関係者（報道記者と編集者）とカウンター・テロリズムの専門家が出席した。イスラエルにおけるテロ攻撃報道がテーマで、参加者たちはふたつの責務の適切なバランスのとり方について議論した（会議のサマリーは付録資料A参照）。参加者たちが出した勧告には、主な提案がふたつある。テロの犠牲者のクローズアップ写真や映像報道を避けることと、それらを繰り返し報道するのを極力制限することである。

このふたつの提案は、ジャーナリストとしての職業上の責務と市民としての義務のデリケートなバランスを維持することを可能にする。テロ攻撃の際のリアルタイムの報道は避けられないが、この提案を受け入れるなら、市民の情報を得る権利は守られる。その一方で、惨状を物語るクローズアップ写真がなければ、メディアが不安と恐れをあおることはなく、テ

ロリストに利用されることはない。テロの惨状を繰り返し報道することが避けられれば、テロ攻撃による、市民の士気に対する打撃も限定できる。視聴者がテレビのスイッチを切ったり、チャンネルを換える必要もなくなった。

生放送のジレンマ

　さまざまなメディアの中で、市民の士気に最も影響を及ぼすのはテレビであろう。テロ現場の惨状が、被害に遭った国と全世界の家庭へ届けられることは、テロの恐怖をあおり、プロパガンダを目的とするテロ組織の思うつぼとなる。

　テロ攻撃のテレビ放送に関しては、1990年代のイスラエルの経験が参考になるだろう。視聴者が見るクローズアップの生中継は、時として事件現場の目撃者が目にするものより、もっとむごたらしい光景を映し出すことがある。これが生中継のジレンマである。現場にいる者は、治安、報道、救出、収容などそれぞれの任務につき、多忙をきわめている。散乱するバラバラの死体など、惨状を凝視している余裕はない。これとは対照的に、職業上の責務と市民としての義務のせめぎ合いを認識しないテレビのカメラマンが、事件現場に到着すると、最もショッキングな映像を求めてあたりを歩きまわる。

　その後、イスラエルでは2000年代初頭からメディアの報道に改善のあとが見られるようになった。現場からの生中継で、テレビカメラがとくに凄惨な光景を映し始めると、中継が中断され、スタジオのキャスターやコメンテーターに画面が切り替わる。現場のカメラ映像が変わるまで、この状態が続く。これは国民の批判があったからで、正しい編集方針といえる。

　もちろん大切なことと、無用なことを混同してはいけない。メディア報道に関する正当な批判があっても、テロ発生時にメディアの報道と現場中継をなくすべきではない。無責任なテロ報道より危険なのは、まったく報道しないことである。リアルタイムの報道がなければ、根拠のない噂が広まるおそれもある。国民の士気に及ぼす悪影響は、報道しない方が大きい。

テロ攻撃の生中継に関する功罪は、たとえカメラ・クルーが市民としての義務を認識していなかったとしても、功の要素が大きい。テロ攻撃を取材する際は、死体や負傷者のクローズアップ撮影を避け、極端な恐怖心やパニックをあおるような表現をせず、現場からやや離れた場所から撮影し、リアルタイムの編集に配慮する必要があるが、それは可能である。

どこまで報道を続けるか？

　治安関連の事件について、当然国民は最新情報を求める。メディアもそのニーズに応えようとする。しかし、取材報道が手際よく実施され、ジャーナリストとしての責務と市民としての義務のデリケートなバランスが生中継編集と制作の責任者によって維持されている場合でも、テロリストの思惑にはまらないよう放送時間の適正量を決めなければならない。

　どこまで生中継するか。犠牲者の全員搬送まで続けるのか、あるいは現場の片付けが終わり、通常の生活に戻るまで放送するのか。それとも、視聴者に全体像が伝わり、これ以上目新しい情報はないと思われる段階で、中継を打ち切るのか。生中継がレギュラー番組にどれほど食い込んでくるのか。テロ発生にともなう中継でキャンセルすべき番組があるのか（たとえばバラエティ番組、映画、音楽など）。許可されるなら、搬送先の病院まで行って犠牲者の写真を撮るべきなのか。犠牲になった人の悲劇を記録するため、自宅まで取材班を派遣すべきなのか。問題は尽きない。なかでも難しい問題が、前述の「繰り返し放送」である。繰り返しの目的は、大別してふたつある。ひとつは新しい情報がくるまでのつなぎ、もうひとつは遅い時間帯にテレビを観る人のためである。

　これらの問題のキーワードは「量」である。つまり、テロ攻撃とその被害の規模、それと同じ日の時間帯に起きているほかの事件との放送上の兼ね合いだ。正確かつ包括的な情報が発信されれば、事件現場からの生中継を可能な限り短時間で終わらせるべきである。頻繁なテロ攻撃に苦しむ社会では、テロリストが攻撃によって引き起こすことのできる士気・心理的打撃を、可能な限り少なくおさえ、速やかに普通の状態に戻す努力が必要である。その場合、テロによる被害と交通事故などによる被害の比較が、

適切なメディアの報道とその望ましい範囲についてのガイドラインになり得る。

　事件で負傷者が出ている場合でも、テロ報道が終われば通常の番組に戻すべきだが、その後に喜劇やお笑い番組が予定されていたら、それは放映中止にしたほうがいいだろう。テロ攻撃の報道終了と通常番組の再開を象徴するものとして、国歌を流すことを考えてもよい。視聴者である国民は、放送された事件が単なる犯罪行為ではなく、国家全体に打撃を与えようとする戦争行為であるというメッセージを受け取るはずだ。国歌はこの危機に対して国民が団結していることを象徴する。生中継放送のあと、局が1枚のスライドを映したまま、1分間沈黙するということも考えられる。一種の転換である。通常の番組に戻ることは、犠牲者と遺族の尊厳を傷つけたり、彼らの悲劇を軽視するのではなく、テロが国民の意志を挫くことはなく、テロ攻撃をはねかえす力があるというメッセージを意味する。

　以上の流れから、放送局は生中継時に極端なパニック状態を放映すべきではない。また取材カメラを派遣して、救急室に到着する犠牲者とその家族を撮影することも控えるべきだ。このような行為は、ひとつにはテロ攻撃を「ピープショー（のぞき見）」に変え、むごたらしい犠牲者の姿や、苦しみもだえる負傷者のプライバシーを侵害するからである。さらにこのような報道は、救急処置室への入室が許可されても、犠牲者の状態に関する情報を得ることはできないので報道する価値はない。

テロリスト提供のビデオを放映するべきか？

　テロリズムに関するマスコミ報道でジレンマに直面するのが、テロリスト自身が作成したビデオを放映するかどうかの問題である。テロ組織は、目的達成のために自分たちのメッセージを拡散しようとする。そこで彼らは、メディアがテロ問題に関する番組を制作する時間を与えず、攻撃前にビデオを作成し、メディアに送りつける。視聴者向けのメッセージであり、要するに宣伝ビデオである。

　自爆テロ犯が決行前に登場し、自分の主義主張を唱え、自爆の動機を強

調し、敵を非難する。さらに自分の攻撃を、関係があるのかどうかわからない別の行為と結びつける。このようにして彼らは、所属する社会に自爆攻撃の神話を作り、自分の行為はその一部であり、あとに続く者が大勢いて、次の攻撃を準備中であると宣言し、ターゲット国の住民に恐怖のメッセージを送る。

　テロリストのビデオには、もうひとつのタイプがある。それはテロ組織の指導者やスポークスマンが主役で、ビデオには彼らの要求が記録されている。「住民の安全を願うなら、譲歩が必要であり、これだけのことをしなければこちらも満足しない」といった内容である。さらに「戦機は自分たちにあり、今回に続き、次の攻撃を用意している。痛い目に遭いたくなければ要求に従え」と威嚇する。

　現代のテロリズム戦略では、テロ攻撃の多くにプロパガンダが付随する。とくにテロリストのビデオの役割が指摘される。その顕著な例が、9・11のテロ攻撃直後、オサマ・ビンラディンが出したビデオである。当初、アメリカ国民はもとより政府首脳も、なぜアメリカが狙われたのか理解できなかった。アメリカ国民は、理不尽な武装暴力主義、あるいは理屈に合わない言動の副産物と受けとめた。なかには圧倒的多数のムスリムと過激派ムスリムとの区別ができない人もいた。前者はほかの宗教集団より暴力的とは必ずしもいえないが、後者は過激イスラム主義者で、危険な武装少数派であり、暴力とテロで武闘イスラム思想を全世界に伝播せよ、とする神の掟を信じている。この少数派は神に与えられたという責務を信じ、過激イスラムの支配を受け入れぬ者は、誰であろうと殺害する（その中には彼ら原理主義者から異端と見なされる穏当なムスリム多数派が含まれる）。

　当時これがビンラディンとその配下が抱く究極の目的であり、ニューヨークとワシントンで実行した攻撃の背景がこれであった。しかし、ビンラディンとその配下は、過激イスラムの伝播浸透、すなわち世界支配は容易なことではなく、一夜では成就できないと認識していた。そこで考えたのが段階戦略である。それは三段階戦略ともいえるもので、第一段階で、過激イスラム共和国が中央アジアと中東のムスリム諸国に建設される（地域

的にはアフガニスタン、パキスタン、湾岸諸国、ヨルダン、サウジアラビアを含む）。第二段階で、ムスリムが多数派を占めるか、少なくともある程度まとまったムスリムのいる国（地域にはボスニア、コソボ、トルコ、チェチェン、旧ソ連邦のムスリム共和諸国、中国の新疆ウィグル自治区、フィリピン、インドネシア、マレーシア、インド、北アフリカを含む）に過激イスラムの支配地域を拡大していく。第三段階で、残る世界の支配を広げていくのである。

　したがって、2001年9月11日のテロ攻撃は、アメリカ打倒を目的としたわけではなく、過激イスラムによる支配を狙ったのでもない。アメリカ国民にメッセージを送るのが目的であった。つまり、過激イスラム・テロリズムの力の誇示と見せしめのメッセージを発信したのである。われわれにはアメリカの経済、住民の安全と日常生活に深刻な打撃を与える力があり、過激イスラムの主義主張と関心に合致した政策をとらないと痛い目にわせると、アメリカ国民に知らしめようとしたのだ。9・11テロの目的は、世界最強の超大国を打倒するのではなく、外交政策を変更するよう政策決定者に圧力をかけ、アメリカ国民の覚醒を促すことであった。

　ビンラディンはアメリカを、自分の第一段階戦略（中央アジアと中東諸国の支配）を遂行するうえでの障壁と見なしていた。おそらくビンラディンは自分の力を信じていたと思われる。アメリカに圧力をかけ、中東と中央アジアの穏健アラブ、ムスリム諸国に対する経済、軍事その他の援助を中止させ、駐留部隊を撤収させることもできると考えていた。ビンラディンはこれで、この地域にいる過激イスラム組織要員は、扇動工作がやりやすくなると信じたに違いない。この地域の諸政府は、アメリカから援助を受けることができなければ、国民の必要とする事業（教育、社会福祉、保健など）を継続できなくなり、アメリカの軍事プレゼンスがなければ、穏健派政権を守る者がいなくなる。

　しかし、テロ攻撃は深刻なダメージをもたらすが、それだけでこの戦略目的を達成する力はなく、アメリカが外交政策を変更することはない。そのためにはテロ活動と集中的なプロパガンダ戦の組み合せが必要である。ビンラディンは、アメリカにおけるテロ攻撃を綿密に準備し、それに付随

するプロパガンダ戦も用意していた。ビンラディンが事前に作成したビデオがアラブの放送局に送られ、そこを経由してアメリカの放送局の手にも渡った。こうしてアメリカ国民に威嚇と脅迫のメッセージが送られた。

このビデオで、ビンラディンはアメリカ国民に対する要求を繰り返し述べている。一見したところ、アメリカ国民の安全と引き換えにする要求はとくに高いようには思えなかった。ビンラディンのアメリカ国民へのメッセージは次のようなものだった。アラブ諸国で軍務についているアメリカ人やその家族に何事も起きないよう、安全に気をつけよ。ムスリム領から全員撤収し、「反動、腐敗アラブ政権」に対する支援を停止し、アメリカの納税者の金を無駄使いするのはやめよ。

ビンラディンが自分の戦略目的を達成できなかった理由は、アメリカのメディアがバランスを保ち責任ある立場を維持したからだ。アメリカのメディアは、ビンラディンにプロパガンダの場を与えなかった。送られてきたビデオの大部分を放送せず、放送した短い部分も大幅に編集した。テロ攻撃は、アメリカ国民が耐え忍ぶことができるものではなかったが、それに付随する一連のプロパガンダは、ターゲット・オーディエンスに届く前に分解され、消散してしまった。

これとは対照的に、そっくりそのまま放送すべきと考える人たちがいる。ビデオで主張する内容を、彼ら自身の言語と言葉で語らせよ、テロリストの指導者、活動家のインタビュー放送も避けるべきではない。編集上の考慮はせず、編集者やジャーナリストの判断に任せず、国民1人ひとりに判断させるべきで、せいぜい放送中、あるいはその後にメッセージとバランスのとれた専門的コメントをするだけにとどめ、過激イスラムの傾向を浮き彫りにするべきだと彼らは主張する。

だが、テロリズムに効果的に対応する戦略は、やはりアメリカのモデルを採用するほうがいいようだ。彼らが9・11テロでとった対応である。テロ組織が用意したビデオの放送は限定すべきである。そのメッセージの中に、ほかの攻撃対象国にいるテロリストに対する秘密メッセージが含まれている可能性もあり、教唆、煽動、洗脳、そして威嚇の手段としてメディアを利用することも考えられる。一方、重要かつ最新情報を国民に隠して

おくことは避けるべきで、そのためにビデオの一部を放送してもいいが、その場合はビデオの中身を言い換えて伝えた方がいいだろう。テロの指導者や組織スポークスマンとのインタビューについては、いついかなる場合でも、インタビューの仕方や、どの質問が許され、許されないかなど、テロリストの言いなりになってはいけない。またテロ組織に利用されることを避けるため、インタビュー前に質問事項を知らせてはならず、生中継もすべきではない。

テロリストから取材に招かれたら

　時にはテロ組織がメディアに直接アピールして、それを自己の目的に利用するケースがある。人質をとって立てこもって何かを強要している最中に、メディアのインタビューを要求することがある。あるいは放送局を占拠し、自分たちのメッセージを流すように強制することもある。さらに攻撃前にメディアを現場に呼び寄せることもある。その場合、テロ組織はメディアが必ず現場に急行すると考えているわけではないが、事件の事前取材には、それなりに利用価値があることを彼らは知っている。

　1980年代末期、ユダヤ・サマリア（西岸地区）とガザ回廊でパレスチナ人のインティファーダが起きていた頃、このようなケースが何度かあった。テロ組織の代表から、「いつどこで」とジャーナリストに連絡がくる。しかし、呼びつける理由は明かさない。行ってみてはじめて、たとえばイスラエルの内通者の処刑であることがわかり、その場面を取材する破目になったりした。

　現場にメディアが到着すること自体が、作戦開始の合図として使われたり、殺害の引き金になったりすることもある。メディアがその場にいなければ、暴力は起きなかったかもしれない。メディアは意図せずとも、暴力とテロを誘発させたり、それに加担してしまったりすることがあるのだ。

　前述したように、プロとしての責務と倫理問題のジレンマは、メディアの活動につきものであるが、テロリストの呼びかけに応じる問題にはジレンマは生じない。あいまいさを排し、非妥協の姿勢を貫かなければならない。独占記事や写真を入手し、視聴率を上げ、あるいは販売数を増やし

て、他社との競争に勝利するのは確かに魅力的で、その誘惑にのりやすい。しかし、テロリストの招きに応じてテロ発生予定地へ行くのは、メディアの市民としての義務と職業上の責務のうえで、「越えてはならない一線」を踏み越えたことになる。自ら進んでテロ組織に利用されることに同意したということだ。

さらにテロ攻撃の取材と「テロリストのビデオ」の放送にかかわるジャーナリストの市民としての義務は、実際には、テロに狙われた国のメディアだけを束縛するが（なぜなら、その国の国民ではないジャーナリストに順守を要請ないしは要求することはできないからだ）、テロ組織の招きに応じない市民としての義務は、他国のメディアにも適用される。テロリストの攻撃を誘発しかねないことはしない。これが世界市民としてのジャーナリストの義務である。

検閲のジレンマ

国家の指導者は、テロリズムの報道にかかわるメディアのジレンマを一挙に解決できる便利な道具を持っている。それは報道の「検閲」である。国家は法律を制定し、法に基づき国家と国民の安全を危うくするメディアの報道を差し止めることができる。

テロ報道におけるメディアのさまざまなジレンマと、職業上の責務を優先して、市民としての義務を軽視しがちなメディアの体質から、政府はテロ報道を全面的に検閲せざるを得ないと主張する人々がいる。検閲を課す理由はほかにもある。治安機関のテロ対処法、能力、そして意図に関する情報をテロ組織に与えないためである。イツハク・シャミール元首相は特定ケースの検閲をはっきり支持し、次のように述べている。

「（検閲は）絶対に必要である。敵に手を貸すような内容の発表を阻止しなければならない。中途半端であってはいけない。敵の助けになるものはすべてである。戦争と同様に、これは正当化される。犠牲者が出るのをくいとめ、勝利の一助となる」[451]

しかし、検閲の決定は単純なことではなく、その利点には議論の余地がある。テロ組織の目的のひとつは、敵視する国家の開かれた自由と民主主

義社会のイメージを傷つけ、その国際的信望をおとしめることにある。したがって、報道が市民の義務に抵触し、それが国家の安全保障にはっきり脅威になるとしても、メディアに検閲を課すことは、テロ組織の目的に沿うものになりかねない。

　さらに現在、さまざまなメディアがあふれ、ホームビデオを持つ市民も多い。テロ攻撃の惨状を覆い隠すのはほぼ不可能で、カメラを手にする者の接近も防ぎきれない。ここで考えておかねばならないのは、多くのテロ行為が都市部の人口密集地で発生するという事実である。プロのカメラマンの接近を阻止できても、住民たちが撮影して、それをメディアに売ったり、送ったりする可能性は十分にある。国外で放映されてしまえば、手の打ちようがなく、結局、テロ被害国でも放映されることになる。

　メディアの報道に検閲を課すうえで、別のリスクもある。市民の権利制限にかかわるほかの問題と同様、行動の自由制限をいつどこで、いかなる条件ではじめるかを定義できても、現実には、政治的、個人的あるいはほかのニーズのため、政府がいつ検閲を不当に使用しはじめるか予測するのは難しい。モシェ・ネグビは、メディアの報道を制限し、検閲を課す場合には慎重のうえにも慎重を期すべきであると勧告する。国家にとって良いこと、国益にかなうことを政府あるいは指導者が事前に見通すことはできないというのがその理由である。さらに個人が自分の意見を提示して他者を説得する自由な意見交換の場（オピニオン・マーケット）がなければならないと主張する。検閲のないオープンなメディアは、抗議と批判の表明を含め、情報、事実、そしてデータを国民に提供するから非難されるべきものではなく、必要なものであるという。(452)

　検閲のジレンマに対応するには、政府首脳がテロ報道に関してメディアに検閲を課さないのがベストだが、メディアがその市民的責務を無視する場合は、世論に訴え、その圧力で市民としての義務と職業上の責務にバランスをとるようメディアに要求する。これが最善の方法である。政府は行政措置を避け、問題を「マーケットの力」にゆだねるのが望ましい。メディアのテロ報道を抑制する法令や規制を導入する代わりに、一般世論に働きかけて、世論の激しい非難を喚起し、抗議活動を奨励すべきである。

前述のように、イスラエルではこの種の抗議活動が効果的であった。これによってイスラエルのテレビ局は、テロリズムの報道に関して報道姿勢を変え、より責任のある態度をとるようになった。いずれにしても、それが正しいやり方であるとはいえ、テロがエスカレートし、世界中に拡散している現在、メディアの職業上の責務と市民としての義務のバランスをとっていくのは複雑で困難な作業である。

メディア自身の報道規定

メディアを情宣活動に利用するテロ組織の思惑を中和し、少なくとも最小限におさえるために、メディア自身が報道規定を設ける必要がある。たとえばカウンター・テロリズム国際政策研究所主催のシェファイイム会議で勧告された原則（付録資料A参照）を、メディアは自主的に導入するのもいいかもしれない。その規定は、進行中の自由なメディア活動を妨害したり、国民の知る権利を危うくするものであってはならない。

同会議の原則は、視聴率や販売数に影響するメディア間の競争を考慮している。そして国民は、テロの取材や報道に接して、メディアが市民としての義務を大きく逸脱した場合には、メディアの最も痛いところであるボイコットや不買運動で罰するべきである。

国民の力でメディアに責任ある放送をさせることに疑問を唱える人々もいる。たとえば国内のテレビ局が自主的に報道の見直しを決めても、国外のネットワークは、ばらばら死体のクローズアップ映像など凄惨な現場を放送し続けると彼らは主張する。しかし、テロに狙われた国のメディアが無制限のテロ報道をやれば、被害者をさらに傷つけるだけだが、国外のメディアが同様の報道をしても、逆に有益な場合もある。

この論理を理解するには、前述した現代テロリズムの戦略と3つのターゲット・オーディエンス（標的とする対象者）を思い出す必要がある。3つの対象者とは、狙われた国の国民、被害を受けた地元住民、国際社会の住民である。まず狙われた国のメディアによる無責任な報道は、テロリズムから受ける戦略的傷を大きくする。国民の士気に打撃を与え、テロリズムへの対応力を低下させるからである。一方、国外メディアによる生々し

い現場報道は、狙われた国の利益にかなう。つまり、この種の報道は、世界にテロリストの非人間性を伝えてくれる。女子供や老人を残忍なやり方で平然として殺すテロリストの姿である。その結果、テロ組織が求める戦略目標、つまり自分たちは合法的存在であり、国際認知を求める主張は顧みられなくなる。

　現在はケーブルテレビや衛星放送もあり、それを観る人もいるが、テロのターゲットになった国は、やはり地元のネットワークを選んで観る人が多い。それはショッキングな場面の少ない放送であり、凄惨な光景に不必要に焦点をあてない、リアルタイムで、信頼のおける放送である。

　その意味で、子供たちへの影響についても考えておくことが重要である。通常、子供たちもテレビでニュースを観る。両親と一緒に観たり、両親がいない状況で、さまざまな情報にさらされる。テロ現場の生々しい場面が登場しない、リアルタイムのニュースを観ることができれば、子供たちが受ける傷を小さくできる。

第9章 心理・士気のダメージに対処する

市民の士気喪失を狙う

　現代のテロリズムは、政治的な目標が動機となっている点で通常の犯罪行為とは異なっている。テロリストが実行する行為——殺人、破壊、脅迫、放火など——は一般的な犯罪行為のそれと同じかもしれないが、これらはすべて彼らにとって、より幅広いイデオロギー的、社会的、経済的、国家的、または宗教的な目標を達成する手段でしかない。

　テロリストは最終的な政治目標を達成するにあたって非常に重要な中間段階を通過する——すなわち、標的にした共同体の個々人に、自分が次の攻撃で犠牲になってもおかしくないという身のすくむような恐怖感を徐々に染み込ませるのである。テロリズムは安心感を蝕み、日々の生活を混乱させ、標的とする国家の機能を害するように作用する。この戦略の目標は、失われた安心感を取り戻したいという世論の圧力を政策決定者にかけて、テロリストの要求を受け入れさせることである。こうして標的とされた一般市民は、テロリストが自らの政治的利益を増大させる道具と化すのだ。

　元イスラエル首相のイツハク・シャミールは、標的とされた市民の士気を挫くのにテロリズムが大きな効果を持つと分析し、次のように述べている。

　「テロリズムは国民の士気を著しく低下させる。彼らの自信を奪い、敗北主義がまん延し、『われわれは正しいのか』『われわれはどの程度の力を持っているのか』『われわれは敵には抵抗できない』『降伏すべきだ』『どんな種類の要求も受け入れるべきだ』といった感覚が生じてくる。わ

れわれはこの悲観的な考え方と戦わねばならない」[453]

　テロ組織は、常に何十人、何百人、あるいは何千人単位の人間を殺害しようとするわけではない。テロリズムの唯一の目的は、標的にした人々の中に恐怖感を生じさせることである。実際、テロ攻撃を実行しなくても、メディアとのインタビューやビデオを通じてメディアに脅迫や声明を発表したり、宣伝ビラその他あらゆる心理戦の手段を使うことによって、その目標を達成できるように見える。

　テロリズムは最初から民間人を攻撃目標としている点において、交戦法規のあらゆる国際規範に違反している。テロリズムは民間の「急所」を攻撃することによって平穏な市街を最前線に一変させてしまう。一般市民はテロリストにとって好都合な目標であるばかりか、目標を達成するための効果的な手段でもある。無作為に行なわれるテロの性格と、無差別に標的を選択することが不安感の一因となる。

　一般大衆に届けられるメッセージは、いついかなる場所でも、誰でもテロ攻撃の犠牲になりうるということである。この種の脅威は、人々の通常の生活を維持するために必要な安定感と安心感を蝕む。あらゆる日常的な活動（仕事に行ったり用事で出かけたりすること、子供のための行事を計画すること、家庭環境内での生活をやりくりすることなど）で、前もって負傷するリスクや、テロ攻撃に遭うのを避けるために必要な行動を考えておかねばならなくなれば、日々の生活は不安でいっぱいになる。

　テロリズムの戦略が心理戦と士気喪失であることを理解し、それを芸術の域まで高めたテロ組織がある。レバノンのヒズボラである。ヒズボラはこれまでに、レバノン駐留ＩＤＦ軍兵士に対するゲリラ攻撃や、イスラエル北部のイスラエル人社会に対するテロ攻撃の両面において、対イスラエル心理・士気喪失活動の計画・実行にかなりの投資を行なってきた。[454]

　ヒズボラは、イスラエル国民に政府に対してレバノンから撤退するよう圧力をかけさせるために、ＩＤＦ部隊の死傷者数を増やす努力を続けた。この目的を果たすため、ヒズボラは送り出す攻撃チームのすべてにカメラ・クルーを同行させ、ＩＤＦに対する攻撃とイスラエル側の受けたダメージを記録させ、すぐにその場面をすべての海外通信社に配信した。イス

ラエルのテレビ・ニュースでもそれは放送された。ヒズボラはイスラエルの国民に心理的打撃を与える目的のためだけに、実際には起きていない事件をでっち上げることもあった。さらにヒズボラは心理戦にラジオ、テレビ、新聞、ウェブサイトその他あらゆる手段を使い、本国向けのプロパガンダはアラビア語で、国際世論向けには英語で、イスラエル市民向けにはヘブライ語で発信した。

「合理的な恐怖感」と「非合理的な不安感」

　ヒズボラは心理戦の一環として、イスラエル国内のさまざまな住民グループに向けて名指しでメッセージや脅迫を伝えている。たとえば、北部国境にいる軍の上級将校の殺害を予告したり、同戦線で勤務する兵士たちやその家族に警告や脅迫のメッセージを送ったり、さらには北部国境付近の住民たちを脅迫したり、といった具合だ。

　それと並行して、ヒズボラはイスラエルに対して「レッドライン」を設定することに成功し、イスラエル側がこれを越えると激しい報復攻撃を行なった。レバノン人が巻き添え被害にあったり、ヒズボラの戦闘員や活動基盤が大損害を受けたりすると、北部のイスラエル人コミュニティーに大量のカチューシャ・ロケットを射ち込んで報復した。これによりイスラエル北部の住民たちは、レバノン国内におけるイスラエルの攻撃行動に対する人質となった。[455]

　従来型のテロ攻撃（生物兵器や核などによるテロ攻撃以外のもの）では、発生する被害は比較的限られている。このような攻撃では、犠牲者の数は病気や交通事故、戦争などといったほかの原因による死亡者数よりも少ない場合がほとんどである。前述のとおり、テロ攻撃の有効性は、自らのメッセージをさまざまなターゲット・オーディエンス、とくにテロ攻撃を受けている国のオーディエンスに広めるテロ組織の能力にかかっている。この国の住民の世論は、テロリストのメッセージを受けて恐怖感を表明し、この恐怖感を政策決定者への圧力へと変え、テロ組織の利益や願望に適合するよう政策を転換させる点において重要な役割を演じる。したがって、この戦略の成否は、実際の脅威をはるかに上回る恐怖感を生み出す

能力がテロリストにあるかどうかで決まってくる。

　テロリズムによって生じる恐怖感は、次のふたつのカテゴリーに分類することができる。「合理的な恐怖感」と「非合理的な不安感」である（図9-1参照）。合理的な恐怖感とは要するに、テロ攻撃で身体や財産が損傷されるかもしれないという推測のことである。これは、脅威の程度とそれが起きる見込みに釣り合う恐怖である。頻繁なテロ攻撃にさらされる社会においては、合理的な恐怖感は自然な現象である。この現象は消去することはできないし、またその必要もない。なぜなら、テロ攻撃が起きそうだという国民の意識を高めるという前向きの効果を持つからだ。この意識は将来の攻撃を阻止する際に治安機関の助けになる。しかし、合理的な恐怖感の水準を超えるのが「非合理的な不安感」である。これはテロリズムによる実際の脅威の程度とは関係がないものであり、テロリズムという現象の犠牲になる可能性とは釣り合わない。

　非合理的な不安感はテロ攻撃の当面の目標であり、現代のテロ戦略の成否を決める必要条件である。不安感は、攻撃にさらされる社会に住む個人

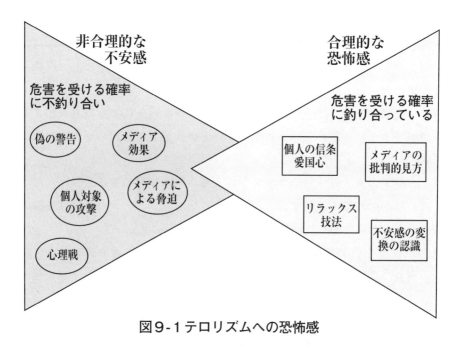

図9-1 テロリズムへの恐怖感

を麻痺させ、社会への貢献能力を奪い、日常生活の営みを崩壊させる。またこの不安感はテロの標的となった社会の中で重視されている事柄を、国家安全保障に対する関心から、その社会の個々人の身の安全と家族の安全に対する危惧へと変える。テロリズムは、テロ攻撃される社会における個人に、国益や価値観、国家目標の重要性についての評価と信念を変えさせ、基本的な関心事項を自分自身と家族の福利に置き換えさせることを目的としている。

　ジェンキンスは、テロリズムには心理的な中核部分があると力説する。それはテロを見る人間を意識した部分である。標的が何者であるかは、恐怖の拡散または譲歩の獲得という基本目標と比べ、重要性において二義的なものである。ジェンキンスはこのことから、テロ攻撃の直接的犠牲者と、より広範囲な一般大衆に対する攻撃の心理的影響との間にある違いが、テロリズムの根本的要素であると推論している[456]。

　このように考える学派によると、世論に対するテロリズムの効果は、社会における個々人の身体的安全に対する直接的脅威に起因するものである。レッサーは、テロリズムに内在する基本原理こそが、テロリズムをほかの暴力と分かつものであり、わが身は安全だという感覚をじかに損なうことができる能力だと主張している[457]。

　バンデューラは、テロリズムが公衆の中に不安感を起こすことに成功する背景要素として次の４つを挙げている。
（１）攻撃の予測不能性——いつ、どこでテロリストによる攻撃が起きるか予測できず、危険から守られていないという感覚が市民の不安感を強める。
（２）結果の重大性——テロリストによる攻撃の犠牲になる公算は、たとえば、ほかの犯罪と比較すると非常に小さいとはいえ、テロ攻撃は生命の危険をともなうために比較的強い不安感を呼び起こす。
（３）状況を制御できないという感覚——人々は、交通事故などとは違い、テロリズムの犠牲になる可能性を低くすることはできないと思い込んでいる。したがって、事故で負傷する可能性の方がテロ攻撃の犠牲になるよりも一段と高いのが実情であるにもかかわらず、テロリズムをより一層

恐れる。

（4）現代社会の「急所」——損害を受けると現代社会に重大な支障をもたらすおそれのある重要な公共事業が存在する。たとえばメディア、輸送、電力および給水などに関する基盤施設。[458]

レッサーによれば、これらすべてが一般大衆に不安感を与え、国家的に重要な問題に関して政策決定者に影響を及ぼすようになるという。レッサーは、アメリカの国家目標の多くは国内のテロよって妨害されてきたと考えており、また海外で米軍部隊が攻撃されることで、世界各地に軍を駐留させている意義が問われてきたという。[459]

テロリストは社会の分断化を狙っている。換言すれば、統合された強い国民社会——共通の歴史、文化、言語、国益、価値観また目標を軸にして団結した社会——を、家に閉じこもって身の安全を守ることに全力を傾けている怯える個人からなる、弱くて無力な集団にと変えようとしているのである。

テロ組織は、標的とした人々の中に不安の種をまいて、自分たちの欲する士気喪失の心理効果を達成するために多大な労力と資源を投入する。彼らがターゲット国のマスコミ報道に継続的に目を通しているのも、社会の弱点、不安感、社会不和や内紛を見つけ出し、自らの目的達成に役立てるためだ。

テロ組織はターゲット国の国民の意見の違いを利用して大義や価値観、政府の正当性に対する信頼を損なおうとする。テロリストは攻撃されている社会の中の激情を巧みに使って、その社会の回復力を弱めようとする。テロ組織は自らの限定的な戦闘能力だけでは目標を達成できないことを承知している。だからこそ、その社会の内部からの崩壊を加速させる手段としての心理戦が、この上なく重要になってくるのである。この戦いの有効性は、心理戦が長引き、数多くのテロ攻撃が頻繁に行なわれる消耗戦に変わるにつれて高まる。犠牲者の数がそれほど多くなくても問題ではない。

テロリストの心理戦

　テロ攻撃による不安感を生む効果的な方法のひとつに「攻撃の個人化」がある。この現象はテロ攻撃が街の中心部の混雑した場所、たとえば商業センター、繁華街、映画館、観光スポットなどで起きるたびに見られる。その時、テロの標的となっている人間集団の一員の心をよぎるのは、「私は1、2週間前にそこにいた」とか「明日そこに行くつもりだったのに」とか「妻がすぐそばで働いている」とか「叔母がその道沿いに住んでいる」といった考えだ。テロ攻撃との個人的つながりを探すのはごく自然な反応である。そして、まさにこれがテロ組織の狙うところなのだ。

　「個人化」されることによってテロ攻撃は、直接被害を受けなかった市民に対しても、「今回のテロでお前や身近の誰かが怪我しなかったのは単なる偶然でしかない。次はお前や、お前が大切にしている誰かの番かもしれない」という明確なメッセージとなる。しかし、実際には統計上、テロで死ぬ確率は、他の死因に比べてはるかに低く、たとえば世界のどこかの大通りを横断している時に走行中の車に轢かれる可能性は、同じ道でテロ攻撃に遭う可能性よりもはるかに高い。にもかかわらず、テロ攻撃が個人化されることによって、強い恐怖感が人々の心に生じるのである。

　テロ攻撃に対する恐怖感を発生させるもうひとつの方法は、前述したとおり、計算・調整されたシステムを通じて、ターゲット国の国民の間に脅迫と威嚇的なメッセージを拡散することである。たとえばターゲット国によるテロ組織に対する攻撃行動や、テロ組織にとって喜ばしくない行動または不作為があったあとに、テロ組織のスポークスマンが報復攻撃を行なう、と脅迫メッセージを発する。ハマスのスポークスマンが、自分たちにイスラエルが行なった「ターゲテッド・キリング」やほかの攻撃行動への報復として、自爆攻撃要員10人を送り出す計画をしている、と折に触れて脅迫してきたのがその好例だろう。もちろんこれは、心理戦という洗練された組織的活動の一部でしかない。テロ組織が攻撃実行前にわざわざ敵に警告を発するのは、住民たちの中に絶え間ない不安感を生じさせること以外にどのような理由があるのだろうか。標的となる住民たちは、発表された脅迫の意味を考えるはずだ。自爆攻撃の任務を帯びた男たち10人が送り

出されるのは今日から10日以内なのか、それとも10カ月以内なのか。もしかしたら今後10年以内ということではないのか（この場合、実際には心を落ち着かせるメッセージを伝えている可能性もある）。

　時間枠が示されていない脅迫は意味がない。その組織のスポークスマンは、実行すると脅している一連の自爆攻撃が終了した暁には、組織が武装解除してこの種のテロ攻撃をやめるつもりだと言いたいのだろうか？　言うまでもなく、これらは修辞疑問であって、その脅迫がいかに非論理的で無意味であるかを示しているにすぎない。しかし、メディアを批判的に見たり、脅迫メッセージを処理・分析する訓練を受けていない一般大衆は、このような脅迫を額面どおりに受け入れ、必要以上に恐怖を感じる傾向がある。テロリストの心理戦はこのように作用するのである。

　脅迫することによって、仮に攻撃が実際に行なわれなくても、テロリズムに対する恐怖感を長時間にわたって保つことができる。しかし、そのような脅迫が出されたあとに攻撃が実行されると、国民はそれをテロ組織の脅迫の一部が実行されたものと解釈し、「あと9回もこんなテロが続くのか……」と自問する。こういう間違った解釈をすると、身がすくむような不安な状態に陥りかねない。

　テロの標的となっている国のメディア専門家、政策決定者、治安当局者ですら、テロリズムが心理戦のひとつの手法であることを基本的に理解していないことがあり、テロリストの手の中でもてあそばれ、非合理的な不安感をさらに強めてしまう。これは、一般市民に危険と脅威の程度を説明したり、さまざまな対抗手段の必要性を正当化するために、テロリストの脅迫を繰り返し語ってしまうのを見れば明らかだ。たとえば閣僚、首相、または治安機関の長が、一般市民に対する演説の中で、ある組織が自爆攻撃者を何人も送り込むと脅迫してきたと知らせたとする。この脅威について言及するだけで、彼らのメッセージに無用な根拠を与え、その術中にはまることになるのだ。

予想される攻撃に関する警戒情報の公表

　テロの標的にされた国の治安機関が直面する最も重要なジレンマのひと

つは、公共の安全に対する影響を考え、警戒情報と内部協議の内容をどの程度まで公衆と共有すべきかという問題である。たとえば、テロ組織がある時刻にある場所で攻撃を企んでいることが判明した場合、市民にこれを知らせるべきか、あるいは警報は出さないで必要な予防措置を講じながらその情報を治安当局内のみにとどめておくべきだろうか。

　治安当局者と政策決定者の中には、差し迫った危険を市民に知らせることが自らの公務だと考える者もいる。これは、カリフォルニア州知事が州内の膨大な数の橋のひとつにテロ攻撃が行われるかもしれないという警報を出そうと決心したときに生じた議論である。(460)このアプローチに賛成する治安当局者は、市民の意識を高め、計画中のテロ攻撃を防止する際の支援を得るためにも、警報を発すべきだと述べている。しかしながら、起こりうるテロ攻撃の警戒情報を出そうと政治家と治安当局者が決める理由には、まず攻撃を防止できなかった時の責任を軽減したいという気持ちがあるように思える。「皆さんには伝えたのですから、私に責任はありませんよ」ということだ。そう言うことによって、公衆の運命に対する責任はもちろん、情報で何をすべきかという判断も公衆に委ねてしまうのだ。

　他方、警戒情報を公表することはそれ自体が重大な誤りであり、いくつかの段階においてテロリストの術中にはまってしまうと考える者もいる。まず、警報を発することによって、機密情報の情報源に取り返しのつかない損害が生じるおそれがある。テロ組織は攻撃計画についての情報を治安当局がどこから入手したのか、血眼になって捜し出そうとするだろう。さらにテロ攻撃の犯人は、実行しようとしている攻撃について治安当局が注意していると知ったら、攻撃目標や実施時間を変更して治安当局の不意を突くかもしれない。

　警報を出すことによって受ける損害はインテリジェンスを守る分野に限ったことではない。とくにマイナスの影響が大きいのは心理・士気に関連する被害である。実際、警戒情報を公表することによって、テロ攻撃が発生する前ですら、攻撃を受けたのと同じような心理的効果が生じる。警報によって市民は、まだなにも起きていなくても緊張感、圧迫感、または恐怖感を肌で感じることになる。

治安当局は、多くの警戒情報を常に受け取っていることも忘れてはならない。イスラエルの治安機関が語ったところでは、テロ攻撃の警戒情報を一度に40件から50件受けるという。[461]留意すべきは、最終的にはこれらの大部分が成功しなかったという点である。では、どの警報を公表し、どれを公表しないでおくのか、誰が決めるのだろうか。テロ攻撃の警報を選別して公表すると決定したことにより、市民に誤った行動をとらせることになりはしないか。さらには、洗練されたテロ組織が標的国の警報の発令方法を研究し、それを利用して偽の脅迫を発信し、同国の日常生活を混乱させようとするかもしれない。

　差し迫ったテロについてのメディアからの情報に基づいて行動することに慣れている人々は、具体的な警報が発せられなかったのでテロ攻撃はないと思って行った場所が、攻撃現場になってしまったら、途方にくれるだろう。警報を出すことで自分の責任がまぬがれると考える治安機関員は、警報が出されずにどこかで攻撃が行なわれたら、国民から非難の集中砲火を浴びるかもしれない。この場合、得るものよりもダメージの方が大きくなる。

　では、国民の警戒心を高めるために警報を発令すべきであるという主張はどうだろうか。この主張には根拠がない。というのは、テロリズムに悩まされている国の住民は常に高度に警戒しており、その警戒心を維持するのに国による脅しを必要としないからだ。公衆の意識はほかのもっと効果的な手段、たとえば教育、公共サービスによる通知、情報広告などによって高めることができる。

　もしそうであるなら、この問題にはどのような方針を適用すべきであろうか。国はいかなる場合も警戒情報の公表を控えるべきだろうか。これについて採用を推奨したいのは、警報を発するのは市民への具体的指針を付加できる場合のみにするというルールである。

　すなわち、警報に直接関係する「べき・べからず」集を公衆に知らせることだ。その中には特定の行動を避けることや、特定の場所に集まったり頻繁に行ったりするのを控えること、特定の防護措置を講じることについての指示のほか、発せられた警報によって公衆がいかに行動すべきかを指

示するあらゆる指針が含まれるだろう。そのような指針がない場合は、防衛エスタブリシュメントが持っているインテリジェンス情報を市民と共用すべきではない。

市民の対処能力の強化

テロリズムは心理・士気に関する戦いの一類型であり、その成否と効果はその観点で測られる。テロ組織に対する困難かつ継続的な戦いは、実際に計画されていたテロ攻撃を阻止したり、テロリストの居場所を突きとめ、逮捕ないし殺害したり、爆発物と武器を見つけ出して押収する、といった戦術的な成果や功績で満たされているかもしれない。だが、テロとの戦いで繰り返し勝利したとしても、テロリストが市民に恐怖心を植えつけ、国内の日常生活を混乱させることに成功したのなら、国家がその戦いに負けることもあり得る。これが意味するところは、対テロ戦争の勝敗が決するのは、国民の意識においてであり、戦場ではないということだ。

そうだとすれば次のような疑問がわいてくる。テロリズムと戦う市民の能力は、事前の対策によって強化できるのだろうか、またテロリズムによって生じた士気喪失を回復あるいは軽減させることは可能だろうか？ 非合理的な不安感にきちんと対処する方法を国民に教えられるだろうか？

その可能性を否定する人々は、合理的な考察や説明を用いたのでは非合理的な感情に対処できないというかもしれない。さらに、テロリズムの分野で市民に情報を配布しようとすると「パンドラの箱を開く」ことになるかもしれず、じかにテロリズムの恐怖にさらされていない人々の間で、以前にも増して強い恐怖感が生じかねないと言う者もいるだろう。

それとは逆に、テロ問題に関するプロ・レベルの情報を、順序よく論理的に一貫して教育すれば、過度の不安を引き起こすことなく、テロリズムによる心理・士気関連被害に対する免疫性を国民に与えることができるかもしれない。伝えられた情報によってテロリズムへの恐怖感がある一時期に高まったとしても、この情報は、公衆を強化するための胆力をテロ攻撃に継続的にさらされている間に作り上げるのに必要とされる「抗体」、すなわち土台を作ることになるのである。

前述のとおり、テロリズムの標的にされる国の国民は、自分はテロリズムの現実的かつ明白な危険による合理的な恐怖にさらされていると認識しているが、なかには不合理な不安感にさいなまれる者もいる。したがって、情報提供型の教育が目指すべきは、テロ行為によって生じる公衆の不合理な不安感を軽減することである。この目的のために第一に行なわねばならないのは、これら2種類の恐怖感の間にある境界線を見つけ出す方法を教えることである。

　合理的で自然な恐怖感はテロリズムに対して必要だが、身のすくむような危険な不安感はテロ組織を資するものである。では、両者を分けるレッドラインは何であろうか？

　このレッドラインは、個人的かつ動的なものであり、個人の信条や価値観・心理構造、種々の状況を恐れる一般的傾向、危険な出来事の中でテロ事件にどれだけ遭遇してきたかの程度、所属社会の文化と価値観、仲間集団と社会による支援の規模と態度全般に応じて変化する。テロリズムのこの境界線を認識することが、テロリズムに対処する個人の能力を高めるプロセスの第一段階である。

　テロリストの行動の特徴を明確にする情報を市民に与えて良いのは次の段階である。伝えるべきは、心理・士気に関する戦争としてのテロリズムの性質、テロ攻撃を受けた社会の個人にテロ組織が不安をあおるために伝えようとしている直接あるいは言外のメッセージ、テロリストがメディアを通じてやろうとしている心理操作、ほかの死因と比べるとかなり小さいテロリズムの真の危険度、この危険から身を守る能力、そして何より個人としての国民こそが、最終的にテロリズムが勝利して目標を達成するのか、それともテロリストが社会と個々人の決意と回復力を破ることに失敗するのかを決する極めて重要な要素となるという事実である。

　テロと戦う際の個人の責任を認識することはもちろん、テロリズムのさまざまな側面について理解することは、非合理的な不安感を軽減し、テロの脅威の範囲と恐怖感の程度を客観的に捉えることに役立つ。[463]

　たとえば、テロ攻撃の「個人化」の意味を理解している市民は、次に「危うくやられそうになった」感覚に襲われたならば、この感覚にはまっ

心理・士気のダメージに対処する

たく根拠がないと自分に言い聞かせるだろう。次にテレビでニュース番組を観た時、あるいはテロ組織からの脅迫放送が聞こえてきた時には、テロ組織が脅迫してくるのは士気を喪失させる目的が動機となっていることと、それが無意味であることを思い起こすはずだ。これは、テロリズムをものともしない社会の胆力強化に向けた教育・周知システムによる重要な貢献となるだろう。

イスラエルにおけるテロリズムの心理・士気に及ぼす影響

1990年代半ばにテロリズムがイスラエル国民に影響を及ぼしたことは、エフード・スプリンザックによる次の発言から明らかである。

「1994年10月から95年1月までの間、イスラエル社会では極めて深刻な大変動があった。一連の残忍なテロ攻撃によって、テロリズム——たいていは国家安全保障に危険とならない戦術レベルの害悪——が国民意識と公衆議論の中心に躍り出たのだ。イスラエル国民は不安感という精神的な『待避壕』に入り、政府に対する支持はかつてない落ち込みようだった」[464]

当時、建設住宅相だったのビンヤミン・ベン-エリエゼルは、1995年2月の一般大衆の雰囲気について次のように描写している。

「イスラエルにおける個人の安全はゼロまで低下している。これではパレスチナ側との対話を次の段階に移すのは困難だ。人々はこのプロセスに自信を失っているし、立場的にわれわれは非常に悪く見える」[465]

この傾向は世論調査にも表れていた。1995年1月にダハフ研究所が実施した世論調査が示すところでは、国民が政府の仕事ぶりに失望している原因となっている主な問題(回答者の36パーセント)は、「アラブのテロが続いていること」だった[466]。イスラエル国内で起きるテロ攻撃によって国民は、その将来にも悲観的になっており、たとえ全アラブ諸国と平和協定が調印されようと攻撃は続くだろうと推測している。

シビル・インフォメーションが1994年10月にタミ・スタインメッツ平和研究センターの依頼で行なった平和度指数調査では、回答者の47・5パーセントが平和時においてもテロリズムは現在のレベルで継続するか、または増加するだろうと答え、40・9パーセントは、テロリズムは減少するが

止むことはないと考えていた。テロリズムが止むと考えていたのはわずか7・2パーセントだった。

　1995年4月、イツハク・ラビン首相はテロ攻撃を原因とする政府支持率の低下に関する所見と、支持率低下を示す調査結果に対する意見について求められ、次のように回答した。

　「目と耳によほどの障害でもない限り、ベイト・リッドやクファル・ダロム（著者注：2度の大規模テロ攻撃）のような事件が国民に情緒的影響を及ぼすのは当たり前だということがわかるはずだ。私は、このプロセスにおいても痛みをともなう出来事があるだろうということを考慮に入れていた……」[467]

　ラビン首相は不安感を軽視したわけではなく、不安感をイスラエル大衆の回復力、とくにテロリズムに立ち向かう能力の継続的な低下として見ていた。しかし、ラビンの結論は公衆が求めるものとは正反対だった。つまり、和平プロセスを遅らせたり停止したりするのではなく、加速したのである。エフレイム・インバルはこう述べている。

　「ラビンはほかの指導者たちと同様に、イスラエル社会は疲労の色を見せており、アラブとの長引く戦争の成り行きに耐える意欲を失いつつあると感じていた。ラビンは、1948年のエジプトによる爆撃に対するユダヤ人の反応を、1991年のイラクのミサイル攻撃と比較した。30人以上のユダヤ人が死亡した1948年のエジプト軍の爆撃ではテルアビブの生活になんの影響もなかった一方、1991年には数万人が同市とその郊外から逃れた。比較を終えたラビンは、『われわれは変わった』と述べた。ラビンは、イスラエルが意地と胆力をいくらか失ったと結論づけたのである。イスラエル社会は軟弱になったとラビンが考えたことで、和平プロセスを平和裏に終わらせる必要性が促進されたのだった」[468]

　当時の国防組織の幹部も大衆のもろさを認識し、テロ攻撃に立ち向かう決意を強化するよう国民に繰り返し訴えた。1993年12月のインタビューの中で、当時の対テロ首相顧問だったイガル・プレスラーは次のように述べている。

　「イスラエル市民に向けた私のメッセージにはふたつの意味が込められて

いる。ひとつは、テロリストの思うつぼにならないように、テロがあっても心構えや感情や精神的な強さに影響を受けないようにしていただきたいということ、もうひとつは、独りよがりになったり、やたらと浮ついたような気分に陥ったりしないでいただきたいということだ」[469]

当時の参謀総長エフード・バラクも報道機関とのインタビューで、「テロリズムに対する戦いでは、相手方が成功しても、決意の強さや固さ、辛抱強さ、粘り強さ、そして底力を見せつけてやる以外に選択肢はない」と力説した。[470] 同じく軍情報部のウリ・サギー長官は、テロ組織の心理戦略について次のように説明した。

「私は、パレスチナの組織がテロリズムでイスラエルを屈服させられると信じているとは思っていない。ハマスでさえ、この結論には至っていない。だが、彼らはわれわれの国民感情にもたらす害悪や、個人を対象とするテロリズムの心理的影響というものをよくわきまえている。彼らはわれわれと一緒に暮らしている。われわれのテレビを観ている。われわれの新聞を読んでいる。ここイスラエルの険しい雰囲気が、彼らに（闘争を）続けようという気にさせているのは間違いない……」[471]

とくに興味深いのは元モサド長官シャブタイ・シャビットが提起した論点だった。対抗しようとする市民の能力低下とテロリズムの間には相互関係があるというものである。彼の主張によると、テロリズムは公衆の胆力の低下を招くが、この低下が原因でテロが起きるという因果関係にある。[472]

ベニヤミン・ネタニヤフは自著の中で、テロリズムはまさにその本質から市民に恐怖感を抱かせることが狙いだと述べている。実際、犠牲者を無作為に選択するということが、不安定要素を増幅させ、次は誰もが犠牲者になり得る、というメッセージとなる。その一方でネタニヤフは、テロリズムが民主主義社会に作り出すのは不安感と並んでもうひとつ逆の効果もあるということ、すなわち市民側に怒りの感情と疎外感も発生させる点を強調している。[473]

もしそうであるなら、ネタニヤフは首相就任前からテロリズムの心理・士気面の重要性に気づいていたことになる。ネタニヤフの批判者は、彼が政治的な成果を上げるため、そして選挙でシモン・ペレスに勝つために、

国民の感情と不安感を利己的に利用したと言う。レッサーはこれに関連して興味ある発言をしている。「イスラエルの最近の選挙でベニヤミン・ネタニヤフが勝ったのは、国民が和平プロセスについて投票した結果ではなく、多数のテロ攻撃を前にして、個人の安全確保について投票した結果だった」

　直面している困難には揺るぎない態度で臨んでほしいという国民への訴えは、ネタニヤフの著書『テロリズムとの戦い』の中で最後に出てくる、的確な対テロ政策を立案するための10番目の勧告「公衆の教育」と内容的に同じである。この部分でネタニヤフは、テロリストは自らの政治的要求に抵抗する公衆と指導者の力を侵食すべく暴力を使っていると説明する一方で、次のように述べている。

「テロリストの脅迫に対する社会の抵抗力も同様に、対テロ教育によって強化することができるだろう……さまざまな年齢層用の対テロリズム教育プログラムを作成し、またそれらを学校のカリキュラムに入れることによって、政府は国民に長引くテロリストの圧力に直面した時の降伏衝動に対する心構えを植えつけることができる。テロリズムに慣れ、それを断固拒否することによって、『テロとともに生きる』ことができる市民を——テロを受け入れるという意味ではなく、最小の被害でテロ攻撃を生き抜く社会に必要とされるものを理解するという意味で——生み出すことができるのである」

　それにもかかわらず、この勧告がネタニヤフの首相在任中に履行されることはなく、その期間中にイスラエルの教育制度が正式にこの分野を扱うこともなかった。そのような活動が行なわれた唯一の事例は、ヘルツリヤ学際センターの対テロリズム国際政策研究所が1997年以来、イスラエル各地の高等学校に講師を派遣し、知識を仕込むことによってイスラエル国民のテロ対処能力を高めることを目的とした周知・教育活動を行なってきたことである。

政策決定における士気の要素

　2000年以降のアル・アクサ・インティファーダの期間中は、イスラエルで実行されたテロの件数が著しく増加したが、国民は現実に順応することを学んだように見えた。これはおそらく、選択の余地がなく、代わりの手段もほかになかった（和平プロセスが消滅した）からであろう。テロリズムへの恐怖感は残っているものの、以前よりも合理的なものになってきたように思えるし、不条理な不安感が表に現れることも少なくなったように見える。イスラエルでは公衆が「テロリズムという事象」とともに暮らすことを学び、激しいテロ攻撃が数多く行なわれている時も、仕事やレジャーすら日常どおりに行なわれている。

　テロリズムと士気の関係は、一方的な（テロが士気と国民の持久力に影響する）ものではなく、双方向的な（市民の圧力も対テロ分野の政策決定に影響を及ぼす）ものである。テロ攻撃によって士気を喪失した国民は、自らの感情を政策決定者に対するメッセージに変換し、政策決定に影響を及ぼす。この種の圧力はテロ攻撃の犠牲になった国の市民と、国際世論の双方からもたらされることがある（これらの圧力が異なり、相反することすらある）。

　士気についての配慮は多くの場合、イスラエルの対テロ政策の重要な要素だった。たとえば1950年代初頭に最初の報復攻撃が行なわれたのは、国民の士気が低下し、個人の安全が危ぶまれ、復讐の要望があったことが主な理由だった——少なくとも当時のイスラエルの政策決定者はこのように民衆の態度を見ていた。ＩＤＦの第101部隊が実行した報復攻撃は、イスラエル側がその責任を公に認めなかった時ですら、国民の士気を高め、農村共同体の住民を元気づけたのだった。

　メラリによると、イスラエルの政策がある程度の抑止を達成した時期もあったが、全体的に見ると報復攻撃はテロリストに対してよりも、イスラエル市民の士気に大きな効果を与えた。これに関連してクレンショーは、選挙によって選ばれた民主主義政府は選挙民の信を失うおそれがあるため、テロ攻撃に反撃しなければならない、と述べる。イスラエルがこの例になり得るというのがクレンショーの見解である。イスラエル政府はパレ

スチナ人が行なったテロ攻撃のすべてに対して報復攻撃を実施してきたが、それは公衆がそれを求めたからだった。(479)

　イスラエルでは国民の士気に及ぼすテロ攻撃の影響に関する評価に従って、政府が政策を策定することを強いられてきた。イスラエル国民は、個人の感情レベルでも国家安全保障レベルでも、テロの脅威を非常に重視している。ハナン・アーロンは、テロリズムはイスラエル国民に大きな脅威として認識されていると述べている。この認識は、テロリズムの犠牲になる可能性についての個人の主観的評価と、国家のイメージに対するダメージのレベルに基づいており、後者は個人が決め、公衆の内に反映される。(480)

　イスラエルは小さな国であり、国民の多くが極めて広い交際範囲を持っているという事実も、テロ危機時に政策決定者に加わる心理的圧力に影響する。公的圧力がイスラエルの政策決定者に及ぼす影響が如実に表れたのがエンテベ事件だったと述べたのは、当時のテロ対策首相顧問レハバム・ゼエビである。

　「政府センターの入り口では別の集団によるデモが行なわれており、その中には人質となった子を持つ人々が含まれていることをラビンは知っていた……このことは今も昔も間違いなく影響力を持つ。バグダッドでは影響力はないだろうが、テルアビブである。専制政治体制の中では影響力はないかもしれないが、なにしろここでは誰もが顔見知りであり、同じ釜の飯を食べて育ったのだから……」(481)

　シャブタイ・シャビットはこの点について、テロ対策分野で指導者がとれる政策決定の範囲は、世論の合意という限界によって制限されると説明している。彼によると、テロと戦う際の現在の中心課題は、さまざまなテロ対策の受け入れに気まぐれな世論という敷居を越えることではない。彼の評価によると、この敷居は非常に低い。

　「（著者補足：政府の会議において）この行動やあの作戦が受け入れられるか、世論の支持を得られるかといったことが話題になったり検討されたりすることはまずない。閣僚はアメリカやエジプト、ヨーロッパがどのように反応するかについては会議で話し合うが、イスラエルの国民が支持してくれるかどうかについては議論しない。だが、それは常にその背景にあ

り、国民の胆力と回復力という同じ点にいつも戻ってきてしまう。それらが大きければ大きいほど、指導者にとっては決断しやすくなる」[482]

　とはいえ、世論は行動の範囲を決めるだけではなく、テロリズムに対してとる手段の種類や実行のタイミング、程度と頻度にも影響する。国民の姿勢が対テロ分野における政策決定のプロセスに影響したか否かを問われた元ＩＳＡ長官のカルミ・ギロンは次のように語っている。

　「すばらしい質問なので、私が憶測レベルで答えることにしよう。首相ならそれを認めないだろうし……。『いいか、国民は落ち込んでいる。だからパッとした作戦をやろう』。これでは絶対に通らないだろうし、だれも認めてくれないだろう。承認される見込みが高くなるのはいつか？　もちろん国民がそういうことを求める雰囲気になった時だ。どうしてか？　首相はプロらしく政治家然とした言葉使いで話すが、彼も所詮は政治的人間なのだ」[483]

公衆が政策決定者に及ぼす影響

　テロ対策に関して公衆がイスラエルの政策決定者に影響を及ぼすことができる範囲については、次の事実から理解することが可能かもしれない。すなわち、テロを予防するために警察を補強する治安部隊の設置（バスや学校に）、その予算の割り当て、優先順位の変更や対テロ局の創設といった構造改革のほとんどが、イスラエルで多数の犠牲者を出したテロ攻撃が発生した直後、またはその最中の政府会議で決定されてきたという事実である。

　政策決定者たちは、これらの決定によって国民に鎮静作用のあるメッセージを送るとともに、彼ら自身もテロを防止する現実策を講じている気分にひたれるのである。この点について、イガル・プレスラーは次のように述べている。

　「攻撃されたあとになされる政府の対テロ戦争の政策決定には真剣味がない。ほとんどの政策決定は公的圧力の雰囲気の中で行なわれ、高額の予算が承認されたり、治安部隊が選任されたりする。この決定を実現する真の困難さは、容赦のない現実の中でテストされる数カ月後にやってくる」[484]

公衆と世論が政策決定者に及ぼす対テロ関連の影響について、イツハク・シャミールは、
「万事において……それは正負いずれの影響力を持ち得る。世論調査にはさほど影響がないが、それでも影響はある。われわれが攻勢的局面にあった時、私はそれに対処する必要に迫られたが、問題がひとつあった。私はあらゆる論拠を使ってわれわれを攻撃する新聞記事を毎日読んだ。私はふたつのレベルで極めて巧妙に対処せねばならなかった。ひとつは個人的なもので、相手は間違っており、なぜ間違っているのかを自分自身に言い聞かせなければならなかったこと。もうひとつは、そのことを国民と自分の同僚に説明しなければならないことだった。同僚に物事を説明しなければならないというのは極めて重要なことである。これは意見を全面的に戦わせるということだ」(485)
　元参謀長アムノン・リプキン-シャハックも、公衆は対テロ政策の決定プロセスに途方もない影響力を持っていたと述べている。
「大変なものだ。大衆には巨大な影響力がある。世論には影響力がある──それが民衆であり、メディアが（どの程度まで影響力があるかは）……正確には測ることができないが、大衆とメディアが政策決定者に影響力を持っているのは確実だ。（極端に走るのかについて）世論は通常、行動の方向に向いており、抑制の方向には向いていない」(487)
　メイヤー・ダガンは、公衆が政策決定者に及ぼす対テロリズム分野関連の影響の特性について、以下のように説明している。
「もしテロ行為がまったくなければ、首相がテロリズムの問題を検討することなど絶対にあり得ない。この問題を俎上に載せる唯一のものは国民の反応であり、テロのような事件に対する国民の反応の影響力だ。これによって政策決定者はそれに対処せざるを得なくなる」(488)
　対テロ分野における政策決定プロセスに国民が及ぼす影響に対するダガンの考え方には、ふたつの観点がある。彼は、カウンター・テロリズムの問題を政策決定者の行動計画に載せるという点で公的圧力にはプラスの効果があると考えている一方で、公的圧力が主として攻撃後に発生した場合、政策決定者が公衆を満足させるためだけに拙速で、時に誤った判断を

心理・士気のダメージに対処する　321

するおそれがあるため、マイナスの影響もあり得る事実を強調している」[489]

士気を目的とする攻撃的手段の使用

　イスラエルの政策決定者の間では、対テロ分野における政策決定プロセスに世論が及ぼす強力な影響力に関しては、ほぼ完全に意見が一致しているので、この影響力を攻撃行動にも反映させることが適切か否か、問うても良いかもしれない。言い換えるなら、国民の士気を高めるために攻撃的手段を行使すべきか、ということだ。

　テロリズムが本当に士気・心理戦であるならば、われわれは単に教育・周知手段を使用し、メディアによるテロリズム関連報道の性格を変えることのみでよしとすべきではないだろう。むしろ、国民の怒りを発散させ、テロ組織に対する復讐願望を現実化し、国民の安心感と自尊心を全般的に補強するため、国民に対して国家の軍事的優位や国民の生命を守るための対応能力、指導者の決意を示すべく攻撃的手段をとるべきである。

　これを中傷する人々は、この行動方針は急速に堕落し、国家指導者が政治目的と不適切な理屈で攻撃行動を利己的に使用しかねないと主張するであろう。たとえば、指導者は与党の立場を強化するのみの目的で、作戦的にはまったく意味のない選挙キャンペーンに近い軍事行動に着手するかもしれない。さらに、この種の行動は実際には、市民を満足させて士気を高めるだけのために兵士の生命を危険にさらすことになる。作戦上の利益がないことは最初から明白だ。さらに、軍事行動への反応としてブーメラン効果を引き起こすリスクもあり、得るところはほとんどない。これ以外の人々は、成功した軍事行動の利益とプラスの影響を無視すべきではないし、士気のために攻撃的手段の使用を思いとどまるべきではないと主張する。

　このジレンマにおいては、前者のグループ――士気だけを目的とする攻撃行動に批判的な人々――の方に天秤が有利に傾くように思えるかもしれない。確かに士気の要素は重要であり、対テロ行動の目標と性質を決定する時、あるいは対テロ政策の有効性を評価する時にこれを無視するのは間違いであろう。とはいえ、いかなる対テロ政策であれ、この要素がすべて

の期待を満たしてくれると思うべきではなく、士気だけを目的として攻撃行動を実施するのは誤りであろう。

攻撃行動が士気にもたらす効果は確かに重要であり、考慮に入れるべきではあるが、あくまでほかの活動および予防の目標を含めた一連の考慮事項のひとつとして扱うべきだろう。

「恐れるべきは恐怖そのものだ」

心理・士気面に及ぼすテロリズムの影響に対処するには、何よりもまず総合的な教育・周知政策に焦点を当てなければならず、その政策は、テロリズムに対する国民の姿勢を対象とし、不合理な不安感を低下させ、士気を高め、脅威に直面しても個人の安心感を高める助けとなるようなものでなければならない。そのような政策が適用されれば、不安感のレベルを最小限におさえ、テロリズムによる人々の日常生活の混乱を防止し、政治的態度と政治的プロセスに対する影響を低減させる助けとなり得るのである。

この種の政策は主たる3つの行動分野に向けられるべきである。すなわち、メディア、政治制度および一般市民（図9-2参照）である。

（1）メディア憲章

これはメディアが受け入れる取材の原則のことである。これに基づいてテロ攻撃を取材するルールが作られる。この憲章にはテロの現場に到着したカメラマンには、国民の恐怖感を増大させる可能性のある恐ろしい映像を送るのを避けるため、クローズアップ場面の撮影を避ける（ただし信頼できる情報を公衆にリアルタイムで提供でき、それによって危うい噂が広がるのを防止できる攻撃現場からの生中継は禁止しない）、国民が平穏を保ち、平常な生活に戻ることができるように、メディアは現場からの映像を何度も放送しない、などが含まれる。

（2）政治憲章

これは国会議員と政党との間の憲章であり、テロ攻撃後の政治家の行動

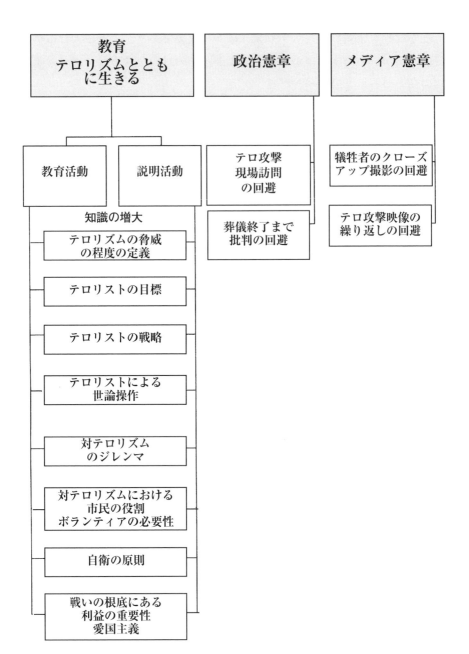

図9-2 テロリズムとの戦い

のルールを定めるもの。テロ攻撃のあらゆる面に関する政府の政策を対象とした反対派の批判は、「誤った政策はテロリストの活動を激化させる」という議論を含めて、民主主義体制内では合法であることを強調することは重要である。とはいえ、政府を批判する反対派の権利を擁護することと並んで、国はテロリズムに関して国民に、テロ組織に対して団結することと、この団結が国の回復力となることを示すため、いくつかの行動ルールを定める必要がある。たとえば、政治家が感情をあおり立てることがないよう、攻撃の現場で批判を表明してはならないことをその憲章の中で明記する（その政治家が現場に行くことを義務づける公的地位にある場合を除いて）。別の条項においては、国会議員は犠牲者の葬儀が終了するまでは攻撃についてのインタビューの了承を避ける旨を明記する。

（3）教育活動

テロリズムに対する国民の回復力を向上させるには、戦いの根底にある利益の重要性に関する公衆の意識を向上させる必要がある。テロリズムに対する戦いの重責を——国家レベルと個人レベルの双方で——担う覚悟があるのは、異論のある問題と戦う必要性を確信し、戦いの正当性を信じている国民のみである。

教育活動と並行して、政策決定者はテロ組織による心理戦を無力化する巧妙な周知キャンペーンを策定すべきである。政策決定者は、テロリストの脅威の真の重大さを提示し、テロ組織がメディアと心理戦の手段を巧みに利用していかに国民を操作しようとしているか、その方法とテロリストの戦略を説明する。さらにテロリズムに対処する国家の取り組みの一環としてのジレンマと困難を明示し、国民に対してはテロリズムとの戦いに自ら参加することの必要性を説明しなければならない。そのために国民には自衛の訓練を含めた身体的な安心感を向上させる心理的かつ実用的な手段を提供し、自警団などの自発的な治安機構に参加するよう勧奨しなければならない。総合的な教育・周知政策により、フランクリン・D・ルーズベルト大統領が言う「恐れるべきは、恐怖そのものだ」ということを国民に

明示することができる。(訳注：脚注番号486は原文内で欠、ただし巻末の「註釈」には記載あり)

第10章　国際協力に関する問題

国際テロリズムの脅威

2001年9月11日、国際テロリズムはその姿を変えた。世界はこの時点から新種の脅威に立ち向かうことになった。その脅威は程度においても、重大性においてもそれまで経験したことのないものだった。

国際的なテロリズムによってもたらされる脅威の重大性を理解するには、アフガニスタン戦争（1970年代末期から80年代初期）にまでさかのぼる必要がある。当時、ソ連軍はイスラム戦士のムジャヒディンによる脅威に対し、親共産主義政権を支援すべくアフガニスタンに侵攻した。ムジャヒディンは全イスラム世界の同志たちに呼びかけ、世界第二の大国に対する戦いに参加するよう支援を求めた。これに呼応して多数の志願兵が集まり、アフガニスタン各地で戦闘に加わった。

その10年後、ムジャヒディンと世界各地から集まったイスラム原理主義者の傭兵は驚異的な勝利を収め、ソ連はアフガニスタンから無条件で撤退せざるを得なくなった。この勝利は原理主義戦士にとって「神はわれらとともに」あることの証しとなった。あたかも、神の手のみが力の均衡を大きく変え、彼らを勝利に導くことができたかのようだった。

任務を達成したイスラム傭兵は、現在では3グループに分かれている。第1のグループは、アフガニスタンに残り、オサマ・ビンラディンの下で「アルカイダ」組織を編成したメンバーである。第2のグループは、出身国に戻り、以前からそこで活動していたイスラム原理主義テロ組織に加わったメンバー（中にはアフガニスタンで志願兵として戦闘に参加する前からこの組織のメンバーだった者もいた）。第3のグループは、故郷に戻ろ

うとしたが、危険人物として政府に入国を拒否された者たちである。彼らは帰国が公式に拒否されたことを逆手に取り、西側諸国に政治亡命を申請し認められた。こうして過激な活動家が米・英・欧州などの西側世界全体に拡散していった。これらの「元アフガニスタン戦士」は西側に根をおろし、その多くが、休眠テロリスト細胞やリクルーター、精神的指導者となって、地元民やその他のイスラム教徒の移民をイスラム過激派組織に取り込んだ。

　国際的なイスラム過激テロリストの問題は、一個人（オサマ・ビンラディン）または一組織（アルカイダ）の問題ではなく、地球規模に及ぶ巨大な国際テロリスト・ネットワークの問題であり、これにはアラブとイスラム諸国、また西側や第三世界の国々で生活しているさまざまな出身背景を持つ活動家たちが含まれる。

　国際的なテロリスト・ネットワークの存在は新たな現象ではなく、現代史に特有なものでもない。世界には過去にさまざまなテロリスト・ネットワークがあった。それらはソ連の指令を受けて1960年代末から70年代に活動した共産主義者や無政府主義者組織に率いられたものだった。しかし、イスラム過激派テロリストの国際基盤は、この集団にしか見られない、いくつかの特徴の危険な組み合わせから、文明世界にとって空前の脅威となっている。

（1）イスラム原理主義者は、暴力とテロリズムによって過激なイスラム世界観を世界中に広げるのは神聖なる神の命令と信じている。これがジハード（聖戦）であることを信じる活動家はとくに危険な存在となる。なぜなら、聖戦が神の意志であるなら、議論や妥協の入る余地などまったくないからだ。あるのは総力戦のみである。

　好戦的なイスラム原理主義のルーツは、イスラエル・パレスチナ紛争にあると誤解している人もいるが、イスラム過激派テロリズムの根源は特定の国家紛争にあるのではなく、宗教的な原因と深く関わっている。ビンラディンとその一味は、パレスチナ人の命運に関心があるわけではなく、イスラムの大義を統合するものとしてパレスチナ紛争を都合よく利用してい

るだけなのだ。

　イスラエルが過激なイスラム主義の噴出の原因となったわけではない。その逆である。イスラエルは、西側世界の一員であり、イスラム過激派がヨーロッパと西側に拡大することを防ぐ盾として存在している。その意味ではイスラエルは犠牲者なのだ。このことは、3人のイスラエル軍兵士の遺体の返還と誘拐されたエルハナン・タンネンバウムの解放をめぐって、2003年から04年にかけて行なわれたイスラエルとヒズボラの間の交渉において見られたとおりである。

（2）さまざまな国々（アラブ諸国、イスラム諸国、西側諸国）に存在する休眠細胞は言うに及ばず、数多くのイスラム原理主義テロリスト組織を母体として全地球的規模で広がっている。

（3）過去のほかのテロリスト・ネットワークのメンバー（一時的に革命家になろうとした欲求不満の中産階級出身の学生など）と違い、イスラム過激派ネットワークのメンバーは決して未熟者ではなく、その多くはアフガニスタン戦争で実戦を経験し鍛え上げられた戦士である。

（4）これら国際的ネットワークのメンバーの多くは長年、アフガニスタンでともに戦った戦友という絆で結ばれている。

（5）このネットワークのメンバーは、ほかのいかなる方法よりも効果的であることが証明されてきた現代的なテロ攻撃法（自爆テロ）の使用を躊躇しない。極端な宗教的信念により、彼らはこの種の行動をとることに喜びすら感じている。それは自殺ではなく（自殺はイスラム法によって禁じられている）、天国での永遠の生命を保証される殉教行為（イスティシャード）であると信じている。

（6）イスラム過激派の国際テロリスト・ネットワークの指導者およびテロリストは目標を達成するために必要とあれば、非通常兵器（化学兵器、生物兵器、核兵器）を使用することに良心の呵責をまったく感じていない。

　これら6つの特性がすべて組み合わされると、比類なきレベルのポストモダン的な脅威と危険が先進世界にもたらされることになる。脅威があま

りに大きいために、国際社会はテロリズムと戦うための取り組みを一体化し、力を合わせて新たな国際戦略を練り上げることが必要である。

4つの国際的対テロ行動

国際的なイスラム過激派テロリズムと戦うための戦略においては、次の4つのレベルの付随的行動が必要とされる。

（1）アルカイダ組織とビンラディンに対する行動（主として軍事情報の行動であり、2001年9月11日直後から数カ月間にアフガニスタンにおいてアメリカ主導による国際的キャンペーンによって開始されたもの）。この行動は驚異的な成果を上げ、アフガニスタンにおけるアルカイダの活動基盤を破壊し、多くの活動家を殺害あるいは逮捕したうえ、この組織を保護していたタリバン政権を転覆させて終了した。

しかし、アフガニスタンでの軍事作戦は相対的に成功を収めたとはいえ、国際的な闘争はこの第一段階においてすら完了にはほど遠い。ビンラディン自身は依然として捕まっておらず（訳注：2011年5月に米軍特殊部隊によって射殺された）、アルカイダの活動家の多くがアフガニスタンから近隣諸国に逃れて世界中に散らばり、テロ攻撃の計画と準備を続けている。

（2）国際的対テロ行動の第二段階には、イスラム世界のほかのイスラム過激派テロリスト組織に対する行動が含まれる。すなわち、フィリピンのアブ・サヤフとモロ・イスラム解放戦線、エジプト、マレーシアおよびインドネシアのアルガマアル・イスラミヤ、エジプト、バングラデシュやパレスチナのジハード組織、エジプトのジャマアト・ア-タクフィールとアル-ヘギラ、アルジェリアのGIAとGSPC、チュニジアのGTI、インドのムハンマド軍、ラシュカル・ア-トイバ、ハラカト・ウルムジェヒディーンおよびヒズブ・ウルムジェヒディーン、ハマス、パレスチナ・イスラム聖戦およびレバノンとトルコのヒズボラ、ウズベキスタンおよびタジキスタンのイスラム運動その他に対する対テロ行動である。

1998年、これら組織のいくつかは、ビンラディンが率いる「ユダヤ・十字軍に対する聖戦のための国際イスラム戦線」と呼ばれる組織の傘下に入った。それらに対するキャンペーンは、必ずしも西側世界またはアメリカのみによる責務である必要はない。なによりもまず、これはイスラム過激派運動に参加していないアラブ諸国とイスラム諸国がやるべき仕事である。穏健派のイスラム教徒は先頭に立ってイスラム過激派と戦わなくてはならない。これは利他的理由——西側世界やほかの宗教を救うため——ではなく、まずは自分たちが生き残るためである（イスラム教徒の大多数は暴力と戦闘主義に反対している。これらの人々は、原理主義者の目にはユダヤ教徒とキリスト教徒と同様か、あるいはそれ以上の異教徒に映る）。

　イスラム世界全体にわたるイスラム過激派組織とその運動に対する国際的な行動は、彼らの行動能力を制限するため、軍事面——彼らの活動基盤を叩き、その活動を断ち、資金源を枯渇させること——に焦点を当てる必要がある。それと同時に、穏健派イスラム諸国は宗教や社会福祉、健康、教育といった基本的なサービスを不断に提供することを通じて、これらの過激派運動がイスラム庶民の間で獲得してきた影響力を制限しなければならない。この取り組みの一環として、これら諸国はイスラム過激派グループが開いているコミュニティ・センターを非合法化して閉鎖し、好戦的な教化と原理主義者のプロパガンダをせずに生活困窮者を養う中央政府運営によるセンターを作らねばならない。

　当然のことながら、この仕事には長期に及ぶ困難なプロセスが必要になり、結果が現れるとしても数年先、場合によっては次の世代にしか見られないだろう。この理由から、イスラム過激派テロリスト組織に対し、イスラム世界全体でふたつのレベルで行動することが重要である。まず彼らの短期的能力を低下させるための反復的・継続的な軍事手段による戦いである。その後に情報や教育、福祉その他の活動を通じて、テロ組織の活動家や彼らを支援する住民たちのモチベーションの変更にじっくり取り組む。その結果は長期的なものだ。

　（3）次は国家が支援するテロリズムに対する国際的行動である。この行

動が成功を収めるためには、世界の先進国はふたつの基本的なモラル上の原則を受け入れなければならない。その第一は、テロリズムという概念について客観的な国際的定義が必要となるということだ（第1章参照）。これは、テロリズムと戦うための標準的な国際システムを各国が設置できるようにする共通分母である。これに基づけば、テロリズム全般、とくに国家支援のテロリズムに対する国際的な戦いに各国がどのように関与するかを定める国際憲章を導入することが可能になるだろう。

確立すべき第二のモラル上の原則は、世界の各先進国の個別的な利害関係のバランスを変える必要性である。先進諸国は国際テロリズムによってもたらされる脅威の程度を認識し、テロと戦うことが各国の主目的であって、その目標はほかのいかなる政治的、経済的利益よりも重要であることを理解しなければならない（国家支援によるテロリズムと効果的に戦うことの困難とジレンマの考察については第4章参照）。

実際、世界中の国家の大部分は（自らに都合のよい定義に基づいて）テロリズムに反対であると主張し、大部分の国はおそらくこれを信じている。しかし問題は、多くの場合、これらの国々では国際的にテロリズムに対抗することの利益の優先順位が、経済的、社会的、政治的な安全その他の利益と比べて低いということである。今日では、すべての先進国の間で利害関係のバランスを変える必要があり、テロリズムに対する戦いはその他すべての目標に勝る重大かつ主要な目標とされなければならない。

（4）イスラム過激派テロリズムに対する国際的行動の範囲内にある第四の活動分野は、西側諸国その他の国々に巣食うテロ細胞に対する戦いである。テロ細胞は、さまざまな国に定着しており、多くの場合、そのメンバーは市民権さえ獲得している。これらの活動家細胞と戦うことは、彼らが隠れ家としている国々、とくに西側諸国の直接的な責任である。各国は法律を整え、これらの危険な活動家と戦うのに必要な手段を治安機関に与えなければならない。

治安機関はイスラム過激派活動家の非合法活動を追うべきであるが、それ以前に現地語とアラビア語によって口頭で伝えられる扇動から目を離し

てはならない。それにはコーランからの主張や引用が散りばめられており、過激な真意を隠すものであることが多い。治安機関はイスラム過激派組織の影響力を弱めるべく、必要とあれば逮捕し、市民権の取り消しや、とくに危険な活動家の場合、国外へ追放しなければならない。重点を置かねばならないのは、イスラム教に改宗してイスラム過激派の教えを身につけた本国人、あるいは、その国で生まれて過激な活動家と交際し始め、そのモスクに常に出入している者である。

これら4つの国際的対テロ行動は、イスラム過激派テロリスト・ネットワークに属する者、あるいはこれを支援する者全員に対して、全世界レベルで同時に実施しなければならない。脅威の深刻さを考えると、至急そのテロ実行能力を大幅に削減させる必要があるからだ。このキャンペーンを成功させるために不可欠かつ基本的な条件は、以下の分野で、できるだけ多くの国々が誠意を持って親密に協力し合うことである。
（1）テロリズムに対する国際的な戦いに必要な共用の法規範基盤の創設
（2）インテリジェンス情報と累積的な攻防両面の知見を伝える相互・多国間協力
（3）テロリズムと戦うための国際的な合同機構の設立

テロリズムと戦うための国際憲章を策定

テロリズムの定義は、共通の合意が得られるように最大限広範な基盤を表すとともに、テロリストの目標と手法、すなわち市民への意図的な危害を区別できるように、可能な限り厳密かつ限定的でなければならない。定義がこのようになされれば、テロリズムと戦うための国際憲章を策定することが可能となるであろう。

国際憲章のシステムには、自国領土にある外国テロ組織の活動基盤と、自国領土で活動しているテロ組織を支援するコミュニティーに対して行動することを要求する規定が含まれていなければならない。ほかにはテロリストの資金供給（テロ行為を目的とする資金調達、マネーロンダリング、慈善的な社会福祉活動に見せかけた資金の偽装）と戦うことを各国に義務

づける憲章、テロ組織またはテロ活動に関与していることが疑われる者に関する情報を開示することを銀行に強制できる憲章、テロリストとその仲間を引き渡す条約、テロ組織に加盟することや多種多様なテロ行為（自爆攻撃、強要攻撃、殺人および破壊工作）の実行を禁止する条約、ある国家が他国領土内のテロ組織に対して対テロ活動を一定の状況下において実施する権利を設定する条約などが含まれていなければならない。

　前述したような国際条約システムが十分考え抜かれたものであれば、カウンター・テロリズムに関連する多くの分野で国際的な協力関係を築くための幅広い基盤となるはずだ。これらの国際的な新規範を策定するにあたっては、テロリズムに対する国内立法に関して共通の道筋をつけ、テロ組織の財産その他の資源の没収、扇動の禁止、テロ組織への共鳴を表明することの防止などを可能にする法律を各国が採用するように努力する必要もある。また、テロリズムと戦う治安機関に許可されていることと禁止されていること、すなわちテロリズムとほかのタイプの犯罪行為を区別する法的枠組みを根拠とする行動（監視、通信の盗聴、テロ被疑者への尋問、訴訟手続き）の範囲も明確にされていなければならない。

テロリズムとの戦いにおける協力

　このように、全地球的な規模でテロリズムと戦うには国際協力が不可欠な要素である。国際的なインテリジェンス協力に関連する問題については第3章で論じたが、インテリジェンス分野以外にも、国家間の情報の交換がこの活動に非常に大きく貢献できる領域が多く存在する。対テロリズムに関してさまざまな国から集められた知見は、この分野での経験がない国がこの戦いをより効果的に進めるための一助として使用できる。

　この知見は次の分野で表現することが可能だろう。
（1）国家の処罰政策——処罰の種類とその効果に関する情報
（2）治安政策——軍民の多種多様な施設における保全措置、保全手段および特殊手段
（3）テロ攻撃の現場に指揮統制所を設置し、攻撃現場で緊急対応にあたる機関（警察、消防および救急医療）を管理する方法、そうした作業の特

性として現場で作業する諸機関を調整する方法、テロ事件の際の代表的な医療処置法

（4）治安部隊の運用手順——疑わしい人物と物の取り扱い法、爆発物の無力化、などである。

　これらの問題その他についての情報は、共同の訓練活動（対テロリズム課程の共有、警察官と消防士の交換プログラム、戦術訓練、戦略教育など）によって伝えることができる。

　協力については、別の形として技術的知識の共有がある。これは、1）多様な技術的手段を開発するための統一的取り組み、2）テロリストを遠方から識別して無力化する手段のための取り組み、3）盗聴・監視および指揮・統制のためのインテリジェンス装置、4）化学・生物物質はもちろんのこと爆発物を見つけて無力化する手段、5）群衆を監視するとともに秩序を回復する手段、などである。これらのさまざまな技術的手段を開発する努力を共同で行なう必要がある。

　こうした国際的な技術開発の取り組みは、コストの削減や開発時間を短縮するうえで役に立つであろう。合同技術チームは、さまざまな国々で得られた技術上の経験を踏み台にしながら、装備品開発の過程に特有の技術的問題や障害を容易に克服できる。

　治安機関とテロリストは永遠に競い合う関係にある。進んだ技術的手段と運用法を見つけ、相手の意表を突き、障害を克服することができるのはどちらか、というわけだ。レッサーやホフマンなどによると、単純なものであれ複雑なものであれ、テロリストは雑多な兵器類を利用する能力によって治安機関に挑むことができ、対テロ手段をしのぐことが往々にしてあるという。レッサーとホフマンはテロリストの技術的洗練を軽視したり、無頓着であったりしてはならないと主張している。[491]

　テロリズムの進歩は、時間軸に沿って動く波にたとえることができる。たとえば1960年代後半から70年代前半では、頻発する旅客機のハイジャックが治安機関にとっての課題だった。治安当局が技術的な警備手段（搭乗口に金属探知機を設置するなど）を強化し、ハイジャッカーに対処するた

めに航空保安官や治安要員を機内に配置するようになると、ハイジャックの発生件数は減少した。

　しかし、この波が引くにつれ、航空輸送を攻撃する新たな方法が1970年代後半から80年代前半に出現した。その目的は航空機のハイジャックではなく、空中で爆破することだった。ピストルを機内にこっそりと持ち込んで飛行中に治安関係者と渡り合うことは、もはや必要なくなった。旅客機にプラスチック爆弾その他の種類の爆発物の貨物を積み込むだけで十分であり、場合によっては「運び屋」に仕立てた乗客を使って、それと知らぬ間に機内に爆発物を持ち込むこともあった。

　これと似たような進展が1970年代末にイスラエルであった。その当時やそれ以前にも、テロ組織は隣国（ヨルダンやレバノン）から国境を越えてイスラエルに幾度となく潜入しようとし、人質をバリケードにした攻撃や辺境地帯で殺人を行なっていた。イスラエル国境における障害物や管理体制が一段と巧妙になるにつれ、またイスラエルが隣接国での予防的侵略行動はもちろん、巡視と待ち伏せなどの方法も採用したあとは、これらの種類の攻撃を実行することがより困難になったとテロ組織は理解した。1980年代前半、彼らはある解決法を見つけた。砲撃によって地上の障害物とＩＤＦ部隊に打ち勝つ術を学んだのだ。以後、実行者の生命を危険にさらすことなく国境を越えて爆発物を「運搬」できるようになったのである。

　テロリストと治安部隊のこうした「競争」は、その性質上、政策決定者にとってジレンマになる。予想されるように、治安部隊は新たな技術的手段の開発と、テロ攻撃の程度と損害を低減させることが可能な代替運用手段を見つけることに関心がある。しかし、攻撃を阻止するこれらの改善が成功したとしても、テロ組織がより新たな殺傷力の高い手段を改良・開発する努力を一段と強めるだけであり、そうなると、テロリズムと効果的に戦おうとする戦いに敗れてしまうことになる。

　対テロ手段は短期的に有効であっても、長期的には効果が失われる傾向がある。おそらく、テロ組織に手段と方法を改良・開発しようという気を起こさせないようにするには、自由に行動させるのが最良の策であろう。

　だが、これは理屈上の話にすぎない。というのは、政策決定者はそのよ

うな思いつき程度の決定を実際にはなすことができないからである。国家指導者の第一の義務は、国民の生命と安全を守るのに必要なすべての方策を実施することである。さらに、対テロ手段が改善されると将来的にテロが激化するリスクをともなうことがあるが、それと同時に、科学者や対テロ専門家が次なる課題にタイミングよく解決法を見つける可能性もある。

テロリズムの機会が今や大幅に減少しているため、指導者は政治的な解決法を見つけることによって問題を解決するための時間をかなり稼ぐことができる。最後に、テロリストの活動が一時的に低下すると、テロ組織に強烈な打撃を与えるのに必要な時間が治安部隊に与えられることになり、それによってテロ組織の活動能力をその後しばらく劇的に低下させることができるかもしれない。

このような観点から以下のことが極めて重要である。1）技術開発に関する国際的な協力関係を強化すること、2）情報の継続的な共有を容易にするための国際的なメカニズムを作ること、3）対テロ技術の国際的な目標と必要物に関するデータベースを設けること、4）各国が相対的に得意とする分野に焦点を当てるような共同開発チームとシンクタンクを創設すること、5）この分野の技術開発に資金拠出し、これを促進することに専念する国際的な研究財団を創設すること、6）新たな対テロ手段を発見するためにさまざまな国の科学者が保有している特殊技術を導入できるようにする。

国際共同による対テロリズム枠組みの設定

すでに述べてきたように、現代のテロリズムは、西欧近代文明の平和にとって明白な脅威であり、先進世界にとって重大な課題である。したがって、イスラム過激派のテロリズムに対抗する国際協力を新たなレベルに引き上げる必要性がある。これまでの国際協力関係を改善して高めるだけではもはや不十分であり、国際的な共同対テロ行動を展開しなければならない。

「国際協力から共同対テロ行動への移行」は、単なる意味上の変化ではなく、むしろこの戦いの本質と、国際的規模で対抗するのに必要とされる手

段についての理解を改めることを必然的にともなう。当然のことながら、共同対テロ行動は前述したような協力を強める必要性と相反するものではないが、より効果的な国際的協力には、共同の行動枠組みを確立する必要がある。それは次に示すように、対テロ活動のほぼすべての分野と要素に関連している。

（1）インテリジェンス

国際的なインテリジェンス組織を設立し、ここにテロ組織の動向、意図、能力、またテロ攻撃の特徴などに関する情報や、リアルタイムの警戒データを集める。それらの情報は、国際テロリズムと断固として戦う決意を固めた諸国連合によって、テロ攻撃を阻止するために使われる。また、この国際組織は世界中のテロリスト・エージェントに対する独自の情報源を展開することになるだろう。

（2）攻撃的分野

共同介入部隊、また対テロ国際部隊を創設する。この部隊はテロ攻撃を受けた国からの要請で即座に始動し、対テロ任務（テロリストの逮捕、人質の解放など）を遂行する。恐喝の場合にテロリストとの交渉を担う国際部隊も必要である。隊員はイスラム過激派の文化や言語、宗教、意志決定プロセス、知的特性その他、あらゆる面を熟知していなければならない。

（3）防御的分野

国際治安部隊を導入してテロの継続的脅威と戦っている国々を支援し、対テロ戦争における世界の決意と連帯を示す。この部隊は最新の技術的手段を装備し、援助を要請してきた国家の問題地域に随時動員される。国際治安部隊は、これらの国々の治安・予防ネットワークの訓練も行ない、一定期間以降は現地部隊が国際部隊と交代できるようする。

（4）立法・司法行動

テロリストの犯罪行為に対する国際裁判所を創設する。この構想は、ハーグ国際司法裁判の設立以来、いまだ存在する空白部分を埋める。同裁判所には国家指導者も一般市民も同様に裁く権限が与えられていることはすでに規定されているが、これは犯罪行為と戦争犯罪のみに対してであって、テロ活動についてはまったく言及されていない。国際テロリズム裁判

所はテロリストの裁判に焦点を置き、テロリズムの公認定義とそれに応じて承認された国際憲章に基づくものとなる。この裁判所は必要に応じて、国際機関に新たな国際憲章を作成するよう勧告を行なうこともできる。

(5) 民間活動

テロリズムはほかの事象と比較して学際性が高い問題である。ほとんどすべての学問分野（政治学、国際関係論、中東学、社会学、心理学、経済学、コンピューター科学、法律、生物学、化学、物理その他多数）がテロリズムのひとつかそれ以上の側面と密接に関連している。このため、テロリズムに対抗するにはできるだけ幅広い観点と分析能力が求められる。学究システムは、あらゆる関連知識と情報が利用できるように準備されたものでなければならない。この取り組みの一環として、卓越した知性人を備えた国際的な学究ネットワークを設立すべきである。彼らをとくに予防機関に関連する問題の研究に向かわせ、必要な財政資源を提供し、世界中のさまざまな研究者をリンクして作業部会を開催し、共同の学問データベースの構築を支援する。最近そのようなネットワーク──国際学術コミュニティ（ＩＣＴＡＣ、訳注：2003年創立）──が著者によって設立され、さまざまな国からの学術研究所および専門家が10以上これに加わっている。

(6) 教育および広報活動

この極めて重要な戦いにおいて国際世論の賛助を得るには、テロリズムと戦っている国はもとより、その他の国々での教育・広報活動を調和させなければならない。専門家の国際的な枠組みを設けて共同の広報活動および教育政策を策定し、各国の教育システムと作業を進める必要がある。とくに重要なのは、過激なイスラム教義に対抗する取り組みの一環として、イスラム諸国の教育および広報活動への支援である。国際チームは、イスラム諸国がカリキュラムを作成し、寛容や実用主義、人道主義を促進する教育活動を実施するのに必要な支援をすべて提供する。

(7) 「テロリズムと戦う諸国連盟」の創設

テロ組織とテロ支援国家に対する効果的な活動を推進するには、恒久的で国際的な対テロ機関に、テロリズムに関与していると見られる国家と組織を識別し、それらに対する制裁と措置を決定する権限を付与しなければ

ならない。この機関は明瞭かつ公認の権限を根拠として活動する。各国の専門家たちはグローバル・テロリズムについて研究し、その成果に基づいてテロ支援国家の年次リストを刊行する。その後、そのリストに含まれる国に対し、関与を停止させるか制限させるため、支援の程度に応じて国際的な制裁を実施する。

「テロリズムと戦う諸国連盟」の創設はとくに難題であり、すでに述べたように、テロリズムの定義とさまざまな関与レベルの区分化に関する幅広い国際的な合意を必要とする。この方向に沿った国際的な取り組みは失敗する可能性が非常に高いが、数カ国が「テロリズムと戦う諸国連盟」を発足させたあとに他国がこれに加われば、目標は部分的に達成できる。

本来ならこの役割を果たすべきなのは国連だが、過去の経験から国連が国際テロリズムに対して効果的な活動を主導することは期待できず、テロリズムの特定支援国に対してはとくにそうである。この件について、イスラエルの国連大使を務めたこともある元イスラエル大統領ハイム・ヘルツォーグは、次のように語っている。

「テロリズムの件については、ほかの多くの問題と同様に、なんらかの前向きな進展が出てくるのを国連に期待するのはまったく非現実的である。唯一の望みは、アメリカをリーダーとする自由主義諸国が国連の枠外でテロに対する協定を結び、国際的な制裁を行なうことだ」[492]

元イスラエル首相の故イツハク・ラビンもこの問題について、こう述べている。

「そのような国際的なテロに対しては、対応もまた国際的でなければならない。国家はテロリズムのネットワークに対抗するための新たな方法を見つけなければならない……私の考えでは、この種の協力は制度化して具体化すべきである。国際テロリズムに対する活動を調整しようとする国々は、この目的に特化した国際組織を創設すべきである。国連の枠組み内ではこの組織を作りえないのは明白だ。自由主義世界の中で最強国であるアメリカがイニシアチブをとって設立を呼びかけた場合にのみ実現できる

……そのような機関の存在が抑止の機能を果たし、制裁や処罰といった有効な手段となり得るであろう」⁽⁴⁹³⁾

世界平和への危機

　世界がテロリズムに関する国益のバランスを変えない限り、効果的な国際共同対テロ行動はできないように思える。国際テロと戦いは、なによりも重要な国益であることを自由主義世界の国々が理解してはじめてイランやシリア、レバノンなどの国々がテロリズムに関与するのを制限し、そのような組織を支援するのをやめさせるための調和的かつ効果的な行動をとることが可能となる。この行動によってテロ組織の費用対効果の考え方が変わるだろうし、世界がテロに対して、より効果的に戦えるようになる。

　とはいえ、各国の国益のバランスが変わるのは、テロによる損害のレベルが著しく増大した時のみだろう。換言すると、世界の国々は「物事が悪化する」ことがなければ率先して動こうとしないということだ。アメリカで起きた9・11同時多発テロは、国際テロリズムの分水嶺となるであろう。しかし、本書を著している時点においては、アメリカとおそらくはイギリスの指導者を除くと、世界は依然として自己満足から目覚めていない。

　自由主義世界の国々が国際テロリズムに対する断固たる真剣な戦いに一丸となるよう、われわれが求めることができるのは、犠牲者が複数に及ぶテロリストの波状攻撃が、この問題の深刻さを今のところ無視しようと決め込んでいる国を襲った時のみ、あるいは全地球的なテロリズムのレベルが高まったという十分な兆候があり（化学兵器、生物兵器、または核兵器を使用して）、世界平和への危機が一段と実感できるようになった時のみであるように思われる。

総括　イスラエルの対テロ戦略

テロ対策の諸機関を束ねる統括官

　本書で指摘したカウンター・テロリズムに関する問題、またテロ攻撃に対応する必要性から生じてくるさまざまなジレンマは、テロに対処することの困難さをよく表している。それは、適切な訓練と諸外国が得た経験に学ぶ、多面的かつ複雑な任務である。

　テロリズムは、基本的にさまざまな分野にまたがる学際的現象であり、問題の複雑性はそこに由来する。そのため仕事の一環として、テロ対策にかかわっている機関が数多くある。政府省庁でも、防衛、内務、公安、法務、財務、外務、教育、保健衛生の各省がかかわる。もちろん首相府もだ。さらにさまざまな軍事、情報、治安、警察機関のほか税務、出入国管理、金融などの諸機関がかかわっている。

　実効性のあるテロ対策には、このようなさまざまな機関が全局面で共同歩調をとって行動する必要があり、組織間の継続的かつ効果的な調整を要する。このような協調があれば、テロ対策に無駄は生じず、諸機関がインテリジェンス情報をシンクロナイズし、専門に応じた有効活用が可能になる。逆に協調を欠けば、すべての面で無駄が生じ、各組織間の非生産的競合、官僚主義が互いの足を引っ張り、テロとの戦いに悪影響を及ぼす。さらに政府省庁と治安機関に見られる組織間ないし組織内部のねたみや、自分たちの縄張りを守ろうとする自己保存本能も加わる。

　そのため対テロ戦争の統括官（コーディネーター）に任命される者は、治安分野のみならず、社会的に評価の高い人物でなければならない。また統括官は、政府のトップすなわち首相から職務権限を与えられねばならな

い。統括官は決定権を認められ、首相の負託による権限行使として、さまざまなものの配分を決定する。統括官は、展開中のすべての治安関連活動について、常時最新状況の報告を受け、いついかなる時でも、情報の全体像にアクセスできなければならない。統括官は、カウンター・テロリズムに関する情報ギャップを明確にして、執行役として適当な機関に任務を与えることができる。

代々引き継がれる対テロ戦略は存在しない

テロ対策は、国のあらゆる部門（軍、社会、政治、経済、そして心理の分野）に直接かかわってくるので、すべての国益のバランスをとりつつ、長期の戦略的見通しを立てる必要がある。またテロリズムに対していかなる行動と手段——軍事的か政治的行動か、独断型か調整型か——をとるのか決めなければならない。それは、当面のニーズをベースとするだけでは不十分である。テロリズムは、国益にかかわるため、国家の長期目標にこの対応がどのような影響を及ぼすか十分に考えることも肝要である。

しかし、このような戦略的大局観が明確に定義され、文章化された戦略は存在するのであろうか。いわば石に刻んだ文字のように代々引き継がれていく、国家のテロリズム対処法はあるのか。本書のため、インタビューしたイスラエルの政府要人は、大半の人がイスラエルには存在しない、と述べている。きちんと体系化され、文章化された明確なテロ対策は、過去に存在しなかったし、今もないのである[494]。

レハバム・ゼエビは「政府首脳と担当部署の役人が代々伝えていくような、文章化された公式政策は存在しない」と述べ、シュロモ・ガジは「戦略は存在しない。その場限りの決断、その場限りの対応でしのぐ」と言う。メイヤー・アミットは「ないと言った方がいいかな」と述べ、イガル・プレスラーは「ない。イスラエルは戦略を有しない。われわれは当座のことを考えて、行動している」と答えている。

アリエル・シャロンも「私は、戦略の存在を知らない。施設保護、保全の方法があるのは知っているが、それはあちこちにあるものを安全に確保する手法にすぎない」と述べ、自分としては、この分野では明確な政策が

必要と思っているが、あっても公表すべきではないと付け加えた。

　一方、シャブタイ・シャビットは「私の見解では、イスラエルが対テロ政策を有したことは、一度もない……戦略レベルで考え、分析し、提案するシステム、またはそれを任務とする機関ないしはその役割を与えられた組織の存在を知らない」と述べている。しかしながらシャビットは「イスラエルには、行動規程がある。こちらは、レベルとしては戦術レベルよりも高いと信じる」とも言っている。

　メイヤー・ダガンは、「私の意見では、ほかの分野と同じように、この問題についてイスラエルは文章化されたドクトリンは持たない……文章化されたものがないのは、技術的な問題のためではない。枠にはまりたくないのだ。枠は現実の試練には通用しない制限となる」と指摘している。

　イツハク・シャミールは、対テロ政策の文章化に慎重で、「われわれは、方針について慎重でなければならない。すべてに方針が必要なわけではない」と述べている。シモン・ペレスは、アラブとの取り決めをベースとしたうえで、カウンター・テロリズムの政策を持つ必要があるとして、「私の任期中に関して言えば、テロリズムと戦うことができるように、ヨルダン人かパレスチナ人たちと協定を結ぶ必要性を痛感した」と強調している。

行動上の対処法

　体系化（文章化）されたカウンター・テロリズム戦略がない点については、全員が同じ意見だが、それでも数人は、いくつかの原則があったと指摘する。歴代イスラエル政府は、政策決定者と政策策定者の立場を象徴する諸原則を持っていたという。ヤーコブ・ペリーは、これを「口伝律法（くでんりっぽう）」と定義する。

　しかし、口伝律法・原則には問題がある。テロリズムは政治目的を達成するための手段であるため、口伝律法は国家指導者の政治世界観に影響される傾向があり、これがテロリズムを阻止する仕事をより難しくする。

　口伝的な対テロ原則の傾向が見られる事例のひとつに、1993年から95年までのイツハク・ラビンの政治的態度がある。当時ラビンは、「イスラエ

ルは、和平プロセスがないかのごとくテロと戦い、テロがないかのごとく平和を推進しなければならない」と言っていた。この政策についてカルミ・ギロンは「あれは一種の活動指針だった。私に言わせれば、ジキル博士とハイド氏のようなガイドラインだったがね」とコメントしている。

シュロモ・ガジも、ラビンのこの態度に批判的で、第2次世界大戦時にベングリオンがとろうとしたイギリスに対する姿勢と同じと一蹴する。ガジは、ベングリオンが結局はやらなかった政策がラビンの時代なら妥当だったのか疑問を呈する。「悪くない処方箋ではある。しかしこれがベングリオン時代に正しかったかどうかはわからない。彼は自分がそう言ったにもかかわらず、1939年9月の大戦勃発とともに、白書と戦うことをしなかった」と指摘している。（訳注：パレスチナを統治する英政府が、ユダヤ人のパレスチナ移住を制限するマクドナルド白書を発表し、ナチの迫害で多数のユダヤ人難民が流出するのを前にして、ベングリオンは、戦争がないかのごとく白書と戦い、白書がないかのごとくイギリス側に立って、ドイツと戦うと言った）。

これまでのイスラエルの対テロ政策の原則を象徴する事例について訊かれると、インタビューを受けた専門家たちの何人かは「ターゲテッド・キリング」と答えた[495]。しかしこれは、イスラエルの思考が、その場での効果的な、行動上の対処法に集中していることを物語っているにすぎない。つまり、テロの発生件数を減らし、被害を最小限にくいとめるということである。

このようにイスラエル政府は長年にわたって、幾度となくテロ攻撃を受けてきたにもかかわらず、正規の対テロ戦略を編み出すことができないでいる。イスラエルの方法は、その時々に政治あるいは治安のシステムを率いたカリスマ的政策決定者が、インスピレーションでとった対処法を集めたものである。これらの対処法は通常、イスラエルで大規模テロが発生した際、それに対するレスポンスとして政府の指示または承認を受けて実施されてきた。

完璧ではないが、大筋では成功している

　政府の出す結論は、いくつかのファクターの影響を受けてきた（図-1参照）。治安機関の態度（イスラエル国防軍、ＩＳＡ、イスラエル警察、時にはモサド、テロ対策担当首相補佐官、あるいはカウンター・テロリズム局の局長）、閣僚、とくに国防相と警察相の態度、そして首相の個人的態

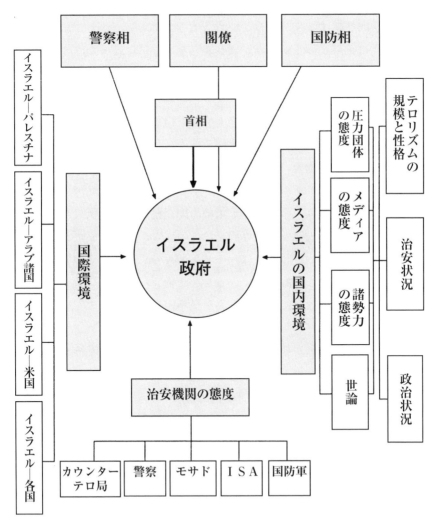

図-1 イスラエル政府に影響を与える各種ファクター

度である。前述のように、カウンター・テロリズムの分野における政府の対応は、正式な対テロ政策からくるものではない。それは、国内の諸勢力、傾向、圧力（圧力団体と反対派の態度、治安状況に関する世論とメディアの報道、テロリズムの規模と性格、国内の政治環境）、そして国際環境（イスラエルの場合は、オスロ合意前後のイスラエルとパレスチナ人との関係、イスラエルの対アラブ諸国関係、アメリカをはじめとする国際社会との関係）に対して、急場しのぎの解決を提示しようとする行動である。

　政策策定者たちが本書の取材で、過去を振り返ってイスラエルのテロ対策は効果的であったかと質問されると、圧倒的多数は、ある分野ではかなりの進歩を遂げたものの、大々的な成果を上げるのは不可能と答えた。たとえばラフィ・エイタンは、イスラエルの政治および攻勢的行動が目覚しい成果を上げたことはないが、防御的行動は効果があったと主張する。エイタンによると、「防御システムは、いつも多大な成果を上げてきた。現在もまだうまく機能」している。

　一方、シャビットは、「イスラエルはその目的を一部達成した」と考えている。シャビットによると、問題はイスラエルの行動が効果的であったかどうかではなく、ほかに選択肢があったかどうかだという。シャビットは、「政策が正しかったどうかに対する答えは、ほかに選択肢がなかったということだ。テロリズムにどう対応するか。降伏するのか。テロが千回の大台に達したら、パレスチナ国家をやるから、テロをやめてくれ、と言うのか」

　メイヤー・アミットは、テロリズムと戦うイスラエルの行動は、完璧ではないが、大筋では成功していると指摘し、テロリズムがたとえ政治的処置に影響を及ぼすとしても、「その影響は、対策の柔軟性の範囲内であった」と言う。アリエル・シャロンはこの問題を総括し、イスラエルの対テロ行動は、おおむね成功していると述べている。シャロンによると、「うまくいって、しばらく息のつける期間も時々あった」という。

　シャロンが指摘する成功例には、ＰＬＯ武装集団のレバノンからの追放（1982年）、シナイ作戦時のフェダイーン組織の撲滅（1956年）などがあ

る。シャロンは、対テロ行動に関して、「それをしなかったら、何が起きたかを常に検討しなければならない。これは必ず答えを見つけねばならない仮定の問題だ」と語る。

イスラエルの対テロ行動は、テロリズムを潰滅していない。この事実に疑問を呈する者は誰もいない。しかし、潰滅させることが目的であったのであろうか。答はノーである。建国以来イスラエルのテロリズムの対処は、この現象の完全排除ではなく、攻撃の規模を制限し、被害を最低限におさえることを目標としてきた。その意味では、イスラエルのテロ対策は、事実上目的を達成しているといえる。

情報機関をはじめとするイスラエルの治安機関は、過去何千件ものテロ攻撃を撃退し、イスラエルの戦略的権益に対する打撃を阻止してきた。イスラエルのカウンター・テロリズム活動で、見逃された側面もある。最も顕著なのが、テロリズムを士気・心理戦として理解できなかったことである。そのため、テロリズムが士気に与えるダメージを帳消しに、あるいは制限する手段が開発されず、対テロ行動を選択するうえでも士気・心理戦はほとんど考慮されなかった。

この手の考慮は、単なる政治的ポピュリズムとし[496]、ブーメラン効果は有効なテロ対策による士気の高揚を相殺するだけとして[497]、議論の埒外に置かれた。しかし、テロ対策の実施が士気に及ぼす影響を事前に予測するのは難しいとはいえ、このような予測は、現実の問題である。それがなければ、国家はテロリズムとの無数の戦いに勝利しても最終的に敗北する。

カウンター・テロリズムの原則

本書で扱ったカウンター・テロリズムの問題に対処する原則および留意点を以下に列挙する。テロ対策を、より効果的に運用するための参考にしてほしい。

（1）戦略的脅威としてのテロリズム

テロリズムの脅威が持つ戦略的重大性と政治プロセスおよび政治姿勢への影響力を認識する。現在、全世界に拡散している過激イスラムのテロ・

ネットワークとテロリストたちは、テロとゲリラ戦のプロである。その動機は狂信主義で、過激な宗教的思想を持ち、自己の宗教を過激手段によって世界に浸透させよという神の至上命令を有している。しかもテロ攻撃に際して死をいとわない。この攻撃で彼らが非通常兵器（核、生物、化学兵器など）を用いる現実的可能性がある。以上の点から、国際テロリズムは、世界平和と安全に最も深刻な脅威となっている。

（2）カウンター・テロリズムの目標

世界各国は、テロ対策でふたつの関与レベルを想定しなければならない。国際的と国内的である。国際レベルでは、各国はテロリズム全般、とくにイスラム過激派のテロ撲滅を目的とする国際努力に相応の貢献をしなければならない。各国は、国益のバランスを変更し、カウンター・テロリズムをほかの経済・政治上の関心事の上に置く必要がある。一方、国内レベルにおいては、テロに狙われた国の政策決定者は、テロリストの行動の性格と規模をベースとして、カウンター・テロリズムの目標を設定しなければならない。国家は、テロ組織側の行動に対しては、いかなる動きであっても、断固とした対応で臨まなければならない。テロ組織の行動には、国内のテロリストへの支持と援助も含まれる。たとえそれが国内でテロ行為を意図するものではなく、他国へのテロの準備や組織の指導部を狙ったものであったとしても、断固として対処しなければならない。

（3）テロ対策の財源の確保

カウンター・テロリズムの仕事は、国家が直面するさまざまな挑戦、任務、脅威とバランスをとりながら実施され、そのための財源を確保しなければならない。注意すべきは、ほかの支出を犠牲にして、テロ対策に予算を使いすぎるのは、かえってテロリストの思うつぼとなるということだ。

（4）テロリズム戦略の相殺

テロリストの戦略はさまざまな要素で構成されていることを認識し、各要素でテロリズムの打撃を相殺することが重要である。第一は「メディア」である。テロリズム関連の事件報道は、プロ精神に徹し、公正かつ社会に対する責任ある姿勢を堅持する。つまり、テロリストが狙う士気・心理戦を無効にする。第二が「世論」である。テロリズムに関する不安のレ

ベルを軽減し、国民の心理的抵抗力を強めるため、徹底した教育・宣伝活動を実施すべきである。第三は「政策決定者」である。頻発するテロ攻撃の結果、政治が成り行きまかせになるのをくいとめ、テロ事件発生時における政治家の望ましい姿勢を示す綱領を用意しておく。

（5）軍事的対応と政治活動の組み合わせ

　テロ攻撃を阻止・撃退し、被害を最小限にくいとめ、さらにテロ組織を殲滅するうえで、合法的かつ効果的手段としての軍事要素を排除してはならない。国家は、テロ組織に対して軍事的攻撃の手をゆるめず、テロ組織の代表を自称する集団のモチベーションを低下させる活動を継続する。国家は、このふたつのバランスをとりつつ、テロリストの要求を精査する。彼らの要求がどこまで妥当で合法性があるか、その要求が実現したら国家の重要権益がどれほどのダメージを受けるか、両者に受け入れ可能な妥協点はあるのかなどを詳しく調べる。付随する問題として、長期展望に立つ分析も必要である。テロ組織の目的達成を阻止する国家の能力評価である。

（6）政治的解決

　国家は、テロ組織が政治的成果を上げることを避けなければならない。しかし、政治的解決のために交渉を行なう場合は、テロに関与していない者のみに限定し、テロが終息したあとにしか交渉しないことを銘記する。[498]

（7）テロ組織の論理性

　テロ組織を損得勘定のできる論理性のある組織と見なすことで、彼らの政策と活動に影響を与えることができる。

（8）テロ組織の抑止

　テロ組織が論理性を有していれば、適切な抑止手段をとることができる。しかし、どのような抑止の手段を使うか、どのように抑止のメッセージを発信するか、どうやって抑止を達成するかなどを決めるため、テロ組織の特徴を慎重に見極めねばならない。さらにテロ組織が「レッドライン」を越えた時、報復攻撃を行なう国家の能力と決意について分析しておく必要がある。またテロ組織が国家の対テロ能力と意思にどのようなイメージを抱いているかも検討しなければならない。

(9) 情報活動部門の重要性

　情報機関は対テロ政策の主要部門で、その役割は第一に情報収集である。そのため国家は、テロ組織に関する基本的情報および戦術情報の収集と整理に必要な財源を割り当てる。必要であれば、対テロ戦に関わるほかの部署に割り当てられていた予算の見直しも考える。

(10) 積極的テロ対策

　国家は、カウンター・テロリズムに関して受け身であってはならない。テロと戦う国家は、対テロ手段の適時・的確な投入を行なう。それはテロ事件発生後の活動に限定されない。

(11) 対テロ活動のタイミング

　国家は、とくに大規模テロ発生後に、対テロ活動にずるずると引きずり込まれるようなことがあってはならない。計画された対テロ作戦のメリットとデメリットを検討する際、士気・心理上の考慮を最初から排除してはいけない。

(12) ブーメラン効果

　国家は、ブーメラン効果（174ページ参照）を無視してはならない。それは効果的な対テロ行動の結果であるかもしれない。ブーメラン効果の可能性を予測する際には、テロ組織を精査して判断しなければならない。すなわち反撃を制限している要因が彼らの攻撃能力にある場合は、モチベーションはあっても報復できない。逆に攻撃能力がモチベーションよりも大きい組織なら、ブーメラン効果を予期しなければならない。テロ組織に対する行動がブーメラン効果を引き起こす可能性があっても、政府首脳はそれだけの理由でその行動を否定すべきではない。どのような作戦でも、実行するアドバンテージと予想される損害を比較したうえでやるかどうかを決めるべきである。

(13) テロ対策における手段と目的の選定

　対テロ攻撃行動では、攻撃目的と手段は慎重に検討する。テロの首謀者および実行犯とその共犯者を特定し、無関係の者に被害が及ばないようターゲットだけを直接攻撃する。

(14) 防御的治安行動

治安行動は、テロ対策の最後の結節部分である。ほかの対テロ手段が失敗した時に防御的治安行動が重要になる。これには多くのマンパワーが必要で、防護ネットワークの一部はボランティアをベースにし、緊張が高まった時に参加してもらう。その活動の幅は広く、国民の士気を高めることにもなる。

(15) テロの対処にともなう倫理的ダメージの制限

　テロ対策は、その国の法律の枠内で、自由民主主義の価値観に合致する形で実施する。これと矛盾する行為は、テロリストの思うつぼで、彼らは自己の暴力をこれで正当化しようとする。いずれにせよ、テロ対策を実施する際は、硬直性を排し、行動の柔軟性を心がける。テロリストの攻撃の性質と状況の変化に即応して対処し、通常とは異なる抑止手段の投入に緊急令を必要とする場合は、特定期間に限定し、その行動が司法の審理対象となり、議会の公的監督下に置かれることを銘記する。

(16) 集団懲罰

　テロにかかわりのない人々、あるいは態度を明確にしてない人々を暴力のサイクルに巻き込むことがないよう、可能な限り集団懲罰は避ける。しかし、効果的なテロ対策が、テロを支持する人々の生活を脅かす場合、具体的な防止対策と抑止対策を優先すべきである。こういった対策で生じる巻き添え被害をできるだけ少なくする。[499]

(17) テロ容疑者の尋問手続きと方法

　容疑者の権利は守られなければならない。それでも、テロリズムの特殊な性質と、現代社会および民主主義国家に対する危険性を考えると、テロ関与容疑者だけに、特別の裁判手続と尋問法を適用する選択は残しておくべきである。とくに「時限爆弾」と定義される容疑者（次のテロの発生を防げる具体的な情報の持ち主）の場合、それが絶対に必要となってくる。しかし、そのような事情であっても特別措置で容疑者を傷つけることがないようにする。尋問は、格別な注意を払って実施されなければならない。この種の尋問対象は一律に認めるのではなく、ケース・バイ・ケースで特別の許可を必要とし、司法上の独立した監督下、公然および秘匿した監視（たとえばビデオカメラ）のもとで実施する。

(18) テロリズムの定義

テロリズムとの戦いに関する国際的コンセンサスのベースを拡大し、テロ活動およびその支援の禁止に関する国際規約に可能な限り多数の国家が関与することが、効果的なカウンター・テロリズムには必要である。その目的のため、国際社会に受け入れられる「テロリズムの定義」がなければならない。その定義は、テロ組織が達成しようとするさまざまな目的と、彼らが使う非合法の暴力手段を区別する。いかなる目的もテロリズムを正当化できないという国際合意を確立する必要がある。

(19) 対テロ手段の効果の判定

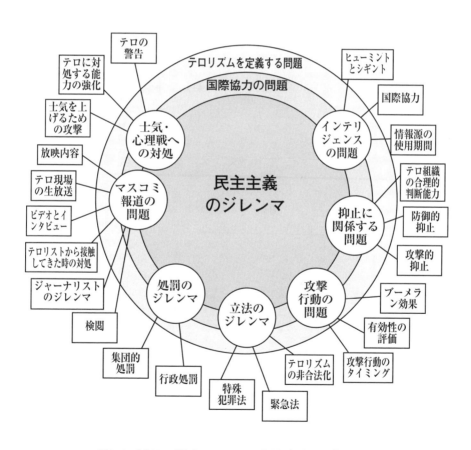

図-2 対テロ戦争における意思決定のジレンマ

さまざまな対テロ手段の効果を評価し判定する、質的・量的指標の開発が必要である。それがあれば、計画されている対テロ手段はプラス面がマイナス面を上回っているかどうか事前に予測できるようになる。

　いまやテロリズムは全世界に拡散し、住民の安全を直撃する大きな脅威となっている。この種の暴力の犠牲になる国は増えるばかりで、政治、治安、通商部門の政策決定者たちは、自己の担当分野で、この問題の対応にせまられている。しかし、テロ攻撃に対処する意志決定は、自国を含む各国の経験に学び、費用便益分析を検討する徹底した計算に基づくというより、世論の圧力にそった場当たり的な対策になる場合が多い。

　これまで紹介した、さまざまなカウンター・テロリズムのジレンマ（図-2参照）と、その解決方法はイスラエルの経験をもとにしたものである。テロ対策を考察・評価し、最も筋の通った効果的な対策を選ぶための理論上のベースとして、さらに経験知のベースとして本書が使われることを筆者は願っている。

付録資料A

テロリズムとメディア―シェファイイム会議のサマリー―

(国際カウンター・テロリズム政策研究所主催、
1997年6月7日から26日)

　ヘルツリヤ学際センターの国際カウンター・テロリズム政策研究所と首相府カウンター・テロリズム局からのシェファイイム会議の参加者(学者、現役および引退したセキュリティの専門家、心理学者、メディア専門家その他含めて)は、以下のことを再度強調する。

(A) テロリズムはイスラエル国民の士気を低下させ、その生活様式を混乱する目的で計画される。テロの脅威、そして国民とその財産に対するダメージは、士気をくじき、心理的な損傷を与える。

(B) テロ攻撃は、政策を変更させる、政治の動きに影響を与えるといった政治的目標を達成することを目的に行なわれる。この目的のために、テロリズムは大々的なマスコミ報道を得ようとする。さまざまな市民集団にメッセージを送り、イスラエル国民全体に恐怖と不安感を蔓延させるためである。

(C) 世論形成に関係したすべての個人と組織(政治家、有名人、マスコミ、学者、教育者なども含めて)は、テロ攻撃による国民への士気・心理的ダメージを最小限に抑えるためにできることをしなければならない。

(D) 報道の自由を守りメディアが民主主義社会の中で重要な役割を果た

し続けられるようにする一方で、国民の安全の感覚と士気へのダメージを減らす方法とガイドラインを策定する必要がある。

これらの基本的原則の観点から、会議参加者は次のようなステップがとられるべきであると考える。

1）シェファイイム会議の参加者は、防衛諸機関および対テロ局に代表される政府とメディアの間にテロリズム関係の事柄に関する継続的かつ双方向的な関係が築かれるべきと考える。

　この目的のために、テロ攻撃発生時、また定期的にメディアがテロ関連の信頼できる情報にアクセスできる公認の機関が設置されるべきである。会議の場でカウンター・テロリズム本部はそういった機関の設置に原則的に同意したことを指摘しておく。

2）シェファイイム会議の参加者は、電子メディアや編集者、ジャーナリスト、出版社、社主といった紙メディア（出版界）の人々に対し、テロ攻撃発生直後およびその後の報道関する厳密な規則を策定するためのメディア関係者による特別委員会の創設を求める。国際カウンター・テロリズム政策研究所は、技術的支援と専門的助言を与えることで、そのような委員会の創設に力を貸す用意がある。

3）これに関連して、会議の参加者は、このジャーナリストの委員会は次のような理由が原因で起きる公衆や個人の士気、心理、行動に対するダメージを防ぐ方法について話し合うことを奨める。

テロ攻撃発生直後
　a）発生現場での死者や負傷者のクロースアップの撮影。
　b）極度のパニックや恐怖感を示す映像の現場からの放映。
　c）現場の映像や音を頻繁に繰り返し放送することによるトラウマのリサイクル。

d）現場における治安部隊の行動手順やテクニック、また展開状況の開示。

　その後および通常時
　a）犠牲者の葬式や家での人々の極度な悲しみと不安の表情の撮影と放映。
　b）テロ攻撃の劇的な表現、また攻撃者への賞賛（その意思の強さ、プロ意識、自己犠牲の精神など）。
　c）テロ組織からの宣伝テープの放送（現場のシーンのテープ、自殺攻撃者の作成したテープ、誘拐された人間を映したテープなど）。
　d）テレビ・ラジオ番組のスケジュールの大幅な変更。

4）以上に関連してシェファイイム会議の参加者は次のことも提案する。

　a）リポーターたちにストレス下でテロ攻撃を取材する訓練を受けさせる。
　b）テロ組織がイスラエルの世論をどのようにして操作しようとしているのかについて、またほかの原因（交通事故その他）に比べて、テロで負傷する確率は比較的低いということを国民に教える。これは専門家のコメントを使い、またテロ発生時とその後にカウンター・テロリズム本部が設置する調整機関との継続的な接触によって可能となる。

5）シェファイイム会議の参加者は、大規模テロ発生時とその後に出される公的発表がイスラエル国民に与える影響を認識している。これに関して国際カウンター・テロリズム政策研究所は、そのような時期に公的要人がどのように振る舞うべきかについてのガイドラインを作成し適切な機関が使用できるようにする予定である。
（以下、会議出席者名簿略）

付録資料B

対テロ国際協力に関するコンファレンス参加者の勧告

(1997年3月27日)

対国際テロリズムについてのICTの政策提言

(1) 国際カウンター・テロリズム政策研究所（ICT：International Institute for Counter-Terrorism）は、テロリズムは単に各国それぞれの国内問題ではなく、世界平和とそこに住む人々の生命を脅かす国際的な現象であると主張する。

(2) この現象は世界中に影響を及ぼすため、カウンター・テロリズムに関係した全分野で協力するのは、すべての国家の責務である。

(3) 国際テロリズムと戦うために国際社会のメンバー諸国には以下のことが必要となる。

A) いかなる政治目標もテロ（ここでは政治目標を達成するために意図的に民間人を殺傷することと定義する）の使用を正当化しない。
B) カウンター・テロリズムの分野で国際協力を強化する。
C) テロ支援国およびテロに積極的に参加している国家に対する共同の政策を策定・実施する。
D) テロリストの活動を妨げるため、テロリズムに関する国際的合意を提唱する。
E) 情報・治安機関の協力を深める。カウンター・テロリズムの分野の

専門知識や技術をシェアする。

F）特殊対テロ部隊を強化するため、共同で新技術を開発する。

G）テロ組織の資金源を枯渇させる。募金とテロ組織への送金を禁止する。

H）非通常兵器（核、生物、化学兵器）を使ったテロに備える。そういったテロは国際社会全体の対テロ活動で阻止すると共同で宣言する。

I）国際セミナー、共同記者会見、テロリストの疑似裁判などを通して、テロリズムの心理学的側面に焦点をあてた国際対テロ政策を策定する。

J）テロ攻撃を計画、支援、実行、奨励するために宗教や何らかの世俗主義を利用している過激派集団に対して団結する。

K）カウンター・テロリズムの分野の政策研究のために国際研究基金を設立する。

ベルンド・シュミッドバウワー
ジェームズ・ウォーズリー
エドワード・デレジアン
シャブタイ・シャビット
デビッド・キムチ博士
ウリエル・ライヒマン教授
ハイム・シャケド教授
アーロン・シェルフ
メイヤー・ダガン退役少将
ロネン・ホフマン
ボアズ・ガノール

脚 注

第1章 テロリズムの定義

1. This was true regarding the Hizballah Movement when it began its relationship with Iran, and with regard to the Palestinian Islamic Jihad Organization and its relationship to the same country.
2. *Ha'aretz*, June 19, 1988.
3. Walter Laquer, *The Age of Terrorism*, Little Brown and Co., Boston, 1987, p. 146.
4. *Yediot Aharonot*, August 18, 1987.
5. *Ha'aretz*, October 22, 1987.
6. http://www.unis.unvienna.org/en/news/2002/pressrels/12989e.htm.
7. Brian M. Jenkins, "Foreword," in Ian O. Lesser, Bruce Hoffman et al., *Countering the New Terrorism*. RAND Project Air Force, 1999, p. *xii*.
8. One of Barzilai's weightier arguments is that the determination that a group of people is a terrorist organization removes, in effect, the basis underlying a serious and considered discussion of its demands and claims (in: Gad Barzilai, "Center vs. Periphery: Rules for 'Preventing Terrorism' as Politics," *Criminal Cases (Pelilim), 8,* 2000, p. 247.) This argument brings us back to the traditional issue of defining terrorism. If terrorism is "the deliberate use of violence against civilians to achieve political aims," we can look positively upon a country's claim that any meaningful discussion regarding the demands of a group using terrorist methods is contingent upon the organization no longer using terrorism (though, not necessarily, violence) in order to promote its interests. Consistently asserting this principle is likely to motivate some terrorist organizations to refrain from using terrorist methods and focus their activities on other, non-violent spheres, or at least to stop directing violence at civilians.
9. Michal Tzur (under the guidance of Professor Mordechai Kremnitzer), *(Emergency) Defense Regulations 1945*, Position Paper No. 16, Israel Democracy Institute, Jerusalem, October 1999, pp. 22, 89.
10. Ibid., p. 89.
11. HCJ 6026/94 *Abd al-Rahim Hassan Nazal et al. v. Commander of the IDF Force in Judea and Samaria,* Verdict No. 338(5).
12. Ehud Sprinzak, "The Psychopolitical Formation of Extreme Left Terrorism in Democracy: The Case of the Weathermen," in Walter Reich (Ed.), *Origins of Terrorism*, Woodrow Wilson Center Press, 1998, p. 78.
13. Martha Crenshaw, "The Counter-Terrorism and Terrorism Dynamic," in Alan Thompson (Ed.), *Terrorism and the 2000 Olympics*, Australian Defence Studies Center, 1996, p. 125.
14. Abu Iyad, *Without a Homeland: Conversations with Arik Rouleau*, Mifras Publications, Tel Aviv, 1983, p. 146.

15. *Hatzav*, November 25, 1986, p. 5. (Originally in *Tishrin*, Syria, November 17, 1986).
16. *Terrorism—The Islamic Point of View."* Published by the Muslim World League—Secretary-General Makkah al Mukarramah, distributed by the NGO Conference held in Durban, South Africa, 2001.
17. *Hatzav*, February 11, 1987, p. 18. (Originally in *Al-Anba'a*, Kuwait, January 30, 1987.)
18. Ray S. Cline and Yonah Alexander, *Terrorism as State-Sponsored Covert Warfare*, Hero Books, Fairfax, VA, 1986, p. 24.
19. George P. Schultz, "The Challenge to Democratic Nations," in Benjamin Netanyahu (Ed.), *Terrorism—How the West Can Win*, Ma'ariv Library Publications, 1997, p. 18.
20. Benzion Netanyahu, "Terrorists and Freedom-Fighters," in Benjamin Netanyahu (Ed.), ibid., pp. 27-29.
21. Jenny Hocking, "Orthodox Theories of 'Terrorism': The Power of Politicized Terminology," *Politics, Australian Political Studies Association Journal 19(2)*, 1984, p. 109.
22. Benjamin Netanyahu, "Defining Terrorism," in Benjamin Netanyahu (Ed.), supra note 19, p. 9.
23. Benjamin Netanyahu, *Fighting Terrorism: How Democracies Can Defeat Domestic and International Terrorism*, Yediot Aharonot, Tel Aviv, 1996, p. 8.
24. Abu Iyad, supra note 14, pp. 78, 155-156.
25. Albert J. Jongman and Alex P. Schmid, *Political Terrorism*. SWIDOC, Amsterdam and Transaction Publishers, New Brunswick, NJ, 1983, p. 5.
26. Ibid., pp. 29-30.
27. *Ha'aretz*, May 5, 1989 (translation from the Hebrew edition).
28. Michael Stohl and Raymond D. Duvall, cited in *Political Terrorism,* supra note 25, p. 100.
29. Yehoshafat Harkabi, *On Guerrilla Warfare*, Ma'arachot Publishers, Tel Aviv, 1983, p. 27.
30. Ibid., p. 16.
31. Ibid., p. 28.
32. Thomas P. Thornton, cited in *Political Terrorism*, supra note 25, p. 41.
33. Laquer, supra note 3, p. 147.
34. Taken from Professor Sprinzak's remarks at a seminar on "Israel and Terrorism" held under the auspices of the International Center for Contemporary Social Research, Jerusalem, 1985.
35. David Rapoport, cited in *Political Terrorism*, supra note 25, p. 44.

第2章 カウンター・テロリズムの方程式

36. Personal interview with former Prime Minister Yitzhak Shamir, November 18, 1996; personal interview with former Prime Minister Shimon Peres, December 7, 1999.
37. Personal interview with Meir Dagan, former head of the Counter-Terrorism Bureau (and presently, head of the Mossad), December 2, 1999; personal interview with Rechavam Ze'evi, former advisor to the prime minister on counter-terrorism, November 25, 1999; personal interview with Rafi Eitan, former advisor to the prime minister on counter-terrorism, October 30, 1999.
38. Personal interview with Yaakov Perry, former head of the Israel Security Agency, November 28, 1999.

39. Later on in the interview, Shavit explained that an aggressive military solution to terrorism requires that all signs of the enemy's presence in the disputed territory be completely destroyed.
40. Ibid., interview with Shavit.
41. Personal interview with Amnon Lipkin-Shahak, former chief of staff, December 23, 1999.
42. Benjamin Netanyahu, supra note 23, p. 9.
43. B. Pollack and G. Hunter, "Dictatorship, Democracy and Terrorism in Spain," in Juliet Lodge (Ed.), *The Threat of Terrorism*, Wheatsheaf Books, Great Britain, 1988, p. 130.
44. Michel Wieviorka, "French Politics and Strategy on Terrorism," in Barry Rubin (Ed.), *The Politics of Counter-Terrorism: The Ordeal of Democratic States.* School of Advanced International Studies, Washington, DC, 1990, pp. 68, 70.
45. John W. Soule, "Problems in Applying Counter-terrorism to Prevent Terrorism: Two Decades of Violence in Northern Ireland Reconsidered." *Terrorism: An International Journal, 12(1)*, 1989, p. 32.
46. Aharon Yariv, "Countering Palestinian Terrorism," in Ariel Merari (Ed.): *On Terrorism and Combating Terrorism.* University Publications of America, Inc., 1985, pp. 3-4.
47. Interview with Rafi Eitan, supra note 37.
48. Carmi Gilon, *The Israel Security Agency Between the Cracks.* Yediot Aharonot Publications, Tel Aviv, 2000, p. 191.
49. Personal interview with former Prime Minister Benjamin Netanyahu, conducted on December 20, 1999.
50. Crenshaw, supra note 13, p. 124.

第3章 対テロ戦争とインテリジェンス

51. David A. Charters, "Counter-Terrorism Intelligence: Sources, Methods, Process and Problems," in David A. Charters (Ed.), *Democratic Responses to International Terrorism*, Transnational Publishers, Inc., New York, 1991, p. 227.
52. Alex P. Schmid, "Terrorism and Democracy," in Alex P. Schmid and Ronald D. Crelinsten (Eds.), *Terrorism and Political Violence.* Frank Cass, London, 1993, p.14.
53. Ken G. Robertson, "Intelligence, Terrorism and Civil Liberties," in Paul Wilkinson and Stewart M. Alasdair (Eds.), *Contemporary Research on Terrorism*, Aberdeen University Press, 1987, p. 555.
54. Charters, supra note 51, pp. 230-233.
55. Allan Behm, "Prevention and Response: How to Get the Mix Right," in Alan Thompson (Ed.), *Terrorism and the 2000 Olympics*, Australian Defense Studies Center, 1996, p. 69.
56. Martha Crenshaw, "Terrorism—What Should We Do?" in Steven Anzovin (Ed.), *Terrorism: The Reference Shelf, 58(3)*, p. 168.
57. Interview with Shavit, supra note 39.
58. Bruce Hoffman and Jennifer Morrison-Taw, *A Strategic Framework for Countering Terrorism and Insurgency*, A Rand Note prepared for the U.S. Department of State, Santa Monica, 1992; George Carver, "Tough Choices Terrorists Force Us to Make," in Yonah Alexander and James Denton (Eds.), *Governmental Responses to Terrorism*, Hero Books, 1986, p. 36.
59. *Ma'ariv*, March 31, 1996, p. 3.
60. Interview with Dagan, supra note 37.
61. *Ha'aretz*, January 24, 1995.

62. *Ha'aretz,* September 13, 1995.
63. *Ma'ariv,* February 8, 1995.
64. *Ma'ariv,* September 1, 1994.
65. This was the case in August 1994, when Israel gave accurate information to the Palestinians concerning the perpetrators of the double murder at the construction site in Ramle (*Ma'ariv*, August 29, 1994); and in February 1995 as well when Israel found out about intentions of the Hamas and Palestinian Islamic Jihad to send a car-bomb from Jericho in order to carry out an attack in Jerusalem (*Ma'ariv,* February 5, 1995).
66. *Yediot Aharonot,* January 27, 1995.
67. *Yediot Aharonot,* September 8, 1995.
68. *Yediot Aharonot,* April 12, 1995.
69. In early September 1995, Daniel Frey was murdered in Ma'ale Michmas, and his pregnant wife was seriously injured, by a terrorist who wanted to clear himself from the accusation of "collaborating" with Israel (*Yediot Aharonot*, September 7, 1995).
70. Personal interview with Carmi Gilon, former head of the ISA, conducted on November 24, 1999.
71. *Yediot Aharonot,* September 8, 1995.
72. *Yediot Aharonot,* November 17, 1994.
73. *Ma'ariv*, September 22, 1995.
74. Ian O. Lesser, Bruce Hoffman et at., *Countering the New Terrorism*, RAND—Project Air Force, 1999, p. 126.
75. Crenshaw, supra note 13, p. 128.
76. Hoffman and Morrison-Taw, supra note 58, pp. 2, 4, 29.
77. Paul Wilkinson, "British Policy on Terrorism: An Assessment," in *The Threat of Terrorism*, Wheatsheaf Books, Great Britain, 1988, p. 52.
78. Virender Uberoy, *Combating Terrorism.* Intellectual Books Corner PVT, Ltd., New Delhi, 1992, pp. 118-120.
79. Allan Behm, supra note 55, pp. 78-79.
80. Interview with Netanyahu, supra note 49.
81. Ibid.
82. Interview with Perry, supra note 38.
83. Interview with Dagan, supra note 37.
84. Interview with Shimon Peres by Hemi Shalev, *Ma'ariv,* May 12, 1995, Weekend Supplement, p. 5.

第4章 テロの抑止の問題

85. Yehudah Wallach, *Military Theories and their Development in the 19th and 20th Centuries*, Ma'arachot—Ministry of Defense Publications, 3rd Edition, 1980, pp. 331,334.
86. Yehezkel Dror, *Grand-Strategies for Israel*, Akademon, Jerusalem 1989 p. 132.
87. Lesser, Hoffman, et al., supra note 74, pp. 129-130.
88. Dror, supra note 86, pp. 132, 133.
89. Crenshaw, supra note 56, pp. 170.
90. Jessica Stern, *The Ultimate Terrorism*, Harvard University Press, Boston, 1999, pp. 130-131.
91. Aryeh Shalev said that deportation has a dual purpose: to deter others from provocation and agitation, and to mitigate the damage caused by the deportees (Aryeh Shalev, *Ha'aretz*, April 12, 1988, p. 2).
92. *Ma'ariv*, April 24, 2002.
93. *Ma'ariv*, June 24, 2002.
94. *Yediot Aharonot,* October 6, 2002.

95. Shmuel Gordon, "The Vulture and the Snake: Counter-Guerrilla Air Warfare—The War in Southern Lebanon," *Mideast Security and Policy Studies, 39*, p. 22. Bar Ilan University, Begin-Sadat Center for Strategic Studies, 1998.
96. *Ma'ariv*, April 24, 2002.
97. *Ma'ariv*, October 21, 1994, p. 7.
98. Interview with Gillon, supra note 70.
99. Interview with Shavit, supra note 39.
100. Interview with Dagan, supra note 37.
101. Interview with Peres, supra note 36.
102. Interview with Perry, supra note 38.
103. Cline and Alexander, Terrorism as State Sponsored Covert Warfare, supra note 18, p. 1.
104. U.S. Department of State, *Patterns of Global Terrorism—Overview of State Sponsored Terrorism 2003*, April 29, 2004.
105. U.S. Department of State, *Patterns of Global Terrorism, 2001*, May 2002, p. 63.
106. Yehezkel Dror, *Crazy State—Fanaticism and Terrorism as a Security Problem*, Tel Aviv: Ma'arachot (1974), pp. 125-126.
107. The law, which was ratified unanimously by the U.S. Congress in July 1996, was aimed at imposing damages on foreign companies that invested more than $40 million per year in the oil, gas or petrochemical industries in Iran or Libya. The D'Amato Act obligated the president, among other things, to block the importation of products from these companies into the United States, to prevent the approval of loans exceeding $10 million per year from American financial institutions, and to prohibit American government bodies from purchasing goods from those companies. The law also called upon the president to work with America's allies in order to reach multilateral agreements prohibiting trade and investment in Iran and Libya because of their support for terrorism. (The law was passed in light of a law that prohibited American companies from trading with Libya and Iran, and following ratification of a similar law—the Helms Burton Act—against Cuba.)

"The time has come to take real steps against states that support terrorism. Now the nations of the world will know they have the choice of trading with Iran and Libya, or trading with the United States. They will have to choose." (*Ha'aretz*, July 25, 1996, translation from the Hebrew edition).

The D'Amato Act soon angered the European nations. Words of protest and even threats to retaliate against the United States were heard in various European capitals. An official statement issued by the French Ministry of Foreign Affairs stated that the American law was a gross violation of international trade laws and that France, like its other European partners, would not obey such dictates. "We will take our own steps in retaliation if this law is implemented," said the French Foreign Ministry spokesperson.

Klaus Kinkel, the German foreign minister announced that "the American law and its plans defy the fundamental principles of the International Trade Organization and the Organization for Economic Cooperation and Development, and we hereby state that we will not accept them" (*Ha'aretz*, August 7, 1996).

Not only did the American initiative meet with opposition in Europe. The Japanese government expressed its regret at the ratification of the law, and called upon the United States to reconsider its position. A spokesman for the Foreign Ministry in Tokyo stressed that the law defined rules that apply outside the U.S. jurisdiction, and could jeopardize international trade agreements. Tim Fischer, the Australian minister of trade, announced that his country would take all steps necessary to oppose implementation of the American law. According to him, Australia severely condemns terrorism but "the imposition of sanctions against innocent companies and nations is an erroneous principle, and is liable to jeopardize Australian trade" (*Ha'aretz*, August 8, 1996). The spokesman for the Chinese Foreign Ministry added that "the steps taken by the United States are not compatible with regulations governing international relations, and will solve nothing. No one can systematically use sanctions pressure to solve this type of problem" (*Ha'aretz*, August 8, 1996). Vladimir Andreyev, spokesman for the Russian Foreign Ministry, stated "we need practical steps in order to enhance international cooperation against terrorism, but not unilateral steps that are illegal" (*Ha'aretz*, August 8, 1996).

The claim that the D'Amato Act jeopardized international agreements and trade regulations was not unfounded. The law was, in fact, a secondary embargo on economic companies and therefore jeopardized free international commerce by introducing considerations that could be defined as political, in determining trade procedures. But the law reflected a genuine and more crucial international need. The law aimed at closing the loophole that had allowed companies to bypass international sanctions and embargos that were imposed on states supporting terrorism. Without punishing those who defied international sanctions, they could not be enforced.

The fact that the law could hurt international trade agreements does not derogate from its validity or importance, but only demonstrates the urgent need to amend the trade agreements so they would concur with such a law. The trade agreements had been signed during a time when the degree to which international terrorism would endanger world peace and the safety of the world's citizens could not foreseen. The trade agreements must provide an effective way for combating states supporters of terrorism. The agreements were aimed at regulating international economics, and counter-terrorism measures were aimed at ensuring the safety of the international community.

If any criticism of the D'Amato Act is appropriate, it should actually focus on the high bar set for its implementation—as stated, the law required the imposition of sanctions only against companies that invested more than $40 million per year in Iran and Libya. This sum still left companies too much leeway to continue investing in these countries and maintain extensive economic relationships.

In any case, encouraged by the widespread international support in Iran and criticism aimed at the United States regarding the D'Amato Act, the Iranian oil minister announced that the sanctions would have no effect on his country's oil production. "The petroleum industry has never been in a better position, and I have no doubts about the future," (*Ha'aretz*, August 8, 1996). Ali Akbar Velayati, the Iranian foreign minister, added that his country "was not afraid of the American sanctions, which would have no impact at all on Iran's economic situation," (ibid.). Iran even filed a complaint against the United States with the International Court of Justice in the Hague, and asked the court to approve preventive measures that would keep the United States from implementing the law.

108. *Ha'aretz,* August 6, 1996 (translation from the Hebrew edition).
109. *Ha'aretz,* April 15, 1992.
110. *Ha'aretz,* March 23, 1992 (translation from the Hebrew edition).
111. *Ha'aretz,* May 1, 1992 (translation from the Hebrew edition).
112. *Yediot Aharonot,* October 30, 1986.
113. *Ma'ariv,* October 29, 1986 (translation from the Hebrew edition).
114. *Ha'aretz,* April 1, 1992.
115. U.S. Department of State, "International Community Action Against Terrorism," *Patterns of Global Terrorism 1993*, Department of State Publication No. 10316.
116. *Ha'aretz,* August 24, 1989 (translation from the Hebrew edition).

117. *Ma'ariv,* October 29, 1986 (translation from the Hebrew edition).
118. Thus, for example, the United States asked Germany to contact Iran regarding the release of American citizens captured in Lebanon during the 1980s, and Israel asked Germany to make use of its good terms with Iran to help with the return of Israeli MIAs from the Lebanese war and the release of captured navigator Ron Arad. Germany also served as a mediator between Hizballah, Iran, and Israel in the prisoner exchange that took place in 2004. Such requests are liable to be used by nations using a critical dialogue policy as justification of their policy.
119. *Ha'aretz,* August 6, 1996 (translation from the Hebrew edition).
120. Researcher Michael Eisenstadt of the Washington Near East Policy Institute, found that economic sanctions imposed by the United States against Iran succeeded in damaging Teheran's ability to become the dominant military force in the Persian Gulf, and delayed its plans for purchasing nuclear weapons (in "The American Sanctions Hurt Iran's Plans for Nuclear Arms" by Yerach Tal, *Ha'aretz,* September 6, 1996, p. 13A).
121. *Ha'aretz,* September 1, 1993.
122. *Davar,* November 2, 1993.
123. *Ha'aretz,* November 3, 1993.
124. Crenshaw, supra note 13, p.126.
125. Israel Tal, *National Security—the Few Versus the Many,* Dvir Publications, 1996, p. 62.
126. Crenshaw, supra note 56, p. 168

第5章 攻撃的・防御的対テロ行動

127. Following the death of Palestinian Islamic Jihad activist Hanni Al Abed, it was announced that "the Palestinian Islamic Jihad in the Gaza Strip was planning to explode a car bomb in Israel. Planning for this attack was in the final stages. Hanni Al Abed, the senior-level Palestinian Islamic Jihad activist murdered when his car blew up, was one of the planners of this attack.... Abed, a chemist by profession, was supposed to plan the placement of the car and to put together the charges that were to be placed in the car. According to these sources, Hanni had planned other attacks together with wanted Palestinian Islamic Jihad activists, among others, three shooting attacks in the Gush Katif region." (*Ha'aretz,* November 4, 1994, p. 1.)
128. *Ha'aretz,* February 17, 1992, p. A-2.
129. *Yediot Aharonot,* April 20, 1988, p. 2.
130. *Ma'ariv,* October 10, 1995, p. 3.
131. *Ma'ariv,* April 2, 1996.
132. The claim that a certain individual attack was carried out for improper reasons or out of inappropriate considerations is often heard by the terrorist organizations themselves, and at times, by spokespersons for the opposition, too. Following the assassination of Black September activist Attaf Besiso (in June 1992), Yasser Arafat stated that "a source who has already proven his loyalty many times over" told him that the Israeli Mossad had recently marked several PLO members as targets for assassination prior to Israel's election day. "They even warned me," Arafat added, "that the Mossad could try an attempt on my life, too." A PLO spokesman said that it was "an operation by the Israeli Mossad aimed at supporting [Yitzhak] Shamir's election campaign, and telling the Israeli people, 'Look, we are very strong, we can protect the people in Israel.' In fact, they killed an innocent man who was a supporter of peace" (*Ha'aretz,* June 9, 1992).

An editorial written in Israel following the assassination of Yihye Ayyash ("The Engineer") stated: "The assassination of arch-terrorist Yihye Ayyash came, perhaps at the wrong time in terms of the Palestinians, but it gives Prime Minister Shimon Peres a significant political boost in his home court. Since taking office, Peres's political statements to Syrian President Haffez Assad have had an appeasing tone, not to mention submissive. Now, regardless of who perpetrated the assassination, Peres can add the title of the one who continues to apply Israel's long arm of justice against its enemies. It is important for Peres not to appear in public as a naïve do-gooder. The assassination exposed an iron fist underneath the silk gloves" (*Ma'ariv*, January 7, 1996, p. 4).

Another editorial had this to say: "Many believed the ISA needed the assassination in order to repair its bad image following the Rabin assassination. Others have said that there are those within Israel's intelligence branches who want to damage the Palestinian Authority and the entire peace process" (*Ha'aretz*, January 7, 1996, p. 2).

In another incident, MK Ron Nachman, head of the Ariel Local Council, charged that the kidnapping of Dirani to Israel (in May 1994) stemmed from political motives: "The prime minister is acting as the party chairman. He took advantage of the military operation and said that by withdrawing from Gaza and Jericho we are sending the military to carry out the real missions. As if defending the nation's residents is not a real mission." MK Moshe Peled from Tzomet also made some accusations: "The timing of the kidnapping by the IDF in Lebanon is political, and stems from a desire to distract public opinion from the Prime Minister's failures within his own party, including the Histadrut elections, the failure to implement the Gaza-Jericho agreement, the murder of the soldiers at the Erez roadblock in Gush Katif—all these were an important factor in his decision to order the IDF into action in Lebanon" (*Ma'ariv,* May 23, 1995, p. 5).

133. Shlomo Aharonson and Dan Horowitz, "The Strategy of Controlled Reprisal—The Israeli Example," in *State and Government 1(1)*, 1971, p. 82.
134. Adherents to this school of thought claim that Israel's reprisal policy leads the region towards a vicious cycle of incident-response-incident-response, while restraint on Israel's part is likely to end this cycle. Their suggestion was to replace the reprisal policy with massive preparations and activity by IDF forces all along Israel's borders, in order to prevent infiltrations and reduce the phenomenon (Zachi Shalom, *David Ben-Gurion, the State of Israel and the Arab World, 1949-1956*, Ben-Gurion Heritage Center, Sde Boker, 1995, p. 180).
135. Minister of Defense Pinchas Levon gave expression to this when he said, "I am authorized to state that our responses are deterrent, highly deterrent. They do not lead to counter-reprisals" (ibid., p. 160).
136. Ibid., p. 160.
137. Hanan Alon, *Countering Palestinian Terrorism in Israel: Toward a Policy Analysis of Countermeasures*, RAND, Santa Monica, 1980, p. 142.
138. Ibid., p. 117.
139. *Ha'aretz,* December 15, 1994.
140. *Ha'aretz,* August 23, 2002.
141. Channel 2, June 24, 2003.
142. Round Table Forum, Israel Democracy Institute, November 25, 1997.
143. *Ha'aretz*, June 13, 2003.
144. *Ha'aretz*, October 6, 1997.
145. Neil Livingston and Dudu Halevy, "Up Close to the Left Temple," *Ha'ir,* August 29, 1997, p. 50 (the article was published in the August edition of *Soldier of Fortune* magazine).

146. *Makor Rishon,* Weekly Supplement, October 10, 1997, p. 22. See also "Eliminating Terrorists as Law Enforcement," *Nativ,* June 1997 issue, p. 9.
147. Crenshaw, supra note 13, p. 125.
148. Ariel Merari and Shlomi Elad, *The International Dimension of Palestinian Terrorism,* United Kibbutz Publishers, 1986, p. 118.
149. Ibid., p. 119.
150. Abu Iyad, supra note 14, pp. 166-167.
151. *Ha-Tzofeh,* September 19, 1994.
152. *Ha'aretz,* November 21, 1994.
153. *Ha'aretz,* January 24, 1995.
154. The exchange between Israel and Jordan following the Mashaal incident included four stages: First, Sheikh Yassin was released to Jordan. Two days later, Yassin was transferred from Jordan to Gaza and twenty additional prisoners were released (nine of them, who were Jordanian citizens, were sent to Jordan and the other eleven were sent to the Palestinian Authority). In third stage, eight terrorists and criminals were released to Jordan; and in the fourth stage, the Israeli agents were released.
155. *Ma'ariv,* Yom Kippur, October 10, 1997, pp. 12-13.
156. Interview with Netanyahu, supra note 49.
157. *Yediot Aharonot,* "Seven Days" Weekend Supplement, April 16, 1999, pp. 34-41.
158. According to the report of the Ciechanover Commission, "Perpetrating the act in Jordan was made on the basis of instructions from its planners: (A) The operation's methods must guarantee that Israel's "fingerprints" would not be left on the operation, so that even if it was successful, nobody would be able to point the finger at Israel with certainty.... The possibility that the operation would fail, and the operational and planning significance of such a possibility, were barely even considered by the planners and those in the Mossad who approved the operation. (B) The peaceful relations between Israel and Jordan, and their establishment, was one of the cornerstones of Israel's policy, and even if something were to go wrong, it would not jeopardize the essence of the infrastructure of that relationship.... All the heads of the intelligence community agreed to these underlying assumptions, as did most of the witnesses who appeared before us…" (*Ma'ariv,* February 17, 1998, pp. 2-3).
159. Danny Naveh, *Government Secrets,* Yediot Aharonot Publications, Tel Aviv, 1999, pp. 169-170.
160. *Yediot Aharonot,* "Seven Days" Weekend Supplement, April 16, 1999, pp. 34-41.
161. *Ma'ariv,* February 17, 1998, pp. 2-3.
162. The six members of the committee were: Yossi Sarid from Meretz; Uzi Landau, Benny Begin, and Gideon Ezra of the Likud; and Ori Orr and Ehud Barak from the Labor Party. All of the committee's members were unanimous in their opinion that an exhaustive war must be waged against terrorism, but Yossi Sarid highlighted the fact that individual assassination must be used more selectively (*Ha'aretz,* March 17, 1998, p. 22).
163. *Ma'ariv,* February 16, 1998.
164. *Ha'aretz,* March 17, 1998, p. B-2.
165. *Ha'aretz,* October 5, 1997, p. A-5.
166. *Ma'ariv,* July 24, 1994.
167. *Ma'ariv,* May 28, 1995.
168. Interview with Netanyahu, supra note 49.
169. Interview with Dagan, supra note 37.
170. Interview with Lipkin-Shahak, supra note 41.
171. *Ma'ariv,* December 14, 1995, p. 6.
172. *Ma'ariv,* November 23, 1993, p. 3.

173. *Ha'aretz*, March 5, 1996.
174. *Ha'aretz*, January 15, 1996.
175. Trends in Terrorism—Post September 11, The International Policy Institute for Counter-Terrorism, September 11, 2002, p. 32.
176. Salah Khalaf (Abu Iyad), Arafat's deputy, claimed in June 1990 that Israel had a list of seventeen top PLO activists who were candidates for assassination, and that "the organization had taken steps to prevent the murder of its leaders. Among others, the leadership cut back on their air travel" (*Yediot Aharonot*, June 19, 1990). Abu Iyad also spoke of himself, that "in general, I avoid visiting public places for security reasons" (*Without a Homeland,* supra note 14, p. 170).
177. The most prominent of these in this regard is Yasser Arafat, whose flight plans are kept top secret and prefers to fly via planes provided for his use by friendly Arab countries, so that any damage to them would be considered a direct attack against those countries. Arafat tends to change his flight plans very often, and changes his destinations shortly before these visits take place (*Yediot Aharonot*, April 9, 1992, p. 2). The fear of a direct attack has also forced the organizations to deploy their offices and the homes of their activists in a variety of regions, rather than concentrating everything in one place. Abu Iyad notes, with regard to operation "Spring of Youth" in Beirut (April 1973): "By disregarding the most basic security rules, Hawatme's people concentrated all the administrative, financial and publicity functions in a single, nine-storey building, as well as an important part of the archives" (*Without a Homeland,* supra note 14, p. 169). This building was one of the targets of that campaign.
178. Thus, for example, following the assassination of Abu Jihad it was decided to increase security around senior PLO officials. Instructions were given to all top-level PLO activists coming to Tunis not to stay in hotels, so as not to register with the reception desks, and whenever possible to stay with colleagues in their homes, which were located in the suburbs of Tunis (*Ma'ariv*, June 9, 1992).

Following the suicide bombing of Bus #5 in Tel Aviv (October 1994), the German newspaper *Bild* stated that activists from Izzadin al-Kassam Brigades, the military wing of Hamas, were afraid of reprisals from Israel, and that they had escaped to Bulgaria. The paper further reported that Mossad assassination teams, known as "Spearhead," had been given the "green light" to find the leaders of the Hamas military branch and kill them, "based on a list located in the safe in the prime minister's office" (*Ma'ariv*, October 25, 1994).

Following the assassination of Hanni Al Abed, it was reported that senior members of Hamas and the Palestinian Islamic Jihad panicked and spent the night following the assassination outside their homes—some of them slept in their cars and others had found hideouts (*Yediot Aharonot*, November 4, 1994).
179. Another example of the fear of assassination by Israel felt by senior members of Hamas following the attempt on Rantisi's life was the sudden termination of an interview with a top Hamas official. During the interview, which was broadcast directly from the studios of Al-Jazeera television, a senior official was heard to say, "I must cut this interview short now because I can hear helicopters," and ended the interview (*Ha'aretz*, June 13, 2003).
180. June 13, 2003, at www.nfc.co.il.
181. Abu Iyad tells of an exchange with three senior members of Fatah in Beirut, several days before their assassination as part of Operation "Spring of Youth" in April 1973:

About ten days before the Israeli raid that took the lives of Kamal Nasser, Yussuf al Najjar, and Kamal Adwan, some friends—including these three and Yasser Arafat—

had gathered in Kamal Nasser's apartment. The three of them, who were about to become martyrs of the opposition movement, lived in the same building.... Did I have a premonition about their tragic death? It is quite possible, because when I arrived and I noticed that there were no guards there or any kind of security arrangements, I told them half seriously and half in jest, "You're really taking chances! Soon an Israeli helicopter will land in the vacant lot across the street and kidnap the three of you." The remark was laughed off but Yasser Arafat repeated the topic and seriously advised them to be more careful about their security. They replied that they didn't want to cause any inconvenience for their neighbors by placing guards too prominently around the building (*Without a Homeland,* supra note 14, p. 169).

182. Guy Bechor, *PLO Lexicon,* Ministry of Defense Publications, Tel Aviv, 1991, p. 175.
183. The fears felt by senior activists in the terrorist organization can be seen from this collection of quotations:

Yasser Arafat—In early 1989 Arafat met with a large group of Israeli reporters, and claimed that Prime Minister Shamir and the security services "want to eliminate me. Instead of negotiating and resolving the problem they pursue me everywhere, follow me and photograph me. I even know the code name of the secret plan to assassinate me—'The Best Hit' they called it" (*Yediot Aharonot,* "Seven Days" Weekend Supplement, December 22, 1989). At the end of 1989, Arafat told reporters who had come to interview him at the Andalus Palace in Cairo, "'The Best Hit' was still on the agenda." Arafat also repeated these words on the British television program "Profile" where he announced that Arik Sharon was the one who wanted to assassinate him (ibid.). In December 1992, in an interview with the Hadash Party newspaper *Al-Itihad,* Arafat accused Israel of planning to kill him, and that was why they had been training in Tze'elim where five IDF soldiers had been killed (*Ha'aretz,* December 11, 1992).

Abu Iyad (Salah Khalaf), in his book *Without a Homeland* (see supra note 14), said that "there is no doubt that the Israelis have not abandoned their plans to eliminate the *Fedayeen* leadership, thinking that this way they can destroy the Palestinian National Movement. From this perspective I am certainly still one of their major targets..." (ibid., p. 175). Abu Iyad said about himself that "despite the constant danger for my life, I do not fear death...[nevertheless] the Divine providence that has protected my life up to now does not exempt me from taking minimal security precautions in order to safeguard me and my family..." (ibid., p. 177).

Abu Jihad—Hanan a-Dik, Abu Jihad's daughter, said in an interview: "During the final months of his life my father lived with the feeling that the Israeli's were always on his trail.... He didn't hide his fears from us. He and I had developed a private kind of black humor.... When he would ask me for something and I was lazy he would scold me with a half-smile: do what I am asking you now, in any case soon I won't be around anymore and you'll be able to do what you want. Two weeks before his death I sat with my mother in the living room of our home in Tunis. The television was broadcasting a report on the funeral of an *intifada* martyr. The pictures were very moving and we both burst into tears. Father came into the room and when he saw us crying he remarked: I hope that after they kill me you won't behave like this..." (*Yediot Aharonot,* "Seven Days" Weekend Supplement, April 22, 1994, p. 6).

Abu Jihad's wife, Intissar, tells that when she complained to her husband about his security arrangements on the eve of his assassination, he replied, "I know, but there is no point in doubling the bodyguards so that 'they' won't know that we're 'on to' them. I have a gun and three loyal bodyguards. I trust them.... And besides...they promised me a new weapon to protect myself" (*Yediot Aharonot,* May 20, 1988). A short time after Abu Jihad's assassination, the British newspapers *The Sunday Times* and *The Observer* reported that four days prior to the assassination Arafat had warned his deputy and other PLO activists against assassination. This warning came in light of an article in the Israeli newspaper *Davar,* stating that the prime minister's counter-terrorism advisor, Brig. General Yigal Pressler, had advised Prime Minister Yitzhak Shamir to order selective assassinations against terrorist organization leaders. According to the report in *The Observer,* Arafat had ordered copies of the paper to be distributed in PLO offices worldwide, along with the warning the Israel was planning a campaign against the PLO leadership (*Ma'ariv,* April 24, 1988, p. 2).

Sheikh Hassan Nasrallah, Secretary-General of Hizballah (in an interview with the Saudi weekly *Al Awsat,* published in London, in June 1996): "The IDF commando unit had planned to kidnap me, and after the Lebanese who followed me were caught...the plan came to life.... The Israel plan was to arrive at my house in a caravan of cars (similar to the one in which he traveled) and to surprise the guards with explosions and kill them, penetrate the house, kidnap me and continue towards the closest sea shore and launch a rubber raft to the Israeli war ships waiting nearby" (*Ma'ariv,* April 2, 1996).

Ali Hassan Salame was one of the planners of the attack against the Israeli athletes at the Munich Olympics. Israel tried to kill him in the city of Lillehammer in Norway, in 1973. But due to a misidentification, a waiter named Ahmed Bushiki was killed instead. Ultimately, Salame was killed in Beirut in 1979 (apparently by the Mossad). His wife, Georgina, said that, "Towards the end he was tired. He was sick of running. And like many others from the Middle East, he believed in the power of destiny" (*Yediot Aharonot,* "Seven Days" Weekend Supplement, February 14, 1990, p. 32).

Attaf Besiso, a Fatah leader involved in the slaughter of the athletes in Munich. Yasser Arafat stated after Besiso's death, "I warned him, just as I warned all of our other senior activists, the Israeli Mossad was after him" (*Yediot Aharonot,* June 9, 1992, p. 2).

Reports in the Palestinian and Arab media also indicate that terrorist organizations were fearful that their leaders would be eliminated. The Jordanian newspaper *Al Dustur* published an article in July 1990, in which it quoted Palestinian sources who claimed that Israel had prepared a plan to murder PLO chief Yasser Arafat and other Palestinian leaders. According to the paper, the intelligence services and Israel's defense minister had prepared "a detailed plan for carrying out these attacks, and are merely waiting for 'the green light' from Prime Minister Shamir." The paper quoted the names of other personalities Israel wanted to murder: Mahmoud Abbas (Abu al Abbas)—head of the Palestine Liberation Front; Hakam Balawi—PLO representative in Tunis; Tayeb Abdel Rahim—PLO representative in Amman; and Abbas Zaki—a member of the Fatah Central Committee (*Ma'ariv,* July 10, 1990). It is no wonder that *The Plot to Kill Arafat,* the book written by Mustafa Bakhri (reporter for the Arab weekly *Kol al Arab* in Egypt), became a bestseller in the Arab world. The book describes the Mossad's attempt to poison Arafat at a meal to which he was invited in the Far East. According to the author, the Israeli prime minister has a "special archives" that documents every hour in the lives of the Palestinian organizations' leaders, their customs and movements: "Israel doesn't leave them alone, follows them, photographs them, tapes them and collects every scrap of information (*Yediot Aharonot,* "Seven Days" Weekend Supplement, December 22, 1989). Thus, the book reflects the fundamental belief among the Palestinians and the Arab world

that senior activists in the terrorist organizations were under constant surveillance. The question of whether this is true or not is a secondary issue, so long as this is how they feel. In the words of the former deputy director of the ISA, MK Gideon Ezra, "When people fear for their lives, they are worried about themselves—it's a deterrent" (Round Table Forum, Israel Democracy Institute, November 25, 1997).
184. Albert Bandura, "Mechanisms of Moral Disengagement," in Walter Reich (Ed.), *Origins of Terrorism,* Woodrow Wilson Center Press, 1998, p. 169.
185. Crenshaw, supra note 13, pp. 124-125.
186. Personal interview with former Defense Minister Moshe Arens, on November 20, 1996.
187. Personal interview with Prime Minister of Israel, Ariel Sharon, on September 13, 2000 (at that time Member of Knesset).
188. Personal interview with Yigal Pressler, former counter-terrorism advisor to the prime minister, October 31, 1999.
189. Orly Azzoulai-Katz, *The Man Who Couldn't Win,* Yediot Aharonot Publications, Tel Aviv, 1996, p. 238.
190. Uri Savir, *The Process: Behind the Scenes of a Historic Decision,* Yediot Aharonot Publications, Tel Aviv, 1998, 320.
191. Interview with Peres, supra note 36.
192. Savir, supra note 190, p. 318.
193. Interview with Gillon, supra note 70.
194. Gillon, supra note 48, p. 196.
195. Ibid.
196. Interview with Dagan, supra note 37.
197. William V. O'Brien, "Terrorism—What Should We Do?" in Steven Anzovin (Ed.), *Terrorism, The Reference Shelf 58(3),* 1986, p. 155.
198. Crenshaw, supra note 56, p. 168.
199. Behm, supra note 55, p. 67.
200. Charters, supra note 51, p. 159.
201. Carver, supra note 58, p. 36.
202. Peter St. John, "Counter-Terrorism Policy Making: The Case of Aircraft Hijacking, 1968-1988," in Charters, supra note 51, p. 73.
203. Lesser, Hoffman et al., supra note 74, pp. 120-121.
204. Ian S. Lustick, "Terrorism in the Arab-Israeli Conflict: Targets and Audiences," in Martha Crenshaw, (Ed.), *Terrorism in Context,* The Pennsylvania State University Press, 1995, p. 259.
205. Aryeh Avneri, *Reprisal Raids: Twenty Years of Israeli Reprisals Beyond Enemy Lines,* Madim Library, 1970, Vol. 2, p. 384.
206. Merari and Elad, supra note 148, pp. 115,116
207. Ibid.
208. Shmuel Stempler, "Multilateral Struggle Against Terrorism," *Monthly Survey, 10,* 1972, p. 32.
209. Gad Barzilai, *Democracy at War: Controversy and Consensus in Israel,* Poalim Library, National Kibbutz Publications, 1992, p. 152.
210. Ibid.
211. Aryeh Naor, *Begin in Government: A Personal Testimony,* Yediot Aharonot, Tel Aviv, 1993, p. 245.
212. *Yediot Aharonot,* May 8, 1986, p. 18.
213. Christopher Davy, "Managing Risk and Uncertainty: An Approach to Counter-Terrorist Planning," in Alan Thompson (Ed.), *Terrorism and the 2000 Olympics,* Australian Defence Studies Center, 1996, p. 165.

214. Martha Crenshaw, "The Logic of Terrorism: Terrorist Behavior as a Product of Strategic Choice," in Walter Reich, (Ed.), *Origins of Terrorism*, Woodrow Wilson Center Press, 1998, pp. 14-15.
215. Yariv, supra note 46, p. 4.
216. O'Brien, supra note 197, p. 155.
217. Crenshaw, supra note 13, p. 126.
218. Bandura, supra note 184, p. 169.
219. *Ma'ariv,* December 1, 1994.
220. Personal interview with Shlomo Gazit, former head of Military Intelligence, held on November 7, 1999.
221. Interview with Ze'evi, supra note 37.
222. Merari and Elad, supra note 148, p. 118.

第6章 民主主義のジレンマ

223. William R. Farrell, *The U.S. Government Response to Terrorism: In Search of an Effective Strategy,* Westview Press, Boulder, CO, 1982, p. 119.
224. Yehezkel Dror, "Terrorism as a Challenge for the Striving of Democracies to Govern," *Terrorism, Legitimacy and Power,* Wesleyan University Press, Middletown, CT, 1983, pp. 71, 79, 80.
225. Schmid, supra note 52, p. 17.
226. Ibid., p. 14.
227. Zeev Laquer, "The Ineffectiveness of Terrorism," *Cyclone (1)* 1976, p. 68.
228. Paul Wilkinson, "Terrorism versus Democracy: Anatomy of a Conflict," *Cyclone (1)*, 1976, p. 11.
229. Schmid, supra note 52, p. 18.
230. Boaz Ganor, "Terrorism and Public Opinion in Israel," Master's Thesis, Political Science Department, Tel Aviv University, 1990, pp. 57-58.
231. Stansfield Turner, *Terrorism and Democracy,* Houghton Mifflin Company, Boston, 1991, p. 169.
232. Harkabi, supra note 29, p. 29.
233. K. J. Holsti, *International Politics,* Prentice Hall International Inc., London, 1972, pp. 382-384.
234. Asher Arian, "Public Opinion and the Lebanon War," Memorandum No. 15, Jaffe Center for Strategic Studies, Tel Aviv University, October 1985, p. 4.
235. Interview with Pressler, supra note 188.
236. Interview with Rafi Eitan, supra note 37.
237. Interview with Perry, supra note 38.
238. Peter Janke (Ed.), *Terrorism and Democracy: Some Contemporary Cases,* Macmillan, London, 1992, p. 213.
239. Schmid, supra note 52, p. 24.
240. Patrick Clawson, "U.S. Options for Combating Terrorism," in Barry Rubin (Ed.), *The Politics of Counter-Terrorism,* Johns Hopkins Foreign Policy Institute, 1990, p. 28.
241. Schmid, supra note 52, p. 19.
242. John Danforth, "Terrorism versus Democracy," *International Terrorism*, The Jonathan Institute, Jerusalem, 1980, p. 117.
243. Paul Wilkinson, "Terrorism versus Liberal Democracy: The Problems of Response," *Contemporary Terrorism,* Facts on File Publications, New York, 1986, p. 17.
244. Crenshaw, supra note 13, p. 124.
245. Hoffman and Morrison-Taw, supra note 58, p. 29.
246. Crenshaw, supra note 214, pp. 14-15.

247. Carver, supra note 58, p. 32.
248. Bandura, supra note 184, p. 167.
249. Menachem Hoffnung, *Israel—State Security versus the Rule of Law,* Nevo Publications, Jerusalem, 1991, p. 21.
250. Barzilai, supra note 8, p. 247.
251. Ibid., p. 234.
252. Pnina Lahav, "A Barrel Without Rings: The Impact of Counter-Terrorism on the Legal Culture in Israel," *State, Government and International Relations (33)*, 1990, p. 19.
253. Ibid.
254. Robert Moss, "Urban Terrorism: Political Violence in Western Society," *Cyclone (1),* 1976, p. 46.
255. Wilkinson, supra note 228, p. 22.
256. Michael Sthol, *The Politics of Terrorism,* Dekker Inc., U.S.A., 1983, p. 165.
257. Charters, supra note 51, p. 348.
258. In this context, Israel is presented in Hoffnung's book as a suitable research site for examining the impact of a continuous external threat on the functioning of a democracy. This is because, according to Hoffnung, Israel meets two essential and fundamental conditions: Since 1949 Israel has held regular and open elections on both the national and municipal level and since its establishment, Israel has had to face a significant external threat to its existence (Hoffnung, supra note 249, p. 2).
259. Netanyahu, supra note 23, p. 31.
260. Crenshaw, supra note 13, p. 121.
261. Schmid, supra note 52, p. 14.
262. C.A. 4211/91 *State of Israel vs. Al Masri et al.*, Judgments XLVII [5], 636.
263. *Ha'aretz*, March 28, 1995.
264. Ibid.
265. *Ma'ariv*, January 11, 1995, p. 9.
266. Deputy Chief of Staff Amnon Lipkin-Shahak said that "[the issue of] interrogations in the Territories is, in my opinion, an issue that must be addressed.... At the present time it is difficult to interrogate quickly, and interrogations take too long. I know about interrogations, that if it were possible to shorten them legally, we could prevent the terrorist attacks that take place in the interim" (*Ma'ariv*, April 5, 1993).
267. Ilan Rachum, *The ISA Episode*, Carmel Publications, Jerusalem, 1990, pp. 167-168.
268. Amnon Strashnov, *Justice Under Fire*, Yediot Aharonot, Tel Aviv, 1994, p. 339.
269. Rachum, supra note 267, pp. 172, 173.
270. B'Tselem—Israeli Information Center for Human Rights in the Territories, *Interrogation of Palestinians During the Intifada: Ill-treatment, "Moderate Physical Pressure" or Torture?* Jerusalem, March 1991, p. 21.
271. Yaakov Perry, *He Who Comes to Kill You,* Keshet Publications, Tel Aviv, 1999, p. 145.
272. B'Tselem, supra note 270, p. 21.
273. According to Gillon: A "ticking bomb" is what we call a terrorist who knows, for example, that a bomb has been placed in a particular location, and is slated to explode in a short time. According to the guidelines of the Landau Commission, if it is believed that a suspect has such information, it is permissible to use "moderate physical pressure" to get him to reveal the location of the bomb because this is a matter of saving lives. In contrast with this, if a person is suspected, for example, of recruiting people for the Palestinian Islamic Jihad, "moderate physical pressure" may not be used because his act of recruiting does not make him a "ticking bomb" (Gillon, supra note 48, p. 386).
274. *Ha'aretz*, March 11, 1990.

275. Lahav, supra note 252, p. 40.
276. Alan M. Dershowitz, *Why Terrorism Works,* Yale University Press, New Haven and London, 2002, p. 151.
277. HCJ 5100/94 *Israel Public Committee Against Torture et al. versus The Government of Israel et al.*, Judgments, LXVIII[4], 817.
278. Interview with Shamir, supra note 36.
279. Interview with Peres, supra note 36.
280. Interview with Perry, supra note 38.
281. Interview with Gillon, supra note 70.
282. Interview with Lipkin-Shahak, supra note 41.
283. *Yediot Aharonot,* June 15, 1995.
284. Dershowitz, supra note 276, p. 144.
285. Interview with Pressler, supra note 188.
286. Interview with Shavit, supra note 39.
287. Interview with Gillon, supra note 70.
288. Dershowitz, supra note 276, p. 151.
289. Gillon explains the composition of this special ministerial committee and how it functions: During the period I'm referring to, members of the committee were Yitzhak Rabin (Prime Minister and Minister of Defense, who served as committee chairman), Minister of Police Moshe Shahal, and Justice Minister David Libai. Since Rabin was wearing two hats, it was decided that another member should be added to the committee, and that was Minister of the Environment Yossi Sarid. In the wake of the tremendous shock following the bombing of Bus No. 5, the committee approved the requested authorizations. Three months passed and then there was the terrible attack at the Beit Lid Junction. The authorizations were renewed and this was also the case after another three months. By the time I retired from the ISA in February 1996, I had managed to request renewal of the authorizations five times.... Prior to the renewal I would come to the ministerial committee meeting, present statistics on the number of Hamas detainees, detail the number of cases from these interrogations where we had used the special authorizations, and the results. I made it clear to all those involved that from the point of view of the ISA, continued granting of the authorizations was vital in order to foil terrorist attacks before they happened. The ministerial committee would discuss the matter and approve them (Gillon, supra note 48, p. 387).
290. *Yediot Aharonot,* April 27, 1993.
291. Statement No. 4 by the Director of the ISA, p. 3, submitted on May 2, 1993, in conjunction with HCJ 2581/91.
292. Ibid., pp. 7-9.
293. Gillon, supra note 48, p. 18.
294. Ibid., p. 203.
295. Dershowitz, supra note 276, p. 138.
296. *Yediot Aharonot,* December 1, 1994, p. 7.
297. *Ma'ariv,* August 24, 1995, p. 2.
298. Gillon, supra note 48, p. 384.
299. In his book Gillon, described the events as follows: Rabin, naturally, was completely in favor of my position, as Prime Minister, as Minister in charge of the ISA, as Defense Minister and based on his own general point of view. Shahal was very close to Rabin's approach. Libai and Sarid were less vocal in their support for my position, although they also took a pragmatic approach and understood that the ISA was not asking for these authorizations in order to satisfy the alleged sadistic lust of the interrogators, but rather, in order to save Israeli lives, and that is not merely a figure

of speech.... At one of the meetings of the ministerial committee, Rabin grumbled at Ben-Ya'ir, "What kind of Attorney General are you? I need to fight terrorism and you are always telling me what I can't do. For heaven's sake, tell me what I can do, not what I can't do…" Ben-Ya'ir, as always, did not get excited and continued to speak softly and calmly. Rabin turned red, and you could feel that he was about to explode, and then suddenly, he got up, his chair flew back and hit the wall, and he yelled at Ben-Ya'ir, "I can't work like this! The terrorists are blowing us up and you are driving me crazy!" And he stormed out of the room and slammed the door (Gillon, supra note 48, p. 388).

300. *Ma'ariv*, February 8, 1995, p. 15.
301. *Kolbo*, November 11, 1994.
302. *Yediot Aharonot*, May 1, 1995.
303. *Yediot Aharonot*, June 15, 1995.
304. Gillon, supra note 48, p. 390.
305. Ibid., p. 395.
306. *Yediot Aharonot*, August 3, 1995.
307. *Ma'ariv*, September 6, 1995, p. 10.
308. *Ma'ariv*, January 12, 1998.
309. HCJ 5100/94 *Israel Public Committee Against Torture et al. versus The Government of Israel et al.*, Judgments LXVIII [4], 817.
310. Turner, supra note 231, p. 168.
311. Regarding the matter of judicial review of IDF activities in the West Bank by Israeli courts, Shlomo Gazit says: From the outset the Israeli government decided in principle that the military administration would not claim that the Supreme Court had no jurisdiction to discuss actions or omissions in the West Bank, because these are actions conducted outside the state's boundaries. During the early years of Israeli rule, West Bank residents avoided appealing to the Supreme Court, both because they did not believe that an Israeli court could discuss their concerns objectively and for political reasons—an unwillingness to grant legitimacy to the Israeli regime by turning to their courts. After a while this attitude changed and Palestinians began to appeal to the Supreme Court and seek judicial relief there (Shlomo Gazit, *Fools in a Trap—Thirty Years of Israel Policy in the Territories*, Zemora Bitan, 1999, p. 53).

第7章 対テロ立法と処罰のジレンマ

312. Hoffman and Morrison-Taw, supra note 58, p.71.
313. Peter J. Sacopulos, "Terrorism in Britain: Threat, Reality, Response," *Terrorism and International Journal, 12 (3)*, 1989, p. 153.
314. Hoffman and Morrison-Taw, supra note 58, pp 45-55.
315. Sacopulos, supra note 313, pp. 157-158.
316. Soule, supra note 45, p. 31.
317. Hoffman and Morrison-Taw, supra note 58, p. 54.
318. Soule, supra note 45, p. 40.
319. Clawson, supra note 240, pp. 16-17.
320. Christopher Seton-Watson, "Terrorism in Italy," in Juliet Loedge (Ed.), *The Threat of Terrorism*, Wheatsheaf Books, 1988, p. 103.
321. Hoffman and Morrison-Taw, supra note 58, pp. 69-71.
322. Peter Janke, "The Neutralization of the Red Army Faction," in Peter Janke (Ed.), supra note 238, p. 125.
323. Hoffnung, supra note 249, p. 52, 53.

324. According to Michal Tzur, the Defense (Emergency) Regulations—enacted in Israel under Article 6 of the Palestine (Defense) Order-in-Council—1937, passed in England as part of the emergency legislation and with regard to World War II—gave the security services in Israel certain tools for dealing with terrorism, although it was not explicitly stated that this was the purpose of these regulations. The regulations dealt with central issues such as: arresting suspects, deportation, expropriation of property, determining taxes, payment to victims and legal procedures. Tzur emphasizes in this context that most of the crimes detailed in the Defense (Emergency) Regulations are also expressed in the Penal Code or Prevention of Terrorism Act, although sometimes their definition in the regulations is broader, the sanctions are more severe, and a special military court is given jurisdiction, with special legal procedures (Tzur, supra note 9, pp. 9, 14, 21, and 97).
325. Important changes were made to the Act in 1986, including: revoking the articles with regard to setting up a military court under the Act, and revoking the absolute autonomy of the military judicial system by subordinating the Military Court of Appeal to the Supreme Court (Hoffnung, supra note 249, pp. 279-280).
326. Barzilai, supra note 8, p. 238.
327. Article 8 of the Act: "If the government declares, by an announcement in the Official Gazette, that a certain assembly of people is a terrorist organization, this announcement shall serve as proof in any legal debate that this assembly of people is a terrorist organization, unless proven otherwise."
328. A terrorist organization is defined in the Act as follows: "An assembly of people employing, in its actions, acts of violence that are liable to cause death or injury, or threatening such acts of violence…"(Article 1 of the Act).
329. Tzur, supra note 9, p. 5.
330. Barzilai, supra note 8, p. 245.
331. Ibid., p. 247.
332. Schmid, supra note 52, p. 14.
333. Tzur, supra note 9, p. 44.
334. *Ha'aretz*, May 24, 1989.
335. Britain has only outlawed the military wing of Hizballah. See: http://www.homeoffice.gov.uk/terrorism/threat/groups/.
336. Moshe Negbi, *Freedom of the Press in Israel—Values as Reflected in the Law*, Jerusalem Institute of Israel Studies, Jerusalem, 2nd Edition, 1999, p. 126.
337. Ibid., pp. 129-130.
338. HCJ 103/92 *Jouad Boulus et al. v. The Advisory Committee et al.*, Judgments XLV (1), 466.
339. HCJ 672/88 *Muhammad Abdullah al-Labdi v. The Commander of the IDF Forces in the West Bank*, Judgments XLIII (2) 227.
340. Ibid.
341. HCJ 19/86 (HCJ 634/85, HCJ 635/85) *Dr. Azmi Alshouebi et al. v. The Military Supervisor for Judea and Samaria,* Judgments XL (1) 219.
342. See, for example, HCJ 792/88 *Muhammad A / Galil A / Mahdi Matour et al. v. The Commander of the IDF Forces in the West Bank*, Judgments XLIII (3) 542; HCJ 672/88 *Muhammad Abdullah al-Labdi v. The Commander of the IDF Forces in the West Bank,* Judgments XLIII (2) 227.
343. Hoffnung, supra note 249, pp. 24-25.
344. Aharon Barak, *Judicial Reasoning*, Papyrus Press—Tel Aviv University, 1987, p. 506.
345. Crenshaw, supra note 13, p. 121.
346. O'Brien, supra note 197, p. 156.

347. Rehavam Ze'evi disagrees with the definitions of collective punishment: "We must look for what hurts them, and we do not do this. We are scared, for example, of collective punishment, despite the fact that it works exceptionally well. Disturbances in Beit Fajar will lead to a prohibition against exporting stones via the Allenby Bridge. If there are disturbances in Hebron, the grapes from the Hebron vineyards will not be sent to Jordan! If you say this is immoral, I will answer that it is more than moral, because in this way less blood is spilled, both Jewish and Arab alike. But people object to taking these steps, because it is collective punishment" (Michael Shashar, *Conversations with Rehavam Gandhi Ze'evi*, Yediot Aharonot, Sifrei Hemed, Jerusalem, 1992, pp. 132-133.)
348. Soule, supra note 45, p. 41.
349. Peter Janke, "The Neutralization of the Red Army Faction," in Peter Janke, (Ed.), supra note 238, p. 125.
350. Hoffman and Morrison-Taw, supra note 58, p. 29.
351. Ibid.
352. Shashar, supra note 347, pp. 132-133.
353. Ibid., pp. 115, 117, 128.
354. *Ha'aretz*, February 26, 1990.
355. Perry, supra note 271, p. 230.
356. HCJ 802/89 *Nasman v. The Commander of the IDF Forces in the Gaza Strip,* Judgments XLIV (2) 601.
357. Yael Stein, "Policy of Destruction: House Demolition and Destruction of Agricultural Land in the Gaza Strip," B'Tselem, February 2002, p. 18.
358. HCJ 4112/90 *The Association for Civil Rights in Israel v. The Head of Southern Command,* Judgments XLIV (4) 636.
359. The following are the words of Supreme Court President Shamgar on the demolition of houses: "The demolition of a building is agreed by all to be a very severe and serious means of punishment, and its deterrent value does not detract from its nature as described. One of its main properties is that it is irreversible, that is, it cannot be corrected after the fact" (HCJ 358/88 *The Association for Civil Rights in Israel et al. v. The Head of Central Command et al.,* Judgments XLIII (2) 540).
360. HCJ 1730/96 *Adel Salem A / Rabo Sabiah v. Brigadier General Ilan Biran, Commander of the IDF Forces in Judea and Samaria,* Judgments L (1) 353.
361. In a decision from 1997, Supreme Court President Barak defined six tests for examining the decision to demolish or seal a building: the degree of balance between the seriousness of the terrorist act and the scope of the sanction; the balance between the anticipated damage to the terrorist's family and the need to deter potential future terrorists; the balance between the basic right of all people to their property and the right and duty of the regime to maintain security and public order; the terrorist's link to the building; the size of the building; and the effect of applying sanctions on other people (HCJ 6299/97 *Ali Muhammad Abdullah Yassin et al. v. The Military Commander in the Judea and Samaria Region,* Tik-Al 97 (4) 617).
362. HCJ 897/86 *Ramzi Hana Jaber v. The Head of the Central Command et al.* Judgments XLI (2) 522.
363. HCJ 2006/97 *Maysun Muhammad Abu Fara et al. v. The Head of the Central Command,* Judgments LI (2) 651.
364. HCJ 6026/94 *Abed Al Rahim Hassan Nazal et al. v. The Commander of the IDF Forces in Judea and Samaria,* Judgments XLVIII (5) 338.
365. Justice Bach notes in this context, "the literal text of Regulation 119(1) allows implementation of demolition of buildings on the broadest scale, which is not in line with basic perceptions of justice in an advanced country." And he adds: "We have

therefore determined, in a number of rulings, that the implementation of this regulation shall be restricted, but we must be aware of the fact that by doing so we are not interpreting the regulation but merely imposing limits on the manner in which it is applied and carried out, applying rules of degree and a sense of proportion"(HCJ 1730/96 *Adel Salem A / Rabo Sabiah v. Brigadier General Ilan Biran, Commander of the IDF Forces in Judea and Samaria,* Judgments L (1) 353).
366. HCJ 2722/92 *Al-Amrin v. The Commander of the IDF Forces in the Gaza Strip,* Judgments XLV (3) 699.
367. In a ruling from 1996, Justice Barak also stated the other aspect of the principle of degree in determining that collaborating in the cold-blooded murder of innocent people is a very serious crime. According to him, the crime of assisting in murder also justifies demolition of buildings, after less severe means, such as sealing, have been found to be insufficient (HCJ 2161/96 *Rabhi Said v. The Head of the Home Front Command,* Judgments L (4) 485).
368. HCJ 698/85 *Mazen A / Allah Said Dejalas et al. v. The Commander of the IDF Forces in Judea and Samaria,* Judgments XL (2) 42.
369. HCJ 6299/97 *Ali Muhammad Abdullah Yassin et al. v. The Military Commander in the Judea and Samaria Region,* Tik-Al 97 (4) 617.
370. This claim was also made, among others, by Leon Shelef, who stated: The demolition of a house is a radical deviation from the accepted norms of an enlightened society, because this is a collective punishment…and because it causes irreversible damage…and because the demolition is usually carried out before the suspect has been tried in a proper criminal proceeding"(Leon Shelef, *The Bitterness of Law and the Essence of Government, On the Rule of Law, Method of Government and Legacy of Israel,* Papyrus Press—Tel Aviv University, 1996, p. 124).
371. HCJ 11/97 *Naja'a Arafat Abu Halawi et al. v. Brig. Gen. Shmuel Arad et al.* Tik-Al 97 (3) 111.
372. HCJ 2209/90 *Shouahin v. The Commander of the IDF Forces,* Judgments XLIV (3) 877; HCJ 242/90 *Alkatzaf et al. v. The Commander of the IDF Forces,* Judgments XLIV (1) 616.
373. HCJ 6026/94 *Abed Al Rahim Hassan Nazal et al. v. The Commander of the IDF Forces in Judea and Samaria,* Judgments XLVIII (5) 338. In HCJ 2006/97 *Maysun Muhammad Abu Fara et al. v. The Head of the Central Command,* the court repeated the state's claim that pressure by the families because of the expected demolition was likely to deter terrorists from carrying out similar actions.
374. HCJ 2006/97 *Maysun Muhammad Abu Fara et al. v. The Head of the Central Command,* Judgments LI (2) 651.
375. HCJ 1730/96 *Adel Salem A / Rabo Sabiah v. Brig. Gen. Ilan Biran, Commander of the IDF Forces in Judea and Samaria,* Judgments L (1) 353.
376. HCJ 11/97 *Naja'a Arafat Abu Halawi et al. v. Brigadier General Shmuel Arad et al.* Tik-Al 97 (3) 111.
377. HCJ 1730/96 *Adel Salem A / Rabo Sabiah v. Brig. Gen. Ilan Biran, Commander of the IDF Forces in Judea and Samaria,* Judgments L (1) 353.
378. Strashnov, supra note 268, p. 92.
379. B'Tselem—The Israeli Center for Human Rights in the Territories, *Demolition and Sealing of Houses in the West Bank and the Gaza Strip as a Punitive Measure During the Intifada,* Jerusalem, September 1989, p. 26.
380. Trends in Terrorism—Post September 11, The International Policy Institute for Counter-Terrorism, September 11, 2002, pp. 36-37.
381. Aryeh Shalev, *The Intifada: Reasons, Characteristics and Implications,* Papyrus Press—Tel Aviv University, 1990, p. 129.
382. Interview with Peres, supra note 36.

383. Interview with Perry, supra note 38.
384. *Ma'ariv*, April 5, 1993.
385. HCJ 1759/94 *Anne Srosberg et al. v. The Minister of Defense,* Savir's Summary Repository, Judgments XLIII (18) 281.
386. HCJ 113/90 *Aliya Sa'adi Said Shouwe et al. v. The Commander of the IDF Forces in the Gaza Strip,* Judgments XLIV (4) 590.
387. HCJ 5820/91 *Father Samuel Fanus et al. v. Dani Yatom, Commander of the Central Command et al.,* Tik-Al 92 (1) 270.
388. At the international conference at Davos in February 1997, Arafat claimed that the closure caused Palestinians to lose $7 million a day in revenue (*Ha'aretz,* February 3, 1997). Following the closure imposed on the territories after the attacks in Jerusalem in September 1997, Arafat claimed that the closure caused the Palestinian Authority a loss of between $9 to 10 million a day (*Ha'aretz,* September 14, 1997, p. 4).
389. *Ha'aretz,* November 11, 1996.
390. *Ha'aretz,* January 15, 1997.
391. *Ha'aretz,* August 8, 1997.
392. Interview with Netanyahu, supra note 49.
393. Interview with Dagan, supra note 37.
394. *Ma'ariv,* Weekend supplement, March 28, 1997, p. 16.
395. Shelef, supra note 370, p. 117.
396. HCJ 253/88 *Sajadia v. The Minister of Defense,* Judgments XLII (3) 821.
397. HCJ 7048/97 *Anonymous v. The Minister of Defense,* Judgments LIV (1) 721.
398. HCJ 253/88 *Sajadia v. The Minister of Defense,* Judgments XLII (3) 822.
399. *Davar,* November 14, 1994.
400. Ibid., pp. 66, 67, 70.
401. Ibid., p. 71.
402. Ibid., p. 68.
403. Ibid., p. 70.
404. Strashnov, supra note 268, p. 72.
405. Interview with Lipkin-Shahak, supra note 41.
406. Interview with Dagan, supra note 37.
407. HCJ 48/7 *Al Karbutli v. The Minister of Defense,* Judgments II, p. 5, quoted in Ze'ev Segal, "The Supreme Court and the Hamas Exiles," *Monthly Review, 10,* 1993, p. 34.
408. In its ruling in the Alba affair, the court convicted the accused of publishing articles containing incitement. Thus the Supreme Court set a precedent which, in practice, extended the application of the punishment of deportation, under Article 4(a) of the Prevention of Terrorism Act, from direct incitement to terrorism to all words praising terrorist actions (CA 2831/95 *Alba v. The State of Israel,* Judgments L (5) 221).
409. Thus, for example, in HCJ 698/80 *Fahd Daoud Kawasme et al. v. The Minister of Defense et al.,* it was claimed by the petitioner that the act of deportation went against Article 49, Para. 1 of the Fourth Geneva Convention, stating that "the forced transfer of protected people, individuals or masses, and the deportation of protected people from the captured territory to the territory of the conquering power or to the territory of another country—whether conquered territory or unconquered territory—is prohibited, no matter what the motive" (HCJ 698/80 *Fahd Daoud Kawasme et al. v. The Minister of Defense et al.,* Judgments XXXIV (1) 617).
410. HCJ 97/79 *Abu Awad v. The Commander of the Judea and Samaria Region,* Judgments XXXIII (3) 309, 316.
411. See, for example, HCJ 4702/94 *Kadem al Tai et al. v. The Minister of the Interior et al.,* Judgments XLIX (3) 849; HCJ 17/71I' *A' Mrar et al. v. The Minister of Defense*

et al., Judgments XXV (1) 142; HCJ 98/85 *Shahin v. The Minister of the Interior et al.* Judgments XXXIX (1) 798.
412. HCJ 4702/94 *Kadem Al Tai et al. v. The Minister of the Interior et al.,* Judgments XLIX (3) 849.
413. HCJ 792/88 *Muhammad A / Galil A / Mahdi Matuor et al. v. The Commander of the IDF Forces in the West Bank,* Judgments XLIII (3) 542; HCJ 159/84 *Abed Al Aziz Ali Shahin v. The Commander of the IDF Forces in the Gaza Strip,* Judgments XXXIX (1) 309.
414. HCJ 497/88 *Shachshir v. The Commander of the IDF Forces in the West Bank,* Judgments XLIII (1) 529.
415. HCJ 320/80 *Kawasme et al. v. The Minister of Defense,* Judgments XXXV (3) 113; HCJ 5973/92 *The Association for Civil Rights in Israel v. The Minister of Defense,* Judgments XLVII (1) 267.
416. *Ha'aretz,* March 31, 1993.
417. Anat Kurtz and David Tal, *Islamic Terrorism and Israel,* Papyrus Press—Tel Aviv University, 1993, p. 175
418. B'Tselem—Israeli Information Center for Human Rights in the Territories, *The Infringement of Human Rights in the Territories 1992/93.* HCJ 2722/92 *Al Amrim v. The Commander of the IDF in the Gaza Strip,* Judgments XLV (3) 699.
419. Segal, supra note 407, p. 35.
420. Haim Cohen, "Legal deportation," *Law and Government, A,* 5753, p. 471.
421. Ibid., p. 474.
422. *Al Hamishmar,* March 26, 1993.
423. Aviva Shabi and Ronnie Shaked, *Hamas—From Belief in Allah to the Path of Terrorism,* Keter, Jerusalem, 1994, p. 21.
424. *Yediot Aharonot,* December 1, 1994, p. 7.
425. B'Tselem, supra note 418, pp. 61-63.
426. Ibid.
427. HCJ 698/80 *Fahd Daoud Kawasme et al. v. The Minister of Defense et al.,* Judgments XXXV (1) 617.
428. Interview with Shavit, supra note 39.
429. Interview with Peres, supra note 36.
430. Ilan Kfir, Ben Caspit and Hanan Crystal, *Suicide: A Party Gives Up Its Authority,* Avivim (Ma'ariv Edition), 1996, p. 142.
431. *Yediot Aharonot,* August 27, 2002.
432. *Yediot Aharonot,* March 10, 2003.

第8章 テロ報道のジレンマ

433. Robert Cooperman and Daryl Trent, *Terrorism: The Danger, the Reality, the Response,* Ma'arachot, 1982, p. 268.
434. Gabriel Weimann, "The Theater of Terror: Effects of Press Coverage," *Journal of Communications,* Winter 1983, pp. 38-45.
435. Crenshaw, supra note 214, pp. 14-15.
436. Jerrold M. Post, "Terrorist Psycho-logic: Terrorist Behavior as a Product of Psychological Forces," in Walter Reich (Ed.), *Origins of Terrorism,* Woodrow Wilson Center Press, 1998, p. 40.
437. Alex P. Schmid and Janny De Graaf, *Violence as Communication: Insurgent Terrorism and the Western News Media,* Sage Publications, London, 1982, p. 69.
438. Bruce Hoffman, *Inside Terrorism,* The Columbia University Press, New York, 1988, pp. 132-133.

439. Ronald H. Hinckley, "American Opinion Towards Terrorism—The Reagan Years," *Terrorism: An International Journal 12(6),* 1989, pp. 394-395.
440. Crenshaw, supra note 13, p. 128.
441. Hoffman, supra note 438, pp. 147, 154.
442. Wilkinson, supra note 77, p. 42.
443. Lacquer, supra note 227, p. 68.
444. Ted Robert Gur, "Terrorism in Democracies: Its Social and Political Bases," in Walter Reich, (Ed.), *Origins of Terrorism,* Woodrow Wilson Center Press, 1998, p. 102.
445. Hoffman, supra note 438, pp. 143-144.
446. The American study examined the public's attitudes towards terrorist attacks on American targets, and thus it is no wonder that the media's reporting did not arouse any sympathy towards the terrorist organizations. But this raises the question of whether people who are not the target of terrorist attacks and are exposed to comprehensive media coverage of the attacks and their background stories, for example, a French audience, would respond in the same way. In other words, suicide bombings in Israel certainly do not arouse sympathy towards the terrorists in Israeli public opinion, but doesn't the American public ask itself what motivates a young person to perpetrate a suicide attack?
447. Abu Iyad, supra note 14, pp. 158,165 (emphasis is mine—B.G.).
448. Hoffman, supra note 438, p. 176.
449. Joseph Draznin, *News Coverage of Terrorism: The Media Perspective,* doctoral dissertation, University of Maryland at College Park, 1997, UMI Microform 9816453, pp. 182-185.
450. Gabriel Weimann and Conrad Winn, *The Theater of Terror: The Mass Media and International Terrorism,* Longman Publishing/Addison-Wesley, New York, 1993, p. 295.
451. Interview with Shamir, supra note 36.
452. Negbi, supra note 336, pp. 1-4.

第9章 心理・士気のダメージに対処する

453. Interview with Shamir, supra note 36.
454. It should be noted in this context that similar to terrorist attacks aimed at civilians, a guerrilla strike aimed primarily at soldiers is also meant to achieve the psychological-demoralization effect of anxiety among the combatants and/or their families, and the public on the home front.
455. Following an Air Force bombing on a Hizballah training base at Ein Dardara, Lebanon, in June 1994, residents of the north entered their shelters independently, and one Kiryat Shemona resident even said to the press, "we don't need slides or a PA system. As soon as we heard about the IDF operation, we knew we would spend the coming nights in shelters and security rooms" (*Ma'ariv,* June 3, 1994).
456. Jenkins, supra note 7, p. v.
457. Lesser, Hoffman et al., supra note 74, p. 96.
458. Bandura, supra note 184, p. 168.
459. Lesser, Hoffman et al., supra note 74, p. 86.
460. *The Guardian,* November 2, 2001.
461. *Yediot Aharonot,* July 30, 2002, January 6, 2003.
462. Ofra Ayalon and Mooli Lahad, *Life on the Edge 2000—Stress and Coping in High Risk Situations,* Nord Publications, Haifa, p. 190.
463. The International Policy Institute for Counter-Terrorism at the Herzliya Interdisciplinary Center has been implementing this method for years with various target audiences in Israel—placing a special emphasis on activity with youth, teachers, and

educators in high schools—and has received favorable responses from the groups participating in the seminars.
464. Ehud Sprinzak, *Israeli Society v. the Challenge of Muslim Terrorism*, Center for Special Studies in Memory of the Fallen of the Israeli Intelligence Service, Tel Aviv, 1997, p. 2.
465. *Ma'ariv*, February 1, 1995, p. 12.
466. *Yediot Aharonot*, January 20, 1995, p. 3.
467. *Ma'ariv*, April 14, 1995, Passover supplement, pp. 2-3.
468. Efraim Inbar, "Yitzhak Rabin and Israel's National Security," *Yitzhak Rabin and Israel's National Security—Special Memorial Issue*, Mideast Security and Policy Studies, Begin-Sadat Center for Strategic Studies, Bar Ilan University, 1996, pp. 33-34.
469. *"Hakol Diburim," (It's All Talk)*, Israel Radio Reshet Bet, December 13, 1993.
470. *Ma'ariv*, June 3, 1994.
471. *Yediot Aharonot*, April 5, 1993, p. 6.
472. Interview with Shavit, supra note 39.
473. Netanyahu, supra note 23, p. 18.
474. This criticism raises an interesting question of how much the opposition can allow itself to criticize the government's counter-terrorism policy. It is clear to all that criticism in this sphere is legitimate, but it appears that the manner of conveying the message should be considered. Even the harshest of allegations spoken from the Knesset podium, or even in the media, are the natural right of an opposition that is interested in replacing the government. This is not true of voicing criticism shortly after a terrorist attack, or at times even at the site of the attack itself. Criticism of this sort could inflame tempers and cause others to employ violence against innocent people.
475. Lesser, Hoffman et al., supra note 74, p. 9.
476. In this section Netanyahu bases himself on the essay of the writer of these lines, and references it: "Counter-terrorism—New Directions," *Emdat Mafteach*, Jerusalem, Shalem Center, 1995, pp. 7-10.
477. Netanyahu, supra note 23, pp. 146-147.
478. Merari and Elad, supra note 148, p. 116.
479. Crenshaw, supra note 13, p. 124.
480. Alon, supra note 137, p. 107.
481. Interview with Ze'evi, supra note 37.
482. Interview with Shavit, supra note 39.
483. Interview with Gillon, supra note 70.
484. Interview with Pressler, supra note 188.
485. Interview with Shamir, supra note 36.
486. Interview with Rafi Eitan, supra note 37.
487. Interview with Lipkin-Shahak, supra note 41.
488. Interview with Dagan, supra note 37.
489. Dagan illustrates his statement on the public's influence on policymakers: "For example, following terrorist attacks they decided to set up bus security units. Did this disrupt terrorist activity? The answer is no. It was about calming public awareness. I don't denigrate that, but the question is what could we have done with the 30 or 50 million shekels? If I were the one deciding priorities, this would be the last thing I would invest in. I would achieve better results if I were to invest in other things. Therefore the need to satisfy the public because of the impact of the media is, for us, highly 'counterproductive.' I cannot say this with complete confidence. I can say that it places the need to fight terrorism on the public agenda. It obligates us to understand that we need to act all the time, and it helps us organize the resources and readiness

[so that] when we are ready [operationally—B.G.] to move against a terrorist organization [we can] realize it. But there is still an internal contradiction, because ultimately what we do following an attack is not what we should be doing, that is, the purpose of the action is merely to humor the public" (interview with Dagan, supra note 37).

490. Brig. Gen. Yaakov Amidror, who served as head of the Research Department of the IDF's Intelligence Branch, said: "To the best of my judgment, the way we deal with terrorism contributes to its influence on us. If we were capable, whenever there was a terrorist incident, to grit our teeth, publicize the event without screaming headlines, without color, without close-ups of the dead and wounded and without pouring out endless words over meters of paper and kilometers of film, terrorism would be less successful. Perhaps there would even be less terrorism. Because terrorism feeds on and is strengthened by the publicity it receives" (*Ha'aretz,* May 12, 1995).

第10章 国際協力に関する問題

491. Lesser, Hoffman et al., supra note 74, p. 34.
492. Chaim Herzog, cited in Benjamin Netanyahu (Ed.), *International Terrorism: Challenges and Response,* The Jonathan Institute, Jerusalem, 1980, p. 56.
493. Yitzhak Rabin, "An International Agency against Terrorism," in Benjamin Netanyahu (Ed.), *Terrorism: How the West Can Win,* New York: Farrar, Straus & Giroux, 1986, pp. 183-185.

総括 イスラエルの対テロ戦略

494. All of the quotes cited in this chapter are taken from the personal interviews conducted with the persons mentioned, unless noted otherwise.
495. Yigal Pressler, for example, stated that "In the past, until Oslo and somewhat afterwards, the goal was always to cause harm to commanders and individuals and this had an impact—undoubtedly. All the operations we carried out in the past, and even to date, against organization leaders and networks—this has a tremendous effect. Either it brings about a lengthy halt to the bombings or they begin to think differently" (interview with Pressler, supra note 188).
496. At times, out of political and foreign affairs considerations, leaders have attempted to sidestep the need to act against terrorism with the argument that the only possible effect such a step would have would be on morale. Thus, for example, "high level" political sources were quoted in the Israeli press, in October 1995, following the harsh attacks against Israel in Lebanon by saying that "there was no intention of initiating operations that might bring about public calm but would do nothing for the situation in the field." At the same time, Prime Minister Yitzhak Rabin stated at a government meeting that we were against creating any "linkage" between negotiations with Syria and what was happening on the northern border (*Yediot Aharonot,* October 17, 1995, p. 11).
497. The "boomerang effect" is, indeed, relevant and should be taken into account as counteracting any morale benefit. But in many cases it is possible to determine whether there will actually be a boomerang effect following certain counter-terrorism measures. Even in cases where it is believed that the boomerang effect will, indeed, take place, this should be weighed against all of the goals and advantages of the proposed action, and the decision should be made on the basis of a cost-benefit analysis.
498. A political achievement by a terrorist organization is likely to motivate and arouse more radical groups and organizations to employ terrorism in order to achieve aims that are even more extreme.

499. Ariel Sharon said in this context, with regard to methods employed in the Gaza Strip during the 1970s, "First of all, the population must not be harmed. I, for example, did not permit entry into schools, but we conducted a parents' meeting and we would explain to parents their responsibility for their children (interview with Sharon, supra note 187).

THE COUNTER-TERRORISM PUZZLE
A Guide for Decision Makers
Copyright ©2005 by Boaz Ganor
Japanese translation published by arrangement with
Boaz Ganor through The English Agency(Japan)Ltd.

ボアズ・ガノール（Boaz Ganor）
イスラエルのヘルツリヤ学際センター・国際カウンター・テロリズム政策研究所（ICT）の創設者、現事務局長。テロリズムの世界的権威としてこれまでに国連、オーストラリア議会、米連邦議会、米陸軍、ＦＢＩ、米国土安全保障省また世界各国の諜報・治安機関で状況説明や証言を行なっており、さらにコロンビア大学、シラキュース大学、ジョージタウン大学、ランド研究所、ワシントン近東政策研究所その他多くの一流大学やシンクタンクで講演している。2001年、カウンター・テロリズム国家安全保障委員会の諮問委員会メンバーに任命される。国際アカデミック・カウンター・テロリズム・コミュニティ（ICTAC）の創立者として活躍中。

佐藤優（さとう・まさる）
作家、元外務省主任分析官。1960年、東京都生まれ。1985年に同志社大学大学院神学研究科修了後、外務省入省。在英国日本国大使館、在ロシア連邦日本国大使館に勤務した後、本省国際情報局分析第一課において、主任分析官として対ロシア外交の最前線で活躍。2002年、背任と偽計業務妨害容疑で逮捕、起訴され、2009年6月に有罪確定。2013年6月に執行猶予期間が満了し、刑の言い渡しが失効。現在は作家活動に取り組む。『国家の罠』（新潮社）で毎日出版文化賞特別賞受賞。『自壊する帝国』（新潮社）で新潮ドキュメント賞、大宅壮一ノンフィクション賞受賞。『日本国家の神髄』（扶桑社新書）、『世界史の極意』（NHK出版新書）、『テロリズムの罠』（左巻・右巻の2冊組、角川oneテーマ21）など多数。

河合洋一郎（かわい・よういちろう）
1960年生まれ。米国ボイジ州立大学卒業。国際関係論専攻。90年代初めより、国際問題専門のジャーナリストとして、中東情勢、テロリズム、情報機関その他を取材。「週刊プレイボーイ」「サピオ」などに記事を発表。訳書に『シークレット・ウォーズ―イランvs.モサド・CIAの30年戦争―（佐藤優監訳）』『イスラエル情報戦史（佐藤優監訳）』（並木書房）

カウンター・テロリズム・パズル
―政策決定者への提言―

2018年2月5日　印刷
2018年2月15日　発行

著　者　ボアズ・ガノール
監訳者　佐藤　優
訳　者　河合洋一郎
発行者　奈須田若仁
発行所　並木書房
〒104-0061東京都中央区銀座1-4-6
電話(03)3561-7062　fax(03)3561-7097
http://www.namiki-shobo.co.jp

編集協力　滝川義人、並木均、高澤市郎、小峯隆生
印刷製本　モリモト印刷

ISBN978-4-89063-371-5

イスラエル情報戦史

佐藤優 [監訳]

アモス・ギルボア/エフライム・ラピッド [編]

河合洋一郎 [訳]

周囲を敵に囲まれたイスラエルの情報機関は世界一困難なインテリジェンス任務を遂行してきた。そのプロ意識、大胆さ、創造力は、世界中の情報機関に多大な影響を与えている。本書は、世界で最も優秀かつ経験豊富なイスラエルのインテリジェンス・コミュニティの真の姿を明かした政府公認の初の情報戦史である。執筆者は軍情報機関アマン、モサド、シャバックの元長官、ヒューミント、シギント、オシント各部隊の指揮官、上級アナリストなど全員がその分野のエキスパートであり、三七の論文と貴重な資料がおさめられている。

A5判三七六頁
二七〇〇円+税

イスラエル政府公認の初の資料！ここには成功も失敗も率直に語られている。
佐藤優

イスラエル軍事史

終わりなき紛争の全貌

モルデハイ・バルオン［編著］／滝川義人［訳］

本書は、中東のこの小さい一角の地をめぐる二つの民族運動の激突史である。1936～39年のアラブの反乱から2000年に始まるインティファーダまで、イスラエル人とアラブ、パレスチナ人は十数度におよぶ衝突を繰り返してきた。時にそれは不正規戦のかたちをとり、時には六日戦争やヨムキプール戦争のように正規軍どうしが激突した。本書は全12章より構成され、各章それぞれ戦闘の原因、経過、結果が専門家によって詳述され、全章を読むと独立以来のイスラエルの軍事史が総括できる。

A5判四六六頁
三九〇〇円＋税

NEVER-ENDING CONFLICT
264
イスラエル軍事史
終わりなき紛争の全貌
モルデハイ・バルオン編著 滝川義人訳

1つの小さな土地をめぐる2つの民族運動の戦い
現代で最も複雑な
アラブ対イスラエル
悲劇の紛争全史！